Massimo Faggioli, Alberto Melloni (eds.)

Religious Studies in the 20th Century

CHRISTIANITY AND HISTORY

Series of the John XXIII Foundation
for Religious Studies in Bologna

edited by

Prof. Dr. Dr. h.c. mult. Giuseppe Alberigo
Prof. Dr. Alberto Melloni

(Fondazione per le scienze religiose Giovanni XXIII, Bologna)

Scientific Board

Prof. Dr. Girolamo Arnaldi, Rome
Prof. Dr. Étienne Fouilloux, Lyon
Prof. Dr. Peter Hünermann, Tübingen
Prof. Dr. Jean-Pierre Jossua op, Paris
Prof. Dr. Mons. Gildo Manicardi, Rome
Prof. Dr. Giovanni Miccoli, Trieste
Prof. Dr. Kenneth Pennington, Washington DC
Prof. Dr. Paolo Pombeni, Bologna

Volume 2

LIT

Massimo Faggioli, Alberto Melloni (eds.)

Religious Studies in the 20th Century

A Survey on Disciplines, Cultures and Questions

International Colloquium Assisi 2003

LIT

Wir danken dem Direktor des Palazzo Magnani (Reggio Emilia), Sandro Parmiggiani, für die Zulassung zur Benutzung des Umschlagphotos: Manolo Valdes, *Bodegón con libros*, 1992

BL
41
.R45
2006

Bibliographic information published by Die Deutsche Bibliothek
Die Deutsche Bibliothek lists this publication in the Deutsche Nationalbibliografie; detailed bibliographic data are available in the Internet at http://dnb.ddb.de.

ISBN 3-8258-8205-5

A catalogue record for this book is available from the British Library

© LIT VERLAG Berlin   2006
Auslieferung/Verlagskontakt:
Grevener Str./Fresnostr. 2   48159 Münster
Tel. 0251–62 03 20   Fax 0251–23 19 72
e-Mail: lit@lit-verlag.de   http://www.lit-verlag.de

Distributed in the UK by: Global Book Marketing, 99B Wallis Rd, London, E9 5LN
Phone: +44 (0) 20 8533 5800 – Fax: +44 (0) 1600 775 663
http://www.centralbooks.co.uk/acatalog/search.html

Distributed in North America by:

Transaction Publishers
New Brunswick (U.S.A.) and London (U.K.)

Transaction Publishers
Rutgers University
35 Berrue Circle
Piscataway, NJ 08854

Phone: (732) 445 - 2280
Fax: (732) 445 - 3138
for orders (U. S. only):
toll free (888) 999 - 6778
e-mail:
orders@transactionspub.com

Contents

Introduction

M. Faggioli
    Introduction: Towards a Possible Overview of Religious Studies in the 20th Century   15

A. Melloni
    La parabola delle scienze religiose nel '900: questioni, tappe ed esiti   21

G. Filoramo
    Research on the Religions in the 20th Century and its Methodological Phases   35

The Debate between the 19th and 20th Centuries

T.A. Howard
    Theology or the Science of Religion? The Legacy of Adolf von Harnack   53

R. Ciappa
    Storia, esegesi e teologia nel carteggio tra Alfred Loisy e Maurice Blondel   75

The Disciplines

G. Ghiberti
    L'esegesi biblica nel Novecento   93

C. Fantappié
    Problems of Methodology in Canon Law in the 20th Century   121

R. Puza
 Theology, History and Jurisprudence in German Faculties of Theology   135
G. Ruggieri
 Lo statuto della teologia nel '900   149
P. Tombeur
 Tradition et modernité. Outils informatiques pour l'étude de la tradition en sciences religieuses   165

National Landscapes

C. Langlois
 Histoire religieuse en France   187
E. Fouilloux
 Histoire et sociologie religieuse en France depuis un siècle   197
F. Kilcoyne
 Christian Theology in the United States in the 20th Century. A Protestant and Catholic Overview   219
F. Montero
 Historiografía española de la Iglesia y del catolicismo en el siglo XX   237
C. Arnold
 Konfessionalismus und katholische kirchenhistorische Forschung in Deutschland (1900-1965)   251
M. Lupi
 Italian Historical Periodicals on the Church and Christianity since the End of the Second World War   273
N. Tanner
 Religious Studies in Britain since 1850   307

Religious Studies in the 20th Century

Introductions

MASSIMO FAGGIOLI, *Introduction: Towards a Possible Overview of Religious Studies in the 20th Century*

At the end of the 20th century and the beginning of the 21st century, it is imperative that we take a look at what occurred in the areas of theology and religious studies in previous decades. The path of religious studies in the past century has given new form to the spectrum of disciplines, as well as to each single discipline, and has left deep marks on the countenance of their differing subject matters. Failing to understand the fundamental coordinates that resulted in the development of religious studies in the 20th century means refusing to see each discipline as a part of a living body that communicates with its various organs. The «dismemberment» of an area of studies brings with it the impossibility of «metabolizing» and «circulating» common issues in various disciplines in accordance with the progress of knowledge. Within the confines of hyperspecialization, which implies division by language, code, instrument and environment, the object of religious studies might nowadays risk – just like Foucault's *visage de sable* – being eroded, and so becoming unrecognizable and unrecoverable.

ALBERTO MELLONI, *La parabola delle scienze religiose nel '900: questioni, tappe ed esiti*

This essay revisits the main events in religious science in the 20th century: modernism, the crisis provoked by Shoa, the decades of the '60s and '70s, and inter-religious «globalisation». As has happened in other historical disciplines, the study of religion too has experienced a rapid process of fragmentisation. An examination of events, starting from the historical-theological debate at the end of the nineteeth century, which established the historical-critical method as a suitable method for the study of sources, institutions and religious experiences, reveals a process of refinement of research instruments and methods, but one which, by the end of the 20th century, rendered the discipline interesting to a diverse, even fragmented, range of scholars. Thus, as was the case throughout the 20th century, the historical-religious disciplines are faced with common problems and consequently use working hypotheses which cut across the borders of the different specialisations, whether legal, historical or theological, to consider with the same plausibility events, ideas or processes originating in different religious worlds.

GIOVANNI FILORAMO, *Research on the Religions in the 20th Century and its Methodological Phases*

During the twentieth century this field of study went through three main phases. The first began at the turn of the century with the collapse of the positivist model of Comparative Religion and the rise of a method of analysing religious events influenced by the various human sciences, which aimed to investigate the deep structures of individual and collective religious behaviour. This was followed, in the period between the two wars, by the so-called phenomenological revolution, which, with the phenomenology of religion, dominated this field of research until the 1950s. The collapse of both functionalism on the one hand and phenomenology on the other – events not easy to date, but in my view a feature of the 1960s – coincided with, and resulted from, the emergence of a new way of interpreting religion, which was characterized *negatively* by a radical deconstruction of the two earlier models, and *positively* by the multiplication of interpretative approaches. Religion is a traditional historical reality which is now proving to be increasingly multi-faceted and complex, and which cannot therefore be studied from a single point of view, however important that point of view may be. It is therefore the task of the sciences of religions to confront the growing complexity of the object, approaching it from a multiplicity of points of view. In this perspective, the sciences of religions become a metadiscipline which, instead of seeking improbable essences or deconstructing its own object, attempts to construct a field of discourse capable of mediating – linguistically, conceptually and theoretically – the complexity of the object under examination.

The Debate between the 19th and 20th Centuries

THOMAS A. HOWARD, *Theology or Science of Religion? The Legacy of Adolf von Harnack*

This essay explores the crisis of identity experienced by the theological faculties of German universities in the late nineteenth and early twentieth centuries. It examines four reasons for this crisis: 1) disquiet among confessional and pietist religious voices because of the excessive criticism (*Kritik*) practiced by university theologians; 2) skepticism from social-democrats who claimed that state-funded theological faculties violated the principle of separation of Church and State; 3) criticism from representatives of positivistic science that theology could not in good conscience claim to be a modern science (*Wissenschaft*); and 4) the suggestion that theology should transform itself into a more neutral science of religion (*Religionswissenschaft*). The author then examines the response to this many-sided crisis from the theologian and church historian Adolf von Harnack (1851-1930), arguably the greatest representative of liberal theology in Wilhelmine Germany. Harnack's defence of the theological faculty and its place in the modern university system is analyzed through a close reading of two of his minor writings: a rector's address from 1901 entitled «The Task of the Theological Faculty and the General Study of Religion» and an essay in the Prussian Yearbook of 1919 entitled «On the Significance of the Theological Faculties.» The paper concludes by arguing that Harnack's defence of the place of theology in universities was largely successfully. His opinions were partly responsible for the decision by the drafters of the Weimar Constitution to grant theological faculties explicitly legal sanction as State institutions. However, the intellectual conditions under which Harnack could legitimate his claims were compromised by the aftermath of World War I, the cultural unrest of the Weimar period, and the emergence of Barthian dialectical theology in the 1920s.

Rosanna Ciappa, *Storia, esegesi e teologia nel carteggio tra Alfred Loisy e Maurice Blondel*

The proposed theme is examined through the brief correspondence exchanged by Alfred Loisy and Maurice Blondel in February-March 1903, only a few months after the publication of *Evangile et l'Église* (Nov. 1902) and immediately before the response given in *Autour d'un petit livre* (Oct.1903). The discussion illustrates three levels to the problem: 1) The continuity of development: demonstrating the permanence of the Gospel in the Church is an operation which is highly apologetic, and this is the main objective of the *piccolo libro*. But does such continuity constitute evidence which is historically valid, in the sense of being a linear and progressive illustration? Do not the well-known «gaps» in this apologetic history invite the use of the manifold, rich sources offered by spiritual life, such as the *experience* of belief and the *traditions* of the Church? 2) Exegisis and theology: the preferred choice of synoptic Gospels, considered by Loisy to be more reliable sources than the proven unreliability of the fourth Gospel, produces a sort of restriction of the historiographical perspective and a reduction of Christ's part, as witnessed by his first interpreters. The synoptic image of the historical Jesus has the poverty and fixity of a portrait and does not reproduce the whole reality, the density, or the theology of the Christ of the faith. 3) Historical method: the central methodological problem relates to the very notion of historical fact and to the relation between fact and meaning, and between history and theology. How far may a historian who wishes to remain in his own territory, that of texts and of facts, be allowed to forbid access to levels considered superior by metaphysics and theology? How far is he free to «historiquer à l'aise», as if metaphysics and theology were not already well established «dans les substructions de l'édifice»?

The Disciplines

Giuseppe Ghiberti, **L'esegesi biblica nel Novecento**

After an introduction (the research climate experiencing the problems and the disappointments illustrated by the enlightenment and the orientations that constitute its inheritance) this paper considers the research done in the countries which have seen the most development. As regards Germany and the German-speaking countries, the 20th century saw many methods, schools and tendencies: from liberal theology to liberal dialectics, from the historical-critical method, as practised particularly in the historical method of forms and in the history of redrawing attention to biblical theology, to the massive recourse to auxiliary sciences, such as sociology and psychology, and also to emancipatory hermeneutics, especially feminist hermeneutics. Arguably, in terms of completeness and degree of effort the contributions made by the German-speaking countries take the place of honour in 20th century research. The dominant methodology of Francophone exegesis is at a distance from the preference for the diachronic dimension, but the instinctive consonance with the redaction method of history facilitates the passage to synchronic analysis (earlier here than in other countries), beginning with the adherence to structuralist and then narrative reading. The Anglophobe countries saw the great European names, but emergent American research became dominant in many fields such as archaeology (think of Qumran), non-biblical Hebrew religious literature, and the area of «third research» on the historical Jesus. Turning to the Italian situation, the less than optimal conditions for study in the theological faculties and the universities resulting from the modernist crisis proved to be decisive. The best work, both in terms of research and in terms of the diffusion of specialised literature, was done after the Second Vatican Council.

CARLO FANTAPPIÉ, *Problems of Methodology in Canon Law in the 20th Century*

The promulgation of the *Codex iuris canonici* in 1917 represents the principle change in the science of canonic law during the 20th century. This event was narrowly proceeded by Ulrich Stutz's proposal to separate the history of canonic law from juridical dogma, and was immediately followed by the Church's acceptance of the exegetic method used by scholars belonging to the tradition of *civil law*. In 1930s Italy and in 1950s Germany, a plurality of cultural factors favoured a differentiation in methods, schools and currents of thought that first extended to other European countries and then to the United States and Canada. The changes in theology and in lay juridical science in the years of the Second Vatican Council reopened a wide debate on the epistemological statutes of canonic law, but failed to offer convincing solutions with regard to its relationships with ecclesiology and with the historical dimension.

RICHARD PUZA, *Theology, History and Jurisprudence in German Faculties of Theology*

This paper revisits the tradition of study of canonic and ecclesiastic law in Germany in the nineteenth and twentieth centuries, a tradition of scholarship, but also a tradition of the teaching of the subject in Germany's state faculties of theology, differentiated between catholic and protestant/reformist strands. It then deals with the characteristics of some of the principle exponents of these traditions (E. Friedberg, R. Sohm, P. Hinschius), as well as of some of the principle methods of interpretation (the historic method, the juridical method, the constitutional method, and the sociological method). It concludes by outlining the necessity for developing relationships between theology and law in a society, like that of Europe, which has become inter-confessional and inter-religious.

GIUSEPPE RUGGIERI, *Lo statuto della teologia nel Novecento*

This paper examines the status of theology within the faculties of theology. The very question of the status of theology in the twentieth century implies that something happened in the twentieth century which was analogous to events in the sixteenth or thirteenth centuries. As if this implication were not already sufficiently problematic, to understand the changes recently introduced in theology the confines of the twentieth century are too narrow: if you wish to examine the status of theology, it cannot be imprisoned within artificial dates. The horizons of theology, within its own statute, are currently in motion, not so much in terms of its «locations», examined individually, and not because these are not in motion in themselves, but because we are dealing with a movement which can be said to be «predictable». The situation is more one of the general balance, owing to the multiplication of ecclesiastic subjects in a wholly unpublished way. The plurality of theologies, that is to say systems, is the coherent result of this new season. In front of us are great new problems to resolve and to reformulate.

PAUL TOMBEUR, *Tradition et modernité. Outils informatiques puor liétude de la tradition en sciences religieuses*

The aspect that needs to be strongly underlined in the context of a survey of religious studies in the twentieth century is the absolutely fundamental role which religious studies has played in the history of computing. All computing developments in the humanities, and particularly in relation to studying texts, are rooted in the amazing achievements undertaken since the late 1940s by Fr. Roberto Busa with his *Index Thomasticus*. Fr. Busa can rightly be considered to be the founder of all our activities in electronic lexicography, the creation of text-databases, and suchlike. Computing developments play a key part in my survey and, not least, the publications of the CTLO, or Centre Traditio Litterarum Occidentalium, based in Turnhout, Belgium. This centre has taken over the tasks first started at the Cetedoc institute at Louvain-la-Neuve, and publishes the *Instrumenta Lexicologica Latina*, a *Thesaurus Patrum Latinorum*, a *Library of Latin Texts* and other text-databases as well as lexicographical works: the Thesaurus formarum totius latinitatis and the *Database of Latin Dictionaries*. The present contribution offers some concrete examples of the fundamental rethinking of theological issues that can arise from using such electronic tools, both in terms of interpretation as well as historical developments. This can be demonstrated both in the field of conciliar documents (so dear to our Bolognese brethren) and in the whole panoply of texts relating to the Western tradition, from its beginnings until today. As a result, one cannot now publish findings unless they are based on analyses of databases which fulfil the scholarly standards that are today required. But that is far from always being the case.

National Landscapes

CLAUDE LANGLOIS, *Histoire religieuse en France*

This paper examines the main events in French religious history, particularly the fundamentally-important moment between the «fifties» and «sixties», and looks at some reference works: the *Histoire du catholicisme en France* edited by A. Latreille (1957-1963), the *Histoire de la France religieuse* edited by J. Le Goff and R. Rémond (1988-1992), *L'histoire religieuse de la France contemporaine*, by G. Cholvy and Y.-M. Hilaire (1985-1989), and finally the *Histoire du christianisme* edited by Ch. Piétri, A. Vauchez, M. Venard, and J.-M. Mayeur (1985-). These works and their characteristics are linked in a unique way to generational factors.

ETIENNE FOUILLOUX, *Histoire et sociologie religiuese en france depuis un siècle*

This paper gives an overview of more than a century of French religious history and sociology. Between the advent of the Republic, of republicans, and the atmosphere of the nineteen-twenties, lay historiography and confessional historiography met in battle and held back no shots. Following this there was an eclipse linked to the war-time decline of the two Frances, and the birth, under the influence of the *Annales*, of a more distanced manner of looking at the roles of religion in history and in present-day society. Starting from the nineteen-sixties, religious history and sociology experienced a real turning-point, owing to the entry of confessional movements into high school education at a time when it was expanding rapidly to accommodate the *baby-boomers*. The contrasted evolution of this generation under the effect of the religious crisis in the nineteen-seventies influences its homogeneity as it was thrown into disarray by an identity crisis, whether catholic or Jewish, and by a diaspora more of less divorced from their origins. At the turn of the third millennium there is therefore a perceptible tension between a rather strong confessional tendency and between a current of thought that interests itself in religious happenings only insofar as they are a means to understand society, and which fails to invest much in it.

FRANCIS KILCOYNE, *Christian Theology in the United States in the 20th Century. A Protestant and Catholic Overview*

The essay reviews the path of theological studies, from both Catholic and Protestant traditions, in the United States between the end of the 19th century and the Vatican II era, seeing in modernity the main issue at the end of 20th century for both Protestant theology (the relationship between theology and political activism in neo-fundamentalist movements) and for Catholic theology (leadership, governance and accountability in the church, and the quest for a new moral theology). In terms of theological education, probably the two most significant developments within the Catholic community are the evolution of Catholic institutions of higher learning (both colleges and universities) as entities independent of direct church oversight. and the ecumenical nature of theological education, with Catholic scholars present on state sponsored faculties and in the faculties of institutions sponsored by other religious denominations, and the presence of non-Catholics on Catholic university faculties. The challenges today are numerous. Each discipline confronts its scholars with emerging questions. Of the several issues which straddle particular disciplines, the cooption of religion by political leaders and the politicization of religion-based positions, particularly it seems by spokespersons of the right, offer robust challenges. So too does the tentative nature of the acceptance of the value and reality of faith on the part of the current generation of students.

FELICIANO MONTERO, *Historiografía española de la Iglesia y del catolicismo en el siglo XX*

A summary comparison of Spanish ecclesiastic or religious historiography with that of France or Italy reveals an important retardation, both at a methodological and at an institutional level. It could be said that this sort of history in Spain continues to be ecclesiastic history plus religious history, and political history plus social history. This paper offers some of the reasons for this situation. From the institutional point of view the main challenge lies in de-confessionalizing and secularizing research, teaching, and the publication of research. From another point of view, the paper analyses the importance of the «history of modern times» and of the recent Spanish political conjuncture, from Franco to the transition period, to the evolution of the historiography of the church and of Catholicism. In the renewal conjuncture of the «seventies», post-council and late-Franco, a social history of the church and of Catholicism was attempted, introducing problems and methods from French historiography. More recently, the post-council crisis influenced above all the study of the church and of Catholicism during the civil war and the Franco period, as well as the evaluation of the process of secularization and of the impact of the Second Vatican Council.

CLAUS ARNOLD, *Konfessionalismus und katolische kirchenhistorische Forschung in Deutschland (1900-1965)*

The essay provides an overview on the role of confessionalism in Catholic Church History in Germany (1900-1965). The years around 1900 were marked by a new generation of catholic historians who sought to come up to the «protestant» historic standards and to «overtake» protestant research (as exemplified by Harnack) in the long run. Roman anti-modernism then made it necessary for them to retreat into «positivistic work» and to give up their dreams of catholic historical apologetics. Franz Dölger, for instance, moved from his project of a catholic history of dogma to the dogmatically «neutral» project «Antike und Christentum». Most of these church historians did not join in the cult of catholic objectivity in the Weimar era, but remained «positivistic» or worked for more ecumenism in the national interest (e.g. continued interest in the review of the all too negative catholic view of Luther). After 1933 we find Church historians on both the side of catholic apologetics against Nazi-Propaganda and on the side of the «bridge-builders». Joseph Lortz, for instance, broke with the post-1900 revisionism and renewed the old ultramontane negative view of modernity which he found congenial with Nazi anti-liberalism. After 1945, Hubert Jedin's studies on Contarini picked up the thread from 1900: The priority of Catholic Reform over Protestant Reformation was subtly proclaimed, but confessional polemics were avoided.

MARIA LUPI, *Italian Historical Periodicals on the Church and Christianity since the end of Second World War*

To outline the evolution of the major reviews dedicated to Christianity being published in Italy today is to retrace more than 50 years of historiographic debates and research initiatives in the field of religious history. Since the first of these, which was founded in 1947 on the initiative of exponents of ecclesiastical historiography as a periodical of institutional history and which aimed to become a point of reference for various tendencies, several initiatives have been established in the ambit of ecclesiastical historiography or, more particularly, to give voice to the new historiographic ferments amongst the laity, or to the many study centres that were established in Italy between the 1950's and the 1970's. Each of them, including the most recent which was founded in 2004, presents declared agendas that underline their specificity with respect to the others, both from the point of view of thematic openness and the chronological span of contributions. These reviews have not only aided the insertion of religious history in the wider arc of history in general, but have also helped highlight the need to thoroughly engage in the debate surrounding the adaption of historical-critical methodology to Christian historical studies.

NORMAN TANNER, *Religious Studies in Britain since 1850*

Britain is taken to mean England, Scotland, Wales and northern Ireland, but not the Republic of Ireland. The period since 1850 may be divided into two: 1850 to 1950, and the period since 1950. In the first period, theology and Biblical studies were done largely within the framework of the various Christian churches. Important contributions included improved translations of the Bible into English as well as the writings of scholars such as B.F. Westcott, J.B. Lightfoot, F. Horst and Charles Dodd. Roman Catholic scholars kept largely to a separate path, more in contact with Catholic scholarship in Continental Europe than with developments in Britain. John Henry Newman, who converted to Catholicism in the middle of his long life, was the theological giant. To speak of a «British School of Theology» has some meaning in this first period, even though the description was little used at the time. In addition, many important contributions were made in disciplines that impinged in various ways upon religious studies. The period after 1950 has seen a loosening of denominational loyalties, the growth of inter-religious studies, a fragmentation of religious studies into particular academic disciplines, and the development of the wider Anglophone world of scholarship. Many important works have resulted. For the most part they have built upon and deepened the work of the previous century rather than struck out in new directions.

Introductions

Massimo Faggioli

Introduction: Towards a Possible Overview of Religious Studies in the 20th Century[1]

At the end of the 20th century and beginning of 21st century, it is imperative that we take a look at what occurred in the areas of theology and religious studies in the previous decades. The path of religious studies in the past century has given new form to the spectrum of disciplines, to every single discipline, and has left deep lines on the countenance of their subject matters.

The attempt of the Assisi Colloquium and of this volume is not, obviously, to give definitive answers, but rather to offer an interlocutory overview of essays that make use of contributions relating to different cultural, theological and denominational traditions in Europe and North America.

In the introduction to the volume, Alberto Melloni's essay delineates the path of epistemological issues in the 20th century and the answers produced by theological and religious studies. Melloni indicates as turning points la crise moderniste, the Shoah's rift, the Sixties-Seventies debate and «religious globalization». Giovanni Filoramo's essay goes through the successes and outcomes of different models of interpretation of religious experience: the phenomenological model, the functionalist model, the return to the individual as «subject», and the deconstructionist *vague* in religious studies in not only the Western part of the world.

The second part of the volume confronts some of the fondamental issues along the path of religious studies in the 20th century, which are here analyzed in two cases presented by Rosanna Ciappa and Thomas A. Howard. In Ciappa's essay, history stands out as *the* issue during the modernist crisis at the beginning of the past century, not only in the correspondence between Loisy and Blondel, but in the whole 20th century debate about theology and religious studies. Ciappa asks if we might find

---

[1] I thank Sarah E. Christopher for the substantial aid given to me for the English translation of the paper.

ourselves at the dawn of a «new modernism» at the beginning of the 21st century when Jesus is again at the center of historical, theological, ecumenical, interreligious and intercultural reflection. In Howard's essay, Harnack's role stands out not only in relation to the debate about *Religionswissenschaft*, but also as an actor able to influence, even at a higher political level, cultural politics inside a political scenario such as Germany's, which in the period between 1890-1920 saw a radical change in the relationship between State and Church, and therefore also in the ideological and institutional structures of theological and accademic learning. To take a look at Harnack's role in the *Reich* seems interesting today, and especially for cultural policy makers in present-day Europe and North America – if we consider how challenging it is for the western cultural universe to understand the depth of the link between religious identities, peace and global security.

The third part of the volume examines the disciplines. Giuseppe Ruggieri indicates the fundamental theological milestones of the 20th century exalting the dynamics of movement and the pluralism of theologies, liturgies and disciplines during the reception of Vatican II and of the discovery of «new» cultural and symbolic worlds. Giuseppe Ghiberti's essay considers the course of biblical studies in European countries in the 20th century: beginning with the modernist crisis and the success of archeological research, he poses a question about the actual relations between exegesis and theological debate. Regarding canon law, Richard Puza draws a map of the teaching of *Kirchenrecht* and of the different schools in Germany and Carlo Fantappié summarizes the main lines of progress of canon law studies and points out the relationship, still unresolved, between historical and positive dimensions in actual canonical legislation. It is interesting, indeed, to discover in these last essays an analogy pertinent to the current situation concerning the relationship of the theological disciplines – theology, the Bible, canon law – and the ecclesiastical powers, which constitute, that is, the lack of communication between research and progress on the one hand, and ecclesiastical request on the other: the relationship between theological research and theological teaching, between the fruits of exegetical research and predication, between the discovery of the historical dimension of canon law and the modalities of recent Roman Catholic canonical legislation. Further questions arise in Paul Tombeur's conclusion: he testifies to the fact that the *corpus* of available information for religious studies never ceases to increase thanks to information technology. Hence it is more and more the responsibility of scholars to dominate this *corpus* of information, not only to reaffirm already tested theories but also to prepare themselves to reconsider judgments based on new evidence.

The final part of the volume offers some viewpoints on different national cases. Norman Tanner lists the main points of theological production in the British world between 1850 and 1950, indicating in his conclusion that in such a context the prevalence of the analytic dimension over the synthetic dimension must now face the challenges of revisionism and postmodernism in academic studies. Regarding the Italian case, Maria Lupi provides a panoramic picture of historical-theological journals in Italy specializing in Christian history, a panorama that reveals now, after the period between 1945 and the reception of the Council Vatican II, a rich and multifaceted landscape. Claude Langlois and Etienne Fouilloux analyze from different points of view the French case with its historiographical schools, philosophical, anthropological and sociological influences, the main characters of that cultural background, and the political and cultural picture. Francis Kilcoyne goes over the path of theological studies, from both Catholic and Protestant traditions, in the United States between the end of the 19th century and the Vatican II era, seeing in modernity the main issue at the end of 20th century for both Protestant theology (the relationship between theology and political activism in neo-fundamentalist movements) and for Catholic theology (leadership, governance and accountability in the church, and the quest for a new moral theology). The Spanish case, by Feliciano Montero, is substantially different. Montero puts forth his opinion on the actual status of Catholic historiography in Spain which necessitates the resolution of institutional and ideological questions (the creation of non-church-based academic networks, a dialogue between Catholic and non-Catholic scholars) in order to investigate the large and still unexplored fields of research. The German case, in some aspects, is similar to the Spanish one and Claus Arnold proposes a critical and penetrating analysis. The relationship between denominational issues and historical research on the Catholic church in Germany plainly reveals the survival, in the world of German historical research, even several decades after Lortz and Jedin, of an issue born between the end of the 20th and beginning of the 21st centuries and contextually within the modernist crisis.

The review that this volume has tried to make is indeed not the only one[2], and, hopefully, not the last. The Assisi Colloquium (December, 11-

---

[2] See *Deux mille ans d'histoire de l'Église. Bilan et perspectives historiographiques*, dir. par J. PIROTTE et E. LOUCHEZ, «Revue d'histoire ecclésiastique», 95(2000)/3, 2000; *Histoire du christianisme*, dir. par CH. PIETRI (+), L. PIETRI, A. VAUCHEZ, M. VENARD.

12, 2003) is only one part of a bigger picture, having as its final goal the *Dictionary of Historical-religious sciences in 20th Century*[3].

One of the factors that inspired us to undertake such an enterprise - relevant to religious studies as well as to other disciplines from between the end of 20th and the beginning of 21st century – is that disciplines, fields of research, methodologies, languages, and backgrounds are increasingly more specialized and fragmented.

In some ways it might be possible to affirm that the field of religious studies is at the same risk that Michel Foucault envisaged for the humanities. Foucault described the humanities, in the very last lines of *Les mots et les choses*, as an event in the history of studies and sciences: an event which could only take place thanks to modifications in the fundamental properties of knowledge, at the beginning of the 20th century:

«L'homme est une invention dont l'archéologie de notre pensée montre aisément la date récente. Et peut être le fin prochaine. Si ces dispositions venaient disparaître comme elles sont apparues, si par quelque événement dont nous pouvons tout au plus pressentir la possibilité, mais dont nous ne connaissons pour l'instant encore ni la forme ni la promesse, elles basculaient, comme le fit au tournant du XVIIIe siecle le sol de la pensée classique, – alors on peut bien parier que l'homme s'effacerait, comme la limite de la mer un visage de sable»[4].

Foucault indicated the risk of the disappearance of these fundamental modifications in the history of knowledge, modifications that had made possible the «invention of man»: the risk was seeing the object itself disappear – like a face traced in sand on a beach.

For theological and religious studies the scenario at the dawn of the new millennium is partly similar to the image used by Foucault. Neglecting to understand the fundamental coordinates that produced the development of religious studies in the 20th century means refusing to see each

---

J.M. Mayeur, vol. XIV, *Anamnesis*, Paris 2001; «Recherche de Science Religieuse» 92 (oct.-déc. 2004)/4; *Storia della chiesa in Italia. Orientamenti e prospettive*, in «Humanitas», 5 (2004); *Field of Faith. Theology and Religious Studies for the Twenty-first Century*, ed. by D.F. Ford, B. Quash, J.M. Soskice, Cambridge 2005.

[3] The whole project for a *Dizionario del sapere storico-religioso nel Novecento*, is directed by Prof. Alberto Melloni, with the support of a special Committee of the Italian Ministero dei beni e delle attività culturali. The *Dizionario del sapere storico-religioso nel Novecento*, published in more volumes by Il Mulino (Bologna), is due to come out at the end of 2006.

[4] M. Foucault, *Les Mots et les Choses. Archéologie des sciences humaines*, Paris 1966, 398.

discipline as a part of a living body that communicates with its various organs. The «dismemberment» of an area of studies brings with it the impossibility of «metabolizing» and «circulating» common issues in various disciplines in accordance with the progress of knowledge. Within the confines of hyper-specialization, which implicates the division of languages, codes, instruments and environments, nowadays the object of religious studies could risk – just like Foucault's *visage de sable* – being eroded, and becoming unrecognizable and unrecoverable.

I am glad to take this opportunity to express my gratitude for the collaboration of all who have taken part in the history of the Assisi proceedings and of this book. We were unable to have some papers: nonetheless we thank Prof. Emile Poulat and Prof. Francesco Scorza Barcellona for their precious interventions at the conference.
The active participation of PhD students in Theology, in Religious History and in Religious Sciences coming from the Fondazione per le scienze religiose Giovanni XXIII in Bologna, the Katholieke Universiteit Leuven, the Ecole Pratique des Hautes Etudes in Paris, the Università La Sapienza in Rome and the Università di Torino constituted a susbstantial added value to the conference held in Assisi.
A special thank to the «Comitato nazionale per il bilancio delle scienze religiose nel '900», origin and producer of the conference and of the book. We are deeply grateful to the Compagnia di San Paolo di Torino and to the Regione Emilia-Romagna. The final thank is to Dr. Federica Bellei for the editorial help in the editing work.

ALBERTO MELLONI

La parabola delle scienze religiose nel '900: questioni, tappe ed esiti

1. Questioni

1.1. *Un percorso «normale»?*

Il modo in cui la ricerca ha acquisito al metodo storico-critico l'area dell'esperienza religiosa[1] è analogo a quello grazie al quale altri oggetti sono diventati materia di quella conoscenza limitata e specifica che può offrire lo studio della storia.

Com'è accaduto per la storia delle università e del genere, per quella delle idee e della scienza, per la storia dei partiti o della tv – imparare a *fare storia* su un segmento vasto e intimo come quello dell'esperienza religiosa è stato un processo lento, che ha conosciuto fasi, colto e ripudiato ascendenze culturali, marcato svolte epistemologiche e metodologiche sulle quali si va infittendo l'analisi specificamente orientata a capire le fasi e le tappe di questo ambito di studi[2].

Com'è accaduto per altre «storie» anche il sapere che ha come oggetto il fatto religioso, d'altronde, ha conosciuto nel Novecento un processo rapido di frammentazione. Se si guarda a ciò che è accaduto da quando il dibattito storico-teologico di fine Ottocento ha imposto il metodo storico-critico come strumento di conoscenza adeguato allo studio delle fonti, delle istituzioni e delle esperienze religiose, si coglie un processo che ha certo affinato metodi e strumenti di indagine, ma che a fine Novecento rende le discipline interessate a questi studi assai divaricate, per non dire frammen-

---

[1] Un approccio rovesciato e interessante è quello della «irruzione» della categoria di «ortodossia» su cui lavora un gruppo della facoltà di teologia di Leuven, diretto da M. Lamberigts.
[2] *What is history now?*, ed.by D. CANNADINE, Hampshire-New York 2002.

tate. Fra discipline e specialità sussistono oggi «distanze» intellettuali molto maggiori di quelle che un tempo separavano gli studiosi per ragioni confessionali, controversistiche o ideologiche[3]. Chiunque sfogli la miglior produzione specialistica nell'ambito dell'esegesi o dell'agiografia, del diritto canonico o della storia delle istituzioni, dei rapporti chiesa-società o delle dimensioni di genere nelle religioni mondiali troverà eloquenti esempi di una frammentazione che rischia di trasformare l'ovvia necessità di affinamento specialistico dei metodi e degli ambiti in una distruzione dell'oggetto di studio stesso, schiacciato sotto il peso di un formalismo grazie al quale (talora in ossequio al principio della lunga durata) ogni episodio ha valore generale, il che è ciò che appunto il racconto storico dovrebbe documentare e non il punto da cui dovrebbe partire.

1.2. *Esiste un legame fra le discipline storico-religiose?*

Dato però che, mentre le discipline si frammentano, l'esperienza religiosa conserva una sua oggettiva unità, diventa urgente chiedersi se le molteplici sfaccettature della ricerca storico-religiosa (dall'esegesi alla canonistica, dalla storia delle istituzioni all'agiografia, e via dicendo) abbiano ancora elementi comuni, o costituiscano ormai un fascio di discipline del tutto autonome fra loro.

E per rispondere credo si possa mettere per un momento fra parentesi il problema di dare una definizione univoca di quelle che oggi (l'uso è pressoché invalso in Italia, e ha diverse accentuazioni e sfumature nelle diverse lingue europee) si chiamano genericamente le «scienze storico-religiose»: ne verrebbero elencazioni tutt'altro che stabili, e quand'anche si fissassero confini valevoli *hic et nunc* per alcune, questi non sarebbero in grado di fungere da descrittori significativi dell'altrove o del passato. Anzi: ho il sospetto che un'acuta disamina epistemologica di come si sono pensate le molte discipline accomunate dall'analisi storico-critica delle vicende religiose, non potrebbe che giungere a enunciare una *varietas* del tutto aspecifica (simile, per dire, alla *varietas* che connota la fisica della materia o la genetica). Tanto più che la ricerca recente converge fattualmente nel dire che anche in queste discipline ciò che differenzia l'approccio è la

---

[3] *Deux mille ans d'histoire de l'Église. Bilan et perspectives historiographiques*, J. PIROTTE - E. LOUCHEZ (dir.), «Revue d'histoire ecclésiastique», 95(2000)/3.

scelta dell'oggetto, da cui discendono poi differenze di metodo – e non viceversa[4].

Parimenti ritengo vada accantonata la tentazione di rinviare la questione a un punto indeterminato del futuro nel quale si sarà fatta l'impossibile sintesi della sterminata produzione di questi settori, per i quali già oggi, con deprecata incompletezza, tante rassegne che pure ignorano contributi significativi troppo antichi o troppo remoti all'universo culturale di chi le scrive, riescono a esistere solo limando ad arte le proprie titolature[5].

Fermarsi sulla soglia della *diffinitio terminorum* o rinviare tutto al remoto futuro degli onniscienti eluderebbe proprio l'urgenza della domanda alla quale alludevo: le discipline che in via convenzionale potremmo chiamare scienze o studi o saperi storico-religiosi hanno ancora qualcosa in comune? In altri termini devono comunicare fra loro o possono convivere ignorandosi reciprocamente, come si conviene a saperi ormai distinti?

1.3. *La conoscenza come linguaggio comune*

La domanda non è neutrale e ne ingloba parecchie altre. Giacché uno sviluppo delle scienze religiose che ha prodotto saperi irrimediabilmente compartimentati si presta a due letture antagoniste. Qualcuno potrà dire che la ricerca storico-religiosa, oggi così ricca e frammentata, ha compiuto il percorso naturale: esso l'avrebbe portata a dissolversi nelle storiografie generaliste, in nuovi tagli (intellettuali, sociali di genere) che oggi permettono di considerare come pertinente alla propria ricerca (e dunque obbliganti) altre diacronicità rispetto a quelle determinate dall'oggetto «religioso». Altri paventeranno il fatto che la polverizzazione dei saperi in questo ambito significa la rinuncia alla conoscibilità critica dell'esperienza religiosa e la riconsegna alle autorità religiose della narrazione e dell'interpretazione della memoria a pro di chi vive quell'esperienza dall'interno; ma questo spinge ad affrontare le coabitazioni multireligiose del mondo globalizzato sprovvisti di linguaggi comuni, ancorché limitati dalla natura stessa dell'operazione conoscitiva.

---

[4] Per un approccio classicamente cattolico che parte dal rapporto con la teologia cfr. G. BEDOUELLE, *La storia della chiesa*, Milano 1993.
[5] Credo che i 2800 titoli di periodici in corso o in collezione e le 453.000 entrate del catalogo della Biblioteca Dossetti rappresentino un significativo campione misurato della produzione dell'ultimo mezzo secolo, cfr. www.fscire.it.

2. Tappe

Tali questioni sono il compito che si è dato un comitato di studiosi che sta avviando le proprie riflessioni in vista della costruzione di un «dizionario» delle scienze religiose nel Novecento. Impresa pensabile solo perché in varie sedi si è già iniziato a interrogarsi su cosa è accaduto a singoli settori disciplinari o ad ambiti culturali specifici: il colloquio di Rennes del 1999 sulla storia del cristianesimo in Francia, il congresso su Agostino di Leuven, l'iniziativa veneziana sulla storia della chiesa ne sono il segno; e accanto vanno ricordate le ricerche promosse per celebrare i giubilei di riviste e istituzioni importanti (dall'Institut Catholique alla «Revue d'Histoire Ecclésiastique», passando per la «Rivista di storia della chiesa in Italia») e le monografie su autori e movimenti (si pensi al lavoro di Fouilloux sull'edizione dei padri della chiesa[6]).

Rispetto a questo «bilancio» *in fieri*, vorrei soffermarmi su un'operazione dal carattere interpretativo[7], e insieme preliminare: cioè una periodizzazione larga di quelle che sono state le tappe comuni a tutte le discipline e ne hanno sincronizzato le svolte maggiori. È una scansione sulla quale c'è un consenso storiografico consistente, e che può dare qualche risultato ulteriore rispetto alla questione posta in apertura.

2.1. *Modernismo: la pretesa della fede come dato critico*

Il ripensamento dello statuto delle discipline storico-religiose è al centro dei nuovi studi sul modernismo, la cui vicenda marca indelebilmente una prima fase della ricerca storico-religiosa, ben al di là dei confini confessionali del cattolicesimo[8]. Superata una fase nella quale quella densa vicenda della cultura europea veniva utilizzata per dimostrare le buone ragioni o la ottusità del papato, oggi si coglie in quel momento che segna la vigilia della Grande Guerra il porsi di una *quæstio de modernitate* (che, secondo Étienne Fouilloux, si trascinerà nel cattolicesimo fino al 21 novembre

---

[6] É. FOUILLOUX, *La collection «Sources Chrétiennes». Éditer les Pères de l'Église au XXe siècle*, Paris 1995.

[7] D. CANTIMORI, *Studi di storia. Umanesimo, Rinascimento, Riforma*, II, Torino 1959, 341-342.

[8] P. COLIN, *L'audace et le soupçon: la crise dans le catholicisme français 1893-1914*, Paris 1997. Interessanti parallelismi sono notati da M. CAMPANINI, *Il pensiero islamico contemporaneo*, Bologna 2005.

1962)⁹. Il modo in cui alla fine dell'Ottocento si pone la questione della conoscenza e della conoscibilità storica del fatto religioso determina le relazioni fra le discipline di un sapere che a inizio Novecento è ancora articolato dalle esigenze della controversistica[10], praticato in istituzioni o confessionali o anticlericali[11], isolato rispetto ai primi timidi passi del movimento ecumenico, incerto davanti a quella «irruzione dell'esperienza» che, ancor più della lezione positivista, sta mettendo a soqquadro le impalcature intellettuali e spirituali dell'ambiente accademico nel quale attecchiranno gli studi più ampi e diversi.

Ovviamente le differenze fra archeologia e agiografia, fra storia ecclesiastica e storia del papato, fra paese e paese sono enormi: ma la questione che in quel momento si pone (soprattutto a partire dalla questione del Gesù storico e delle origini cristiane) è fondamentalmente una: trovare il filo di una sola storia che superi le tesi sulla discontinuità epistemologica fra storia «sacra» e storia «profana». Su questo ho trovato illuminante il recente carteggio fra Duchesne e i bollandisti, nel quale il grande studioso mostra una lucida consapevolezza del significato della agiografia per la storia della chiesa antica[12]; altri studi, come quelli promossi da Yves-Marie Hilaire sul secolo che va da Renan a Marrou[13], sostengono che proprio la conoscenza delle origini cristiane così come esce dal lavoro di Duchesne ha permesso a Marrou di accettare sia l'idea che c'è una sola storia, sia l'idea che dovesse rimanere integro accanto a essa lo spazio per la teologia della storia[14], quand'anche essa non fosse stato altro che il prodursi di un'immagine nell'intimità di una persona. Si tratta di un'approccio rilevante anche per l'esegesi, nella quale la lezione positivista sulla fonte (che sta alimentando una coeva erudizione ecclesiastica) produce una separazione fra ciò che si può dire del testo e ciò che si ricava dal testo. La scoperta di

---

[9] É. FOUILLOUX, *Une église en quête de liberté: la pensée catholique française entre modernisme et Vatican II*, Paris 1998 e *Au coeur du XXᵉ siècle religieux*, Paris 1993.

[10] Sulla discussione d'inizio Ottocento cfr. TH.A. HOWARD, *Religion and the Rise of Historicism. W.M.L. de Wette and the Theological Origins of 19ᵗʰ Century Historical Consciousness*, Cambridge et al. 2000.

[11] *Monseigneur d'Hulst, fondateur de l'Institut Catholique de Paris (Actes du colloque d'Hulst, Institut Catholique de Paris, 21-22/11/96)*, éd. par C. BRESSOLETTE, Paris 1998.

[12] *Monseigneur Duchesne et les Bollandistes. Correspondance*, présentation, édition et commentaire par B. JOASSART, Bruxelles 2002.

[13] *Da Renan à Marrou. L'histoire du christianisme et les progrès de la méthode historique (1863-1968)*, éd. par Y.-M. HILAIRE, Lille 1999.

[14] Su questa dimensione cfr. il manuale di G. PASQUALE, *La teologia della storia della salvezza nel secolo XX*, Bologna 2002.

Wellhausen sulle fonti dell'esateuco apre una via d'indagine nella quale, al fondo, la consistenza storico-archeologica dei dati biblici è del tutto irrilevante; analogamente lo sforzo della teologia liberale di poter arrivare a un ritratto del Gesù storico naufragò prima sulle ipotesi di Wrede e poi (in polemica con Wrede) di Schweitzer che pongono l'esigenza di prescindere dal testo per ricostruire la realtà del predicatore apocalittico Gesù[15].

Sia che si parta dalla figura di Gesù o dalle origini cristiane, dalle leggende cristiane o dalla esegesi delle fonti medievali, il problema delle ricerche storico religiose di inizio '900 rimane quello che Blondel poneva con la forza di una obiezione a Loisy nel 1903: «absolument rien ne nous autorise à opposer aux prétentions de la foi une fin de non recevoir»[16]. Su questo nodo – come dar conto in un modo degno della ricerca storica delle «pretese» di fede a cui fanno appello soggetti storici individuali e collettivi senza rimanere vittime della pretesa della fonte di essere «vera» – inizia il percorso novecentesco della ricerca storico-religiosa. Anzi, volendo si potrebbe rovesciare l'assunto e dire che la ricerca storico-religiosa del Novecento è proprio tutta e solo quella che, assunta l'eccedenza della «pretesa» della fede che riguarda un testo, una fonte, una vicenda, è consapevole di dover dar conto *anche di questo* in modo storicamente accettabile.

2.2 *Dalla crisi alla Shoa': l'irruzione della colpa*

Il dibattito aperto dal modernismo pone questioni decisive per la comprensione delle discipline storico-religiose, ancorché congelate in vari modi dalla reazione delle autorità ecclesiastiche cattoliche o dalle correnti fondamentaliste. È dal tentativo di andare al di là della semplice assunzione in chiave erudita del positivismo storico nudo e crudo che viene una stagione nuova della ricerca a segnare gli anni fra le due guerre mondiali.

---

[15] La possibilità di un ritratto storico di Gesù (cara ad Harnack) cede sotto il peso di *Das Messiasgeheimnis in den Evangelien*, di W. Wrede (1859-1906) uscito nel 1901; e poi il più importante libro di A. Schweitzer (1875-1965), *The Quest of the Historical Jesus*, che nella traduzione inglese del 1910 (or. ted. 1906) impose la descrizione del Gesù storico come predicatore apocalittico; la recente versione italiana (Brescia 1999) porta materiali di corredo sulla discussione.

[16] Per il contesto della discussione R. CIAPPA, *Rivelazione e storia. Il problema ermeneutico nel carteggio tra Alfred Loisy e Maurice Blondel (febbraio-marzo 1903)*, Napoli 2001, 71-72; la Ciappa traduce e reintegra le lettere edite da R. MARLÉ, *Le dossier inédit d'une controverse*, Paris 1960, 70-113.

Sul piano dell'esegesi è la reazione della *Formgeschichte* di Gunkel nell'AT e di Bultmann per il NT che marca una fase nuova: questi studi non solo usano in modo diverso il testo, al quale fanno credito, ma cercano nella sua filigrana il *Sitz im Leben* della storia. «Leggere il vangelo senza perdere la fede» – questa la sfida che costituirebbe la cifra della scuola di evangelica di Marburg[17]. Sfida, però, non diversa da quella che attraversa il sapere storico, chino sulle fonti medievali e moderne.

Se si prende la vicenda e la ricerca di Hubert Jedin, lo storico del Tridentino, ci si imbatte in qualcosa di analogo: lo sforzo per produrre un sapere storico rigoroso nel descrivere una stagione della chiesa di cui, nel presentimento della fine, si poteva iniziare a studiare l'inizio, capace di fornire conoscenza, senza che questo mettesse in discussione l'appartenenza (o meno) a quella chiesa. Ma quella di Jedin è un impresa che, pur arrivando a compimento ben tre decenni dopo la fine della seconda guerra mondiale, appartiene a un modo di pensare anteriore al crollo della cultura europea degli anni Trenta e alle colpe che quel crollo denuncia con la guerra e la Shoa'[18]. Sia essa vissuta nella ingenuità della *Deus scientiarum*, colta nel dramma del suo disvelamento o semplicemente presentita sotto la coltre della propaganda come accade a Walter Benjamin – la Shoa' interroga la stessa possibilità di pensare la storia come ordine e processo (si pensi a Dempf...), e la presenta come l'inarrestabile accumularsi di macerie innanzi all'impotenza dell'angelo-osservatore.

In questa temperie è il senso storico della durata – il tempo che costruisce e il tempo che erode – a diventare centrale per le discipline storico religiose: nel capire le catastrofi del mondo antico o della latinità cristiana del XVI secolo c'è (lo sottolinea Riché di Marrou) una resistenza dello spirito[19]. Ma c'è anche un bisogno di capire più a fondo che non nel semplice rispetto della «pretesa» della fede, il rapporto fra esperienza religiosa e storia: su questo punto si potrebbero riprendere i recenti studi su Peterson (è del 1935 il saggio sul monoteismo come problema politico),[20] ma è soprattutto Marie-Dominique Chenu che coglie, alla vigilia della guerra,

---

[17] A. MAGGI, *Come leggere il vangelo senza perdere la fede*, Assisi 2004.
[18] Cfr. sulla interpretazione del peccato storico L. GILKEY, *On Niebuhr. A Theological Study*, Chicago-London 2001.
[19] P. RICHÉ, *Henri Irénée Marrou. Historien engagé*, Paris 2003.
[20] *Vom Ende der Zeit. Geschichtstheologie und Eschatologie bei Erik Peterson*, ed. By B. NICHTWEIß, Münster 2001.

l'esigenza di ripensare il rapporto fra teologia e storia, fra esperienza e tempo prima ancora che la guerra frantumi le fragili convenzioni. Per Chenu la conoscenza storica non ha più una «funzione» ancillare rispetto alla teologia, ma è lo strumento necessario a cogliere lo sviluppo del processo storico nella diacronicità e pluralità della *causæ secundæ*. Questa intuizione funge da fondamento a un'ampia serie di iniziative editoriali (si pensi a quelle sull'edizione dei Padri studiate da Fouilloux) che prendono forma concettuale in questo decennio e che segneranno la ricerca successiva.

2.3. Gli anni Sessanta e Settanta: conoscere per riformare

Non ci sono molti studi sulla generazione che modifica l'assetto delle discipline storico-religiose fra il boom post-bellico e la crisi degli anni Settanta. Una stagione marcata da una serie di novità di metodo e di approccio, che non dipendono solo dall'affermarsi di nuove tendenze storiografiche generali come quelle introdotte dalla scuola degli *Annales*: basta rileggere le pagine folgoranti di Jean Leclercq sul monachesimo del 1954, gli studi di storia di Cantimori del 1959, le pagine di Maxen sulla *Redaktionsgeschichte* del 1954 o la conferenza di di Käsemann pubblicata nel 1953 che rilancia la seconda stagione di ricerca sul Gesù storico per sentire un clima culturale diverso che permette lo scambio diretto di ipotesi di lavoro fra studiosi (si pensi a Congar e Ullmann) assai distanti. Quello che pochi decenni prima era pionieristico diventa di uso comune e si riflette sia in una rinnovata manualistica sia in un nuovo dibattito sullo storicismo al quale dà un contributo acuto Delio Cantimori con i volumi del 1959 e del 1971[21].

Quella che pare essere la cifra di tutta questa produzione è il nuovo rapporto che si crea con una contemporaneità nella quale le istituzioni e le

---

[21] Per il dibattito postbellico sullo storicismo sono importanti punti di riferimento le riflessioni di storici puri come Chabod e Cantimori. Su Chabod cfr. l'importante saggio che prende le distanze dal *Croce storico*, «Rivista Storica Italiana», 64 (1955), 473-530 (*Lezioni di metodo storico*, a cura di L. Firpo, Roma-Bari, 1976, 179-253); su Chabod cfr. G. Sasso, *Profilo di Federico Chabod*, Bari 1961 e i saggi di *Il guardiano della storiografia*, Milano 1982. Di Cantimori cfr. gli *Studi di storia*, Torino 1959 e i saggi raccolti in *Storici e storia*, Torino 1971; per questo aspetto dell'opera di Cantimori cfr. soprattutto G. Miccoli, *Delio Cantimori. La ricerca di una nuova critica storiografica*, Torino 1970, 221-299. In generale G. Cacciatore, *I modelli teorici nella storiografia italiana della seconda metà del Novecento*, ora in *La lancia di Odino. Teorie e modelli della scienza storica tra Ottocento e Novecento*, Milano 1994, 157-238).

mentalità, le culture e i costumi, hanno acquisito un'inedita mobilità: sarà – come scrive Nora nel 1972 – il ritorno dell'evento causato dall'evento, che riprende il suo posto nella vicenda storica. Ma nel sapere storico religioso gioca un peso enorme il successo dei movimenti ecumenici, le spinte riformatrici del Vaticano II, l'imporsi di fenomeni di emancipazione su scala planetaria (dalla decolonizzazione[22] alla condizione femminile[23]) che cambiano la collocazione e l'identità della ricerca.

Per un verso il circuito fra la ricerca avanzata e la fruizione di massa si stringe, superando quello che è il tradizionale sistema della diffusione accademica: basta pensare al peso avuto dalle scoperte della biblioteca gnostica di Nag Hammadi (1945) o dei depositi dei rotoli di Qumran (1947) e alla loro immediata ricaduta in un'impresa come la *Bible de Jerusalem* nella quale diventano di pubblico dominio le acquisizioni sin lì riservate alla diatriba fra gli specialisti e senza che le differenti origini confessionali degli studiosi abbiano creato alcuna ragione d'imbarazzo.

D'altronde tutto il ripensamento conciliare ed ecumenico degli anni Sessanta si basa sulla traduzione in decisioni di scoperte sulla storia cristiana (dal saggio sulla consacrazione di Botte alla ricerca sulla collegialità di Alberigo, dal lavoro sulla tolleranza di Leclerc agli studi sul tridentino di Jedin) o sull'ipotesi che ciò possa essere vero (si pensi a Tierney sull'infallibilità o agli studi su Lutero). E ricerche recenti su momenti vicini della storia (il modernismo da un lato, la questione del rapporto fra le chiese e la Shoa') diventano nello stesso istante temi storiografici e argomenti della polemica vissuta, mediati da una nuova manualistica che fa scuola e successo[24].

In questo frangente il dibattito metodologico si riaccende e trova una sua punta visibile nella discussione fra Jedin e Alberigo sull'oggetto della storia della chiesa: per lo studioso del tridentino – che aveva espresso il suo punto di vista nel saggio *Kirchengeschichte als Heilsgeschichte?* pub-

---

[22] Sull'inizio di una storiografia latino americana, cfr. R. BASTIDE, *Le prochain et le lointain* Paris 1970 e poi Cehila; per l'Africa, A. MELLONI, *Facteurs involutifs et lignes de développement dans l'historiographie relative au christianisme africain. Dépassements et hérédités de la chrétienté*, in *Église et histoire de l'église en Afrique. Actes du Colloque de Bologne, 22-25 octobre 1988*, ed. by G. RUGGIERI, Paris 1990, 283-310.

[23] Nel 1969 Toynbee si chiede qual'è stata l'epoca migliore per le donne... Per un quadro cfr. *Genere. La costruzione sociale del femminile e del maschile*, a cura di S. PICCONE STELLA - C. SARACENO, Bologna 1997.

[24] Cfr. M. GUASCO, *I manuali di storia della chiesa nel Novecento*, Istituto Veneto di Scienze, Lettere e Arti, novembre 2003, ora in «Humanitas» 5/(2004).

blicato nel 1954 – è la teologia che deve porgere allo storico l'oggetto della sua analisi, mentre per il suo più giovane allievo, che ne scrive su *Concilium* quasi vent'anni dopo, è la ricerca storica stessa che deve definire il proprio oggetto cogliendolo così come esso si dà nel tempo. È una discussione che mette in relazione molto più che due modi di pensare la ricerca o due generazioni di storici della chiesa. Certo Jedin è espressione della cultura delle facoltà teologiche confessionali, per le quali questa principalità della teologia è assolutamente indispensabile ad un sapere che non sussiste senza un riferimento alla confessione, mentre Alberigo rappresenta una storiografia religiosa che in Italia come altrove in Europa è ormai insediata in facoltà umanistiche e che deve motivare a sé e agli altri la propria appartenenza a un sapere critico. Ma la questione posta in quello scambio è in realtà di portata maggiore. Infatti per ogni nicchia tematica – per il testo sacro, la patrologia, la storia dei concili, il diritto canonico, la storia delle dottrine, l'agiografia, lo sviluppo della teologia morale, il sapere teologico o la filosofia della religiose – si tratta di fare un'opzione: la scelta fra una disciplina che assume come oggetto ciò che emerge dalla teologia di riferimento e una che lo desume dall'evidenza storica dei fatti non determina un esito qualitativamente diverso (gli studi jediniani sul tridentino e quelli di Alberigo sul Vaticano II sono lì a dimostrarlo!). Ciò che cambia è la consapevolezza della storicità dell'esperienza religiosa – che può essere assunta come una pura determinazione estrinseca di una fede, o il modo più coerente col suo statuto di realtà che si dà e si modifica nel tempo.

2.4. La globalizzazione interreligiosa

Se la lunga stagione del dopoguerra è marcata dalla possibilità di studiare il dinamismo (riformatore) dell'esperienza religiosa, una nuova pagina si apre con l'imporsi della differenziazione religiosa. La funzione esercitata per secoli dalla differenza confessionale (con in più la variante dei postcristiani secolarizzati, ma pur sempre interni a quell'universo culturale) viene surclassata dal pluralismo religioso del mondo globale.

L'effetto maggiore, come ha mostrato Kippenberg, è il ridefinirsi della stessa *Religionswissenschaft*[25], che perde il carattere più fortemente

---

[25] H.G. KIPPENBERG, *A la découverte de l'histoire des religions. Les sciences religieuses et la modernité*, Paris 2000; per lo stato negli anni Cinquanta cfr. H. VON GLASENAPP, *Cinq grandes religions du monde*, Paris 1954.

comparatistico-antropologico, perché allo studio delle singole fedi si associa l'analisi dell'interscambio, delle relazioni denegate, delle parentele non antropologiche, ma teologiche, mentre, per converso, il comparatismo antropologico entra nella esegesi.

La transizione dallo studio delle religioni in senso classico allo studio che si suol definire (col titolo d'un libro divenuto *issue* politico) il *fait religieux*[26] si manifesta progressivamente a vari livelli: la tendenza a globalizzare la manualistica, a studiare le culture locali, a cogliere assi trasversali (come quello del genere) allo studio delle diverse esperienze religiose, l'adozione di un approccio «narrativo» nella esegesi[27], la crescita prepotente e qualitativamente non ineccepibile di un'islamologia – sono sintomi di una stagione con ampi tratti comuni che potremmo genericamente definire postmoderni e imbevuti della cultura del decostruzionismo.

Questo tipo di pressione che cresce e sostituisce la pulsione riformatrice del trentennio postbellico, s'impone su tutte le discipline: la stessa *third Quest*[28] scopre un giudaismo fluido che fornisce (come documentano Sanders e Meier) più elementi per capire il Gesù storico di quanti non ne fornisce una concezione rigida delle culture e delle appartenenze. E sul piano della storia evenemenziale non si guarda più alla chiesa, ma ai «cristianesimi». Da un lato questo permette di approfondire, negli ambiti della storia delle idee, la forza dei «miti» come quello della cristianità, già individuato da Peterson; dall'altro spinge a indagare i margini della vita vissuta e le dimensioni di storia sociale.

---

[26] *Le fait religieux*, ed. by J. DELUMEAU, Paris 1993.

[27] L'affermarsi di nuovi approcci strutturali-intertestuali e retorico-narrativi nelle discipline letterarie e la ipoteticità delle conclusioni storico-critiche hanno aperto la via a nuovi approcci alla fonte biblica: per l'approccio narrativo cfr. R. ALTER è autore dei due influenti studi, *The Art of Biblical Narrative* (1981) e *The Art of Biblical Poetry* (1985); sulla critica canonica si fa riferimento alla produzione J.A. Sanders, che ha coniato il termine, e di B.S. Childs; per gli approcci socio-antropologici cfr. i lavori di G. Theissen sul NT e per l'AT, N.K. GOTTWALD, *The Tribes of Yahweh: A Sociology of the Religion of Liberated Israel 1250-1050 B.C.E.*, 1979; e R.R. WILSON, *Genealogy and History in the Biblical World*, 1977. Per l'approccio femminista ha fatto scuola E.SCHLUSSER FIORENZA, *In Memory of Her*, 1983.

[28] La terza stagione della ricerca sul Gesù storico s'apre con il «Jesus Seminar» fondato nel 1985 da R. Funk: vi hanno collaborato J.-D. CROSSAN, *The Historical Jesus. The Life of a Mediterranean Jewish Peasant*, 1991; E.P. SANDERS, *The Historical Figure of Jesus*, 1993; e J.P. MEIER, *A Marginal Jew*, 3 voll., 1991-2001; sull'impatto della storia degli apocrifi si vedano le edizioni del gruppo dell'*AELAC* (Association pour l'étude de la littérature apocryphe chrétienne).

È un cambiamento che si riflette sia nella presa del termine *religious studies* e del tipo di organizzazione accademica e culturale che si realizza nei dipartimenti di *Divinity* delle università nordamericane: superata la differenza confessionale e religiosa in un sistema che associa non solo le storiografie, ma anche le teologie, quelle priorità che erano scontate nella ricerca europea perdono di significato. Se lungo tutto il secolo la secolarizzazione della ricerca storica si compie all'interno di un quadro concettuale comune a cristiani e postcristiani, a fine secolo è la stessa rilevanza degli oggetti e la dimensione delle intenzioni che entra in discussione.

3. Esiti

Pur nella infinita serie di omissioni di eventi e fenomeni (dall'edizione del Nestle all'ingresso dei computer nella ricerca...) queste brevi riflessioni intendono legittimare una prima risposta alle questioni enunciate all'inizio. La frammentazione della ricerca storico-religiosa non è la premessa a un dissolvimento necessario o benefico di una specificità entro i quadri più generali della storia sociale o intellettuale o altro ancora. È semplicemente una fase di riassestamento che presuppone una progressiva assunzione di responsabilità da parte degli studiosi nella storicizzazione degli oggetti – tutti plausibili, ma non tutti rilevanti.

Così come è stato lungo tutto il Novecento, l'insieme delle discipline storico-religiose è compaginato da domande comuni, da ipotesi di lavoro che attraversano i diversi settori di questi saperi – dall'esegesi al diritto, dalla storia alla teologia – e che finalmente considerano con la stessa plausibilità eventi o idee o processi avvenuti in mondi religiosi differenti.

Sul filo rosso che connette queste discipline ha dato un significativo contributo Roger Aubert chiudendo il numero del centenario della *Revue d'Histoire Ecclésiastique*, dedicato ai dinamismi interni alla storia ecclesiastica, a quelli esterni e alle intersezioni con le scienze umane. È ovvio che il centro d'interesse qui è limitato all'ambito storico, ma la scansione stessa delle sezioni indica un allargamento dei confini cronologici, concettuali e contenutistici (Aubert fa il caso della storia del clero, della pratica religiosa e delle devianza) che interessa in modi diversi tutte le discipline affini[29]. Per

---

[29] Come nota l'antico direttore della «Revue d'histoire ecclésiastique», Roger Aubert, il XX secolo ha allargato «la conception même de l'historiographie ecclésiastique et de son objet» (763): per Aubert c'è un trend che ingloba nell'oggetto di studio non più i

Aubert, che si rifà a un passo del Ricoeur di *Histoire et vérité*, il punto è quello di produrre una storia capace di frenare sia il principio che uno sguardo estraneo o abrasivo sia migliore di uno sguardo interno, sia quello opposto per il quale lo storico deve «partager la fois de ses héros». Secondo Aubert lo storico «doit être capable d'admettre par hypothèse leur foi, ce qui est une manière d'entrer dans la problématique de cette foi en la "suspendant", tout en la "neutralisant" comme foi actuellement professée».

La frammentazione di cui tutti cogliamo gli effetti nella esplosione bibliografica che riverbera dalle riviste ai manuali non è dominabile né dall'indifferenza di chi si chiude in un orto cronologico o tematico indipendente, né da sforzi di sintesi che spesso finiscono per fondare una rivista o un manuale: la questione è quella di storicizzare la rilevanza degli oggetti, ed accettare che una discussione più ampia – sul piano scientifico, culturale e spirituale – decida delle ragioni e dei torti[30].

---

meri aspetti istituzionali, ma la vita vissuta, ovvero, come scriveva Rieks nel n. 101 della «Zeitschrift für Kirchengeschichte»: «vom einer Geschichte des Institution Kirche zu einer Geschichte der Glaubenden und ihres Alltagslebens». Alle origini di questa estensione Aubert mette senz'altro la scuola degli «Annales», ma anche le discipline storico-sociali e, naturalmente, il rinnovarsi dei paradigmi ecclesiologici avvenuto nel corso del XX secolo.

[30] Sul tema della tribunalizzazione della storia, al quale ho dedicato A. MELLONI, *La tribunalizzazione della storia*, in *Ottosettembre 1943. Le storie e le storiografie*, Reggio Emilia 2005, cfr. D. BENSAÏD, *Qui est le Juge? Pour en finir avec le tribunal de l'Histoire*, Paris 1999 e P. RICOEUR, *Das Rätsel der Vergagenheit. Erinnern - Vergessen - Verzeihen*, Göttingen 1998.

GIOVANNI FILORAMO

Research on the Religions in the 20th Century and its Methodological Phases

1. Introductory remarks

Please do not be misled by the over-ambitious title of my paper. Yielding to the flattery of the organizers, I accepted a challenge which would have been impossible even for much greater powers than my own. So, to prevent this weight becoming, both for me and for you, a labour of Sisyphus, I decided to narrow down my field of discussion. The aim that I have set myself is that of providing an interpretative outline of what – in my opinion, of course – have been the most important phases in the study of religions from the point of view of what the Germans call *Religionswissenschaft* and what I, for want of a better term, shall call the Sciences of Religions. By this I mean the disciplinary field comprising the various human sciences, including linguistics, sociology, psychology and anthropology, which, in more or less fertile dialogue with historico-critical research, apply their methods to the study of religion and the religions[1].

During the twentieth century this field of study went through three main phases[2]. The first began at the turn of the twentieth century, with the col-

---

[1] For a recent discussion see my *Che cos'è la religione*, Turin 2004, chapter IV (with bibliography).

[2] For a general survey see W.H. CAPPS, *Religious Studies: The Making of a Discipline*, Minneapolis 1995; G. FILORAMO, *Religione e Ragione tra Ottocento e Novecento*, Roma-Bari 1985; H.G. KIPPENBERG, *Die Entdeckung der Religionsgeschichte. Religionswissenschaft und Moderne*, München 1997 (Italian translation: *La scoperta della Storia delle religioni. Scienza delle religioni e modernità*, Brescia 2002); *Religion in the Making. The Emergence of the Sciences of Religion*, ed. by A.L. MOLENDIJK and P. PELS, Leiden-Boston-Cologne 1998; J. WAARDENBURG, *Classical Approaches to the Study of Religion. Aims, Methods and Theories of Research*, 2 vols, The Hague 1973-1974 (republished in one volume, Berlin 1999); *Contemporary Approaches to the Study of Religion. I: The Humanities. II The Social Sciences*, ed. by F. WHALING, Berlin-New York-Amsterdam 1984-85.

lapse of the positivist model of Comparative Religion and the rise of a method of analysing religious events influenced by the various human sciences which aimed to investigate the deep structures of individual and collective religious behaviour. This was followed, in the period between the two wars, by the so-called phenomenological revolution, which, with the phenomenology of religion, dominated this field of research until the 1950s. The collapse of both functionalism on the one hand and phenomenology on the other – events not easy to date, but in my view a feature of the 1960s – coincided with, and resulted from, the emergence of a new way of interpreting religion, which was characterized *negatively* by a radical deconstruction of the two earlier models, and *positively* by the multiplication of interpretative approaches.

I have spoken of models, but it might be more accurate to speak of interpretative paradigms. The process at work in these different phases is a complex of elements which can be traced back to the continual activity that modernity has promoted in the religious domain, radically challenging it but at the same time, with its irresistible drive towards continual change, constantly creating new conditions for the rise of new religious perspectives, which in turn compelled scholars to construct new forms of interpretation. Thus, in the case of the first paradigm – which I will for the sake of convenience call «functionalist» – the main aim of the study of religions by the various scholars, sociologists, anthropologists and psychologists, who, at the beginning of the Twentieth Century, decided to tend to the critically-ill patient that religion, or rather European Christianity in both its Protestant and Catholic forms, appeared to be, became that of emphasizing, as against the loss of social importance which religion had been undergoing for two centuries and its consequent marginalization and privatization, the profound laws and latent functions which might help to explain its continuing presence, in other forms, even in an increasingly disillusioned society. To speak of a paradigm in Kuhn's sense does not seem inappropriate in this case. The crisis of the subject that characterizes it, and which resulted in the replacement of that texture of traditional, individual and conscious subjectivity that was presupposed as the basis of religious beliefs and practices, by a texture of anonymous subjectivity woven out of structures, subconsciouses and functions, exploded the traditional, closed universe in which religious action had hitherto been imprisoned. This action was now projected into an open universe, which was dangerously bereft of boundaries and which orbited the sun of countless functions whose manifest meaning or purpose became ever more marginal.

The rise of the phenomenology of religion, between the two wars, in the particular climate of the Weimar republic, may be seen as a radical reaction to the former paradigm. The phenomenology of religion, inspired by an idealistic conception of religion rooted in Romanticism, sought to recover the centrality of the religious subject and its role as the «sun» around which interpretation should orbit. Various factors led to the rise of this second interpretative paradigm – external ones such as the emergence of the vitalistic philosophies, and internal ones such as the profound change in the religious field brought about by the crisis caused by the Great War.

The third interpretative model was a consequence of the profound change in the religious situation that followed the Second World War and of the emergence of new methods of interpreting cultural phenomena. On the one hand, this model was a response to the functionalistic interpretations that were revived through the popularity of structuralism, and it proposed to interpret religion as a conception of the world and as praxis; on the other hand, it arose from the processes of globalization and the relativistic tendencies that characterize them, and set in motion a vast deconstructive process which risks throwing out, along with the bathwater, the baby which is the very object of research: religion.

Against this briefly sketched background, I will now discuss, though necessarily very briefly, the main characteristics of the first two phases, before concentrating, in the last part of my paper, on some of the main characteristics of the third.

2. An impersonal subject of religious behaviour: the functionalistic model

In describing the first phase as that of a functionalistic approach to religion, I have of course glossed over the significant differences of theory and methodology which existed within it. This new approach arose in the early twentieth century, before the crisis caused by the First World War, which it in some ways prefigured. It was a reaction against the evolutionistic model for interpreting religion which had dominated the study of the history of religions in the second half of the nineteenth century in the form of Comparative Religion. Some of the leading exponents of the new tendency, from Durkheim to Freud, were intimately linked to this perspective, and in some respects never really abandoned it, as for example in their search for the «origins» of religions in the remote past of the human race. What concerns us most here, however, is the other aspect of their bold intellectual project – their attempt to interpret the nature of religion in relation to profound dimensions of an essentially impersonal nature, dimensions to which access was possible only by the invention of new codes.

The change in paradigm was prompted, in particular, by the rise of dynamistic theories of religion which emphasized the practical force of religiously oriented behaviour. These theories were a reaction against the intellectualism of the positivist model, which tended to reduce religion to the status of a belief, and to interpret it as an attempt by the human intellect to explain, in a partial and deviant way, the complexity of the world and of humankind. One source of the dynamistic theories was the debate on the relationship between magic and religion initiated by J.G. Frazer. Another was the work of the French sociological school, notably M. Mauss's *Esquisse d'une théorie générale de la magie* (1902-1903). This school argued that the basis of religion was *mana*, which it interpreted socially, arguing that it was the product of collective emotions and impulses, a symbolic manifestation of the power that holds society together. Although there were differences in emphasis, the various dynamistic theories had one thing in common: they stressed the importance of power – or, to be more precise, potency – as the «origin» of religion. They saw religion as a complex of acts and beliefs centring on an effective, concrete, autonomous power that was present in all objects. This power might be differentiated or universal, and the faithful would not necessarily have a clear perception of it. In stressing the priority of this impersonal dimension, the various dynamistic theories reflected the emergence of a post-Christian society, faced with a religious universe which could no longer be fitted into the straitjacket of personalistic definitions of the divine. But the problem remained, when defining religion, of finding a common denominator which could link theistic religions and non-theistic ones; and this opened the way towards the «discovery» of a fundamental category, that of the sacred. At the same time, in accentuating the importance of the emotional and irrational factor, these theories were symptoms of a profound change which challenged the evolutionistic model and eventually led to the rise of a new method of interpreting religious phenomena. This change was characterized by the abandonment of the historico-genetic perspective. From a sociological and anthropological point of view, history no longer seemed capable of explaining the complexity and richness of religious phenomena. To understand them, one must abandon the surface of historical narrative and plunge into the abysses of the subconscious. Alternatively one must explore the depths of the social functions performed by religions in the various kinds of society, unknown to their adherents. What had come into crisis, therefore, was the conception of history as the product of conscious historical subjects. This conception progressively gave way to a range of «subjects» which were invisible and anonymous, though no less potent for all that, and of «functions» and «structures», in which and through which the modern crisis of the subject was celebrated.

3. The return of the subject: the model of the comprehending phenomenology of religion

In the late nineteenth and early twentieth century, in reaction to positivistic mechanism and scientific evolutionism, alternative currents of thought began to appear, which were of a vitalistic nature. They ranged from the *élan vital* of H. Bergson to the *Lebensphilosophie* of G. Simmel. Together they brought about a radical change in the interpretative framework of religious phenomena. Particularly influential was W. Dilthey's attempt to assert the autonomy of what he called the «sciences of the spirit», as against the sciences of nature. There was a change in the object, attention now shifting from the world of nature to the predominantly historical world of human productions; and there was a change in purpose, the interpretation of cultural phenomena historically created by man. These changes led in turn to a change in method: *Erklären*, the genetic explanation of a positivistic kind, gave way to *Verstehen*, the interpreter's profound and sympathetic understanding of the object of study. This hermeneutic method, which was to become increasingly prevalent in the study of religious phenomena, was to find a particularly fertile terrain in Weimar Germany. With the revival of some of the ideas and perspectives of early Romanticism, various thinkers developed an idealistic conception of religion, which was radically opposed to the functionalistic kind of interpretation that we have just examined. In this new perspective, the positive religions are self-sufficient organisms, which propagate themselves in history in accordance with ideal laws of development. Their initial «idea» often already contains in embryo their development, rather like Carlyle's heroes or Heinrich Georg August Ewald's biblical prophets (1840). History is merely the means and the place in which and through which this development takes place. According to this idealistic schema, therefore, the history of a religion is simply the realization of its particular idea or vital form, of its *Geist* or spirit, the true dynamic principle of the process. The attainment of the idea is equivalent to the attainment of the essence of that religion. The study of positive religions is at first historico-descriptive, then later becomes systematic and comparative. Its aim is to attain to the very essence of religion. R. Otto and his epigones identified this essence as the Sacred, a sacred for which various bases and interpretations were suggested, but which in all the principal exponents of this school served the common aim of guaranteeing the absolute autonomy of religion against the assaults of evolutionistic reductionism, a theoretical guarantee for which was sought in a conception, variously defined, of the religious Apriori. As a safeguard of its autonomy the attempt was made to build a new disciplinary structure, a *Religionswissenschaft* or science of religion which, unlike the earlier positivistic attempts, would make possible, through the use of hermeneutics, an integral knowledge of religious phenomena.

In its founders' intentions[3], the new disciplinary structure would be divided into three levels. The first was the empirical foundation, the descriptive historico-philological analysis of the various religious traditions, their genesis and their evolution. The second was the systematic level of comparison; here, through the use of appropriate typologies, and with the aid of sciences such as sociology and psychology, the synchronic dimension of the religious phenomenon would be examined, and permanent and recurrent elements identified. The third and last, the coping-stone of the structure, was the understanding of religion; here the aim was to get to the heart of the religious experience, its «essence», which in accordance with the teachings of R. Otto was generally identified with that new key term, the sacred. The epistemological background to the new construction was provided by the Diltheyan sciences of the spirit, which stressed that the study of the life of the spirit demanded peculiar methods and aims. The ideological materials were supplied by Simmel's *Lebensphilosophie*, with its organicist conception of the vital forms and its irrational concept of an «empiria» which eludes all possibility of control. J. Wach's *Religionswissenschaft,* published in 1924[4], is a programmatic manifesto, highly indicative of this scientific approach to religion, which would continue to exert its influence in the second half of the twentieth century, going through various mediations and metamorphoses, culminating in the conception of the *homo religiosus*, dear to various contemporary interpreters, such as M. Eliade and J. Ries. But if one book may be called the first fundamental practical application of this model, it is Friedrich Heiler's

---

[3] I have discussed this question in *Religione e Ragione...*, chapter IX.

[4] J. WACH, *Religionswissenschaft. Prolegomena zu ihrer wissenschaftstheoretischen Grundlegung*, Leipzig 1924. For a discussion of this fundamental figure, who is practically unknown in Italy, cf. my observations in my introduction to the Italian translation of his *Sociologia della religione*, Bologna 1986.

Das Gebet, which appeared in the fateful year 1918[5]. This book contains all the essential features of the new paradigm, exemplified in the analysis of the fundamental phenomenon of prayer. Like religion itself, prayer is essentially expressed in an original *Erleben*, which contains its original form, the *Urform*, the ideal form; and it is an *Erlebnis* which is irrational by its very nature. Autotelically, this *Urform* contains all its later developments: and history is the place where these various forms meet and are manifested. The forms do not derive from external causes, such as economic ones, for they are only the instrument of this manifestation. They evolve from primitive forms to refined ones; but even the most primitive form is potentially capable of manifesting profound and essential features. So it is the task of the historian, or rather the phenomenonologist – who is capable of grasping its idea, its essence – not to get lost in the forest of empirical manifestations, but to trace the law of the ideal development of the phenomenon in question.

Heilerian *Religionswissenschaft* presupposes the history of religions, which is concerned with the individual, whom it contextualizes, and the psychology of peoples, which is concerned with origins and development. But above all it presupposes psychological research, which is concerned on the one hand with the piety of the ordinary human being, and on the other hand with that of the religious geniuses and great personalities. Only by a combination of these two approaches will it be possible to trace the original form of prayer. The study of primitive peoples enables us to grasp the naive, spontaneous form of prayer, but mingled with magical forms which risk distorting its true features. The study of the prayer of religious geniuses, on the other hand, reveals to us in its pure state this original form, which in the piety of the masses and of the ordinary person generally lives in a manner that is reflected, not creative. Through this combination of methods it is possible to recapture «*die Keimform eines Erlebnisses aus der voll entwickelten, durchsichtigen Form desselben Erlebnisses*»[6].

In conclusion, for Heiler the aim of the various sciences which combine not only with psychology but also with history in the study of reli-

---

[5] F. HEILER, *Das Gebet. Eine religionsgeschichtliche und religionspsychologische Untersuchung*, Muenchen 1918. On him see *Inter confessiones. Beiträge zur Forderung des interkonfessionellen und interreligiösen Gesprächs. Friedrich Heiler zum Gedächtnis aus Anlaß seines 80.Geburtstages am 30.1.1972*, hg. von A.M. HEILER, Marburg 1972, which also contains his bibliography.

[6] *Das Gebet...*, 19.

gious life and its forms (phenomenology in the Husserlian sense, and sociology) is to lay the foundations of the philosophy of religion as a study of the human consciousness on the basis of a particular theory of the religious Apriori[7].

This theory led to the founding of a method, or to be more precise – for it is difficult to identify a clear phenomenological method, at least in a traditional scientific perspective – of a school of thought, known as the «phenomenology of religion», which dominated research in the sciences of religions until quite recent years, especially in Germany. This is not the place to examine the origins of the term itself [8]. It will suffice for our purposes to cite the most influential work on the subject, *Phänomenologie der Religion* (1933) by the Dutch scholar Gerardus van der Leeuw. Rejecting the positivist method, which had treated religious phenomena as self-contained entities, van der Leeuw draws on two essential concepts of Husserl's philosophical phenomenology – the *epoché* as a need for detachment, and eidetic vision as a quest for essential elements, a «return to things themselves». Van der Leeuw considers the phenomenon, «that which appears», as a product of the meeting between a subject and the object which is manifested. Thus, contrary to what happens in positivistic reductionism, the religious object is preserved in its autonomy as a «reality» which refers to and at the same time manifests the sacred, in accordance with the theory of R. Otto, to which van der Leeuw himself contributed. In this dynamistic perspective, what manifests itself is potency, and it does so first in an impersonal form (the object of religion), then in personal forms (the subject of religion). This creates a fertile interrelation between the religious object and the religious subject, an interrelation which coincides with sacred action. The phenomenologist must follow this ideal development; and he will do so in three phases: first through the sympathetic understanding of the religious experiences which he studies; secondly by describing and analysing them in their particular structure; and finally by bearing witness to the particular «reality» that underlies them. The result is a particular attention – an inevitable effect of adopting a hermeneutics of religious experience – directed at the psychological di-

---

[7] «Die Erkenntinstheorie der Religion holt aus der bunten Tatsächlichkeit seelischen Erlebens das im Wesen der menschlichen Vernunft gründende apriorische Gesetz der religiösen Ideenbildung heraus», *Das Gebet...*, 24.

[8] Cf. for a preliminary presentation chapter I of G. FILORAMO e C. PRANDI, *Le Scienze delle religioni*, Brescia 1971².

mension, following a path that had been magisterially initiated, as we have seen, by Otto's *Sacred* and Heiler's book on prayer.

The limitations of this approach have so often been pointed out that there is no need to expound them in detail here. They may be summed up as an uncontrolled subjectivism whereby the phenomenologist, who is dependent on his own divinatory and artistic abilities, bases his inquiry on an intuition which eludes all methodical control. What is worth pointing out briefly is the fact that, after the Dutch scholar's inimitable masterpiece, the phenomenology of religion developed along two main lines. The first corresponds to the so-called «School of Marburg», and includes authors suchs as Heiler himself, Gustav Mensching, Kurt Goldammer, and more recently Gunther Lanczkowski. These scholars followed the path traced out by van der Leeuw, preserving his hermeneutic framework. The aim they set themselves was to use phenomenological comparison to arrive at the very essence of religion, which they defined as the sacred. The second line of research corresponds to the Dutch phenomenological tradition, from C.J. Bleeker to J. Waardenburg.

These scholars criticized the hermeneutic framework, its philosophical premises and its conclusions of theological exploitation and witness. In place of these they attempted to construct a phenomenological method endowed with greater critical awareness and more open to the problem of relations with history. The most lucid discussion of this problem was by the Swede G. Widengren, the author of the last and fundamental *Phenomenology of Religion* (1969)[9].

4. The Deconstructionist nouvelle vague

The phenomenological paradigm runs parallel, in what at first sight seems a paradoxical manner, to the emergence of the various theories of the secularization and privatization of the religious phenomenon. In reality, it draws on what seems to be the core of this perspective, the fact that religion has lost its social importance and been reduced to the private sphere and the intimate dimension. This, according to an interpretation popular in the 1960s, thanks to a purificatory immersion in the turbid waters of the nihilistic tendency, meant that religion had returned to its individual roots,

---

[9] For an overview see my introduction to the Italian translation of the work: G. WIDENGREN, *Fenomenologia della religione*, Bologna 1984.

and become once again a conscious choice, free of social constraints. So it is no coincidence that the challenge to this way of interpreting the decline of religion led to the overthrow of the phenomenological perspective. In its place there arose a new interpretative approach to religion, which challenged the earlier models and tried to come to terms with the new way in which the relationship between late modernity and religion was developing.

A crucial watershed in this development was the anthropologist Clifford Geertz's essay on religion as a cultural system, published in 1966[10]. Its importance lay in its ability to strike at the heart of both functionalism and the phenomenological perspective, in the light of a new mode of interpreting religion. On the one hand Geertz propounds the thesis, in opposition to all functionalistic reductionism, that religion constitutes the social order and is not simply a copy, a reflection or a function of it. On the other hand he criticizes the phenomenological perspectives which drew on a private conception of religion (as in P. Berger and Th. Luckmann's essay on religion as a social construct) and their experiential basis, which was usually the experience of the meeting with the sacred. His most significant arguments against this theory are taken from the analyses of philosophers of language such as L. Wittgenstein and J.L. Austin, and emphasize the centrality of culture as linguistic and symbolic mediation. Thanks to this *linguistic turn*, religion is no longer seen as an indescribable experience, but as a symbolic system which can mediate and express the most significant features of a particular cultural system. Description thus regains the initiative, as against the *Einfühlung* of the interpreter. At the same time, religion enters – whether and to what extent dangerously so, is one of the *enjeux* of our discussion – the orbit of cultural studies. This interpretative method of including religion within this field has become more and more influential, and is dominant in an increasing number of institutions, such as the North American departments of religious studies.

The critique of the two models mentioned earlier has become radical and systematic in recent years. There is now a veritable deconstructionist *nouvelle vague,* especially in the USA, which has become the leader in this field of research, too[11]. At the centre of the critique – which of course

---

[10] C. GEERTZ, *Religion as a cultural system (1966)*, in *Interpretation of cultures*, New York 1973 (Italian translation, *Interpretazione di culture*, Bologna 1987).

[11] The critique of this perspective is central to my *Che cos'è la religione...*, to which the reader is referred for further details and bibliography.

has wider implications, but which here concerns us only for its effect on the field of studies on religious sciences – is a radical attack on the subject and more generally on the way in which modern subjectivity has developed, from the Enlightenment onwards. The rejection of the subject and the parallel challenge to an autonomous and conscious moral agency as the centre and motor of human action are filtered through the study of linguistic practices and mechanisms of the formation of power and authoritarian control. The critique has on the one hand shifted the focus of attention to the study of otherness, heterogeneity – in short, to the «adventures of difference»; and on the other hand it has argued, drawing especially on the work of M. Foucault, for a deconstruction of the various practices of power. These practices are seen as the basis of the way in which western culture of Enlightenment origin has encapsulated a complex reality within a series of -isms, reducing it to fictions and simulacra, in order to assimilate, understand, and above all dominate it. One might discourse at length on the nihilistic aspects of this mode of argument, which constitute a threat to the traditionally historico-philological way in which the modern scientific knowledge of religion was formed. What is certain is that it has to be faced. For the postmodern critique of individualism, with its corollaries such as feminist studies, gender studies, postcolonial studies and so on, touches on fundamental cruxes such as the position of the scholar with relation to his object of study, the necessity to avoid a Eurocentric approach, and the questioning of research based primarily on written sources. In short, it has had the effect of fostering a study of religions which adopts a global perspective and which is at the same time gender-sensitive, postcolonial, multicultural, critical and self-reflexive. The result has been a radical critique of the modern concept of religion, which appears in this deconstructionist and postcolonial perspective as the falsely reified conceptual tool that has accompanied the missionary and conquering work of the colonial era. It is regarded, therefore, as an inappropriate method, in a globalized, multicultural society such as that in which we live, of approaching the complexity of the intercultural dynamics.

In the light of what has been said, it seems possible to affirm that the fundamental question that faces the sciences of religions today is one which radically challenges their scientific status and the very manner in which they evolved during the nineteenth and twentieth centuries. The question may be formulated in these terms: is it possible, and if the answer is an affirmative one, in what sense and to what extent is it possible, to defend a conception of the sciences of religions which has been constructed within a western model of rationality and of power, in a world which is on the one hand increasingly globalized and on the other increasingly dominated by an idea of the «after», an idea which expresses the awareness that an epoch has irremediably ended and with it a whole mode of thinking, feeling, interpreting, built on the hegemonic western model? And what correctives are necessary to enable the new epistemological model of the sciences of religions that has risen from the ruins of its forerunners to resist the formidable challenges posed by late modernity? Or, if the answer is a negative one, are there any viable alternatives?

Without claiming to possess any certainties in a fluid and chaotic interpretative world, I would like, in the last part of my paper, to move on from this account of the past to express some thoughts on the most recent trends which may stimulate discussion and perhaps help to clarify future lines of research.

5. Trends and perspectives

The scientific study of religions is faced today with the challenge of a contemporary episteme – typical of what we call postmodernism – which has coincided with the critique of the postulates of the traditional scientific methods applied to the study of religion during the twentieth century. Today the new cognitive sciences of religion are endeavouring to reopen, on the basis of research in the philosophy of mind, the age-old question, proper both to the phenomenology of religion and to structuralism, of the «elementary structures» of religious experience. The underlying conviction is that all religions in the last analysis reveal an identical primary organization of thought[12]. By contrast, the relativistic tendency typical of postmodern thought goes in another direction, which I think is more interesting for our argument. Its is the origin of a variety of lines of thought which at first sight seem disparate and irreconcilable, such as a critique of

---

[12] This is a flourishing field. For a preliminary introduction see *Religion in Mind: Cognitive Perspectives on Religious Belief, Ritual, and Experience*, ed. by J. ANDRESEN, Cambridge 2001; *Cognitive Aspects of Religious Symbolism*, ed. by P. BOYER, Cambridge 1993; ID., *Et l'homme créa les dieux. Comment expliquer la religion*, Paris 2001; W. BURKERT, *La creazione del sacro*, Milano 2003; J.-B. PATRICK, *La biologie de Dieu. Comment les sciences du cerveau expliquent la religion et la fois*, Paris 2003; I. PYYSIAINEN, *How Religion Works: Towards a New Cognitive Science of Religion*, Leiden 2001; A.N. TERRIN, *Religione e neuroscienze*, Brescia 2004; E.O. WILSON, *Consilience*, New York 1998 (tr. it., *L'armonia meravigliosa. Dalla biologia alla religione: la nuova unità della conoscenza*, Milano 1999).

the forms of classical Aristotelian logic, an impulse towards critical reflectiveness, a yearning for the adventures of difference, and a deconstruction of traditional models of otherness such as orientalism. The external cultural factors that have contributed to the creation of this methodological phase include chaos theory and fractal theory, the alternative logics and the Wittgensteinian *linguistic turn*, which I have already mentioned apropos of Clifford Geertz's essay. To discuss these factors here would take us to far from our subject. What needs to be emphasized is the fact that a science of progress has taken the place of a science of stasis; a science of becoming has taken the place of a science of being. And this science has brought with it new logical tools and a repertoire of graphic images which are intended to comprehend the irreducibility of chaotic complexity while rejecting any kind of reductionism. This new development has certainly had an impact on the the sciences of religions, though the wind of change has affected scientific institutions and individual scholars at different times and in different ways according to their cultural traditions and their individual dispositions or idiosyncracies. This has led to that multiplication of theoretical perspectives and of searches for differences to which I referred earlier. These new perspectives are often linked by an acute awareness that a cultural monotheism, that of the post-Enlightenment Christian West, is ending, and being replaced by the rise of a flexible, nuanced polytheistic vision, which is ever ready to question its own premises.

It may be symptomatic, in this connection, to ask how this phase is perceived today in cultural situations which are not of the West, even if they have been to a greater or lesser degree influenced by Western culture – as in Japan or China[13]. There is, for example, a growing number of Japanese exponents of the sciences of religions, who are at the centre of critical debate today. These scholars, in a bold and often deliberately provocative manner, blend Heideggerian hermeneutics, the thought of the Kyoto school, the philosophy of language and the theoretical formulations of Buddhism, to radically challenge some of the key concepts of western philosophy and the human sciences – and hence also of the sciences of religions. They reject, for example, the concept of universals and of the uniqueness of human reason, and join an increasing number of western analysts of religious phenomena in attacking the monopoly of the Western paradigm and

---

[13] Cf. M. RAVERI, *Pensiero orientale ed ermeneutica contemporanea nello studio delle religioni*, in *La Storia comparata delle religioni*, a cura di G. FILORAMO e N. SPINETO, «Storiografia» 6 (2002), 89-105.

unmasking claims to objectivity in research. E. Said's *Orientalism* has led the field here, for in Japan, too, there is a rejection of the idea that the principle that constructs the identity of the 'East' should be located outside the East. Hence they take issue not only in general with the concept of religion typical of our field of study, as being too dominated by Christianity and its theologies, but with the whole classificatory framework that underlies it, both in its nomothetic principle and its practical applications. Significantly, there is an increasingly widespread rejection of definitions that are habitual to us, such as Hinduism and Buddhism.

It is not possible here to go into detail concerning these complex theoretical issues. They may be summed up, however, by the fact that the West and its dominant culture, including the sciences of religions, are increasingly perceived, in some areas of research, as a relative subject which has identified and continues to see itself as universal, thereby imposing itself and its own values as an absolute paradigm in relation to which all other cultures must recognize themselves as particular. Hence the growing number of studies which set out to demystify this strategy of domesticating religious otherness, and which have been fuelled by the emphasis on the «fictional», the element of «invention», of pure rhetorical construction, in scientific and, by extension, historical narrative. The penetration into the precinct of religionistic studies of this demystifying critique of the subjectivity of the interpreter must be seen as a salutary remedy for a tradition of research in which the weight of the ideological datum, including the influence of theological studies, has often been underestimated or not sufficiently estimated. On the other hand, the excess that is evident today, and which leads to the interpreter being seen as a «fabricator», a demiurge, of religion, risks resulting in the reduction of our field of study to a field of mere deconstructionist techniques, which, if applied as ends in themselves, tell us more about the interpreting subject than about the interpreted object.

6. Conclusions

Drawing towards a conclusion, it should be clear by now what I regard as the most important problem facing the sciences of religions in the future: the problem of establishing a significant role for historical research, without thereby evading the challenges of complexity imposed by the deconstructionist *nouvelle vague*. Religion, however one chooses to define it, is a complex reality, with a long history; a reality which is on the one hand subject to the evolutionary laws of human cultures, and on the other governed by autonomous internal logics which cannot be reduced to mere functions. It is a traditional historical reality which is now proving to be increasingly multi-faceted and complex, and which cannot therefore be studied from a single point of view, however important that point of view may be. It is therefore the task of the sciences of religions to confront the growing complexity of the object, approaching it from a multiplicity of points of view. In this perspective, the sciences of religions become a metadiscipline which, instead of seeking improbable essences or deconstructing its own object, attempts to construct a field of discourse capable of mediating – linguistically, conceptually and theoretically – the complexity of the object under examination.

At the beginning of the last century Max Weber observed: «In some way the colour changes. The meaning of points of view and of unreflected value judgements is lost in the half-light. The light of the great cultural problems has migrated. So science too prepares to changes its abode and its conceptual apparatus, so as to be able to look down from the height of its thoughts on the river of events, steering by those stars which alone seem able to give meaning and direction to its work»[14].

It only remains for me to express the fervent hope that this inaugural conference for such an ambitious project of research, which looks back into the past to find a meaning and direction for the future, will make a positive contribution of ideas and perspectives in the present climate of radical cultural change.

---

[14] M. WEBER, *Gesammelte Aufsätze zur Wissenschaftslehre*, Tübingen 1963, 214.

The Debate between the 19th and the 20th Centuries

THOMAS ALBERT HOWARD

Theology or the Science of Religion?
The Legacy of Adolf von Harnack

1. Introduction

The German Empire eagerly took part in the famous World's Fair in Chicago in 1893, generously funding a series of exhibitions to showcase its recent economic and industrial advances and its many scientific achievements. Not surprisingly, a major display was dedicated to the German university system, the pride of the new nation and the envy of the world. To accompany the exhibition, the Prussian Ministry of Culture had commissioned a two-volume octavo-sized collection of essays by leading German professors, each glowingly charting the contributions of German scholarship to various academic disciplines[1].

Undeniably, a nationalist and triumphalist impulse lies behind the Chicago exhibition: Germany's desire to parade before an international audience the impressive character of its universities and revel in the global attention that they already enjoyed.

However, if one digs deeper, the exhibition's triumphalism is mitigated by other factors – which suggest that the very dynamism of the university system had also resulted in certain tensions and dilemmas. Nowhere is this more apparent than in the discussion of the theological faculty (*theologische Fakultät*), the erstwhile «queen of the sciences» in traditional parlance and customarily the «first» faculty in the four-faculty scheme of academic organization that German universities had inherited from the University of Paris in the Middle Ages[2]. In his essays on the Protestant theological fac-

---

[1] *Die deutschen Universitäten: Für die Universitätsaustellung in Chicago unter Mitwirkung zahlreicher Universitätslehrer*, ed. by W. LEXIS, 2 vols., Berlin 1893.
[2] The adoption of the «Parisian» model meant that German universities were customarily divided into four faculties: three «higher» faculties – theology, law, and medicine – and one «lower» faculty: philosophy or what in the Middle Ages had been called the arts

ulty written for the exhibition, the theologian Eric Haupt went to great lengths to demonstrate that theology too was «an integral part of the totality of science,» that «a scientific movement» had long been underway in its precincts, and that theological disciplines had every right to lay claim to the mantle of «progress» along with their colleagues in secular fields. But Haupt also admitted that all was not well. «One often hears the complaint», he wrote,

> that intellectual criticism (*Kritik*) now almost exclusively occupies the time of [theology] students and the young people are ill-fitted to serve the congregations of the church. The academic theologians will certainly not deny that many imperfections still adhere to their work. But they are convinced that any one-sidedness thus produced will be overcome by further scientific and religious education... In short, we must have patience, and must look for the reconciliation between faith and science, in the individual as well as in the whole church, from a steady cooperation of these two factors[3].

In other words, Friedrich Schleiermacher's great liberal-theological project of establishing an «eternal covenant» between Christianity and modern knowledge, faith and science, remained a work in progress. Further effort (and patience) was needed. But in truth, Haupt's words only scratched the surface of what by the early twentieth century had developed into a full-blown dilemma: «the crisis of the theological faculty» as it was often expressed[4]. Discussed from the lectern and pulpit, in academic and clerical gossip, and in numerous publications, the increasingly controversial position of the theological faculty in the university had became an acute subject of concern[5]. Did theology really belong in a modern «research university», many asked? Shouldn't universities began to study religion more neutrally, in a strictly positivistic, empirical fashion, and allow theology to be removed to seminaries?

The crisis was not simply occasioned by ecclesiastical dissent from the university, as the quote from Haupt might suggest. Its scope was much larger, encompassing questions about the nature of modern critical schol-

---

faculty (*Artistenfacultät* or *facultas artium*). On the early history of German universities, see G. KAUFMANN, *Die Geschichte der deutschen Universitäten*, I, Stuttgart 1888 and H. RASHDALL, *The Universities of Europe in the Middle Ages*, ed. by F.M. POWICKE and A. B. EMDEN, II, Oxford 1936, 211-63.

[3] See the essays by Haupt in *Die deutschen Universitäten...*, 171-80, 188-96.

[4] E.H. HAENSSLER, *Die Krisis der theologischen Fakultäten*, Leipzig 1929.

[5] A. DILLMANN, *Über die Theologie als Universitätswissenschaft*, Berlin 1875 and E. TROELTSCH, *Die Trennung von Staat und Kirche, der staatliche Religionsunterricht und die theologischen Fakultäten*, Tübingen 1907.

arship *(Wissenschaft)*, broader patterns of deconfessionalization in higher education, and, not least, progressive ideas about church-state relations that affected the legal standing of theological faculties within the university.

In what follow, I want to examine the shape of the problem more closely, calling attention to its deeper historical antecedents and more immediate sources. Then, in an effort to render a broad topic more managable, I want to focus attention on the response to the problem (or at least parts of it) offered by the theologian and church historian, Adolf von Harnack (1851-1930), who, arguably more than any single figure in Wilhelmine Germany, set the parameters for and determined the course of the academic study of theology and religion in Germany.

2. The Shape of the Problem

Although theology was preeminent in the premodern Germany university, the eighteenth and early nineteenth century marks a crucial transition in its fortunes. Growing criticisms of confessionalism, new departures in professorial scholarship, the emergence of dynamic scholarly disciplines like history and classical philology, the establishment of reform universities at Halle (1694) and Göttingen (1737), the challenge to universities by scientific academies – all helped to bring about momentous intellectual shifts, which signaled the diminution of theology's institutional clout[6].

In assessing these shifts, one must also attend to political factors, typified in many respects by Friedrich the Great of Prussia (r. 1740-86), who regarded the state not as a bastion of a particular orthodoxy but, among other things, as an agency for enlightenment and toleration. Enabled by this new conception of the political order and by the same cultural currents that inspired «the first servant of the state» to invite Voltaire to Sans Souci, German intellectuals began voicing criticism of the universities, theological faculties in particular. Playing for a Protestant crowd, the redoubtable Christian Thomasius of Halle had already argued early in the eighteenth century that the supremacy of the theological faculty was in fact a Catholic relic traceable to the papacy's intention of achieving clerical domi-

---

[6] C.E. MCCLELLAND, *State, Society, and University in Germany, 1700-1914*, Cambridge 1980, 34ff.

nance over society[7]. Lessing, Goethe, and other non-university literati regularly derided the «guild theology» (*Zunfttheologie*) of the universities for retarding the development of nobler religious sentiments[8]. A new breed of theologians like J. S. Semler, J. L. von Mosheim, and J. A. Nösselt clamored for reform in theological education, all emphasizing scholarship and irenicism over customary polemical or apologetic tendencies[9].

A large literature from the late eighteenth century pilloried the «medieval» division of the faculties with philosophy (*qua ancillia theologia*) on the bottom rung. «The monastic division into faculties, in which philosophy walks behind like a handmaid, must cease», wrote W. A. Teller, a key figure in Berlins's secret society for enlightenment, the *Mittwochsgesellschaft*[10]. The longest section in Immanuel Kant's *Streit der Fakultäten* (1798) was devoted to «The Conflict of the Philosophy Faculty with the Theology Faculty». The philosophical faculty, which stands «only under the authority of reason», the Königsberg philosopher reasoned, should assume greater leadership in the university. «We can also grant the theology faculty's proud claim that the philosophy faculty is its handmaid», he conceded, but added: «the question remains whether the servant is the mistress's torchbearer or trainbearer?»[11]. As the work makes clear, Kant assumed the former: philosophy should lead theology, not vice versa.

The accumulating questions about university organization and the theological faculty came to a head at the time of the founding of the epoch-making Prussian University of Berlin (1809-10), an event preceded by theoretical discussions on the nature and purpose of «the university» heretofore unknown in Western history[12]. During the discussions in Prussia,

---

[7] See the material attributed to Thomasius in the entry on «Facultät» in J.G. WALCH, *Philosophischen Lexicon*, Leipzig 1726, 381.

[8] C. SCHWARZ, *Gotthold Ephraim Lessing als Theologe*, Halle 1854, 63.

[9] See J.S. SEMLER, *Versuch einer nähern Anleitung zu nützlichem Fleisse in der ganzen Gottesgelehrsamkeit*, Halle 1757; J.L. VON MOSHEIM, *Kurze Anweisung die Gottesgelahrtheit, vernünftig zu erlernen*, Helmstedt 1756; and J.A. NÖSSELT, *Anweisung zur Bildung angehender Theologen*, 3 vols., Halle 1786-89. Cf. J.G. HERDER, *Briefe das Studium der Theologie betreffend*, Weimar 1780.

[10] Quoted in A.VON STÖLZEL, *Die Berliner Mittwochsgesellschaft über die Aufhebung oder Reform der Universitäten (1795)*, in *Forschungen zur brandenburgischen und preussischen Geschichte* 2 (1889), 204-06.

[11] I. KANT, *Der Streit der Fakultäten*, with an English translation and introduction by M.J. GREGOR, New York 1979, 44-45.

[12] The key texts, letters, and memoranda relevant to the establishment of the University of Berlin are found in Wilhelm Weischedel, ed., *Idee und Wirklichkeit einer Universität: Dokumente zur Geschichte der Friedrich-Wilhelms-Universität zu Berlin*, Berlin 1960.

two distinct conceptions of the academic study of theology emerged, one articulated by the university's first rector, the philosopher Johann Gottlieb Fichte; the other by Friedrich Schleiermacher.

Fichte felt that the occasion of the new university's founding provided a historic opportunity for the wholesale reenvisioning of academic theology. He desired to exclude from the university practical training for the ministry altogether, proposing instead that separate, seminary-like institutions be set up to instruct what he called «Volkslehrer», ethical tutors for the common man. The rest of theology – its «scientific part» – could gain admission to the university, albeit on the condition that it obey new imperatives of philosophical and scientific reasoning. «In the [university]», he wrote, «the scientific remainder of theology, which has perished as a priestly intermediary between God and man, would cast off its former nature entirely (*seine ganz bisherige Natur ausziehen*) and don a new one». The categories of «revelation» and «mystery» should be jettisoned as theology transformed itself into a largely historical and philological enterprise. Fichte also proposed theology could no longer focus on the Christian religion alone, but must develop a «more comprehensive» approach, one that dealt with «the religious ideas of the so-called heathen»[13].

Not surprisingly, Fichte's vision proved too radical for the time. The more influential conception of academic theology came from Friedrich Schleiermacher, the first dean of Berlin's theological faculty, and, if we believe Karl Barth, the taproot of all modern liberal theology. Articulated in various official memoranda, in his *Gelegentliche Gedanken über Universitäten in deutschem Sinn. Nebst einem Anhang über eine neu zu Errichtende* (1808), and especially in his *Kurze Darstellung des theologischen Studiums* (1811, 2nd ed., 1830), Schleiermacher's conception of academic theology was more in keeping with traditional forms, even if these forms were pressed into the service of dynamic, modern academic ideals, in particular a novel conception of *Wissenschaft*, rooted in the late Enlightenment and in German idealist philosophy. Thus, not unlike Fichte, Schleiermacher too wanted a theology rigorously «scientific».

At the same time, unlike Fichte, Schleiermacher retained «practical theology,» the professional training of future pastors for church leadership (*Kirchenleitung*), as an essential goal of university theology; he even called

---

[13] J.G. FICHTE, *Deduzierter Plan einer in Berlin errichtenden höheren Lehranstalt*, in *Die Idee der deutschen Universität: Die fünf Grundschriften aus der Zeit ihrer Neubegründung durch klassischen Idealismus und romantischen Realismus*, ed. by E. ANRICH, Darmstadt 1964, 150ff.

«practical theology» the «crown» of the other branches of theology, which in his scheme included historical and philosophical theology[14]. Service to the church was necessary for what in one memorandum he described as «the unification of the scientific spirit with the religious sense» (*die Vereinigung des wissenschaftlichen Geistes mit dem religiösen Sinn*) – perhaps the most succinct expressions of his lifetime task[15]. Without this goal, various aspects of theological study might as well be handed over to the philosophical faculty for strictly theoretical treatment. In the final analysis then, Schleiermacher offered a twofold rationale for university theology: the scientific improvement of theology and service to the church, particularly providing intellectual direction for church leadership[16]. This dual purpose found its way into the first article of Berlin's statutes for the theological faculty:

The theological faculty has the vocation of proceeding according to the teaching of the evangelical church so as not only to propagate the theological sciences in general, but also especially to make competent by means of lectures and other academic exercises the young men who dedicate themselves to the service of the church[17].

This formulation of the theological task proved extremely influential; it constituted the backbone of Protestant theological education in the nine-

---

[14] «Die praktische Theologie ist die Krone des theologischen Studiums». SCHLEIERMACHER, *Kritische Gesamtausgabe*, I, vol. 6, ed. by H. FISCHER ET AL., Berlin 1998, 253. Schleiermacher's tripartite division of theology (historical theology, philosophical theology, and practical theology) was somewhat idiosyncratic, at variance with the more customary fourfold pattern (exegetical theology, historical theology, systematic theology, and practical theology) offered to students in theological textbooks (or «theological encyclopedia» as they were called in the nineteenth century). For example, see K.R. HAGENBACH, *Encyklopädie und Methodologie der theologischen Wissenschaften* (1833-1889[12]). This was the most popular introductory theological textbook of the nineteenth century.

[15] SCHLEIERMACHER, *25.Mai 1810 Professor Schleiermacher über die Einrichtung der theologischen Facultät*, in R. KÖPKE, *Die Gründung der Berliner Universität*, Berlin 1860, 212.

[16] The rationale is nicely summed up in §5 of his 1811 *Kurze Darstellung*: «Die christliche Theologie ist der Inbegriff derjenigen wissenschaftlichen Kenntnisse und Kunstregeln, ohne deren Anwendung ein christliche Kirchenregiment nicht möglich ist». See SCHLEIERMACHER, *Kritische Gesamtausgabe...*, I, vol. 6, 253.

[17] See *Die Statuten der theologischen Fakultät*, in *Die königl. Friedrich- Wilhelms-Universität zu Berlin: Systematische Zusammenstellung der für dieselbe bestehenden gesetzlichen, statutarischen und regelmentarischen Bestimmungen*, ed. by P. DAUDE, Berlin 1887, 46, I§1. The «church» here refers largely to the Prussian evangelical «Union Church», established from the joining of Lutheran and Reformed churches in 1817.

teenth century[18].

However, historical forces gathered in the mid- and late nineteenth century to place severe strains on this backbone, effectively challenging theology's legitimacy in the «modern university». These challenges, as we shall see, eventually prompted Harnack's spirited defense of academic theology (à la Schleiermacher) in the early twentieth century. To understand the rhyme and reason of Harnack's defense, the forces I refer to merit a closer look. I shall identify four.

First, many clergymen of a confessional or pietist stripe never signed on to the *wissenschaftlich* aspirations of university theology—aspirations, I should say, held not only by liberal-leaning theologians, but by the Prussian Ministry of Culture, especially after Karl von Altenstein became its leading minister in 1817[19]. In the conservative *Vormärz* era (1815-1848), a large literature exists accusing «scientific theology» of hubristic, indeed godless, pretensions. These accusations intensified after 1835 when David Friedrich Strauss (1808-74), once a student at Berlin, published his controversial *Das Leben Jesu*, arguing on «wissenschaftlich» grounds for the «mythic» nature of much early Christian doctrine and belief. Such worries continued apace throughout the century, directed in particular against the «historical method» in biblical interpretation[20]. In 1888 when Adolf von Harnack was called to the University of Berlin, his appointment was actively, if ultimately unsuccessfully, opposed by Prussia's highest church authorities, who charged that Harnack's landmark *Lehrbuch der Dogmengeschichte* (3 vols., 1886-89) undermined essential articles of the faith[21]. In 1895 a special Prussian church assembly was called to discuss

---

[18] On Schleiermacher's general influence for modern Protestant theological education, see E. FARLEY, *Theologia: The Fragmentation and Unity of Theological Education* Philadelphia 1983, 73-98. On the specific influence of his *Kurze Darstellung*, see the introduction by Heinrich Scholz to the 1910 edition of this work. Cf. the new biography by K. NOWAK, *Schleiermacher: Leben, Werk und Wirkung*, Göttingen 2001, 223-34.

[19] On Altenstein, see E. MÜSEBECK, *Das preussische Kultusministerium vor hundert Jahren*, Berlin 1918, 1ff.

[20] TH.A.HOWARD, *Religion and the Rise of Historicism: W. M. L. de Wette, Jacob Burckhardt, and the Theological Origins of Nineteenth-Century Historical Consciousness*, Cambridge 2000, 78-109.

[21] Otto von Bismarck and Emperor Wilhelm II sided with the Minister of Education Friedrich Althoff against church authorities to bring Harnack to Berlin. For his role Bismarck was actually awarded an honorary doctorate in theology from the University of Gießen and heralded by the faculty as «the friend of all German universities»! A. VON ZAHN-HARNACK, *Adolf von Harnack*, Berlin 1951, 127.

what for many had become the «most serious question» of the day: «the unholy alienation between theology and church» resulting from the scientific, statist character of the theological faculties. If the church did not regain influence over theological education, one Philipp Zorn complained to his fellow churchmen, then she risked presiding over her own «self-destruction as a church»[22]. Many, like Friedrich Bodelschwingh (1831-1910), complained that academic theology, held captive by «state institutions» and the «scientific method», had become a thorn in the side of the church, and he proposed as the solution the establishment of theological faculties more congenial to churchly needs[23]. Others advocated the complete separation of theology and university, and the establishment of independent seminaries.

Second, pious critics of university theology found curious allies in the political Left, the Social Democratic Party (SPD) in paticular. Founded in the 1870s, the SPD had been a minor player in the political scene for most of the Second Reich, suppressed by Otto von Bismarck's antisocialist laws. However, the party's fortunes improved dramatically with the accession to the throne of Wilhelm II, who lifted the antisocialist laws. By 1912 the SPD had become, astoundingly, the largest party in the German Reichstag. In both its Gotha Program (1875) and Erfurt Program (1891), party leaders expressed their desire for a strict separation of church and state (an idea previously floated at Frankfurt in 1848). Point five of the latter program proclaimed that «religion is a private affair», which entailed the «abolition of all expenditure of public funds upon ecclesiastical and religious objects»[24]. Not surprisingly then, theological faculties in the state universities became a major target of Social Democratic opposition.

Third, by the late nineteenth century advocates of a more aggressively positivistic conception of science became increasingly critical of theology, arguing that, whatever its former glory, the theological faculty was now an «alien body» (*Fremdkörper*) in the modern university. This criti-

---

[22] P. ZORN, *Der Staat und die theologischen Fakultäten, Vortrag für die landeskirchliche Versammlung zu Berlin am 8.Mai 1895*, Berlin 1895 and *Die theologische Fakultäten und die preußische Landeskirche*, in «National-Zeitung» (16 May 1985), Geheim Staatsarchiv Preussischer Kulturbesitz, VI NL Althoff AI Nr. 34.

[23] F. BODELSCHWINGH, *«Eine kirchliche theologische Fakultät» (1895)*, Geheim Staatsarchiv Preussischer Kulturbesitz, VI NL Althoff AI Nr. 35. Cf. a tract by M. VON NATHIUS, pastor in Barmen, *Wissenschaft und Kirche im Streit um die theologischen Fakultäten*, Heilbronn 1886.

[24] Quoted in B. RUSSELL, *German Social Democracy*, London 1896, 137ff.

cism waxed considerably toward the end of the century. Its efficacy is borne out in the numerous rectorial and inaugural addresses by theologians seeking either to justify theology's scientific status or to cast doubts on reigning definitions of science. «[Theology] is now scarcely mentioned in the same breath with the other sciences», Friedrich Paulsen could note in 1903; «numerous representatives of a scientific radicalism are inclined to exclude it altogether; or to relegate it to the past. Theology [they assert] is a science of things of which we no nothing... The theological faculty is a bald anachronism»[25].

Fourth, compounding the plight of theology in the late nineteenth century was the emergence of a new approach to religious study: alternately dubbed the history of religion, the comparative study of religion, the science of religion, or, in German, *Religionswissenschaft*. Coming into its own as a scholarly field only after mid-century, and largely outside of Germany, it received one of its greatest initial champions in the German expatriate scholar, Friedrich Max Müller (1823-1900). «A science of religion», he proclaimed in his *Introduction to the Science of Religion* (1873), «based on an impartial and truly scientific comparison of [... the] religions of mankind is now only a matter of time»[26]. «He who knows only one [religion], knows none», Müller was fond of saying, an implicit criticism of the theological faculties in his native Germany[27].

Inspired by Müller and like-minded scholars, universities began to found chairs devoted to general religious history and comparative religion in the late nineteenth century. The Swiss universities of Lausanne and Geneva added chairs in 1871 and 1873 respectively[28]. To each of the four Dutch universities (Amsterdam, Gröningen, Leiden, and Utrecht) was added, in 1877 and 1878, a chair in general and comparative history of religions, and the tie between the church and university was severed. Similar professorships were established Uppsala (1878), the Collège de France

---

[25] F. PAULSEN, *The German Universities and University Study*, trans. F. THILLY and W.W. ELWANG, New York 1906, 384.
[26] F.M. MÜLLER, *Introduction to the Science of Religion*, London 1873, 34.
[27] On Müller generally, see J.M. KITAGAWA and J.S. STRONG, *Friedrich Max Müller and the Comparative Study of Religion*, in *Nineteenth Century Religious Thought in the West*, vol. 3, ed. by N. SMART ET ALIA, New York 1985, 181-85.
[28] The University of Basel possessed a chair in general religion as early as 1840.

(1880), Brussels (1884), Oxford (1886), Cornell (1891), and Chicago (1892). Even the newly founded Imperial Japanese University established in 1903 a chair for «the science of religion»[29].

Conspicuously absent from this list, however, were German universities. Given their reputation for groundbreaking scholarship, this fact puzzled many scholars. In his 1905 work, *Comparative Religion*, Louis Jordon could thus note that, despite Germany's manifold and growing scholarly accomplishments, «Comparative Religion, regarded as a distinct discipline, has received in that country only very scanty aid, and scarcely a vestige of official recognition. . . . [T]his fact is all the more to be regretted, since the assistance which has reasonably been looked for would, if yielded, have proved to be of the very highest order»[30].

Yet while not quick to establish formal chairs in *Religionswissenschaft*, German universities were by no means unaffected by the general movement. A case in point was the emergence in the 1880s and 1890s of the so-called «History of Religions School» (*religionsgeschichtliche Schule*), seated largely at the University of Göttingen. Unlike more radical advocates of the science of religion, the scholars associated with this movement were not given to making sweeping statements about the demise of Christian theology[31]. Rather, their challenge to the status quo was largely methodological. Eschewing dogmatic considerations and making extensive use of the historical methods refined by historians like Leopold von Ranke and Theodor Mommsen, they argued that the religious outlook and

---

[29] On the founding dates, titles, and occupants of these chairs, see L.H. JORDON, *Comparative Religion: Its Genesis and Growth*, New York 1905, 579-91 and C. WELCH, *Protestant Thought in the Nineteenth Century, 1870-1914*, II, New Haven 1985, 123-25. Occupants of these chairs and others working in different quarters of the university produced an impressive general literature on the science of religion in the late nineteenth century. Excluding the voluminous works of Friedrich Max Müller, importance should be accorded to the work of Albert Réville (Paris), especially his *Prolégomènes de l'histoire des religions* (1881) and his five-volume *Historie des religions* (1883-88), and that of Pierre Daniel Chantepie de la Saussaye (Amsterdam), particularly his two-volume *Lehrburch der Religionsgeschichte* (1887, 1889). Additional works by Cornelius Petrus Tiele (Leiden), Eugène Goblet d'Alviella (Brussels), Conrad von Orelli (Basel), George Foot Moore (Harvard), among others, should also be taken into consideration.

[30] JORDON, *Comparative Religion...*, 197.

[31] Ernst Troeltsch is often considered the «systematic theologian» of this School. See E. TROELTSCH, *The Dogmatics of the* Religionsgeschichtliche Schule, «American Journal of Theology» 17 (July 1913), 1-21 and ID., *Die Absolutheit des Christentums und die Religionsgeschichte*, Tübingen 1902.

stories in the Old and New Testament could not be understood in isolation from the detailed study of other religions of the Near East[32].

The cumulative impact of the *religionsgeschichtliche Schule*, and its antecedents outside of Germany (combined with the simultaneous, mounting plea among Social Democrats for the separation of church and state), placed acute pressures on German theological faculties, which in the late nineteenth century still largely rested on the twofold Schleiermacherian premise of scientific rigor and church service.

International factors added to the pressure. In 1893 in conjunction with the Chicago's World's Fair, the first World's Parliament of Religions took place, an unprecedented seventeen-day affair of religious dialogue among «the ten great religions of the world». One effect of this meeting was greater recognition of the growth and institutional needs of the comparative study of religion[33]. In 1897 the first international Congress for the Science of Religion met in Stockholm, Sweden, where the progress and future of comparative religious studies were discussed. In these discussions, German universities were found wanting[34]. Similar conclusions were reached at the Congress's meeting in Paris in 1900.

The implications of the aforementioned developments, in sum, placed theological faculties in Germany in a defensive and uncertain position. «If the religious historical method has in fact arrived,» wrote the Halle theologian Max Reischle, «it brings with it a problem for theology. Implicit in the proclamation of its methodology is the contention that the erstwhile activity of theology does not suffice»[35].

3. Harnack's Response

The debate over *Religionswissenschaft* and the future of Germany's theological faculties played out in numerous church conferences, academic discussions, and periodicals in the early Wilhelmine period. However, arguably no single event is more important for interpreting its meaning for

---

[32] G. LÜDEMANN, *Die Religionsgeschichtliche Schule*, in *Theologie in Göttingen*, hg. von B. MOELLER, Göttingen 1987, 325-61.

[33] R.H. SEAGER, *The World's Parliament of Religions: The East/West Encounter, Chicago, 1893*, Bloomington 1994.

[34] P. D. CHANTEPIE DE LA SAUSSAYE, *Die vergleichende Religionsforschung und der religiöse Glaube, Vortrag gehalten auf dem ersten religionswissenschaftlichen Kongresse in Stockholm am 31.August 1897*, Freiburg im Breisgau 1898.

[35] M. REISCHLE, *Theologie und Religionsgeschichte*, Tübingen 1904, 21.

the German academic scene than Adolf Harnack's 1901 rectorial address at the University of Berlin, «Die Aufgabe der theologischen Fakultäten und die allgemeine Religionsgeschichte»[36], At the time of the address, Harnack was not only a highly esteemed theologian and church historian but rapidly becoming one of Germany's leading «public intellectuals.» His influence had just been broadened through a popular series of lectures delivered in the winter semester of 1899-1900, later published as *Das Wesen des Christentums*, often regarded as the quintessential statement of modern liberal Protestantism. What is more, Harnack had become among the principal advisors to Minister of Education, Friedrich Althoff, not to mention a favorite of the Emperor, Wilhelm II[37]. In short, Harnack's words carried great influence and symbolic importance; and his reputation was only to grow in the coming decades[38].

In his address, delivered in the ceremonial *Aula* of the university, Harnack sized up the problem straightforwardly: should the theological faculty restrict itself primarily to the Christian faith or should it evolve into a faculty for the general study of religious history and comparative religion? Or, at a minimum, should it include professorships of religious science to complement those in the customary subdivisions of the theological faculty?

In principle, Harnack was willing to concede many points to the advocates of *Religionswissenschaft*. He admitted that religion was a «general concept» experienced by all people at all times, and hence it was a concept worthy of serious and sustained critical investigation. Furthermore, other religions, like Christianity, lent themselves to historical inquiry, and hence their study would entail no major methodological obstacles. Finally, the current situation of Christianity, its global expansion and increasing contact with foreign cultures and religions, clearly suggested the importance of the general investigation of religion. With these considerations in mind, Harnack thus recognized why some thought a preponderant focus on Christianity represented an «inadmissible constraint» on academic theology[39].

---

[36] WELCH, *Protestant Thought in the Nineteenth Century...*, II, 125. The address was given on 3 August 1901. It was later published in his *Reden und Aufsätze*, II, Giessen 1906, 159-88.

[37] R. VOM BRUCH, *Adolf von Harnack und Wilhelm II*, in *Adolf von Harnack: Theologe, Historiker, Wissenschaftspolitiker*, hg. von K. NOWAK und O. GERHARD OEXLE, Göttingen 2001, 23-38.

[38] S. REBENICH, *Theodor Mommsen und Adolf Harnack: Wissenschaft und Politik im Berlin des ausgehenden 19. Jahrhunderts*, Berlin 1997, 116ff, 537ff.

[39] A. HARNACK, *Die Aufgabe der theologischen Fakultäten und die allgemeine Religionsgeschichte, Reden und Aufsätze*, II, Giessen 1906, 164-66.

But ultimately Harnack was unsympathetic to the winds of change. Contending that an «inner reason» (*innere Vernunft*) resided in the customary fourfold organization of the faculties (biblical exegesis, church history, systematic theology, and practical theology), he praised the founders of the University of Berlin for retaining it in 1810, despite pleas to do otherwise[40]. With respect to the theological faculty in particular, he claimed that powerful counterarguments advised against transforming it into a seat for the general study of religion. Religion, he reasoned, cannot after all be studied apart from historical inquiry into the political, linguistic, economic, and social foundations of the civilization of which it is a part. If one tried to isolate the religious dimension of all civilizations and study it severed from its historical context, then only «dilettantism» would result[41]. If such inquiry were located in the theological faculty it might duplicate similar efforts in the philosophical faculty, which Harnack held as the more suitable place for the study of religion in general.

More fundamentally, Harnack made the normative liberal-Protestant argument that Christianity represented the most advanced of all world religions; as such it both encompassed and transcended other forms of religious expression. Reversing Friedrich Max Müller's maxim, Harnack proclaimed that the one who knew Christianity gained the greater capacity to know other religions as well: «Wer diese Religion nicht kennt, kennt keine, und wer sie samt ihre Geschichte kennt, kennt alle». Furthermore, in a pointed rebuke to the *Religionsgeschichtliche Schule*, Harnack argued that Christianity's similarities with other religions was not the important thing, but rather the degree to which Christianity exhibited superlative qualities that had allowed it to command the attention and admiration of the world. In short, Christianity – its texts, history, and theology – represented for Harnack the fullness of human religious expression, not to mention the dominant cultural influence on occidental and increasingly world civilization.

Harnack thus validated the theological faculty's customary goal – in essence, reasserting the twofold task bequeathed to modern theology by Schleiermacher. On the one hand, it should freely pursue scientific knowledge about Christianity – and Harnack adamantly insisted that there be no ecclesiastical constraints on this pursuit. On the other hand, theology was the servant of the church, in the sense that it freely offered the church the

---

[40] On the history of the fourfold pattern, see FARLEY, *Theologia...*, 99-124.
[41] HARNACK, *Die Aufgabe der theologischen Fakultäten...*, 167.

results of its scientific inquiry for the task of leading it to purer forms of expression. In the final analysis, Harnack wrote, «we [should] stick by the old task of our theology»[42].

But on an interpretative note, it should be clear that this «old task» was by no means the traditional confessional task of theology. At the time of his address, Harnack had long since parted company from orthodoxy and the confessional churches, whose representatives remained among his foremost critics. Rather, Harnack's «old task» was the formerly «new task» born in the late Enlightenment and institutionalized, as we have seen, by Schleiermacher in conjunction with the founding of the University of Berlin. Harnack now perceived the theological effort of his illustrious forebear to be under attack from more radical elements. He found himself in a position not unlike those members of the Third Estate confronted by Jacobinism, who sought to preserve their achievements against both reactionary elements on the one hand and hyper-revolutionary ones on the other.

Although one cannot attribute the weakened position of *Religionswissenschaft* in Germany in the early twentieth century solely to Harnack's influential address, a number of his contemporaries and later commentators interpreted this to be the case, and I am inclined to think there is merit in this view. Whatever the case, an independent science of religion did not gain the institutional foothold in Germany that it did in other lands, even if Germany, as many proclaimed, was the indisputable birthplace of the critical methods for this new field. Still, some inroads were made. For example, the journal *Archiv für Religionswissenschaft*, founded around the time of Harnack's address, promoted the new field of study to a German academic readership[43]. Individual chairs in *Religionsgeschichte* were established at Berlin and Leipzig respectively in 1910 and 1912, and they were followed by a handful of others, seated either in the theological but more often in the philosophical faculty[44]. Ad-

---

[42] HARNACK, *Die Aufgabe der theologischen Fakultäten...*, 173-77.
[43] Published at Leipzig, the journal began in 1898 and was edited by Albrecht Dieterich and Thomas Achelis. Nevertheless, this journal was founded eighteen years after its French counterpart, «Revue de l'histoire des religions» (1870).
[44] See E.L. SOLTE, *Theologie an der Universität: Staats- und kirchenrechtliche Probleme der theologischen Fakultäten*, Munich 1971, 232 and A. DEISSMANN, *Der Lehrstuhl für Religionsgeschichte*, Berlin 1914. In 1933 there were a mere five chairs devoted to *Religionswissenschaft* in Germany. See *Theologische Fakultäten im Nationalsozialismus*, hg. von L. SIEGELE-WENSCHKEWITZ und C. NICOLAISEN, Göttingen 1993, 90.

ditionally, the advent and spread of the «science of missions» (*Missionswissenschaft*), in part a consequence of colonial expansion, gave some institutional space for the study of non-Christian religions[45]. Nonetheless, despite some innovations, theological faculties largely stuck with their mandate bequeated by Schleieramcher and also their traditional fourfold division into exegetical, historical, systematic, and practical branches – an organizational scheme still recognizably in tact today in many German universities[46].

Nearly two decades after his 1901 rectorial address, Harnack helped face down a different kind of threat to the theological faculty, this time however its origins were more political in nature. The SPD's opposition to the status quo, in religious policy and other areas, was muted by the wave of patriotic sentiment that swept over Germany after 1914. At this time, political parties of all persuasions largely put aside their differences and rallied behind the Kaiser in the war effort.

The unexpected Armistice and the Revolution of November 1918 came as the destruction of an entire world order for most segments of the German population. The ending of the *Kaiserreich* and the abdication of Wilhelm II also created conditions conducive for the realization of the SPD's political objectives, including its church-state policies. Indeed, the reorganization of the church-state relationship became one of the major and most contentious issues in the constitutional deliberations at Weimar that took place in the spring and summer of 1919, preceding the epochal adoption of the Weimar Constitution on 11 August 1919[47].

---

[45] See G. ROSENKRANZ, *Missionswissenschaft als Wissenschaft*, in «Zeitschrift für Theologie und Kirche» 53 (1956), 103-127. Following an earlier example at Halle (1897), a «Missionsgeschichtliches Seminar» was founded at Berlin in 1917 and soon renamed «Missionswissenschaftliches Seminar». In 1935 it was again renamed as «Institut für Allgemeine Religionsgeschichte und Missionswissenschaft». This latter title reflects the reality that the study of missions and non-Christian religions often went hand in hand. See the guide to the «Theologische Fakultät Dekanant», Universitätsarchiv, Berlin. Cf. W. PANNENBERG, *Theology and the Philosophy of Science*, trans. F. MCDONAGH, Philadelphia 1976, 360-61.

[46] See, for example, the diagram of theology at the website for the theological faculty at the Humboldt University of Berlin: http://www2.hu-berlin.de/theologie/mindman_2/index.html.

[47] K. NOWAK, *Geschichte des Christentums in Deutschland: Religion, Politik und Gesellschaft vom Ende der Aufklärung bis zur Mitte des 20. Jahrhunderts*, Munich 1995, 205ff.

Without going into the manifold complexities of these deliberations, two observations hold true with respect to church-state relations. First, despite early proclamations of radical disestablishment along the lines adopted by France in 1905, the outcome of church-state deliberations in the Weimar Assembly moved in a moderate direction, resulting in the prohibition of an official state church but also the recognition of the public character of churches[48]. Second, the future of theological faculties, their «right of existence» (*Existenzrecht*) in the universities, became an important point of debate, pitting radicals, who argued for their abolition, against moderates and traditionalists, who argued for their retention.

The gauntlet for this debate was thrown down in November of 1918 in a memorandum on disestablishment drafted by the socialist Alfred Dieterich, who advocated «the abolition of the theological faculties and the transference of the sciences of religion... as historical disciplines into the philosophical and legal faculties»[49]. Similar views were held by Adolf Hofmann, who became, briefly, Prussia's Minister of Culture after the November Revolution[50]. Eventually, however, more moderate voices prevailed. While the adopted Constitution declared «Es besteht keine Staatskirche» (§137), it also made clear that «die theologischen Fakultäten in den Hochschulen bleiben erhalten» (§149)[51]. Thus, an element of continuity was maintained amid a backdrop of fundamental political and social change[52]. Despite the moderate outcome, one should not fail to note the extraordinary symbolic meaning of the conflict itself: the venerable «sacred faculty», already eliminated in many European countries, stood in the wake of Europe's then greatest human disaster before the bar of political and legal modernity in an effort to justify its existence in Germany. That it did so successfully is considerably, if not exclusively, due to the determined efforts, once again, of Adolf von Harnack.

Of the academic figures summoned by the Weimar Assembly for expert advice and consultation, Harnack stands out. Already a highly visible and respected intellectual, his open sympathy for some social democratic

---

[48] *Staat und Kirche im 19. und 20. Jahrhundert*, hg. von E.R. HUBER und W. HUBER, IV, Berlin 1988, 127.
[49] See Dieterich's memorandum in *Staat und Kirche...*, IV, 8-13.
[50] *Staat und Kirche...*, IV, 3.
[51] *Staat und Kirche...*, IV, 129-32.
[52] For more details of the debate over theological faculties, see W. DELIUS, *Die theologischen Fakultäten als Problem der Revolution vom Jahre 1918*, in «Theologia viatorum» 10 (1965), 34-54.

causes[53] and his liberal theological views put him in good graces with many members of the Weimar Assembly. Moreover, although a favorite of the Kaiser and a firm war supporter, after November 1918 Harnack recognized – unlike many churchmen and academics – that the *Kaiserreich* was «forever past» (*unwiederbringlich*) and that the «age of democracy and socialism» was here to stay[54]. For all these reasons and more, Harnack's words on the Assembly weighed quite heavily.

Harnack's advice was sought on a variety of matters pertaining to education, religion, and science; he had a decisive impact on framing issues relevant to the theological faculties. He articulated his views before the National Assembly at Weimar between April 1-4, 1919[55], but they were even more forcefully and cogently set forth in a short article, «Über die Bedeutung der theologischen Fakultäten» which appeared in the influential *Preussiche Jahrbücher* in March of 1919, in anticipation of his own appearance before the Assembly[56].

Rhetorically savvy and sensitive to the lingering appeal of nationalism, the article reflects Harnack's deep knowledge of and experience with German academic and political culture. At the most basic level, he sought to refute the view that «the abolition of the theological faculties» in the universities logically followed from the Social Democratic platforms of «church and state must be separated» and «religion is a private matter». For Harnack the matter was far more complicated; the current argument for abolition was both unexamined and reflective of a penchant in modern thought to advocate change uncritically. «Religion builds communities [and] are communities,» he asked rhetorically, «also exclusively a private matter»? On the contrary, he argued that the public domains of science and politics (*Wissenschaft* and *Staat*) must take supreme interest in the fate of the theological faculties, for their own highest goods were also at stake in the debate over theology's right to exist as a university faculty[57].

---

[53] For example, Harnack had participated with Friedrich Naumann in founding the Evangelical Social Congress in 1890. Harnack served as its chairman for eight years between 1903 and 1911. D. TOBLER, *Scholar between Two Worlds: Adolf von Harnack and the Weimar republic,* in «Zeitschrift fü Religions- und Geistesgeschichte», 28 (1976) 197.

[54] A. VON HARNACK, *Politische Maximen für das neue Deutschland, der akademischen Jugend gewidmet*, in HARNACK, *Erforschtes und Erlebtes*, Giessen 1923, 321.

[55] See the proceedings in *Verhandlungen der verfassunggebenden Deutschen Nationalversammlung*, vol. 336, Berlin 1920, 188ff.

[56] A. VON HARNACK, *Über die Bedeutung der theologischen Fakultäten*, «Preussiche Jahrbücher» (March 1919), 362-74.

[57] HARNACK, *Über die Bedeutung der theologischen Fakultäten...*, 363.

To highlight what in his view were the mutually beneficial relations between science, theology, and the state, Harnack turned to history. Appealing to the liberal, anti-clerical proclivities of many representatives at the National Assembly, Harnack pointed out that recent history made clear that the two most vocal critics of university theology had been Protestant pietists and ultramontane Catholics. Both wanted to relocate theology from the university to ecclesiastical seminaries. Is it not strange, Harnack mused, that those «moderns,» who «advocate the abolition of the theological faculties in the name of enlightenment and the neutral state have evangelical pietists and ultramontane politicians as bedfellows»[58]?

Furthermore, Harnack argued that the place of the theological faculty, the hitherto «centerpiece of the intellectual world», was of preeminent significance for shaping modern German culture. Supporting his claim, he appealed to the lives of Luther, Herder, and Schleiermacher, among others[59]. Although scholars might quibble over details, it cannot be denied, Harnack asserted, that Luther qua «a Wittenberg professor of theology» assisted in the «dissolution of the medieval world» and the «freeing of knowledge» from clerical control, a development of unrivaled importance for present-day universities and intellectual life. Harnack attributed a similar epochal significance to Herder, «a Protestant theologian», who as the pioneer of German idealism and nationalism represented the «the blossoming of the distinct character of the German spirit»[60].

Turning to his illustrious predecessor at Berlin, Harnack called attention to Schleiermacher and his influential labors in the early nineteenth century at the theological faculties of Halle and Berlin. Schleiermacher's fame as the author of *Reden über die Religion* (1799) and as the translator of Plato were perhaps overstated, Harnack argued, because he was just as important «as the organizer of theology, the human sciences, the university and the academy»[61].

From historical examples Harnack turned to the present situation, asking what was the current relationship of «contemporary science to Protestant theology and its faculties.» He regretted that the recent founding of

---

[58] HARNACK, *Über die Bedeutung der theologischen Fakultäten...*, 364.

[59] He also mentioned F.C. Baur – as well as Hegel and Schelling, who, though not technically theologians in their mature years, «never denied their heritage in theology». *Ibid.*, 366.

[60] *Ibid.*, 365. Harnack attributed the fact that Herder never actually held a chair in a theological faculty to «mere chance», pointing out that efforts were once made to secure one for him at Göttingen.

[61] *Ibid.*, 365.

the University of Frankfurt am Main (1914) had once again emboldened voices who deemed theological faculties as unnecessary[62]. This had elicited objections from rectors and other faculties throughout Germany, including non-theological faculties. Harnack cited a memorandum from the University of Marburg, where he had once taught, proclaiming that the retention of the theological faculty was «indispensable» for the functioning of a university and along with other faculties theology was required for the «edifice of modern German science and culture». Outside the university, he held, theology would inevitably succumb to «one-sidedness»[63]. Harnack reiterated this point several times, noting that theology and philosophy especially stood in need of one another. Could one imagine the philosophical brilliance of a Hegel or Schelling, he mused, apart from the fact both had studied Protestant theology in their youth?

Having made clear his general position, Harnack opined that there were yet more convincing reasons for theology's continuing legitimacy. Here he took his point of departure from Schleiermacher's classic twofold justification of the theological faculty. On the one hand, this faculty served society and the state by provided well-trained, intellectually sophisticated clergymen able to mediate advanced knowledge about Christianity to the German people, thus leading the nation as a whole to a more developed religious and ethical life (which for Harnack meant away from many classic Christian doctrines). Second, it served as the seat of human knowledge about history's most important event – the emergence of Christianity – and its far-reaching implications in the ancient and modern world. The Bible, Catholicism, Protestantism, Harnack argued, had bequeathed to human civilization objects of contemplation of the highest and most important order. For this reason, the work of the theological faculties «will never be exhausted» so long as the «scientific urge» lives on in human beings[64].

---

[62] In point of fact, the University of Frankfurt am Main was founded in 1914 without a theological faculty. This was an exceptional development as was the University itself, for the founding endowment had come from private not public sources. The lack of a theological faculty is explained partially by the fact that many of the key donors were Jewish and indifferent to the establishment of a Christian theological faculty. At the time of the founding, Harnack vigorously opposed the absence of a theological faculty, arguing that «our culture is saturated by the spirit of Protestantism, and a university is not allowed to dispense with professorships concerned with [understanding] the roots of this spirit.» Noted in P. KLUKE, *Die Stiftungsuniversität Frankfurt am Main 1914-1932*, Frankfurt am Main 1972, 110-37.

[63] HARNACK, *Über die Bedeutung der theologischen Fakultäten...*, 367.

[64] *Ibid.*, 368-69.

Finally, Harnack sought to defend the theological faculty against three criticisms not directly related to the political concerns about the separation of church and state. First, he returned to the question of whether theology should move in the direction of *Religionswissenschaft*; referring to his 1901 rectorial address, he again suggested that such a development would result in incurable dilettantism, and that the best place for general religious inquiry remained in the philosophical faculty. Second, he sought to refute those who, while admitting the scientific credibility of exegetical and historical theology, rejected that of systematic and practical theology[65]. Against such critics, Harnack reasserted Schleiermacher's point that practical theology was the «crown» of theology; if it and systematic theology were separated from exegesis and church history, then church leadership (*Kirchenleitung*) and pastoral care (*Seelenführung*) throughout Germany would be intellectually diminished. Third, Harnack took aim at those critics who argued that the theological faculty was an «alien body» (*Fremdkörper*) in the university because many of its chair holders professed a particular creed and had ecclesiastical connections. Harnack admitted that this often posed serious problems, especially when faculties succumbed to church influence by hiring candidates based on their theological views instead of on «scientific ability» alone, as Harnack insisted. But Harnack also contended that creedal commitment per se did not necessarily invalidate the legitimacy of a particular candidate. St. Paul, Augustine, and Luther, he reasoned, all expressed views that many would find unpalatable in the modern university, but should these great teachers therefore be excluded from the university? To the contrary, echoing an argument made by Schleiermacher during the establishment of Berlin's theological faculty, Harnack suggested that a plurality of viewpoints within the theological faculty constituted a positive good.[66]

Summarizing his main points, Harnack emphasized that university theology was by no means an exclusive concern of the church, and hence it should not be expelled from the university on the grounds of «separation of church and state». Rather, he concluded, *Wissenschaft* and *Staat* should take a protective interest in maintaining the position of the theological faculty against both its progressive and reactionary detractors. Failure to

---

[65] A classic and influential example of this argument was C.A. BERNOULLI, *Die wissenschaftliche und die kirchliche Methode in der Theologie: Ein encyklopädischer Versuch*, Freiburg im Breisgau 1897.

[66] HARNACK, *Über die Bedeutung der theologischen Fakultäten...*, 370-74.

do so would constitute ignorance of the lessons of history, a disparagement of the German-Protestant spirit, and a misunderstanding of the scientific mission of German universities and the state's role in protecting this mission.

Characteristically, Harnack's words were taken with great seriousness. Shortly after the publication of the article he received a personal letter from Konrad Haenisch (1876-1925), the new Prussian Minister of Culture, acknowledging the importance and timeliness of Harnack's views. «You may rest assured,» Haenisch wrote, «that I will immediately attend to this matter with great earnestness and scrupulousness. To this end your essay... [and] your personal advice as well, is of the highest importance». Harnack also received a letter from Wilhelm Kahl, a delegate at the Weimar Assembly, expressing the opinion that Harnack's article «appeared at the perfect time to aid the resolve of several vacillating spirits (*einige schwankende Gemüter*). I confidently hope that the theological faculties will be anchored in the constitution itself»[67]. That the Weimar Constitution eventually offered such explicit protection for the theological faculties – setting an important legal precedent in the twentieth century and one that has set the German university system apart from that of many Western liberal nations – suggests the powerful and enduring influence of Harnack's defense[68].

---

[67] Quoted in ZAHN-HARNACK, *Adolf von Harnack...*, 387.

[68] While the 1949 Constitution (*Grundgesetz*) did not offer theological faculties explicit protection, such protections were continued in individual *Landesverfassungen*, the constitutions of the various German states. SOLTE, *Theologie an der Universität...*, 112ff. Legal conflicts over the public character of the theological faculties have continued until the present day. See M. HECKEL, *Die theologischen Fakultäten im weltlichen Verfassungsstaat*, Tübingen 1986.

Rosanna Ciappa

Storia, esegesi e teologia nel carteggio tra Alfred Loisy e Maurice Blondel

1. Definizione del tema[*]

Affronterò il tema proposto attraverso l'analisi del breve carteggio intercorso tra A. Loisy e M. Blondel nel febbraio-marzo 1903[1], a distanza di pochi mesi dalla pubblicazione dell'*Évangile et l'Église* (novembre 1902), e subito prima della replica di *Autour d'un petit livre* (ottobre 1903). L'interesse per una corrispondenza che si situa nella fase più delicata della discussione modernista va al di là della ricostruzione delle rispettive posizioni, perché offre una chiave di lettura più generale dei principali temi del dibattito critico, esegetico e storico, di inizio novecento.

Sollecitato ad intervenire dai problemi posti dall'*Évangile et l'Église*, Blondel solleva alcune radicali obiezioni, di metodo e di merito, un'antici-

---

[*] Questo intervento riproduce con alcune variazioni il testo della relazione tenuta al Colloque international: *Autour d'un petit livre, Alfred Loisy, cent ans après*, promosso dalla Section des Sciences religieuses della École Pratique des Hautes Études il 23-24 maggio 2003, ed è in corso di stampa da Brépols.

[1] Cfr. la scelta di lettere curata da R. Marlé, *Au coeur de la crise moderniste. Le dossier inédit d'une controverse*, Paris 1960, 70-113. Il carteggio risulta di quattro lettere di Blondel (del 6, del 15, del 27 febbraio e del 7 marzo) e di tre risposte di Loisy (dell'11, del 22 febbraio e del 2 marzo). Può essere utilmente integrato con: *Correspondance Blondel-Wehrlé*, éd. par H. de Lubac, Paris 1969; *Correspondance Blondel-Valensin*, Paris 1957. Nella letteratura abbastanza ampia sul rapporto tra Blondel e Loisy, anche attraverso il carteggio, cfr. in particolare: É. Poulat, *Histoire, dogme et critique dans la crise moderniste*, Tournai-Paris 1962; H. Bernard-Maitre, *Un épisode significatif du Modernisme. «Histoire et dogme» d'après les papiers inédits d'Alfred Loisy (1897-1905)*, «Recherches de science religieuses» 57 (1969), 49-74; P. Fontan, *Maurice Blondel et la crise moderniste d'après la correspondance du philosophe*, «Bulletin de littérature ecclésiastique» 78 (1977), 107ss.; P. Gauthier, *Newman et Blondel. Tradition et développement du dogme*, Paris, 1988 (soprattutto il cap. X: *Blondel et Loisy*, 209-236); G. Forni, *L'«Essenza del cristianesimo». Il problema ermeneutico nella discussione protestante e modernista (1897-1904)*, Bologna 1992, 113-129.

pazione di quella vera e proppria valanga di critiche che avrebbe investito Loisy, costringendolo in qualche modo alla formulazione più netta e radicale che è caratteristica della replica di *Autour d'un petit livre*.[2] Le obiezioni toccano infatti i punti nodali sui quali è costruito lo straordinario equilibrio critico del *piccolo libro*, lungamente preparato dal suo autore, ed ambiziosamente costruito, per essere quella solida apologia del cristianesimo in chiave storica che ne doveva produrre la modernizzazione. E infatti il problema proposto nel carteggio individua essenzialmente la discussione sullo statuto di legittimità di un'apologetica cristiana fondata sulla storia. È un problema che nasce nell'ambito della modernità, in seguito allo straordinario sviluppo delle scienze storiche, e contiene implicito un tema ermeneutico di peculiare rilevanza critica, se il cristianesimo abbia bisogno di un'ermeneutica specifica, o l'ermeneutica storica sia sufficiente anche per i problemi religiosi. È su questo punto che le rispettive posizioni, di Loisy e di Blondel, divergono nettamente, perché se per Loisy l'applicazione del comune metodo storico ai documenti della fede cristiana come a qualunque altro ambito scientifico è il presupposto, e forse la condizione di fattibilità, della stessa operazione apologetica, a Blondel esso appare invece riduttivo e fortemente inadeguato per gli stessi problemi più ampiamente umani. Di qui la preoccupazione, e la sollecitazione pressante, ad una verifica dell'insufficienza della prospettiva storica come centrale ed esaustiva di ogni altra dimensione; di qui, ancora, la contestazione di quel che appare il più solido argomento dell'apologetica storica: la *continuità* tra il Vangelo e la Chiesa è dimostrata o dimostrabile, ed è un'*evidenza* storicamente apprezzabile, nel senso di una esplicitazione lineare e progressiva? Più in generale, le insufficienze, le «lacune» sperimentate dell'apologetica storica, non aprono forse all'esperienza di vie alternative al sapere storico, alla sperimentazione interiore della molteplicità e della ricchezza delle fonti della vita spirituale? È la critica dello *storicismo*, come Blondel la anticipa nel carteggio e che svilupperà poco più tardi nell'ottica sistematica di *Histoire et dogme*[3].

---

[2] L'idea è che il vero e proprio punto di svolta, l'emergere di un diverso e più radicale orientamento critico in Loisy debba situarsi non tanto nell'*Évangile et l'Église*, ma tra l'*Evangile et l'Eglise* e *Autour d'un petit livre*, sotto la pressione delle critiche e delle polemiche seguite alla pubblicazione del primo saggio. Il carteggio sembra confermare questa ipotesi (Cfr. R. CIAPPA, *Storia e teologia. L'itinerario intellettuale di Alfred Loisy,* Napoli 1993, 178-184).

[3] *Histoire et dogme. Les lacunes philosophiques de l'exégèse moderne* in *La Quinzaine,* 1904, pubblicato in *Les premiers écrits de M. Blondel,* Paris 1956, 149-228. Cfr. *Storia e dogma,* edizione italiana a cura di G. FORNI, Brescia 1992.

2. La critica al concetto di continuità storica[4]

Nell'analisi del carteggio emerge un acuto rilievo critico sollevato da Blondel, che coinvolge lo statuto di fondazione del metodo storico e possiede due distinti aspetti problematici. Un primo aspetto riguarda la possibilità di attenersi esclusivamente alla prospettiva storica e critica, di limitarsi al terreno dei testi e dei fatti prescindendo sistematicamente dalla considerazione del «soprannaturale cristiano»; in questa prospettiva, dimostrare la continuità, la permanenza del Vangelo nella Chiesa diventa un'operazione di segno fortemente apologetico, che manifesta la vitalità storica del cristianesimo, ed è l'obbiettivo centrale del *piccolo libro*[5]. Si comprende come l'obiezione di Blondel più direttamente rivolta all'*Évangile et l'Église,* sia costituita, nel carteggio, dalla critica al concetto di *continuità.* Qual è il nesso che lega il Vangelo alla Chiesa? C'è un criterio per distinguere lo *sviluppo* cristiano *autentico* dalla semplice connessione causale della *evoluzione* storica? Le metafore biologiche di *evoluzione* e di *sviluppo* che entrambi, Loisy come Blondel, assumono da Newman[6] sono strumenti concettuali duttili, che descrivono l'identità nella differenza, la continuità nel mutamento, sono un modo di «penser le même dans l'autre»[7]. Ma non sono concetti equivalenti né indifferenti. Il modello biologico della *evoluzione* storica, che procede attraverso trasformazioni regolari, analogiche, e proporzionali alla forma originaria, descri-

---

[4] Loisy riconosce di essere stato tra quei pochi che hanno avuto l'idea di un'apologia storica della religione: «Or, cette idée a été la folie de mon existence» (Loisy a Blondel, 11 febbraio 1903, in MARLÉ, *Au coeur...,* 82). Se è vero che l'*Évangile et l'Église* nasce in una chiave polemica, per confutare le tesi contenute nel noto saggio di A. Harnack sull'*Essenza del Cristianesimo,* pubblicato nel 1900, va anche detto che in questo lavoro Loisy raccoglie e ricapitola le linee direttrici già tracciate in precedenza in lavori di ampio respiro storico o esegetico, soprattutto in quegli *Essais d'histoire et de philosophie religieuses,* un ampio scritto apologetico redatto in due stesure successive tra il 1897 e il 1898 e rimasto parzialmente inedito, che, nella sezione centrale dei capitoli IV-VII, costituisce la premessa, e contiene la sostanza dell'*Évangile et l'Église.*

[5] «Mon livre ne contient qu'une thèse: L'Église est l'Évangile continué; le développement chrétien n'est pas exérieur ni étranger à l'Évangile. Cela peut se prouver par une considération sérieuse de l'histoire, en faisant abstraction de la divinité de l'Évangile et de celle de l'Église» (Loisy a Blondel, 11 febbraio 1903, in MARLÉ, *Au coeur...,* 84-85).

[6] J.H. NEWMAN, *An Essay on the Development of Christian Doctrine,* London 1845.

[7] Sull'idea di tradizione-*evoluzione* e tradizione-*sviluppo,* cfr. H. GOUHIER, *Tradition et développement à l'epoque du modernisme* in *Erméneutique et Tradition. Actes du colloque international, Rome, 10-11jan.,* «Archivio di Filosofia», Padova 1963, 75-103.

ve soltanto una connessione esteriore dei fenomeni che ha l'evidenza di un banale «truisme» («il presente viene dal passato»), ed è il frutto di un intreccio di influenze incrociate che potrebbe produrre *qualunque* esito[8]; l'attenzione di Blondel è volta invece alle forze che guidano dall'*interno* il processo e qualificano la continuità *spirituale* dello sviluppo *cristiano* come ispirato ad un'*idea direttrice*[9], ad un impulso originariamente ricevuto, un «punctum movens» che persegue, nel quadro della storia, l'*unità* del progetto ed attiene ad una *finalità* predefinita. È questo lo *sviluppo* cristiano, cioè lo sviluppo autentico che garantisce la presenza del soprannaturale, la permanenza di quella che Blondel definisce l'«Eternità Identica», eternamente presente nelle fluttuazioni del tempo[10], un «dono» che *totum simul et ubique*[11] si dispiega lungo tutto l'arco del suo divenire[12].

Il secondo equivoco della posizione storicista che Blondel individua è la pretesa di isolare, con un metodo puramente «analitico e regressivo», lo strato primitivo della tradizione, la «source» originaria, la prima e più semplice espressione della verità cristiana non ancora coinvolta nei successivi sviluppi, teologici e dogmatici: il Gesù storico rispetto al Cristo della fede, lo strato storico dei Sinottici, rispetto a quello ritenuto interpretativo del Vangelo di Giovanni. La «forma iniziale e concreta», per quanto la si supponga vicina ai fatti, non è che un «abbozzo» rudimentale, fedele nella sua sintetica definizione, ma sicuramente meno decifrabile ed assai più enigmatico degli sviluppi ulteriori. Ha la stessa fissità di un «ritratto» che non è la realtà, ma è solo posto *accanto* alla realtà «comme une notation morte, comme une abstraction figée». La verità sta invece nella veduta dell'*insieme*, nell'»unità vivente nella diversità» che impedisce di estrarre un qualunque aspetto parziale, locale o temporale, scambiandolo per il sostituto

---

[8] Blondel a Loisy, 6 febbraio 1903, in Marlé, *Au coeur...*, 74.

[9] *Storia e dogma,* cit., p. 90.

[10] Blondel a Loisy, 15 febbraio 1903, in Marlé, *Au coeur...*, 91-92, 93

[11] Formula comune del linguaggio filosofico nella manualistica scolastica della «theologia naturalis», plasmata sulla definizione boeziana dell'«Eternità».

[12] Blondel denunzia l'equivoco storicista che si richiama ad una continuità *naturale,* ad una necessità di *fatto,* come se lo sviluppo coerente, la sequenza organica dei fatti nella storia possano rappresentare in se stessi un'apologia. Ma la continuità di fatto non è la continuità di diritto, la continuità naturale non rende ragione della continuità spirituale né basta a determinarla; anzi, come un «aeronauta trascinato dal vento», lo storico, totalmente immerso nel divenire, trascinato dal *fieri,* risulta incapace di giudicare l'*esse,* e finisce per convincersi che la verità del cristianesimo sia un'apprezzabile evidenza storica, possa dimostrarsi con i soli dati della storia. È questa l'*impasse* di ogni forma di apologetica storica, e insieme l'equivoco su cui è costruito il *piccolo libro* (*Storia e dogma...,* 90-91).

della realtà[13]. Se non si coglie il soprannaturale nell'intero processo, lo si esclude irrimediabilmente.

Le due obiezioni colgono indubbiamente aspetti sensibili del modo di intendere la realtà storica e la storicità da parte di Loisy. Sono due aspetti in parziale tensione: l'esigenza di una legittima «astrazione metodica» del passato storico (il Vangelo nella sua forma «iniziale e concreta») senza sovrapporvi il diaframma di lettura del presente (la Chiesa nei suoi sviluppi dogmatici), implica la critica permanente di ogni forzatura o proiezione retrospettiva, quella critica del *retrospettivo* che l'*intenzionalità* storica esige; d'altra parte, accanto a questa astrazione metodica che è propria del sapere storico, Loisy introduce la nozione di *virtuale-virtualità*, che postula invece uno stretto nesso causale tra presente e passato, reintroduce la sovrapposizione retrospettiva dell'uno sull'altro: il Vangelo è *virtualmente* la Chiesa: si tratta di esplicitare ciò che è implicito ed è già «virtuellement contenu dans le germe», ciò che «*era* là senza essere visto né visibile», verificando la *continuità* del processo, la coerenza dell'impulso iniziale[14]. *Storicità* e *virtualità*, dimensioni tendenzialmente oppositive, concorrono insieme a fondare lo straordinario equilibrio critico su cui è costruito l'*Évangile et l'Église*: la ricerca di uno strato primitivo della tradizione, necessaria per evitare di «perdere l'appoggio della realtà», non esclude né compromette i livelli complessivi dell'indagine storica nella prospettiva della circolarità ermeneutica: il Vangelo è *virtualmente* la Chiesa[15].

Il ricorso alla nozione di *virtualità* permette di approfondire ulteriormente l'obiezione sulla *continuità* storica *dal* Vangelo *alla* Chiesa. La concezione deterministica dello sviluppo (*historicisme*) che Blondel attribuisce a Loisy appare non del tutto fondata. Già nel saggio del '98 dedicato a Newman, è presente l'idea di un modello di sviluppo organico non deterministico, concepito come «intimo, vitale, reale», che implica, nelle forme analogico-proporzionali della continuità storica, «l'identità dell'essere attraverso le trasformazioni che si operano in esso secondo la legge

---

[13] Blondel a Loisy, 15 febbraio 1903, in MARLÉ, *Au coeur...*, 92.
[14] GOUHIER, *Tradition et développement...*, 97.
[15] Dunque, è vero che anche i *Sinottici* sono *virtualmente Giovanni*: essi producono un ritratto sostanzialmente fedele, «costruito secondo le proporzioni esteriori dell'originale», che contiene *virtuellement* tutto l'avvenire, «ivi compreso il IV Vangelo» (Loisy a Blondel, 11 febbraio 1903, in MARLÉ, *Au coeur...*, 81); anche la nozione del Messia giudaico, sfrondata di ogni aspetto nazionalistico, fornisce una base *virtualmente* sufficiente all'affermazione della divinità del Cristo (*ibid.*, 82-83).

della sua istituzione»[16]. Se per Blondel lo sviluppo è sostenuto da un'idea direttrice che orienta il processo secondo opzioni teologiche e filosofiche, per Loisy c'è una «legge», una norma che ne regola la direzione secondo l'impulso originariamente ricevuto [la sua istituzione]. Ed è questa l'apertura *virtuale* su una realtà non conclusa nell'autosufficienza della spiegazione deterministica, ma che suppone e lascia intravedere un «al di là» dei fenomeni. La spiegazione storica è virtualmente aperta su una realtà trascendente, non chiusa nel determinismo dello storicismo. Loisy distingue tra «fenomeni» storici e «fondo delle cose», una distinzione che appare simile a quella tra «storia-scienza» e «storia-realtà» che Blondel introdurrà in *Histoire et dogme*. Ma mentre per Blondel i due livelli risultano incomunicabili, sicché «tra queste due storie, quella che è una scienza e quella che è una vita, quella che procede da un metodo fenomenologico e quella che tende a rappresentare una realtà sostanziale, resta un abisso da colmare»[17]; in Loisy appare attivato un nesso profondo tra «fenomeni» e «fondo»: la spiegazione storica, per quanto autonoma nella sua specificità, termina nella coscienza della propria inadeguatezza e nella tensione *allusiva* ad una realtà che infinitamente la trascende. Il divino è un fondo oscuro ed inesprimibile, ma è destinato, e come necessitato, ad esprimersi nella forma di una qualche mediazione storica che parzialmente e provvisoriamente lo traduca[18]. Nella tensione non risolta tra *dover dire* e *non poter esprimere,* tra inadeguatezza e mediazione, si risolve il nesso tra fenomeni e fondo, tra storia e trascendenza: sicché l'«inaccessibile», «inesprimibile»

---

[16] «...Le développement chrétien ne se réduit pas à un simple perfectionnement du language ecclésiastique, à un travail de déduction logique, à une multiplication de pratiques similaires, mais ...doit être concu comme intime, vitale, réel, aussi considerable dans son ordre que celui de la vie animale depuis la naissance jusqu'à l'état adulte...(*Le développement...*, 18-19).

[17] *Storia e dogma...*, 65.

[18] La necessità di una mediazione storica si applica per Loisy alla stessa rivelazione originaria, alla predicazione di Gesù, segnata visibilmente dalla sua appartenenza giudaica e da quelle categorie storiche che ne hanno insieme condizionato e consentito l'intelligenza, permanendo tuttavia in essa un margine irriducibile di non espresso: «Les formules dogmatiques sont toujours en rapport avec la science du temps qui les voit naître. Sans doute on fixe la formule dogmatique en se réglant à la fois sur la tradition ancienne du christianisme et sur la science du temps présent. Mais la tradition elle-même n'était déjà que l'interpretation de la foi dans le langage et selon la culture intellectuelle d'un temps et d'un milieu donnés. C'est donc une rélativité qui se greffe sur une autre rélativité, et il n'y a d'absolu que le fond indescriptible, l'objet ineffable de la perception intime que les prophètes, Jésus, les Apôtres ont exprimés les premiers» (*Essais d'histoire et de philosophie religieuses...*, Papiers Loisy, *Nouvelles Acquisitions Françaises,* 15638, f. 121).

fondo delle cose si manifesta attraverso un universo di *apparenze,* «notazioni algebriche di quantità ineffabili» – dice Loisy –, che sono tuttavia, non l'espressione adeguata e definitiva della verità cristiana, ma sintesi storiche approssimate, tanto provvisorie quanto necessarie. Si potrebbe dire che se per Blondel il soprannaturale è calato nei fatti (il fondamento del reale è nel suo sostrato cristologico) e deve esprimersi in essi «totum simul et ubique», nel pensiero di Loisy, ed è un'intuizione di straordinaria modernità, la relazione tra fenomeni e fondo si restituisce nella cifra problematica di una perenne *approssimazione,* di sempre nuove formulazioni storiche funzionali a diversi contesti culturali, insieme appropriate ma provvisorie, perché infinitamente superate da un oggetto inesauribile[19].

3. Esegesi e teologia: «torturare» i Sinottici per accordarli con Giovanni

Un secondo aspetto della discussione riguarda il problema metodologico dell'uso delle fonti evangeliche. La prima, notevole evidenza critica che Loisy segnala nel carteggio è l'incompatibilità[20] del quadro storico di *Giovanni* con il quadro delineato nei *Sinottici:* «...si le *IV Évangile* était histoire par rapport à Jésus, la tradition synoptique serait radicalment *fausse,* ce

---

[19] In quest'ottica sembra anche potersi ridimensionare il principale rilievo critico di Blondel, quello di astrarre ed isolare nella stratificazione successiva il livello primitivo della tradizione, per essere questo non la forma definitiva, ma la sintesi storica più approssimata, del resto l'unica possibile, anche se imperfetta e provvisoria. Il Gesù sinottico è certamente un «raccourci», un compendio abbreviato, ma «proporzionato» alle dimensioni dell'originale, che non tralascia una porzione della tradizione, ma contiene *virtuellement* tutto l'avvenire, «ivi compreso il quarto Vangelo» (Loisy a Blondel, 11 febbraio 1903, in MARLÉ, *Au coeur...,* 81).

[20] La riflessione critica di Loisy sul quarto vangelo risale ad alcuni anni prima, alla pubblicazione, a partire dal 1897, sulla «Revue d'Histoire et de Littérature religieuses» di alcuni contributi esegetici ai capitoli iniziali di *Giovanni,* che costituiscono il nucleo originario di quello che diverrà *Le quatrième Évangile,* il grande commentario che si segnala per la radicalità della sua tesi sul carattere teologico e mistico, non storico, del IV Vangelo. Questa tesi è già anticipata, peraltro, nella prefazione alle *Études bibliques,* che Loisy invia a Blondel in lettura riservata come contributo alla discussione (Loisy a Blondel, 2 marzo 1903, in MARLÉ, *Au coeur...,* 103). La tesi dell'incompatibilità del quadro storico di *Giovanni* con il quadro delineato dai *Sinottici,* precocemente segnalata in epoca critica, fu formulata per la prima volta nei termini di un'alternativa radicale (o *Giovanni,* o i *Sinottici*) da alcuni dei più noti esponenti della «Scuola di Tubinga», come D. F. Strauss, B. Bauer, e F.C. Baur.

qui aboutirait à effacer Jésus de l'histoire»[21]. Prioritario è il problema dell'uso delle fonti: se si tratta di determinare la fisionomia storica del Cristo, non c'è ragione di trattare i vangeli diversamente da qualunque altra fonte, e dunque, «da un libro che non è storico – come *Giovanni* – lo storico non potrà desumere informazioni per la storia»[22]. Altra cosa è rappresentare il Cristo dal punto di vista della fede. La cristologia giovannea è non solo legittima, ma rappresenta uno sviluppo dogmatico imposto dalla fede, che pertanto si è operato in essa e non le è estraneo. Nella valutazione delle fonti evangeliche, Loisy insiste su una distinzione alquanto rigida tra fatti e idee, tra lettura storica e prospettiva teologica, tra *racconto* e *interpretazione*. I *Sinottici* offrirebbero nell'insieme garanzie di storicità difficilmente reperibili in *Giovanni*: «Mi valgo dei primi tre Vangeli per *raccontare* del Salvatore, del quarto per *spiegarlo*»[23]. Appare singolare questa valutazione della sostanziale «affidabilità» storica del quadro sinottico, proprio negli anni in cui W. Wrede[24] era giunto alla contestazione radicale della storicità dello stesso Vangelo di Marco, la cui dimensione *teologica* si esprimeva nella categoria del «segreto messianico», un'idea consapevolmente introdotta per spiegare il carattere non apertamente messianico della vita terrena di Gesù prima della resurrezione. Se Loisy ha ben visto il valore teologico e mistico, non storico, del quarto Vangelo, non ha invece sostanzialmente condiviso la destoricizzazione del quadro di *Marco* operata da Wrede, né la tesi del «segreto messianico»[25]. Per questo nel carteggio egli segnala i limiti di quella che gli appare una sorta di operazione concordistica – «torturare i *Sinottici*» per ritrovarvi ciò che è in *Giovanni*[26] – finalizzata

---

[21] Loisy a Blondel, 11 febbraio 1903, in Marlé, *Au coeur...*, 83
[22] *Ibid.*, 98.
[23] *Autour d'un petit livre,* Paris 1903. Cfr. edizione italiana: *Il Vangelo e la Chiesa e Intorno a un piccolo libro,* (saggio introduttivo di L. Bedeschi, Roma 1975, 249).
[24] *Das Messiasgeheimnis in den Evangelien,* Göttingen 1901.
[25] Loisy tende a spiegare il «segreto messianico» nel quadro della sua concezione escatologica del «messia designato», come una riserva da parte di Gesù a rivelare un ruolo che egli era soltanto «destinato» a ricoprire. Cfr. la recensione al lavoro di Wrede in «Revue d'Histoire et di Littérature religieuses» 8 (1903), 294-297.
[26] «Vous en venez tout simplement à supprimer les Évangiles comme livres historiques, et vous ne vous apercevez pas que vous voulez, comme les autres théologiens, m'obliger à retrouver dans les textes ce qu'il n'y a pas, me contraindre à torturer les *Synoptiques* pour leur faire dire ce qui est dans Saint Jean; et vous prétendez, comme les autres, que, en prenant les *Synoptiques* selon leur sens historique, je nie la légitimité johannique...» (Loisy a Blondel, 22 febbraio 1903, in Marlé, *Au coeur...*, 97).

ad ottenere l'armonia e l'unità del quadro evangelico al prezzo di un'esegesi forzata e di ipotesi congetturali; mentre è vero che una considerazione dei testi rispettosa del loro senso storico non nega implicitamente il soprannaturale, né la legittimità degli sviluppi dogmatici intervenuti. Anzi, per quanto importanti essi siano stati nel rivelare le infinite potenzialità contenute nel «germe», l'interesse dello storico è volto specialmente ad un'operazione regressiva di recupero della «forma iniziale e concreta» di questo processo, che non può farsi se non «attraverso i testi che riflettono immediatamente l'insegnamento e l'azione del Salvatore»[27]. In questa prospettiva storiografica, un particolare rilievo assume la *figura* dell' *inizio*, la *forma nascente* che ha dato luogo al processo e che in una certa misura ne garantisce la consistenza e la durata nella storia. L'idea di una regressione diretta ed immediata agli strati primitivi della tradizione in quanto storicamente significativi perché non ancora coinvolti negli sviluppi teologici o ecclesiastici, esprime una sorta di singolare riallineamento di Loisy con lo Harnack dell'*Essenza del cristianesimo*, da cui tuttavia egli resta distante per la valenza storico-scientifica, non etica o normativa, che attribuisce alla ricerca di quel che è primitivo[28] ed originario.

L'argomento di Blondel tende a spezzare la rigidezza dell'impianto loisista che distingue «fatti» e «idee», attribuendo a ciascuno uno specifico terreno di competenza: i fatti, alla storia, le idee, alla teologia[29]. Anche

---

[27] *Ibid.*, 98.
[28] Sul cosiddetto «primitivismo» di Loisy e sul suo rapporto con Harnack, cfr. FORNI, *L'«Essenza del cristianesimo»...*, 105. Loisy oscillerebbe tra due ipotesi, «quella continuista, evoluzionista, per cui l'essenza del cristianesimo è quella che si offre nell'intero sviluppo della chiesa cattolica, e quella "primitivista" di stampo harnackiano, che privilegia uno strato originario del cristianesimo, "messo in luce recentemente dalla indagine storica, rispetto alle costruzioni successive". La prima ipotesi lo rende fortemente distante da Harnack. Tuttavia, in parziale contrasto con questa ipotesi, talvolta Loisy convergerebbe paradossalmente con Harnack nell'ipotesi "primitivista", nella ricerca di uno strato storico primitivo: "pur respingendo la distinzione harnackiana tra «vangelo di Gesù» e «vangelo su Gesù» (perché la predicazione primitiva non è isolabile o separabile dalla testimonianza degli apostoli, degli evangelisti, nonché dalle esigenze delle prime comunità); tuttavia come Harnack va in cerca di uno strato primitivo non ancora coinvolto nel processo di idealizzazione-divinizzazione"». Cfr. ID., *Blondel e la controversia cristologica* in «Annali di storia dell'esegesi» 11/1 (1994), 239-240.
[29] È la critica di Blondel a quella che viene definita la «distribuzione loisista del sapere»: gli eventi storici concreti affidati alla storiografia; le idee, la costruzione speculativa affidate alla teologia. Questa semplificazione appare inadeguata, perché la ricerca storica possiede essa stessa idee, non prescinde da presupposti teorici, e l'elaborazione teologica si richiama agli eventi storici di una «Storia Santa» e li garantisce con l'autorità della fede (FORNI, *Blondel e la controversia...*, 253 e 244).

sul piano testuale, non sembra esserci una linea di demarcazione netta tra «fatto sinottico» e «idea giovannea». I fatti non sono solo «il di fuori, l'espresso, il rappresentato», la storia-scienza. C'è fatto e fatto; c'è storia e storia. Il quarto vangelo, nel suo linguaggio simbolico e mistico rimanda ad altro ordine di realtà, perché traduce *altri* fatti che sono il di dentro, la vita soggettiva, il fatto intimo intraducibile da qualunque sia pur solida testimonianza storica[30]. È questa la storia-realtà, la metafisica in atto che è la stessa vita umana. La figura storica del Cristo non si esaurisce nel *ritratto* sia pure fedele dei *Sinottici*. C'è una densità della sua persona ed un suo specifico spessore che non ne permette la riduzione a «quel che se ne è visto, immaginato, concepito», ovvero alla comprensione che ne hanno avuta i suoi primi interpreti[31]. L'uso esclusivo dei *Sinottici* produce una sorta di *restringimento* della prospettiva storiografica, di *riduzione* del Cristo ad una pura apparenza fenomenica che fonda una cristologia del *limite*. È qui l'obiezione più seria di Blondel: una umanizzazione completa ed esclusiva del Cristo, che non avrebbe coscienza della sua divinità e sarebbe ignorante della sua missione e del futuro che gli si prepara. Legato alla dimensione messianica della sua identità giudaica, Gesù non avrebbe saputo di essere Dio e si sarebbe limitato alla previsione della parusia imminente. Un uso spinto del metodo storico produce insieme una *riduzione* cristologica ed escatologica[32].

Loisy si rifugia nello spazio esclusivo della sua competenza disciplinare. Stando ai testi, «en s'en tenant aux textes», per determinare la coscienza storica di Cristo come appare dalla testimonianza evangelica, non si può affermare altro che l'idea del Messia, non quella del Figlio di Dio: «L'idea che Cristo avrebbe avuto coscienza di essere personalmente Dio dall'istante del suo concepimento non è per lo storico che un puro roman-

---

[30] Blondel a Loisy, 27 febbraio 1903, in Marlé, 100. Allo scopo di contestare la distinzione loisista tra *fatto* sinottico e *idea* giovannea, Blondel sembra più attento a rivalutare la *storicicità* di *Giovanni*, che non il carattere *teologico* dei *Sinottici*, peraltro già segnalato in quegli anni dall'esegesi critica (W. Wrede, M. Kähler).

[31] Blondel a Loisy, 27 febbraio 1903, in Marlé, *Au coeur...*, 99-100.

[32] Blondel coglie due aspetti rilevanti della posizione di Loisy. La riduzione *cristologica* risponde ad una più generale tendenza alla umanizzazione della figura di Gesù che Loisy condivide con il protestantesimo liberale del secondo ottocento, in particolare con Harnack e con A. Sabatier, inserendosi in un orientamento che tende a sostituire «le categorie metafisiche e teologiche con categorie psicologiche e storiche» (*Blondel e la controversia...*, 229); la riduzione *escatologica* è invece propria dell'orientamento esegetico di Loisy, che in quegli anni sostiene, insieme con Schweitzer, le tesi dell'escatologia conseguente.

zo»[33]. Questa coscienza così recuperata appare sottoposta a tutti i limiti di conoscenza ed autocomprensione propri della condizione umana. Il problema dello storico è piuttosto di stabilire se c'è coerenza, *continuità* [virtualità] tra la forma originaria accertata su base esegetica e il successivo sviluppo dogmatico, se c'è *equivalenza* tra l'idea del Messia e la divinità di Cristo. Loisy ne è convinto[34]. La cristologia del limite pone insieme il problema dell'*identità* profonda di Gesù. Come era, veramente, Gesù? si può sciogliere il mistero della sua persona? Stando ai testi, il Gesù della storia come appare dai *Sinottici* era *semplice* e niente affatto *misterioso*, o quantomeno «non è apparso tale ai suoi uditori»[35]. Nei vangeli non c'è metafisica greca, e gli sviluppi cristologici intervengono con la teologia di Paolo e del IV Vangelo, di cui è evidente il carattere non storico[36].

Diversamente impostato è il problema in Blondel, la cui complessa cristologia, il pancristismo, dovrebbe restituire il Cristo della fede, teologicamente denso e consapevole, non incosciente, piuttosto «ipercosciente» della sua divinità; un Cristo la cui umanità non si restituisce nella dimensione del puro limite, della «minimizzazione», ma in una dilatazione o «massimizzazione»[37] della sua coscienza che si fa carico di ogni tipo di

---

[33] Loisy a Blondel, 11 febbraio 1903, in MARLÉ, *Au coeur...*, 83.
[34] *Ibid.*
[35] Loisy a Blondel, 22 febbraio 1903, in MARLÉ, *Au coeur...*, 98. Il Cristo di Loisy appare, per così dire, «indenne da cristologia»; emerge, dal lavoro di ricostruzione degli storici, in una luce di straordinaria grandezza e *semplicità* (X. Tiliette, *M. Blondel et la controverse christologique*, in AA.VV., *Le modernisme*, Paris 1980, 143-144). In effetti la debolezza principale della posizione di Loisy nel carteggio sta nella netta contrapposizione dei *Sinottici*, come testi storici, a *Giovanni*, ma soprattutto in quella che appare una insufficiente considerazione del carattere «dogmatico», e quindi non *semplice*, dei *Sinottici*, tesi già largamente sostenuta, contro la scuola liberale, da autori come Wrede e Kähler. Ma va detto che questa singolare insistenza sulla semplicità del Cristo storico deve attribuirsi anche al carattere polemico ed occasionale del carteggio, perché invece nei lavori esegetici di più ampio respiro, fin dall'epoca del primo commento ai *Sinottici* del 1894, Loisy sembra ben consapevole della natura complessa di queste opere letterarie, che non sono un semplice resoconto storico, ma già frutto della catechesi e della predicazione delle prime generazioni cristiane.
[36] Loisy a Blondel, 2 marzo 1903, in MARLÉ, *Au coeur...*, 104
[37] Ad una «cristologia del limite», che applica metodologie riduttrici e minimizzanti, Blondel contrappone una cristologia «majorante», che esplicita e valorizza la ricchezza inesauribile della coscienza del Cristo (non riducibile alla coscienza che ne hanno avuto i suoi primi interpreti), alla quale si perviene con una modalità di accesso mistica e spirituale, un attraversamento interiore dello spazio e del tempo che permetta il contatto diretto dell'anima con Cristo (Blondel a Loisy, 15 febbraio 1903, in MARLÉ, *Au coeur...*, 89). Loisy ironizza

esperienza umana; dunque un Cristo la cui identità non è affatto semplice; è piuttosto misteriosa[38], sfuggente, enigmatica; l'impressione è quella di un perenne sottrarsi, di un Gesù esoterico, di una riserva inesauribile di suggestioni che saranno pienamente rivelate per opera dello Spirito. L'enigmaticità risponde ad un residuo non risolto della rivelazione che eccede la capacità di portarne il peso: «Non potestis portare modo» [*Io*.16,12][39]. La pienezza della verità non risiede all'inizio, negli strati primitivi della tradizione, ma alla fine, quando lo Spirito ne avrà rivelato tutte le implicazioni. Paradossalmente G*iovanni* è più storico dei *Sinottici*, pieno come è di un *surplus* di comprensione della coscienza profonda del Cristo.

4. Una questione di metodo: «historiquer à l'aise»

La prospettiva si allarga ad una sollecitazione più ampia sulla pratica storica e sullo statuto di fondazione del *metodo*. A ben vedere, le obiezioni finora esposte convergono in un'unica riserva, relativa alla possibilità di una *astrazione metodica*, di una *sospensione del giudizio* (sia pure provvisoria e cautelativa) sul *fondamento* («le fond des choses»), sul sostrato profondo della realtà, che Loisy rivendica a garanzia della propria autonomia scientifica[40], Blondel contesta nel nome ed in difesa di una non

---

non poco sul preteso «mezzo extra-storico» che Blondel avrebbe per conoscere storicamente la coscienza del Cristo, e che dal suo punto di vista si riduce a pura psicologia individuale, come tale non pertinente al dominio della storia (Loisy a Blondel, 2 marzo 1903, in MARLÉ, *Au coeur...*, 103).

[38] Gli accenni frequenti di Blondel al «mistero» della persona di Cristo (il ne livre son mystère qu'à ceux qui y sont préparés) lasciano supporre che Blondel abbia potuto conoscere, o anche riferirsi, al dibattito sul «segreto messianico» sollevato in quegli anni dal libro di W. Wrede. Tuttavia non se ne hanno riscontri. Blondel affronta la discussione piuttosto sul terreno teologico filosofico, che esegetico.

[39] Non solo nel carteggio, ma più diffusamente in *Histoire et dogme*, Blondel si serve di questo dato esegetico per esprimere il carattere progressivo dell'esperienza della verità, che non si comunica soltanto, o si esaurisce, nella fissità elementare della testimonianza scritta, ma si affida ai diversi modi di «suggestione» dello Spirito che illumina retrospettivamente il passato portandolo alla piena luce della coscienza (*Storia e dogma....*, 116-117).

[40] La rivendicazione dell'autonomia della scienza critica sembra a Loisy necessaria per sottrarsi al controllo «tirannico» di una teologia «che crede di sapere tutto prima di avere esaminato qualunque cosa», ed obbliga per questo lo studioso a «rifugiarsi in quel che è materia dei testi e dei fatti» (Loisy a Blondel, 11 febbraio 1903, in MARLÉ, *Au coeur...*, 81-82).

prescindibile dimensione metafisica[41]. Di qui l'interrogazione critica sul ruolo dello storico e dell'esegeta: è legittima la pretesa di considerarsi soltanto un «povero decifratore di testi», un esegeta semplice che non attinge il livello ermeneutico? È lecito rifugiarsi nei testi e nei fatti prescindendo dal soprannaturale, come se la metafisica e la teologia non fossero esse stesse alla base del lavoro esegetico («dans les substructions de l'édifice»)? E la metafisica e la teologia sono solo i piani superiori di un edificio ai quali si ha il diritto di non accedere per essere liberi di «historiquer à l'aise» senza nemmeno preoccuparsi di conservare il posto per la scala?[42] Le metafore dell'»edificio», della «scala», dei «piani superiori» descrivono l'*impasse* del doppio passaggio dalla storia al dogma e dal dogma alla storia ed esprimono la critica dello *storicismo*, come Blondel la propone nel carteggio, dopo l'*Action* e subito prima di *Histoire et dogme*. Il pensiero di Blondel appare strutturato in forma seccamente dualistica: interno-esterno; superficie-fondo; spiegazione determinista-spiegazione realista. I fatti, in quanto tali, non sono che fatti, una serie opaca di senso e scarsamente permeabile; e la *storia-scienza* che su di essi si costruisce resta al livello del fenomeno, non produce né evidenzia il loro senso religioso[43]. A partire dal metodo dell'*immanenza*, un punto di vista che permette di cogliere il «problema umano» nella sua interezza e indivisibilità, Blondel rivendica insieme la struttura unitaria del sapere, la concorrenza e la solidarietà di tutte le scienze a fornir i dati del problema metafisico, l'impossibilità di isolare la storia come un'astrazione autosufficiente [*autarkeia*][44]. La ricomposizione avviene al livello della *storia-realtà,* una dimensione che ripristina il senso intimo ed autentico dei fatti perché è essenzialmente connessa ai problemi morali, metafisici e religiosi, ed inseparabile da essi[45]: è una nuova forma

---

[41] L'astensione sistematica dal soprannaturale, sostiene Blondel, finisce per attribuire ugualmente alla storia una «sufficienza metafisica», una «autarkeia» che la rende di fatto una ontologia «et même un matérialisme» (Blondel a Loisy, 15 febbraio 1903, in MARLÉ, *Au coeur...*, 94).

[42] Blondel a Loisy, 6 febbraio 1903, in MARLÉ, *Au coeur...*, 75.

[43] Blondel a Wehrlé, 6 gennaio 1903, in MARLÉ, *Au coeur...*, 56-57: «Jamais l'histoire pure ne fournira rien du dogme».

[44] La tesi del carattere *subordinato* di tutte le scienze parziali, ed in particolare della scienza storica, è esposta diffusamente nella parte iniziale di *Histoire et dogme* (cfr. *Storia e dogma...*, 56ss.).

[45] Un fatto non è *soltanto* un fatto o *tutto* il fatto: «ad ogni anello come a tutta la catena sono sospesi problemi psicologici e morali implicati dalla minima azione e dalla minima testimonianza» e questo perché la storia reale è fatta di vita, e la vita umana è «metafisica in atto» (*ibid.,* 62-63).

di storicità antipositivistica, che problematicamente prospetta una fattualità storica *altra* e diversa da quella elaborata dalle scienze moderne, e si traduce in una «Storia Santa, inserita nel cuore della storia comune, ed incarnante le idee nei fatti»[46]. La critica dello storicismo si sviluppa lungo due linee direttrici: non solo la realtà storica non è la realtà *tutta* intera, ma la conoscenza storica non è il *solo* mezzo di conoscenza, e nemmeno il più efficace. Il cristianesimo è irriducibile ai suoi testi letterari, ad una «religione di pergamene e di scribi»[47]. L'argomento anti-intellettualistico, da una parte richiama la molteplicità delle fonti della vita spirituale – la tradizione della chiesa, l'*esperienza* credente –, modalità di accesso non razionali, alternative alla conoscenza storica[48]; dall'altra segnala i limiti e gli equivoci in cui incorre ogni forma di apologetica cristiana che si voglia fondata esclusivamente sulla storia. Anche sotto questo profilo, la discussione si apre ad una tematizzazione ermeneutica della cristologia. Nel «pancristismo» di Blondel tutta la realtà è sostenuta e radicata nel mistero cristologico della sua origine e della sua destinazione funzionale. Ma il «mistero» della coscienza di Cristo non è riducibile ad oggettività storica. Accanto, e forse contro, la testimonianza storica, altre vie danno accesso alla più vera realtà del Cristo: la mistica, la pietà, la devozione. Nella prospettiva della *storia degli effetti*, la sequenza delle interpretazioni coglie e realizza a pieno la realtà totale del Cristo, sicché tutti gli «accrescimenti della cristologia sono compossibili»[49].

Su questo sfondo problematico Loisy persiste ancora nel difendere un ambito scientifico di autonomia critica: la praticabile distinzione tra «fenomeni» e «fondo» gli permette di mantenere quella «astrazione metodica» dal soprannaturale che è la condizione stessa del lavoro scientifico. Lo

---

[46] *Ibid.*, p.43.
[47] *Ibid.*, p.79.
[48] Il richiamo centrale sembra essere ad una conoscenza dei fatti che non è storica né oggettiva nel senso ordinario, ma consiste nella loro *sperimentazione* interiore. La storia è una prospettiva ancora parziale, insufficiente, non esaurisce la ricchezza della vita religiosa né copre «i problemi dell'anima» che allo storico «sfuggono in parte», benché egli non possa sfuggirvi (Blondel a Loisy, 7 marzo 1903, in MARLÉ, *Au coeur...*, 108).
[49] «Chaque siècle travaille à l'atteindre, à le peindre, à le «réaliser» plus exactement. Mais les ébauches successives, les intermédiaires franchis, ne doivent pas être rejetés ou reniés; volontiers je resumarai la foi en ceci: il faut croire que les accrues de la Christologie, par le travail séculaire de la science et de la piété chrétienne sont toutes compossibles, et que, contrairement à l'évolution des choses naturelles, le point ultime joindra le point initial: c'est l'apax du Christianisme» (Blondel a Loisy, 15 febbraio 1903, in MARLÉ, *Au coeur...*, 95-96).

storico, infatti, non incontra che i fenomeni, non incrocia mai *direttamente* il fondo delle cose; ma solo *attraverso* una serie di mediazioni registra i segni, le tracce del soprannaturale, quegli aspetti che implicano o rimandano ad altro ordine di realtà. Lo storico non è mai in presenza dell'oggetto religioso. I fatti religiosi sono percepiti entro i limiti della loro forma sensibile, non nella loro causa profonda[50]. Il linguaggio della storia non esclude il soprannaturale, ma nemmeno lo include direttamente nell'orizzonte della sua osservazione. Il dislivello semantico tra linguaggi che non sono destinati ad incontrarsi perché non hanno lo stesso oggetto[51], crea quella *asimmetria* tra la storia e la fede che è lo spazio utile entro cui si costituisce l'esercizio autonomo della pratica storica.

Il carteggio si chiude in una *impasse*[52]. L'apparente inconcludenza formale non inganni sugli esiti, che illustrano adeguatamente le posizioni rispettive degli interlocutori. Come essi concepiscono il rapporto tra fatti e dogmi, tra fenomeni e fondo, più in generale, tra storia e fede?

Si potrà osservare che mentre per Blondel la ricomposizione tra fatti e dogmi avviene al livello di una nuova forma di storicità, una problematica «Storia Santa» dall'incerto statuto epistemologico, che appare piuttosto una *duplicazione* (santa) della storia profana, che una reale apertura *ermeneutica* della scienza storica; in Loisy la dinamica mai risolta, e sempre tendenzialmente prossima al limite, tra *fenomeni* e *fondo*, crea uno squilibrio vitale, uno spazio umanamente più laico ed autonomo, tuttavia non sottratto al suo legame costitutivo, ma terreno praticabile di sperimentazione storica.

Se dunque, sulla base di questa sia pur problematica distinzione di piani, è possibile ritagliare un qualche spazio autonomo della pratica storica, assai fragile, ed in una certa misura equivoco, appare invece il tentativo, tenacemente perseguito da Loisy, di fondare l'apologetica cristiana sui soli

---

[50] *Intorno a un piccolo libro...*, 210.
[51] Il *dislivello* tra «fenomeni storici» e «fondo delle cose» è in qualche modo simile al dualismo blondelliano tra «storia-scienza» e «storia-realtà». Ma mentre Blondel ne tenta il superamento in una «Storia Santa», per Loisy il dislivello resta attivo ed operante: i fenomeni implicano il fondo, ne sono una perenne approssimazione, obliqua ed imperfetta, e sono misteriosamente allusivi di una realtà che li trascende.
[52] È stato osservato che si trattò di un «deludente dialogo tra sordi» (É. Poulat). L'apparente inconcludenza degli esiti sembra tuttavia doversi attribuire alla profonda disparità delle rispettive collocazioni di partenza, al dislivello delle rispettive specificità disciplinari – lo storico, il filosofo – che rende problematica la stessa comunicazione.

dati della storia, sulla trama di una pura *continuità* fenomenica, costitutivamente asimmetrica rispetto al soprannaturale, che non incrocia mai direttamente il «fondo delle cose», ma solo allusivamente vi rimanda, *per speculum et in aenigmate*[53], nella tensione mai risolta di una perenne approssimazione.

---

[53] «La rappresentazione delle verità più essenziali, delimitata come è dai simboli che le raffigurano solo per analogia e senza spiegarle, non può essere che relativa ed imperfetta, date le condizioni della conoscenza religiosa anche nella rivelazione che non cambia il carattere dello spirito umano e neppure le forme della sua azione. San Paolo non usa forse a questo proposito le parole specchio ed enigma?» (*Intorno a un piccolo libro...*, 263).

The Disciplines

GIUSEPPE GHIBERTI

L'esegesi biblica nel Novecento

Qualche anno fa fu proposta la distinzione fra «esegesi della Sorbona» ed «esegesi del pulpito», suggerita da quel modo di fare esegesi che tiene conto così esclusivamente della problematica scientifica da non riuscire a superare l'aridità di un procedimento e di risultati incomunicabili alla quotidianità; da esso si distingue, senza potervi dialogare, il modo con cui gli operatori pastorali conducono il loro esame del messaggio biblico. Proprio l'accusa di incapacità di dialogo era l'intenzione che muoveva gli ideatori della distinzione. La distinzione fra metodo e finalità dei due procedimento è fondata, ma è deleteria l'assenza del dialogo. Il mio intervento si interessa statutariamente anzitutto della ricerca scientifica, ma con l'attenzione sempre rivolta ai movimenti che di volta in volta si verificano nel campo dell'animazione biblica[1].

Un'altra distinzione è dato cogliere sovente, esplicita o sottintesa, fra esegesi del filologo ed esegesi del teologo. A seconda dell'ambiente, accade che si dia la precedenza alla prima o alla seconda; la discussione può

---

[1] Ho avuto occasione di interessarmi a più riprese di queste problematiche. Cfr. G. GHIBERTI, *Esegesi del Nuovo Testamento*, in *La teologia del novecento. Un bilancio*, I: *Prospettive storiche*, a cura di G. CANOBBIO e P. CODA, Roma 2003, 131-201; *Rinnovamento biblico e sviluppo culturale in Italia*, in Servizio nazionale CEI per il Progetto Culturale e Associazioni Teologiche italiane, *Identità nazionale, culturale e religiosa*, Cinisello Balsamo 1999, 87-101; *Il rinnovamento biblico in Italia. La recezione nella comunità ecclesiale*, in «Firmana» 15 (1997), 15-36; *Cento anni di esegesi biblica*, in C.M. MARTINI, G. GHIBERTI e M. PESCE, *Cento anni di cammino biblico*, Milano 1995, 3-38; *Lettura e interpretazione della Bibbia dal Vaticano I al Vaticano II*, in *La Bibbia nell'epoca moderna e contemporanea*, a cura di R. FABRIS, Bologna 1992, 187-245; *Biblische Exegese in Italien zwischen Vaticanum I und Vaticanum II*, in NTS 38 (1992), 1-14; *Esperienze nel campo della catechesi biblica*, in *Fede e culture nell'Italia del Nord*, a cura di C. LANZETTI, Milano 1992, 99-107. Nella presente relazione attingo molto a quelle informazioni, soprattutto al più recente contributo, al quale rimando per una più esauriente informazione.

addirittura costituire una parziale continuazione della precedente. Vorrei spendere una parola in favore della necessità di tenere uniti i due aspetti. Non tanto raramente s'incontra l'ingenua concezione dell'esegeta tecnico della ricerca linguistica (ma nei confini di quella che talora si chiama la «filologia bassa»), della ricostruzione testuale del documento antico, nei casi migliori anche della storia della sua formazione. Se il compito dell'esegeta giunge invece a un completo servizio di determinazione del senso, non può non costatarne le dimensioni e allora non può rimanere estraneo a un esercizio di almeno iniziale sistemazione sintetica. Più di ogni altro filologo l'esegeta biblico diventa per necessità e per tradizione anche ideologo, sistematico, teoreta. E poiché la «teoremi» si porta sul rapporto che corre tra Dio e l'uomo, l'uomo e Dio, il «teorema» non può non essere teologo.

L'esegesi biblica si porta sui due campi: dell'Antico e del Nuovo Testamento. Limiterò il mio intervento all'esegesi del Nuovo Testamento. Parecchie cose saranno però applicabili all'Antico, specialmente nella problematica metodologica. Le vicende stesse dei protagonisti sono istruttive al riguardo, sia in ambito tedesco sia anche – forse in minore misura – in ambito francese e italiano. Nel sec. XIX i programmi universitari delle facoltà teologiche distinguevano certo tra discipline storiche e sistematiche, ma non era raro che un docente passasse da un insegnamento all'altro e che nelle pubblicazioni di un sistematico si rinvenissero studi di natura biblica o che un biblista (o addirittura un orientalista) tenesse insegnamenti o coltivasse interessi sistematici. In particolare il campo specifico della teologia biblica ha trovato tardi la teorizzazione di un'autonomia di statuto nei confronti della teologia dogmatica. Per questi motivi è ancora più comprensibile la frequente compresenza, nella stessa persona, di interessi per la letteratura anticotestamentaria e per quella neotestamentaria.

L'ambito della nostra ricerca doveva scegliere fra l'esegesi praticata in Italia e quella del mondo intero. La limitazione alla situazione italiana non aveva senso; era però naturale che le vicende degli altri paesi fossero seguite con particolare attenzione per le conseguenze che ne sarebbero derivate alla nostra situazione.

Uno sguardo sul secolo da poco concluso rileva fin da principio un fenomeno vistoso, costituito dal richiamo degli estremi di una appassionata discussione: il secolo XX inizia (in ambito cattolico) con una disputa feroce sul metodo storico-critico, nel contesto di una ricerca del metodo idoneo per la lettura del testo biblico, in corrispondenza alle sensibilità ed esigenze del tempo; esso si conclude con un documento che ritorna per l'ennesima, ma forse definitiva, volta sullo stesso metodo, dichiarandolo insostituibile². Non vedo una contraddizione fra i due atteggiamenti, ma certo un cambiamento di clima, come si può avvertire nelle prese di posizione dei documenti del magistero romano, quelle dell'inizio del secolo e quelle del documento sulla *Interpretazione della Bibbia nella vita della Chiesa*, elaborato dalla Pontificia Commissione Biblica ma licenziato dal Papa stesso, a fine secolo (1993).

Questa forma di inclusione curiosa non significa però che il metodo storico-critico abbia totalizzato l'attenzione degli esegeti di quel secolo, ché anzi nell'ultimo terzo di secolo sorsero numerose proposte di integrazione o sostituzione del metodo stesso. Con descrizione grossolana si può delineare questo panorama: nel primo ventennio del secondo periodo postbellico le scuole tedesche continuarono saldamente ad esercitare la loro posizione di guida, sviluppando le ricerche storico-critiche soprattutto col metodo della storia delle forme prima e poi della storia della redazione. Era ancora dominante la lettura diacronica, che si accostava al testo, privilegiandone la preistoria e la storia della composizione. Dalla Francia giunse, attorno all'anno '70, l'impulso alla lettura sincronica, con lo strutturalismo, e poi la narratologia e la lettura retorica. Era il testo in sé a prendere il sopravvento, esaminato nel rapporto esistente tra forma e contenuto. Nell'ultimo ventennio l'attenzione si sposta sul lettore, in armonia con l'accentuata attenzione data alla comunicazione: l'attenzione si porta sulla *reader-response*, in dialogo con l'uomo interrogante³, e l'epicentro delle nuove sensibilità e delle nuove ricerche abbandona il vecchio continente per spostarsi negli Stati Uniti d'America. Particolare rilievo prendono le scienze umane (sociologia, antropologia...), per offrire strumenti e sensibilità particolarmente affinati⁴.

---

[2] Cfr. G. GHIBERTI, *Il metodo storico-critico*, in *L'interpretazione della Bibbia nella Chiesa*, a cura di G. GHIBERTI e F. MOSETTO, Leumann-Torino 1997, 104-145.

[3] Un esempio, esplicito fin dal titolo, nell'opera di B. VAN IERSEL, *Mark. A Reader-Response Commentary*, Sheffield 1998, ora anche in italiano: *Marco. La lettura e la risposta* (Commentari biblici), Brescia 2000.

[4] Alle «nuove» metodologie (analisi retorica, narrativa, semiotica) e approcci, sia quelli basati sulla tradizione (canonico, mediante il ricorso alle tradizioni interpretative giudaiche, attraverso la storia degli effetti del testo) sia quelli attraverso le scienze umane (approccio sociologico, attraverso l'antropologia culturale, approcci psicologici e psicoanalitici) e quelli contestuali (liberazionista e femminista) è dedicata la prima e più tipica parte del documento sopra citato. L'edizione commentata della LDC riporta le informazionei di Antonio Pitta, Francesco Mosetto e Mauro Pesce. Con anticipo di una decina d'anni riporta all'incirca le stesse informazioni T.J. KEEGAN, *Interpreting*

Quella degli ultimi anni è però materia ancora magmatica, che stenta a chiarirsi a se stessa. Un affinarsi di sensibilità o una sottolineatura d'interesse non comportano sempre novità di metodo.

Vorrei ora orientare l'attenzione su alcune aree nelle quali i nostri studi hanno avuto particolare incremento, per terminare poi sull'ambiente italiano.

1. La Germania e i paesi di lingua tedesca[5]

Nel campo della ricerca biblica degli ultimi due secoli il paese più vivace è indubbiamente la Germania, alla quale guardano, con giudizi diversi ma sempre con malcelata dipendenza, gli altri paesi, nonostante la difficoltà della lingua.[6] A partire dalla metà del sec. XVIII essa conserva costante ed estesa una consapevolezza e una continuità di ricerca, che dà origine a qualcosa di più vario ma non meno efficace di una scuola. La piattaforma

---

  the Bible. A Popular Introduction to Biblical Hermeneutics, New York 1985. Repertori didattici pregevoli sono offerti da Th. Söding, *Wege der Schriftauslegung. Methodenbuch zum Neuen Testament*, unter Mitarbeit von Christian Münch, Freiburg 1998; M. Oeming, *Biblische Hermeneutik. Eine Einführung* (Die Theologie), Darmstadt 1998.

[5] Per la raccolta dei dati essenziali si vedano L. Scheffczyck, *Theologie in Aufbruch und Widerstreit. Die deutsche Theologie im 19. Jhrdt.*, Bremen 1965; H. Stephan, M. Schmitt, *Geschichte der deutschen evangelischen Theologie seit dem deutschen Idealismus*, Berlin ²1960; K. Barth, *Die protestantische Theologie im 19. Jahrhundert*, Tübingen 1947; H.-J. Kraus, *L'Antico Testamento nella ricerca storico-critica dalla Riforma a oggi*, Bologna 1975; W.G. Kümmel, *Il Nuovo Testamento. Storia dell'indagine scientifica sul problema neotestamentario*, Bologna 1976; *Das Neue Testament im 20. Jahrhundert. Ein Forschungsbericht*, Stuttgart 1970; S. Neill, *The Interpretation of the New Testament: 1861-1961. The Firth Lectures*, London 1966; H.J. Genthe, *Kleine Geschichte der neutestamentlichen Wissenschaft*, Göttingen 1977; R. North, *Tubinga neotestamentaria*, Roma 1971; *Die neue Hermeneutik*, hg. von J.M. Robinson und J.B Cobb, Zürich-Stuttgart 1965; J.M. Robinson und E. Fuchs, *La nuova ermeneutica*, Brescia 1967; N. Lohfink, *Esegesi biblica in cambiamento. Un esegeta puntualizza la sua scienza*, Brescia 1973; C. Savart et J.-N. Aletti, *Le monde contemporain et la Bible*, Paris 1985. Il numero delle traduzioni italiane è indicativo dell'importanza riconosciuta in Italia a quel movimento. Si veda anche l'opera di M.-J. Lagrange, *Le sens du christianisme d'après l'exégèse allemande*, Paris 1918.

[6] Ne sono conferma tutti i libri di introduzione alla storia dell'esegesi recente o al metodo storico-critico in particolare. Ad es. si confronti R. Morgan and J. Barton, *Biblical Interpretation*, New York 1988. È con gli anni 60 che gli Stati Uniti sembrano emergere in posizione di guida, per certi aspetti complementare alla Germania (*ibid.*, 138ss: «a new era»).

della problematica che ispira e condiziona sia i programmi di ricerca sia le iniziative pastorali in campo biblico è indubbiamente quella del pensiero illuminista, che proietta la sua ombra su tutto il panorama del dialogo culturale del secolo XIX e che è ancora determinante – nella dialettica delle controversie – per la riflessione filosofica e religiosa del secolo XX.[7] Frutto dell'occidente europeo, questo movimento si trova per situazione nativa in tensione dialogica con la proposta culturale cristiana e perciò si confronta fin dall'origine con il documento biblico e il suo messaggio, provocando una nuova sensibilità di accostamento e generando una nuova precomprensione alla sua lettura[8].

All'inizio del secolo XIX la problematica era determinata, con prevalenza per il campo evangelico, dalle proposte dei padri del metodo storico-critico e dalle controproposte dei loro obiettori. Se le prime erano, nei loro aspetti di insofferenza e capovolgimento della tradizione, frutto dell'illuminismo, le seconde erano invece manifestazione della tendenza al ricupero dei valori tradizionali propria del romanticismo. Più persistente, nella storia recente della cultura occidentale, risulterà l'influsso dell'illuminismo, per la sua capacità di ripresentarsi in rinnovata veste dopo ogni scontro e apparente superamento, ma per l'ottocento tedesco una particolare importanza (e forse una funzione relativamente equilibratrice) fu rivestita pure dal più breve fenomeno del romanticismo[9]. All'affacciarsi del nuovo secolo saranno le antiche tematiche a riprendere il sopravvento, in un ambiente reso meno entusiasta dalla sensibilità decadente e crepuscolare.

---

[7] Sulla traiettoria che dal secolo dei lumi estende l'influsso nel pensiero successivo si veda W. OELMÜLLER, *Die unbefriedigte Aufklärung. Beiträge zu einer Theorie der Moderne von Lessing, Kant und Hegel*, Frankfurt 1969. Il secolo XVIII ha assistito a un laborioso travaglio per passare dalla teologia tradizionale, attraverso una «teologia di transizione», alla nuova teologia, che venne chiamata «neologia» e che si prefisse la rivendicazione dello spazio autonomo della ragione umana, realizzata attraverso interventi metodologici che avrebbero assunto efficacia duratura, come la fede in Cristo e la religione naturale, la «dedogmatizzazione» del quadro della storia e la separazione tra teologia biblica e teologia dogmatica. Tra i nomi più noti in campo biblico si ricordano Johann David Michaelis (1717-1791), Johann Salomon Semler (1725-1791) e – scoperto solo dopo la sua morte – Hermann Samuel Reimarus (1694-1768).

[8] Possono essere illuminanti i cc. 2 e 3 di KRAUS, *L'Antico Testamento*, «I pionieri della ricerca storico-critica del XVII sec.» e «La nascita della scienza storico-critica al tempo dell'illuminismo» (75-182).

[9] Per il passaggio dall'illuminismo al romanticismo si può fare riferimento al non più recente PH. FUNK, *Von der Aufklärung zur Romantik*, München 1925.

Le nostre brevi segnalazioni possono prendere l'avvio per il Nuovo Testamento dal tramonto della scuola di Tubinga e dalle personalità che emergono in quel tempo. Nella «scuola di Tubinga» di quella facoltà teologica evangelica gli aderenti al nuovo orientamento di pensiero, che in ambito evangelico prese anche il nome di «neologia»[10], avevano trovato i più autorevoli portavoce. Nei loro confronti si erano avute da più parti prese di posizione vivaci: dagli organismi ufficiali delle chiese protestanti, dagli stessi gremii accademici protestanti e da quelli cattolici.

Con Julius Wellhausen (1848-1918) la scuola di Gottinga prende nel campo della ricerca non solo anticotestamentaria, una posizione di guida, con conseguenze durature per la *Religionsgeschichtliche Schule*[11]. Egli estende le sue ricerche anche al campo neotestamentario, ma si dedicherà pure all'orientalistica, eccellendo nell'arabo. I suoi studi investono la filologia (il momento della critica testuale, della versione del testo), la storia[12] e la critica letteraria. In quest'ultimo ambito raggiunse i risultati più apprezzati.

A Strasburgo insegnò Heinrich Julius Holtzmann (1832-1910). Collega più giovane dell'anticotestamentarista Reuss, non solo ne coltivò il ricordo (pubblicando la sua corrispondenza con Graf), ma ne assunse anche le preoccupazioni nello studio della critica delle fonti evangeliche (alle quali si era pure dedicato Reuss). Poco più che trentenne (nel 1863) egli pubblica *Die synoptischen Evangelien*, che costituisce una delle migliori presentazioni della teoria delle due fonti. Per la storia a noi vicina ricordiamo i rapporti di Holtzmann non solo con il modernismo cattolico tedesco (in particolare con Joseph Schnitzer), ma anche con quello italiano: a lui guardava con particolare stima Salvatore Minocchi, che ne tessé un ammirato elogio funebre[13].

Allievo di Holtzmann a Strasburgo fu Albert Schweitzer (1875-1963), il personaggio più eclettico di questa nostra rassegna. Legato al suo maestro da profonda stima, gli era lontano per sensibilità scientifica e per

---

[10] Cfr. OELMUELLER, citato sopra, e tutta la nota 6.
[11] Si veda G. LÜDEMANN und M. SCHRÖDER, *Die religionsgeschichtliche Schule in Goettingen. Eine Dokumentation*, Goettingen 1987.
[12] Con le grandi opere *Prolegomena zur Geschichte Israels,* Berlin 1905 (primo abbozzo del 1878) e *Israelitische und Jüdische Geschichte,* Berlin 1894.
[13] Pubblicato su «La voce» del 13 ottobre 1910 e riportato da A. AGNOLETTO, *Salvatore Minocchi. Vita e opera (1869-1943)*, Brescia 1964, 82. Per J. Schnitzer si veda N. TRIPPEN, *Theologie und Lehramt im Konflikt. Die kirchlichen Massnahmen gegen den Modernismus im Jahre 1907 und ihre Auswirkungen in Deutschland*, Freiburg 1977, 356.

impostazione di pensiero: storico e non filologo, era convinto che la chiave per l'interpretazione della vicenda di Gesù e delle prime cristianità fosse da cercare nell'evoluzione delle convinzioni di Gesù e del cristianesimo primitivo circa l'avvento del Regno e la fine del mondo. Dai suoi primi due volumi sulla cena del Signore passò a studiare la storia della ricerca sul Gesù della storia a partire da Hermann Samuel Reimarus[14] fino a William Wrede[15]. Alla prima edizione di quest'opera (Tübingen 1906), seguì quella definitiva del 1913, ripresa in successive edizioni, anche tascabili, e in traduzioni, fino a diventare il testo più conosciuto del noto teologo[16]. È necessario però ricordare il lavoro speculare da lui compiuto sull'apostolo Paolo: la *Geschichte der paulinischen Forschung von der Reformation bis auf die Gegenwart* (Tübingen 1911) e *Die Mystik des Apostels Paulus* (1930). Anche se la sua opera non fu mai fondata o accompagnata da analisi approfondite dei testi biblici, essa si impose come la più vasta e comprensiva inchiesta sull'esegesi neotestamentaria dell'età moderna. Sorta dalla convinzione che il vero problema della ricerca neotestamentaria del secolo XIX fosse quello della storia delle origini cristiane, era pure guidata da una tesi che costituiva la sua proposta (della cosiddetta «escatologia conseguente») e che nelle storie della ricerca precedente trovava conferma negativa in tutte le interpretazioni che si dimostravano insufficienti e una conferma positiva in alcuni studi recenti, che aprivano la via alla tesi dello storico alsaziano (specialmente Johannes Weiss – 1863-1914 – con *Die Predigt Jesu vom Reiche Gottes* 1892 e 1900).

L'eredità di Schweitzer con la visione dell'«escatologia conseguente» è passata alle successive generazioni esegetiche come richiamo all'indissociabilità del cammino di Gesù e della sua predicazione dalla

---

[14] Morto nel 1766, non rende conosciuta la sua opera più nota, che viene presentata al pubblico solo una decina di anni dopo, attribuita all'«anonimo di Wolfenbüttel», da Gotthold Ephraim Lessing che ne pubblicava i sette famosi «Fragmente». Mentre l'intera opera sugli «adoratori razionali di Dio» compariva solo nel 1972

[15] W. WREDE (1859-1906: professore a Breslavia) pubblicò *Das Messiasgeheimnis in den Evangelien. Zugleich ein Beitrag zum Verständnis des Markusevangeliums*, Göttingen 1901. In qualche modo si può dire che Wrede si trova a mezza strada tra le posizioni di D.F. Strauss e quelle di R. Bultmann nell'interpretazione delle tradizioni evangeliche su Gesù.

[16] Del 1906 (edita a Tubinga) è la forma più antica di *Von Reimarus zu Wrede. Eine Geschichte der Leben-Jesu-Forschung*, che raggiunge la forma definitiva nel 1913, conservando solo la seconda parte del titolo. L'edizione in versione italiana è recente: *Storia della ricerca sulla vita di Gesù*, Brescia 1986.

prospettiva predominante di un'escatologia incombente; per molti esegeti – soprattutto di area evangelica – si è trasmessa anche la convinzione che l'esperienza personale di Gesù abbia registrato un suo errore circa il momento della realizzazione finale del Regno.

A cavallo fra 1800 e 1900 va ricordato ancora un personaggio di grande statura nella ricerca storica, operante soprattutto a Berlino, maestro ascoltato da allievi di ogni provenienza e interlocutore di vasto dialogo anche all'estero (Inghilterra, Italia, Francia). Adolf von Harnack (1851-1930) è uno storico che, collegandosi a Ritschl e agli esegeti di scuola liberale, offre una grandiosa sintesi delle origini cristiane soprattutto nella «Storia dei dogmi» (1866) e nell'«Essenza del cristianesimo» (1900)[17]. Egli tende però a contestare l'importanza dell'Antico Testamento nei riguardi del nucleo cristiano più autentico. Come e più ancora che H.J. Holtzmann, von Harnack ha avuto influsso sulla ricerca cattolica: si ricordi in particolare l'intervento di Alfred Loisy con *L'Evangile et l'Eglise* per confutare *Das Wesen des Christentums*, confutazione che si risolse nella scoperta di una rilevante affinità di fondo.

Con la fine della prima guerra mondiale diventa evidente lo stacco dal secolo precedente. La grande personalità in tramonto è Hermann Gunkel (1862-1932: professore a Berlino, Giessen, Halle), che costituisce il punto di incontro delle tendenze e problematiche precedenti e contemporaneamente diventa punto di partenza di gran parte della ricerca successiva. Egli affronta tutto l'arco della letteratura anticotestamentaria, ma anche il Nuovo Testamento attrae la sua attenzione, a verifica di una metodologia che non è settoriale ma vuole essere applicata a tutta la Bibbia. Egli valorizza sia la ricerca letteraria, in modo particolare con un'accurata analisi dei generi letterari dell'Antico Testamento, sia una vasta indagine storico-religiosa, rivolta al mondo babilonese, a quello egiziano e poi a quello classico. Le obiezioni più forti furono mosse a Gunkel per la sua visione delle origini del cristianesimo, ma sulla sua linea lavorarono studiosi assai noti, come Wilhelm Bousset (1865-1920: si ricordi *Kyrios Christos*, 1913)[18]. Gunkel è conosciuto come l'iniziatore del «metodo della storia delle for-

---

[17] *Lehrbuch der Dogmengeschichte*, Freiburg 1886; *Das Wesen des Christentums*, Leipzig 1900.

[18] Göttingen 1913. Sull'anticristo («nella tradizione del giudaismo, del Nuovo Testamento e dell'antica Chiesa») la pubblicazione, già a Göttingen, è del 1895; il commentario sull'Apocalisse (nel *KEKNT* di Meyer) del 1896. Sull'apocalittica giudaica ritorna nel 1903 (edito a Berlino), anno al quale risale *Die Religion des Judentums im neutestamentlichen Zeitalter* (ancora a Berlino).

me», che studia le «piccole unità» del testo biblico e il loro *Sitz im Leben*, cioè la situazione vitale nella quale sono nate e da lui riceve stimolo particolarmente la ricerca di Martin Dibelius.

Per un certo tempo l'attenzione è attirata prevalentemente, nella ricerca neotestamentaria, dalla discussione sollevata dall'impiego in questo campo di tale metodo (detto pure da noi «morfocritico»). Già applicato precedentemente in ambito antico-testamentario, che lo aveva mutuato dai cultori dell'antichità classica, esso sembrava mostrare tutta la sua problematicità nel momento in cui veniva impiegato sia per la lettura dei primi documenti cristiani sia per un'interpretazione dei caratteri delle più antiche comunità cristiane. Il metodo infatti nacque con uno statuto letterario, al servizio del quale si ponevano però criteri sociologici, con sbocchi anche di natura storica.

Intanto però le potenziali qualità del metodo morfocritico erano confluite in quella problematica che fin da Reimarus era sottesa a ogni passo e proposta nella ricerca neotestamentaria: la questione del Gesù storico[19]. In Bultmann si incontrarono lo strumentario del metodo morfocritico, i dati di una ricerca di storia delle religioni condotta soprattutto nell'ambito prima delle religioni misteriche e poi della gnosi antica, e in fine la sensibilità e la provocazione di un esistenzialismo attualizzante, per dare al problema del Gesù storico una delle risposte più commoventi e pur minimizzanti, riducendo tutto ciò che è conoscibile di Gesù a un progetto demitizzato, che vede in lui non tanto il fondatore divino del cristianesimo quanto il figlio dell'ebraismo, maestro del popolo, morto in croce per un intento di redenzione che viene realizzato da Dio in occasione dell'atto decisionale della fede dell'uomo che risponde positivamente all'invito del kerygma[20]. Gli anni attorno all'ultimo conflitto mondiale portarono a maturazione questa complessa proposta metodologica e tematica, che conobbe una dif-

---

[19] Avevo illustrato brevemente il problema e i momenti principali della sua trattazione su *Parole di vita* 20 (1975), 285-312: *Gesù della storia, Cristo vivente* e poi su *Münchener Theologische Zeitschrift* 33 (1982), 99-115: *Überlegungen zum neueren Stand der Leben-Jesu-Forschung* (con bibliografia recente). M. DIBELIUS, *Jesus*, Berlin 1939; ID., *Aufsätze zur Apostelgeschichte*, Göttingen 1951.

[20] Fra le opere più rappresentative di R. BULTMANN si veda: *Jesus*, Berlin 1926; *Glauben und Verstehen*, Tübingen I: 1933, II: 1952; *Das Urchristentum im Rahmen der antiken Religionen*, Zürich 1949; *Theologie des Neuen Testaments*, Tübingen 1948. La discussione su Bultmann, ora in declino, aveva assunto proporzioni enormi. R. Marlé fu uno dei primi critici in ambito neolatino: *Bultmann et l'Interpretation du Nouveau Testament*, Paris 1956.

fusione mondiale nei decenni 50, 60 e inizio 70[21]. Nel frattempo si concludeva il magistero del caposcuola (Bultmann morì, a 92 anni, nel 1976) e terminava l'insegnamento universitario la prima generazione dei cosiddetti postbultmanniani. La vivacità eccezionale di questa generazione si dimostrò nella continuazione del dialogo non solo con le discipline propriamente ausiliarie dell'esegesi, ma anche con la riflessione filosofica, che da sempre nel mondo tedesco metteva in questione la teologia e pur se ne lasciava stimolare. Nomi particolarmente noti sono quelli di Ernst Fuchs, Gerhard Ebeling e – con maggior volume di interventi nella ricerca neotestamentaria – Hans Conzelmann (1915-1989), Günther Bornkamm (1905-1990)[22], Ernst Käsemann (1906-1997) e Heinrich Schlier. Gli ultimi due sono noti soprattutto per la revisione correttiva portata alle posizioni del caposcuola.

Con i protagonisti cattolici della ricerca biblica il dialogo diventava sempre più sciolto. A partire dalla crisi modernista, che aveva lasciato tracce dolorose ad esempio nel cammino di Friedrich Wilhelm Mayer, si giunge ad anni più sereni che permettono un proficuo scambio di esperienze a livello metodologico e tematico, finché viene a cadere il sospetto sia verso l'orientamento della teoria delle due fonti in campo sinottico sia verso l'applicazione della *Formgeschichte*. Gli ambiti di lavoro di questi studiosi privilegiavano a volte la «storia della redazione (Schelkle), la critica testuale con la critica letteraria (Schmid e Schürmann), la critica storica (Vögtle), il rapporto fra pensiero cristiano e pensiero ellenistico, soprattutto per la letteratura paolina (Kuss), la problematica metodologica (H. Zimmermann), la teologia del Nuovo Testamento (Thüsing) o l'applicazione di un'esegesi a tutto campo (Schnackenburg e Mussner)[23]. Coraggioso e apprezzatissimo ricercatore della facoltà teologica di Erfurt, nel periodo buio della DDR, fu Heinz Schürmann, uno dei più agguerriti

---

[21] È il momento della «nuova ermeneutica». Cf. J.M. ROBINSON and J.B. COBB, *Die neue Hermeneutik*, Zürich-Stuttgart 1965; J.M. ROBINSON and E. FUCHS, *La nuova ermeneutica*, Brescia 1967.

[22] In italiano è stato tradotto E. FUCHS, *Hermeneutik* (edizione originale nel 1954); H. CONZELMANN, *Teologia del Nuovo Testamento*; G. BORNKAMM, *Gesù di Nazaret* e *Paolo apostolo di Gesù Cristo* presso la Claudiana di Torino e R. BULTMANN, *Problematica e discussione* presso le Edizioni Dehoniane di Bologna.

[23] Tutti questi autori sono conosciuti in Italia per i loro apprezzati contributi: la *Metodologia del Nuovo Testamento* di Zimmermann (presso Marietti), le *Introduzioni al Nuovo Testamento* di Wikenhauser-Schmid e di Schelkle, i commentari di Wikenhauser, Schmid, Kuss, Schürmann, Mussner, Gnilka, Pesch, studi vari di Vögtle, Thüsing, Schnackenburg, G. Lohfink.

morfocritici del secondo dopoguerra. Il clima del concilio Vaticano II ha favorito una distensione piena nel programma di lavoro.

Metodologicamente il giro di boa degli ultimi decenni è stato costituito dal progressivo affiancamento della lettura diacronica del documento neotestamentario con quella sincronica e da una accentuata attenzione dedicata al discorso sistematico della teologia biblica. Sensazionale fu in ambito cattolico l'intervento dell'esegesi psicoanalitica di Eugen Drewermann: in polemica col metodo storico-critico, egli si propone di reinterpretare quanto i vangeli dicono di Gesù alla luce degli archetipi universali (tratti con preferenza dall'Egitto antico). L'autore ha avuto larga accoglienza editoriale, ma l'apporto esegetico è stato giudicato assai carente.

Uno sguardo retrospettivo a questa sezione verifica la presenza di molti metodi, scuole, tendenze fiorite in questo secolo: dalla teologia liberale alla teologia dialettica, dal metodo storico-critico praticato specialmente nel metodo della storia delle forme e nella storia della redazione all'attenzione alla teologia biblica fino al ricorso massiccio alle scienze ausiliarie, in campo sociologico, psicologico, e ancora alle ermeneutiche emancipatorie, specialmente quella femminista. Credo che in questa completezza e grado di impegno i contributi realizzati nei paesi di lingua tedesca tengano il posto d'onore nella ricerca anche del sec. XX.

2. I paesi di lingua francese

Passando al mondo neolatino, primo operatore del dialogo esegetico è quello francese[24]. Se l'istituzione universitaria e la struttura di ricerca non è paragonabile a quella tedesca, la sensibilità e le esigenze del dialogo culturale (è pur sempre in questo paese che aveva avuto luogo l'esperienza di Richard Simon, il precursore del metodo storico-critico) accelerano la formazione di correnti di riflessione che raggiungeranno la massima consapevolezza, e anche lo stato di crisi, nel periodo del dibattito modernista.

L'eredità che l'Ottocento trasmetteva al Novecento era caratterizzata da due date indicative: nel 1863 Joseph-Ernest Renan pubblicava la sua *Vita di Gesù* e nel 1875 (12 luglio) la legge sulla libertà nell'insegnamento superiore dava via libera al costituirsi in Francia di istituti teologici di natura universitaria.

---

[24] SAVART et ALETTI, *Le monde*, offrono la sintesi più aggiornata e completa di notizie sulla situazione francese, sulla quale si concentra l'attenzione del volume. Si veda pure J. LEVIE, *La Bible parole humaine et message de Dieu*, Paris-Louvain 1958.

L'opera di Renan (1823-1892)[25] è un tipico fenomeno del suo tempo, accolta con eccezionale attenzione e reazioni di segno contrario. Non l'originalità giustifica la sua fortuna, ma il quadro ideologico e l'intensa partecipazione personale del suo autore, messi al servizio di una trattazione che sintetizza decenni di discussioni (avvenute soprattutto in Germania, e di cui si è già fatto cenno) e dà voce a una corrente culturale particolarmente sensibilizzata a questi dibattiti.

Le facoltà teologiche presso istituzioni universitarie non statali, anche se per la penuria di mezzi ebbero difficoltà a superare proporzioni quantitative modeste e per la separazione dalle università dovettero assumersi alcune conseguenze dell'isolamento (ma continuava il confronto con insegnamenti analoghi tenuti al «Collège de France» e all'«École Pratique des Hautes Études»), produssero ottimi studiosi e dettero origine a iniziative editoriali di notevole pregio. L'«Institut Catholique» di Parigi era sorto senza la facoltà di teologia, per volontà dell'episcopato (fenomeno non raro, anche fuori della Francia, anche in tempi vicini a noi), ma già prima del 1880 essa fu eretta, in seguito a pressioni da parte di Roma[26]. Un peso particolare assumerà un istituto di ricerca fondato all'estero, l'«Ecole biblique et archéologique» di Gerusalemme. La sorte di questo istituto sembra coincidere, nei suoi primi cinquant'anni, con quella del suo fondatore, il domenicano Marie-Joseph Lagrange (1855-1938)[27]. Inaugurata il 15 novembre 1890, presso il convento di St. Étienne a Gerusalemme, l'École biblique da modestissimi inizi pervenne presto a una funzione di primaria importanza, anche grazie alla pubblicazione di *Revue Biblique* (il primo numero uscì «verso la fine di dicembre 1891» presso l'editore Lethielleux)[28].

---

[25] La sintesi più recente di notizie su Renan è offerta da Y. MARCHASSON, *Renan (Joseph-Ernest)*, in *DBS*, X, fasc. 55, 277-344.

[26] Per gli «Istituti cattolici» francesi si trovano cenni in LEVIE, *La Bible*, 47 e in B. FERRARI, *La soppressione delle Facoltà di Teologia nelle Università di Stato in Italia*, Brescia 1968, 32 (con qualche variazione nelle date nei confronti di Levie). Altri cenni, spesso, negli autori che si occupano del modernismo francese: per es. E. POULAT, *Storia dogma e critica nella crisi modernistica*, Brescia 1967, 14. Cf. pure C. THEOBALD, *L'exégèse catholique au moment de la crise moderniste*, in SAVART et ALETTI, *Le monde*, 387-439 (qui 413-417), per Parigi e Tolosa.

[27] La documentazione più commovente è offerta dallo stesso protagonista in *Il Padre Lagrange al servizio della Bibbia. Ricordi personali* (prefazione di P. Benoit), Brescia 1969.

[28] La data precisa è ritenta dallo stesso LAGRANGE, *Il Padre Lagrange*, 42, notando la quasi coincidenza con il lancio de *L'Enseignement Biblique* di Loisy, avvenuto qualche mese più tardi.

Il suo fondatore, in seguito alle polemiche del periodo modernista, dovette lasciare l'iniziale impegno di ricerca nel campo anticotestamentario e si applicò alla composizione di grandi commentari di libri del NT della collana *Etudes Bibliques*.

Coetaneo del Lagrange è Alfred-Firmin Loisy (1857-1940), forse la figura più tipica della trepida stagione della ricerca biblica francese nel periodo che corre dal pontificato di Leone XIII agli anni fra le due guerre mondiali[29].

A causa della controversia modernista la vita di Loisy non si caratterizzò soltanto come una vicenda di ricerca scientifica ma assunse la dimensione di eccezionale evento della religiosità e di rapporto personale con la chiesa cattolica. Sollevarono riserve le impostazioni assunte di fronte alla «questione biblica», suscitata dai problemi di inerranza particolarmente evidenziati dalla nuova mentalità scientifica a confronto con un'esegesi che nella tradizionalità vedeva ovunque una questione di principio[30].

Pur nascendo in un ambiente dalle forti preoccupazioni apologetiche, il modernismo è – paradossalmente – frutto del dialogo fra la teologia e la ricerca critica, di un'apertura a quel «protestantesimo cattolico» che caratterizza sempre più i rapporti con il magistero romano e, almeno in Francia, a quella religione della borghesia che si eleva su quella popolare, rifiutando la tutela clericale.

Nella questione biblica Loisy individua cinque gruppi di problemi: l'integrità dei testi (se il corso storico della loro formazione e trasmissione ne abbia garantito la sostanziale fedeltà e coerenza interna), l'autenticità dei libri (le circostanze di composizione sono secondarie di fronte ai contenuti), il valore storico delle narrazioni (la storia raccontata dalla Bibbia è più

---

[29] Tutto ciò che egli produce desta interesse e diventa motivo di dibattito: il periodico *L'enseignement biblique*, i *Livres rouges* (a partire da *L'Évangile et l'Église* e *Études évangéliques*, ambedue del 1902), gli studi introduttori sulla storia del canone anticotestamentario e neotestamentario e del testo e versioni dell'Antico Testamento (1890-1892), gli studi sulla «crisi della fede dell'epoca presente», i commenti al Vangelo di Giovanni (1903) e ai Sinottici (1908) e nell'ultimo trentennio molti lavori sulla religione cristiana e sulla storia delle religioni e ancora monografie su argomenti e testi soprattutto neotestamentari.

[30] Per una visione sistematica del pensiero di Loisy, nel tentativo di conciliare l'antica fede con i tempi nuovi (in un confronto con le soluzioni proposte da H. Newman), si veda J. BÖHM, *Dogma und Geschichte. Systematische Überlegungen zum Problem der Dogmenentwicklung in der Auseinandersetzung zwischen Alfred Loisy und dem Lehramt der katholischen Kirche,* Bad Honnef 1987. L'opera offre una recente ricerca, condotta a Monaco alla scuola di L. Scheffczyk.

una storia della Provvidenza che una storia d'Israele e nei Vangeli si deve distinguere tra ricordo primitivo e sviluppo della dottrina cristiana), lo sviluppo delle idee religiose («la fede non ha dimore permanenti quaggiù, ma ha sempre bisogno di asili», che bisogna cambiare, quando quelli vecchi non sono più abitabili), l'autonomia della critica (nei confronti della teologia e del magistero: per ottenere rapporti di buon vicinato, occorre che ognuno rimanga nella propria sfera).

I problemi sono denunciati nella loro reale entità, ma l'orientamento della loro soluzione dà la stura a una discussione di ampie proporzioni. Il continuo richiamo allo sviluppo delle credenze cristiane, da una loro radice evangelica modesta fino alla costruzione dei dogmi (di cui il Vangelo giovanneo dà un primo esempio), ha lo scopo di invitare a una disposizione di superamento, anche oggi, a servizio di un mondo che non conosce più quel linguaggio[31]. Si discute se sia realmente salvaguardato il principio della continuità.

Non seguiamo nei dettagli la vicenda modernista, che sia nella pluralità degli interessi dei suoi aderenti sia nelle sintesi proposte dai documenti pontifici presenta molte altre componenti oltre quella biblica[32].

L'ultima osservazione va al rapporto che legò l'Italia alla Francia in questo periodo. Ben più che i contatti personali, che poterono essere coltivati da pochi (come l'eterno viaggiatore Fr. von Hügel, su cui torneremo, o p. Semeria) o si realizzarono solo in situazioni eccezionali (come la partecipazione di Antonio Fogazzaro al «piccolo concilio» di Parigi nel 1907[33]), furono gli scambi delle pubblicazioni e la corrispondenza epistolare a favorire un vivacissimo confronto, che all'inizio manifesta solo entusiasmo

---

[31] Sia pur partendo da altri schemi, il programma bultmanniano della demitologizzazione avrebbe detto, nel giro di qualche decennio, cose molto differenti da queste? Non si sarebbe però trattato di coincidenze intenzionali, dal momento che Loisy riteneva possibili adattamenti e mutamenti solo nella struttura della chiesa cattolica. Cf. POULAT, *Crisi...*, 182.

[32] Prima dei fondamentali interventi di E. Poulat, ai quali fanno corona molte ricerche comparse negli anni 60 e 70 (accenneremo a quelle italiane), era comparsa un'opera di sintesi, che non ha perso interesse a 60 anni dalla pubblicazione: J. RIVIÈRE, *Le modernisme dans l'Église. Étude d'histoire religieuse contemporaine*, Paris 1929. Il suo autore proveniva dalla scuola di P. Batiffol (1861-1929, anch'egli discepolo di Duchesne), rettore dell'Institut catholique di Tolosa (carica che dovette lasciare nel 1908).

[33] Cf. M. RANCHETTI, *Cultura e riforma religiosa nella storia del modernismo*, Torino 1963, 202-203.

verso Loisy³⁴ e ben presto – pur mantenendo una tonalità di rispetto anche ammirato – diventa dialettico e nutrito di riserve³⁵.

Anche se il dramma del modernismo ha segnato in modo unico la situazione francese, non l'ha però totalizzata. Il riconoscimento della necessità di un'attenzione più efficace allo studio della Bibbia fu espresso dai vescovi francesi durante la preparazione del concilio Vaticano I. Sul suolo francese il movimento biblico ebbe uno sviluppo in crescita, stimolato da esigenze provenienti dalla vita pastorale. Joseph Trinquet enumera³⁶ il rinnovamento liturgico, che muove i primi passi proprio a metà del pontificato di Pio X, il rinnovamento catechistico, i primi esperimenti di gruppi biblici: realtà tutte che esigono l'appoggio di una letteratura biblica adatta.

Metodologicamente, gli anni del Vaticano II e dell'immediato postconcilio assistono all'allargarsi di un dialogo con le scienze umane, che suggeriscono l'applicazione all'esegesi biblica dei principi dello strutturalismo linguistico, della psicanalisi, dell'analisi storico-sociale magari secondo i principi del materialismo marxista. D'altra parte si intensifica il dialogo tra gli operatori scientifici e gli operatori pastorali per un'efficace diffusione della conoscenza della Bibbia. Intanto, mentre si intensificavano gli sforzi per sfruttare le nuove metodologie esegetiche in funzione anche esegetico-pastorale (si pensi all'impegno del gruppo di Entreverne, che applica il metodo strutturalista), si dava vita a una collaborazione sempre più stretta fra operatori evangelici e pastoralisti cattolici, soprattutto nell'incontro di *Evangile et vie*.

Nell'immediato postconcilio si costituì l'ACFEB, Associazione cattolica francese per lo studio della Bibbia (dalla Pentecoste del 1966), che promosse un gran numero di ricerche in campo scientifico e di iniziative pastorali negli ultimi decenni. Si moltiplicavano gli strumenti, alcuni di chiara provenienza o cattolica o evangelica, altri frutto di collaborazione ecumenica. Fra gli ultimi ha avuto particolare significato la *Traduction oecuménique de la Bible* (la TOB, dal 1975), che ha visto la collaborazione di cattolici, evangelici e di qualche studioso ortodosso: nuova versione e commentario.

---

[34] Per Semeria, Loisy è addirittura «il migliore, quasi il solo esegeta degno veramente di tale nome». Per gli scambi epistolari è assai illuminante M. GUASCO, *Alfred Loisy in Italia. Con documenti inediti*, Torino 1975, 21.

[35] Voci tardive in questa discussione furono quelle di A. OMODEO, *Alfredo Loisy storico delle religioni*. Bari 1936 e, da altro ambiente, F. HEILER, *A. Loisy, der Vater des katholischen Modernismus*, München 1947.

[36] J. TRINQUET, *Le mouvement biblique* in SAVART et ALETTI, *Le monde...*, 299-318.

Particolare influsso ha avuto la proposta di Paul Beauchamp (1924-2001): avviato all'attività missionaria in Cina, il giovane studioso venne cacciato da quel paese dalla persecuzione maoista e si applicò dapprima a studi in campo anticotestamentario, per passare presto a una ricerca originale sul rapporto tra i due Testamenti. Da essa nascono i tre volumi di una delle sue opere più note: *L'uno e l'altro Testamento*. Il terzo volume è dedicato in particolare al Nuovo Testamento. Vicino al principio agostiniano del rapporto tra i due Testamenti (il secondo è nascosto nel primo, il primo fiorisce nel secondo), afferma che solo una circolarità ermeneutico-teologica riesce a percepire l'unità teologica dei due Testamenti: «Ho invitato a interpretare questo Antico Testamento in funzione non soltanto delle sue origini (*arché*) ma anche del suo avvenire (*telos*)».

La dominante metodologica dell'esegesi francofona è a lungo quella della preferenza alla dimensione diacronica, ma l'istintiva consonanza con il metodo della storia della redazione maturerà facilmente il passaggio all'analisi sincronica (qui prima che in altri paesi), partendo dall'adesione alla lettura strutturalistica e poi a quella narratologica.

3. I Paesi anglofoni e altre nazioni

Il grande nome al centro del secolo XX è quello di Charles Harold Dodd (1884-1973), l'editore della *New English Bible*. Propugnatore d'un metodo d'interpretazione d'insieme, ebbe il dono di unire una eccezionale acribia critica a una grande capacità di comunicazione, accompagnata da un equilibrio di posizioni mirabile[37]. Egli venne qualificato come l'ideologo dell'«escatologia realizzata», per la sottolineatura che faceva della realizzazione già avvenuta del «giorno del Signore», in disaccordo con le posizioni di Albert Schweitzer. Interventi determinanti sono stati quelli sul *kerygma* primitivo (che fiorisce poi nella *didaché*), sulle parabole di Gesù, sulla lettera ai Romani e soprattutto sul vangelo di Giovanni[38]. Al nome di

---

[37] «Il doddiano vaglio critico dei detti di Gesù, sia nei sinottici sia in Giovanni, ha avuto una parte non piccola nel preservare la scienza biblica britannica dagli estremi negativi dello scetticismo continentale»: Così J.A.T. ROBINSON, *Charles Harold Dodd*, in *Lessico dei teologi del secolo XX*, a cura di P. VANZAN e H. J. SCHULTZ, Brescia 1978, 258-269 (qui 261).

[38] L'editrice Paideia di Brescia ha il merito di avere portato al pubblico italiano importanti opere di Dodd: *Evangelo e legge*, 1967; *Attualità di San Paolo*, 1970; *L'autorità della Bibbia*, 1970; *Secondo le Scritture*, 1972; *La predicazione apostolica e il suo*

Dodd si uniscono spontaneamente quelli di altri 'cantabrigesi' succeduti a lui: C.F.D. Moule[39] e Morna Hooker.

A Cambridge prende l'avvio, poco prima della seconda guerra mondiale, un'associazione internazionale di neotestamentaristi, la *Studiorum Novi Testamenti Societas* (SNTS), «Society for New Testament Studies», aconfessionale, che all'inizio raggruppa studiosi britannici evangelici, poi si diffonde sul Continente e si apre anche ai cattolici e ortodossi; ora è diffusa in tutto il mondo e conta anche alcuni ebrei: è la più grande e prestigiosa associazione di studiosi neotestamentaristi, promotrice della rivista *New Testament Studies*, edita dalla Cambridge University Press. Al suo interno *s'è formato il Comitato per l'Europa orientale*.

John A.T. Robinson (1919-1983: insegnò a Cambridge e fu per dieci anni vescovo di Woolwich) acquistò fama per la posizione presa sulla comunicazione in teologia in un momento di forte messa in questione di tutto il mondo dell'evangelizzazione, ma aveva al suo attivo una solidissima classica formazione di ricerca esegetica[40]. Accanto a queste problematiche attrassero la sua attenzione (e tornarono a essere «pietre nello stagno» anche i nuovi contributi) *Redating the New Testament* (1976), che anticipa fortemente la datazione di parte del Nuovo Testamento, e *The Priority of John* (1985), in cui il quarto vangelo è presentato come l'alfa e l'omega di tutto il Nuovo Testamento.

Con il vangelo di Giovanni entriamo in un campo intensamente studiato dall'esegesi anglosassone. L'autore più conosciuto in Italia è certamente Raymond E. Brown (1929-1999)[41]. L'amabile esegeta americano prese posizione, nella sua operosissima vita, sui più scottanti problemi, con una metodologia che privilegiava la ricerca analitica e la problematica storica: dalla «infanzia» di Gesù alla risurrezione fino alla imponente «Morte del

---

sviluppo, 1973; *L'interpretazione del quarto vangelo*, 1974; *Le parabole del Regno*, 1976; *Storia ed Evangelo*, 1976; *La tradizione storica del quarto vangelo*, 1983. La LDC ha pubblicato nel 1975 *Il fondatore del cristianesimo*.

[39] In italiano, di lui, l'apprezzatissimo *Le origini del Nuovo Testamento*, Brescia 1972.

[40] In italiano solo *Il corpo: studio sulla teologia paolina*, Torino 1967 riporta uno studio esegetico nel senso corrente. Più fortunati *Dio non è così*, Firenze 1965 (il famoso *Honest to God*, che innescò un processo di vivacissime polemiche), *Una nuova riforma?* e *Il volto umano di Dio*, ambedue presso la Queriniana (1970 e 1974), *Morale cristiana oggi*, Torino 1969.

[41] Preceduto nel 1968 da J.L. MARTYN, *Historical Tradition in the Fourth Gospel*. Ho dato una parziale rassegna della discussione nel 1988: *L'origine del vangelo di Giovanni*, in *Storia e preistoria dei vangeli*, a cura di A. CERESA GASTALDO, 1988, 41-60.

Messia», per approdare alle comunità apostoliche. Punto di partenza furono però i grandi commentari al quarto vangelo e alle lettere giovannee, mentre è significativo che la sintesi finale fu offerta con l'Introduzione al Nuovo Testamento.

Nati in ambito francofono, gli studi sui documenti di Qumran passarono poi a quello anglofono. A oltre cinquant'anni dalla scoperta dei rotoli sono state offerte numerose rassegne dei risultati ottenuti[42]. Le nuove conoscenze non di rado portano anche nuovi problemi, che però si collocano in una contestualizzazione più precisa delle componenti della storia del mondo giudaico dell'epoca. Passionalità e sensazionalismo hanno vivacizzato e continuano a tenere desto l'interesse e anche a intorbidare un po' le acque[43]. Ciò non toglie che per il lettore della Bibbia, e in particolare del Nuovo Testamento, la lettura di questi documenti porti un considerevole approfondimento del modo di pensare e di vivere di quegli ebrei che, all'epoca della dominazione romana, si misuravano con i problemi del quotidiano cercando di dare loro una prospettiva che superasse il quotidiano e garantisse un futuro libero dai limiti del presente.

Si parla da un certo tempo di una nuova fase nella «ricerca sul Gesù storico», la *third quest*. La partecipazione alla discussione viene ancora dalla Germania e da altre terre (come la Spagna), ma la nuova impostazione è sentita soprattutto in America, dove è programmato il ricorso allo studio dell'ambiente (giudaico) nel quale si svolse la vita di Gesù e alle scienze ausiliarie (antropologia culturale, sociologia). Il clima di fiducia nell'attendibilità della costruzione evangelica è relativamente forte, quale conseguenza del lavoro di rimonta che i post-bultmanniani e molti non-bultmanniani compirono nei primi decenni della seconda metà del secolo. Per anni si registrò un lavoro di équipe nella ricerca del *Jesus seminar*[44],

---

[42] F. García Martínez, *I testi di Qumran*, Traduzione italiana dei testi originali con note di Corrado Martone (Biblioteca di testi e studi, 4), Brescia 1996 (l'originale spagnolo è del 1993). Nella serie *Judaism in Late Antiquity*, a cura di A.J. Avery-Peck, J. Neusner e B.D. Chilton, la parte quinta è costituita da *The Judaism of Qumran: A Systematic Reading of the Dead Sea Scrolls*: I: *Theory of Israel*; II: *World View, Comparing Judaisms*, Leiden 2001. L.H. Schiffman e J.C. Vanderkam hanno curato la *Encyclopaedia of the Dead Sea Scrolls*, 2 voll., Oxford-New York 2000.

[43] Cfr. K. Berger, *Qumran und Jesus. Wahrheit unter Verschluss?*, Stuttgart 1993; O. Betz und R. Riesner, *Jesus, Qumran und der Vatikan. Klarstellungen*, Giessen-Freiburg 1993; G. Ghiberti, *Qumran dopo le recenti scoperte*, in «Rivista del Clero» 76 (1995), 344-358; Id., *Qumran al giro di boa del 2000*, in «Archivio teologico torinese» 8 (2002), 512-526.

[44] Risultati rinvenibili in R.W. Funk, *Honest to Jesus. Jesus for a New Millennium*, San Francisco 1996.

anche se non si può parlare di orientamento univoco nei risultati[45]. Il più discusso studioso di questo gruppo è John Dominic Crossan[46], noto anche in Italia per alcune versioni di sue proposte.

Il tentativo più completo di riportare in sintesi propositiva la vicenda storica di Gesù è stato quello di John P. Meier[47]. L'opera è stata accolta nella collana della «The Anchor Bible Reference Library», che affianca i commentari e il *Dictionary* e alla quale appartengono pure *Birth of the Messiah* e *The Death of the Messiah* di R.E. Brown. L'accostamento non è insignificante, perché i due autori coltivano obiettivi e metodi comuni (con risultati analoghi). In quest'opera sono presentati i frutti più maturi sia della fase attuale della 'terza ricerca', sia di quel 'metodo storico-critico' che continua pure oggi a essere insostituibile nella ricerca del senso del testo biblico, anche se gli si sono affiancati metodi e approcci complementari. A questi metodi complementari è sensibile anche il presente lavoro, soprattutto all'analisi sociologica e antropologica[48].

Vivace è stata la discussione, tuttora non esaurita, sul rapporto tra le fonti di recente scoperta e le fonti dei vangeli canonici. Qualche cenno è stato fatto per Qumran; di altro genere le fonti scoperte nel deserto egiziano (Specialmente il «Vangelo di Pietro» e il «Vangelo di Tommaso»), perché queste hanno avuto origine certamente in ambiente cristiano. Il tentativo di affermare una precedenza di origine e di influsso da parte dei docu-

---

[45] Alcuni orientamenti bibliografici: G. SEGALLA, *La «terza» ricerca del Gesù storico: il Rabbi ebreo di Nazaret e il Messia crocifisso*, in «Studia Patavina» 30 (1993), 463-511; G. SEGALLA, *La verità storica dei vangeli e la «terza ricerca» su Gesù*, in «Lateranum» 41 (1995), 461-500; A.D. BAUM, *Antifundamentalistische Jesusforschung in Nordamerika: Darstellung, Kritik und historische Einordnung*, in «European Journal of Theology» 7 (1998), 83-99; R. RIESNER, *Rückfrage nach Jesus. Teil 1: Neue Literatur zur synoptischen Überlieferung*, in ThBeiträge 30 (1999), 328-341; *Teil 2: Neue Literatur zum Thomas- und Johannesevangelium*, ibid. 31 (2000), 152-162; G. LÜDEMANN, *Jesus nach 2000 Jahren. Was er wirklich sagte und tat*, Kampen, Lüneburg 1999; R. MARTIN, *The Elusive Messiah. A philosophical overview of the Quest of the Historical Jesus*, Boulder (Colorado) 1999; M. LOWE, *The Critical and Skeptical Methods in New Testament Research*, in Greg 81 (2000), 693-721.

[46] Notissimo il suo *The historical Jesus. The life of a Mediterranean Jewish Peasant*, Harper, San Francisco 1992.

[47] Dei tre o quattro volumi programmati, in italiano possediamo solo i primi due: J.P. MEIER, *Un ebreo marginale. Ripensare il Gesù storico*. Vol. I: *Le radici del problema e della persona*; vol II: *Mentore, messaggio e miracoli*, Brescia 2001 e 2002. Le citazioni riferite nel testo sono prese dal vol. I, a p. 156 e 285.

[48] Un po' ne risente pure il titolo, con la qualifica «marginale» che caratterizza Gesù: cfr. le pp. 14-18 del vol. I.

menti non canonici è ancora in corso di sviluppo, anche se non mi sembrano prevedibili risultati sensazionali[49].

4. La situazione italiana

Negli anni immediatamente successivi al concilio Vaticano I furono estromesse da tutte le università del Regno recentemente unificato le facoltà teologiche. Con questo avvenimento coincideva una particolare penuria di iniziative nella ricerca biblica, che si spartiva fra un tradizionale interesse per l'orientalistica e una preoccupazione trepida e nervosa per interessi apologetici.

All'abolizione delle facoltà teologiche dalle università statali la Santa Sede reagì, provvedendo alla loro sopravvivenza con l'erezione di facoltà ecclesiastiche presso i seminari di quelle diocesi che possedevano un'università già sede di studio teologico[50]. Il rimedio ebbe un'efficacia solo parziale, perché lo iato del dialogo con la cultura universitaria non si compose più. Inoltre la povertà dei mezzi e l'assenza del confronto furono cause determinanti in un decadimento che obbligò settant'anni fa gli organi vaticani a una nuova riforma. Il proliferare delle facoltà teologiche italiane, quasi mai accompagnate da altre discipline (con qualche eccezione per la facoltà di diritto canonico e – più raramente – la facoltà di filosofia), era inversamente proporzionale alla loro efficienza. La situazione creata 130 anni fa porta ancora oggi tutte le sue conseguenze.

In questo secondo dopoguerra e soprattutto nel post-concilio si ebbe una ripresa nell'impegno dello studio teologico, con la riapertura di facoltà ecclesiastiche sospese nel 1932[51], senza però eliminare gli inconvenienti dell'isolamento e della proliferazione degli istituti. L'insuccesso dei sogni e dei timidissimi tentativi di proporre un ritorno dello studio teologico

---

[49] Per il Vangelo di Pietro si veda G. GHIBERTI, *La risurrezione di Gesù nell'*Evangelium Petri, *in rapporto ai vangeli canonici*, in *Atti del IV simposio di Tarso su S. Paolo Apostolo*, Roma 1996, 219-243.

[50] Si veda G. TUNINETTI, *Facoltà teologiche a Torino. Dalla facoltà universitaria alla facoltà dell'Italia Settentrionale*, Casale Monferrato 1999. Per Torino il breve apostolico del trasferimento è datato al 27 febbraio 1874.

[51] La costituzione apostolica *Deus Scientiarum Dominus* è del 24 maggio 1931. A Torino nel 1932 furono concessi gli ultimi gradi accademici e poi la Facoltà tacque fino al 1968. La stessa sorte toccò in Italia a una cinquantina di altre facoltà (molte caddero anche in Spagna, pur se portatrici di grandi nomi, come Salamanca): cfr. TUNINETTI, *Facoltà teologiche a Torino...*, 207-208.

nelle università, magari incominciando dall'Università Cattolica, non è stato se non parzialmente compensato dal moltiplicarsi in queste università delle cattedre di antichità cristiana, controbilanciato peraltro, in senso negativo, dallo scollamento fra il lavoro dei cultori delle discipline bibliche nelle sedi ecclesiastiche e quello dei semitisti e cultori di antichità cristiane nelle università. È pur vero che forse in questi ultimi tempi la situazione ha registrato tentativi di miglioramento, ma poggianti su basi del tutto precarie, data anche la penalizzazione delle discipline «religioniste» e «cristianiste» in una riforma universitaria che ha per esse un interesse secondario.

I problemi che dall'epoca del pontificato di Pio IX sfociano in quella del dibattito modernista non trovano gli esegeti disinteressati, ma la loro partecipazione, contrassegnata da forte preoccupazione apologetica[52], stenta a entrare nel merito delle questioni, per il riflesso che queste esercitano nei confronti dell'impostazione metodologica esegetica.

Il concilio Vaticano I aveva dato particolare attenzione alla realtà e alle sorgenti della rivelazione, con un'accentuazione portata maggiormente sul campo sistematico che sulle conseguenze per un accostamento concreto del testo biblico. Ben presto però l'ipersensibilità suscitata nei confronti dell'inerranza del testo sacro si sarebbe trovata esposta ai contraccolpi di quella «questione biblica»[53] che non era equilibrata da una sufficiente conoscenza dell'apporto umano dell'autore sacro e delle leggi del linguaggio.

Il magistero di Leone XIII si caratterizzò per una maggiore apertura a queste problematiche, anche se l'equilibrio tra correnti caratterizzate da opposta sensibilità e soprattutto fra le esigenze difficilmente conciliabili del dettato dogmatico e dell'acquisizione storica non sempre fu raggiunto. L'enciclica *Providentissimus Deus* fu interpretata da alcuni come documento illuminato, da altri come freno o addirittura richiamo coartante.

---

[52] «Placé sous le signe de la "défense religieuse", le XIX siècle a été le grand siècle de l'apologétique», anche se la quantità non è stata accompagnata dalla qualità (R. AUBERT, *Vatican I,* Paris 1964, 25). Il giudizio vale in modo particolare per i paesi latini.

[53] Sulla «questione biblica», discussione che aveva preso origine dal famoso articolo di mons. D'Hulst, «La question biblique», in *Le Correspondant,* 134(1893), 201-251, si è parlato nel capitolo precedente a proposito di A. Loisy. In Italia prende posizione sull'argomento G. BONACCORSI, *Questioni Bibliche,* Bologna 1904 (e anche *La veracità storica della Bibbia,* in «Studi Religiosi» 3 (1903), 104-108). Il titolo, al plurale, sembra rifarsi all'affermazione di A. Loisy in *Autour d'un petit livre,* sull'esistenza non di una ma di molte questioni bibliche. Bonaccorsi privilegia qui l'Antico Testamento, ma la sua ricerca filologica si porterà pure sul Nuovo (e sui vangeli apocrifi).

Non è facile pronunciare un giudizio equo sul modernismo[54], nel quale confluiscono persone, problemi, tendenze e interessi disparatissimi[55]. Forse è possibile l'accordo sugli estremi in particolare durante il pontificato di Pio X. Sul versante dell'intolleranza è presente, non solo in ambito romano, un movimento inquisitorio assai pesante; sul versante dell'ortodossia, alcuni esegeti modernisti portavano realmente le loro proposte fino a un punto di cui non si riusciva a vedere la conciliabilità con il deposito della fede cristiana (per esempio sull'ispirazione della Scrittura, sulla trascendenza e divinità dell'uomo Gesù)[56].

Il momento acuto della crisi era passato quando scoppiò la prima guerra mondiale, che lasciò il passo a una stagione non molto ricca di nomi e di iniziative. Il nome più prestigioso fu indubbiamente Alberto Vaccari (1875-1965), a lungo vicerettore del Pontificio istituto biblico e mentore dei biblisti italiani. Oltre alle eruditissime *Institutiones biblicae*[57] egli programmò una versione italiana della Bibbia tradotta dai testi originali, usata ancora adesso come «Bibbia del Vaccari» o «della Salani» (l'editore che la pubblicò prima in dieci volumi e poi in volume unico). Accanto al grande filologo

---

[54] Per il modernismo in Italia, oltre alle opere citate nel I e II capitolo, si possono consultare *Fonti e documenti per la storia del modernismo*, I, Urbino 1972; B. LABANCA, *I cattolici modernisti e i cattolici tradizionalisti*, Roma 1907; L.H. JOURDAN, *Modernism in Italy. Its origins, its Incentivs, its Leaders and its Aims*, Oxford 1909; A. GAMBARO, *Il modernismo*, s.l. (ma Firenze) 1912; C. BELLO, *Modernismo italiano*, Milano 1967; P. SCOPPOLA, *Coscienza religiosa e democrazia nell'Italia contemporanea*, Bologna 1966; L. BEDESCHI, *La curia romana durante la crisi modernista*, Modena 1968; M. RANCHETTI, *Cultura e riforma religiosa nella storia del modernismo*, Torino 1963; M. GUASCO, *Alfred Loisy in Italia. Con documenti inediti*, Torino 1975; F. TURVASI, *Giovanni Genocchi e la controversia modernista*, Roma 1974; ID., *Padre Genocchi, il Sant'Ufficio e la Bibbia*, Bologna 1971.

[55] Della sua impostazione teorica si può vedere una analisi attenta nel già citato studio di BÖHM, *Dogma und Geschichte...* La reale presenza del problema per la concezione di fede cattolica e il dramma di molte vicende di uomini di chiesa sono i due poli di un fenomeno storicamente assai complesso.

[56] Per limitarci all'ambiente italiano, è indicativa la confidenza di E. Buonaiuti a A. Houtin, in una lettera del 6 maggio 1907: «Lei afferma ancora il teismo e l'immortalità dell'anima; io non vedo in questi postulati fondamentali che delle attitudini pragmatiche, vuote di ogni valore ontologico, ma in pratica io non me la sentirei, per ora, di ribellarmi» (riportata in A. ZAMBARBIERI, *Il Cattolicesimo tra crisi e rinnovamento. Ernesto Buonaiuti ed Enrico Rosa nella prima fase della polemica modernista*, Brescia 1979, 8). Sull'importanza di Buonaiuti, «un teologo ufficiale del modernismo», «la figure le plus représentative du modernisme Italien», LAGRANGE, *Il Padre Lagrange al servizio della Bibbia. Ricordi personali* (prefazione di P. Benoit), Brescia 1969, 27 e 43.

[57] Edite dal Pontificio istituto biblico nel 1925; 1933; 1935.

spicca uno studioso molto popolare, Giuseppe Ricciotti (1890-1964), docente presso parecchie università di stato. A partire dalla sua formazione orientalistica, egli si spinse fino alle origini del cristianesimo. Le pubblicazioni più note furono la *Storia d'Israele* (1932), la *Vita di Gesù* (1941) e *Paolo Apostolo* (1958): soprattutto la prima realizzò un invidiabile equilibrio tra erudizione sicura e stile divulgativo e conobbe un numero incredibile di versioni[58].

Gli anni vicini al Vaticano II, vinti alcuni rigurgiti di sempre reinsorgente sospetto, hanno visto un'apertura metodologica a tutto raggio, capace di recepire tutte le problematiche insorgenti. Si poteva continuare a obiettare alla produzione italiana un certo ritardo endemico nel riguardo dei paesi vicini e spesso una conseguente assenza di originalità. E infatti quell'apertura che chiamavamo «a tutto raggio» sovente rimaneva potenziale e non registrava un interesse operativo là dove c'era stata curiosità intellettuale.

Le cose hanno avuto un mutamento non appariscente ma continuo, per l'infittirsi della rete produttiva su tutto il territorio nazionale. La Facoltà teologica della Sicilia, le branche napoletane di quella dell'Italia Meridionale, i molti docenti italiani delle facoltà romane, la Facoltà dell'Italia centrale in Firenze, le sedi dello STAB di Bologna, le sezioni parallele della Facoltà dell'Italia settentrionale hanno avuto docenti e pubblicazioni di tutto rispetto; lo stesso si dica, fuori Italia, dello «Studium biblicum franciscanum» di Gerusalemme, elevato recentemente alla dignità di facoltà biblica. La completezza nel ricordare questi protagonisti è ormai impossibile.

Il dialogo con la ricerca esegetica estera ha avuto fasi alterne, come si vede da molti titoli di traduzioni italiane. Indubbiamente è stato prevalente lo sguardo verso il mondo tedesco: si sono moltiplicati anche dizionari ed enciclopedie e ricorsi a opere standard, come la «Storia del popolo giudaico» dello Schürer, dopo la revisione di Geza Vermes. Sempre più frequenti le versioni dall'inglese: Charles Harold Dodd e Raymond E. Brown in primo luogo. Dal francese il fenomeno è un po' più incostante: ricordiamo Jacques Dupont, molto amato, Xavier Léon-Dufour, e da ultimo Paul Beauchamp nel dialogo di rinnovamento della teologia biblica.

---

[58] A.H. KRAUS, *L'Antico Testamento nella ricerca storico-critica dalla Riforma a oggi*, Bologna 1975, 742.748.752, presenta la *Storia d'Israele,* di Ricciotti, rilevandone il carattere di «netto rifiuto alla concezione della storia dell'Antico Testamento di origine wellhauseniana». Nella sua tipologia di alternativa radicale e per la sua pretesa profetica (ogni futura critica «storia d'Israele» dovrà rispettare le grandi linee della storia biblica: proprio come si sforza di fare il Ricciotti), essa diventa un obbligato punto di confronto al termine di una lunga evoluzione. «Si è quindi dato ragione a Ricciotti?».

Tra le imprese editoriali ha particolare peso la già citata versione del *Theologisches Wörterbuch zum Neuen Testament* da parte dell'Editrice Paideia con il *Grande lessico del Nuovo Testamento*. In campo universitario è iniziata una ricerca sulla storia dell'esegesi giudaica e cristiana, che ha trovato negli *Annali* (EDB) una sede e uno stimolo: iniziativa all'avanguardia, destinata a dare grandi risultati. È invece ancora scarso lo studio e la pubblicazione delle fonti. L'esempio spagnolo avrebbe molto da insegnare. Non mancano per fortuna valide eccezioni, come quelle di Paolo Sacchi[59] con il suo gruppo di lavoro, di Giorgio Jossa e di Luigi Moraldi (1920-2000)[60].

Tipicamente italiano è il fenomeno dei manuali. Si è iniziato con la Marietti e si è continuato con la LDC, la Borla, la San Paolo, la Paideia, la Morcelliana, specialmente per il Nuovo Testamento; ma anche il Mulino, la Queriniana... Non si tratta solo di traduzioni, all'inizio rare, ma di iniziative che sono riuscite ad aggregare un gran numero di collaboratori italiani. Il rischio dell'impresa è che si proceda con troppa disinvoltura alla sintesi prima di esserci cimentati con le analisi; l'aspetto positivo è lo sforzo di non fare attendere l'utenza studentesca finché giungano le conclusioni, che comunque non saranno mai definitive, e di sceverare il nucleo positivo che è dato cogliere nella discussione in atto[61].

5. Orientamenti di sintesi

Raccogliamo riflessioni sparse che sono maturate durante il lungo cammino.

Il clima di partenza di questa rassegna risentiva sia delle problematiche sia delle delusioni evidenziate dall'illuminismo e dagli orientamenti che ne hanno costituito l'eredità. Era pensabile che sul campo dove si giuocava la sorte dei fondamenti stessi della civiltà occidentale non potesse essere assente la problematica del senso di quella Bibbia che aveva influito in

---

[59] *Gli Apocrifi dell'Antico Testamento*, iniziati presso la Utet (voll. I e II) e continuati presso la Paideia (ancora in corso d'opera)

[60] Jossa ha curato la divulgazione sia di classici moderni (i grandi tedeschi dell'800) sia di classici antichi, come Flavio Giuseppe. Moraldi è stato traduttore solitario di Qumran, della letteratura gnostica e degli Apocrifi dell'Antico Testamento, lavorando sempre per la Utet.

[61] In corso di pubblicazione sono due manuali: della LDC, che sostituisce *Il messaggio della salvezza* con *LOGOS*, ancora completamente affidato ad autori italiani, e della Paideia, che offre una traduzione dallo spagnolo.

modo determinante sullo sviluppo del suo pensiero. La crisi modernista ha rappresentato un momento di questa dialettica e ha avuto una conclusione solo interlocutoria nel dibattito sempre reinsorgente[62].

Il periodo sul quale ci siamo affacciati ha coinciso con l'esplosione della ricerca archeologica e ne è stato profondamente segnato, soprattutto per la ridefinizione del quadro storico generale (ma anche per una somma innumerevole di acquisizioni specifiche) e poi per la scoperta di documenti letterari del tutto ignoti (a volte anche di lingue ignote).

Al servizio di questa avventurosa vicenda si sono poste varie scuole e metodologie (assommandosi, alternandosi o eliminandosi tra di loro).[63] L'analisi letteraria riceveva risposte dallo studio delle tradizioni, dalla storia delle forme, dalla storia della redazione; con proposta a volte alternativa si affacciavano gli operatori della lettura strutturalista e dei successivi metodi sincronici. L'analisi storica viveva momenti appassionanti (ma non unici) nel dibattito della «ricerca sulla vita di Gesù»[64]. L'analisi storico-religiosa ha avuto il suo lancio con la scuola storico-religiosa e i suoi vari momenti preferenziali, con attenzione all'ellenismo con le religioni misteriche o alla gnosi o al giudaismo anticotestameatario o postanticotestamentario. L'analisi teologica ha compiuto un lungo cammino dal momento in cui scoperse la sua autonomia ai vari dibattiti sulle componenti specifiche del proprio statuto.

Quale sarà il futuro di questi metodi? È possibile trovare in tutti aspetti positivi e in tutti limiti in maggiore o minore misura. Sul metodo storico critico sono possibili ormai giudizi assodati dall'esperienza. Il limite più grande non si trova tanto nella sicurezza o ampiezza dei risultati quanto piuttosto nell'illusione diffusa – almeno ai primordi – circa la sufficienza metodologica di questa ricerca, per raggiungere l'obiettivo dell'interpretazione. Supposte trovate le fonti, è trovato pure il senso? Quando si riesce a sapere come un testo è nato, si comprende automaticamente che cosa dice? L'esigenza di un'approfondita riflessione sul valore funzionale dell'analisi delle fonti non fu inizialmente avvertita o teorizzata a sufficienza. Fu invece proprio il risultato di quest'analisi a provocare smarrimento e

---

[62] Cf. J. GREISCH, K. NEUFELDS et C. THEOBALD, *La crise contemporaine. Du modernisme à la crise des herméneutiques*, Paris 1973.

[63] Per una visione attuale della metodologia di ricerca evangelica (lettura strutturale, apporto della sociologia, lettura materialistica, ritorno a Gesù), cfr. *Methoden der Evangelien-Exegese*, Zürich 1985.

[64] Mentre torna a riproporsi il problema di una criteriologia per l'interpretazione storica dell'Antico Testamento.

reazioni insoddisfatte. La decomposizione di un testo secondo le sue fonti tende a far perdere il senso di unitarietà del messaggio. Quando si sa che un testo vive per la presenza di molteplici fonti (e in un macrotesto può trattarsi di fonti eterogenee), si ha l'impressione che l'armonia del senso sia posticcia, sovente disturbata, non omogenea e decantata.

Anche gli altri metodi hanno limiti indubbi, evidenziati dalla loro dipendenza dal vento della moda o dal variare delle sensibilità nel dialogo tra esegesi e pensiero teologico. È impossibile mantenere l'aggiornamento e lo sfruttamento di tutti i metodi che si susseguono nelle fortune dei tempi. Ideale è riportarne il «nocciolo duro», quell'insegnamento che permane al di sotto di una tecnicità che sovente è esasperata e di difficile impiego[65], e che costituisce un'acquisizione nei confronti del passato.

Nel procedere della descrizione incontravamo man mano componenti locali che contribuivano a caratterizzare le situazioni. In particolare in Italia: la specifica eredità storica, la disorganicità delle strutture e l'assenza di sedi idonee, la vicinanza degli organismi vaticani, la presenza del Pontificio istituto biblico, fattori che esercitarono di volta in volta influssi positivi e influssi negativi. Varie iniziative cercavano di ovviare agli inconvenienti della disorganicità, in particolare la soluzione associazionistica che dà vita anche oggi all'Associazione Biblica Italiana. Al Pontificio Istituto Biblico l'esegesi biblica italiana si scopre ogni giorno più debitrice, anche se non molti suoi allievi italiani hanno potuto proseguire in un duraturo impegno di ricerca. Gli stessi orientamenti del PIB, inizialmente qualificati di conservatorismo[66] e poi spesso accusati di razionalismo modernista, forniscono l'esempio di una vicenda di chiesa sofferta e produttiva.

Le componenti confessionali erano presenti, ma non ne evidenziavamo troppo le conseguenze; che ci sono sempre, ma che nel lavoro obiettivo e nel dialogo tendono a farsi comprensive, ad avvicinarsi e a superare i contrasti[67].

---

[65] «Linguistenlatein» chiamano i tedeschi soprattutto il vocabolario dei linguisti, che rende oltremodo difficoltoso l'accostamento di questi studi. Cfr. M. OEMING, *Biblische Hermeneutik. Eine Einführung*, Darmstadt 1998, 66.

[66] Si ricordi p. Fonk, primo rettore, le sue preoccupazione nella tarda stagione modernista, le preoccupazioni di p. Lagrange, dalla sua École di Gerusalemme.

[67] Cfr. G. GHIBERTI, *Rinnovamento biblico e movimento ecumenico. L'esperienza cattolica*, in *La Bibbia lacerata. L'interpretazione delle Scritture, cammino di unione tra i cristiani*, a cura di M. DEGLI INNOCENTI, Milano, 2002, 57-72.

L'esegesi neotestamentaria ha preso posto all'interno della ricerca filologica, storica e teologica. Nelle grandi correnti che si sono formate all'interno della discussione teologica non accade quasi mai che un esegeta occupi il posto del capofila. L'eccezione più rilevante è da fare per Bultmann (e in parte Schweitzer). La cosa può stupire, ma è da ritenersi fisiologicamente sana, perché non è compito dell'esegeta in quanto tale elaborare le categorie più adatte e stimolanti per una sistematizzazione teoretica del dato rivelato nella discussione con i movimenti di pensiero del momento presente.

CARLO FANTAPPIÈ

Problems of Methodology in Canon Law in the 20th Century*

In this paper I do not intend to outline, even along general lines, the development of the catholic science of canon law in the last century, but only to contribute to the identification of three main points.

First, from the point of view of methodology, I intend to determine the most important stages in the development of the science of canon law; secondly, to highlight, whenever possible, the relationships maintained by canon law with other theological disciplines and with studies in secular law (legal dogmatism, history of law); lastly, I will suggest a hypothesis on the criteria that can be applied to differentiate the Canon Law Schools established in Europe between 1936 and 1965. The reconstruction of legal thought in the Orthodox Church and the different Protestant Churches lies outside the scope of the present paper[1].

In my opinion, four periods can be identified in the evolution of canon law as an academic discipline in the twentieth century.

The first, from 1904 to 1917, is characterized by the «separation» of the existing positive law from the history of canon law, which was undertaken by the Swiss scholar Ulrich Stutz in 1905, and by the process of codification of canon law, which began with the *motu proprio* «*Arduum sane munus*» in 1904 and ended with the apostolic constitution «*Providentissima Mater Ecclesia*» in 1917.

---

* I thank Prof. Norman Tanner s.j. for having revised the English translation of the paper.
[1] Cf. G. May and A. Egler, *Einführung in die Kirchenrechtliche Methode*, Regensburg 1986, 86-104; G. Luf, *Rechtsphilosophische Grundlagen des Kirchenrechts*, in *Handbuch des Katholischen Kirchenrechts*, hg. von J. Listl und H. Schmitz, Regensburg 1999, 33-48; C. Redaelli, *Diritto canonico*, in *La teologia del XX secolo. Un bilancio*, a cura di G. Canobbio and P. Coda, III, Roma 2003, 323-391; C. Fantappiè, *Scienza canonica del Novecento. Percorsi nelle chiese cristiane*, in Id., *Itinerari culturali del diritto canonico nel Novecento*, Torino 2003, 151-198.

A second phase developed in the years 1918-1965. During this period, the science of canon law was engaged in the analysis of and commentary on the 1917 Code and canonical jurisprudence – the latter almost exclusively regarding cases of marital law – according to the exegetic method strictly enforced by the Roman Curia. However, within this long period of time, two moments of heightened methodological debate, which anticipate certain subsequent turning points, can be distinguished. The first runs from 1936 to 1943 in Italy and France, where fruitful debates about the teaching of Canon Law gave way to the foundation of schools or currents of secular canon law scholars who had views that differed from those supported by the pontifical faculties. The second covers the years 1962-65 when, as a result of the cultural and theological climate of the second Vatican council, the debate about the nature and epistemological status of canon law as a science was reopened more radically than in the past.

The third phase goes from the revision of *Codex iuris canonici*, which was postponed at the conclusion of Vatican II in 1965, to the new *Corpus iuris canonici* enacted by John Paul II between 1983 and 1990. This phase is characterized by the crisis of canonical institutions and canon law, by the sharpening of the debate on methodology and by the creation of new theoretical trends.

The last phase is the present time. It begins approximately with the enactment of the 1983 code for the Latin Catholic Church and the 1990 code for the Eastern Catholic Churches and is characterized by the softening of the theoretical debate, by the attention given to interpretative problems arising from the reception of the new body of laws, and by the internationalization of the science of canon law.

1.

Stutz's intent was to disenfranchise the history of canon law, in order to elevate it to «an autonomous subject of research and science»[2]. The final goal was to «historicize» the science and doctrines of canon law by removing their connections with the dogmatic approach derived from the Science of Pandects of the 19th century, by isolating historical phenomena in the different phases of their development and, finally, by analyzing each one in the light of a temporal framework.

---

[2] U. STUTZ, *Die Kirchliche Rechtsgeschichte*, Stuttgart 1905, 4.

The groundwork for this theoretical turning point had already been prepared to a large degree in the German-speaking countries and in France. Thanks to the work of the German and Austrian school of legal history in the 19th century, a productive age of studies was also ensured for the following century[3]. The publication of the first volume of R. Sohm's *Kirchenrecht* (1892) provoked a large debate about the foundations and nature of canon law[4]. Two exemplary figures produced different schools of thought: on the one hand, the protestant Stutz, who founded and directed important law reviews such as the canonical section of the *Zeitschrift der Savigny-Stiftung für Rechtsgeschichte*[5]; on the other, the Catholic priest Franz Gillman who has been described as «the prince of scholars who have studied and written about canon law in the 12th and 13th centuries»[6].

From Stutz to Feine, his pupil and author of a remarkable manual of canon law history, came an interpretative theory which considers Vatican I as the beginning of a «spiritualization» process of canon law (i.e. the delimitation of its boundaries as one of the aspects of the more articulated and complex life of the Catholic Church), which found an important expression in the 1917 Code[7]. From Gillman, instead, originated a field of research centred on the history of the sources and institutions of canon law in the classical age. It continued with some exemplary philological studies, particularly on Graziano and the decretists, by Rudolf Weigand. The latter planned the creation of a *Corpus Glossatorum*, which was encouraged by Stephan Kuttner and backed by Pius XI[8].

Kuttner is definitely the most important figure in the history of canon law, not only for paving the way for many fields of studies, but also for promoting scientific research worldwide[9]. He placed himself at the meeting point between Stutz and Gillmann, since he was a pupil of the former

---

[3] Cfr. R. Puza, *Theology, History and Jurisprudence in German Faculties of Theology*, in the present volume.
[4] About the reactions against Sohm's theories, cf. R. Sebott, *Fundamentalkanonistik. Grund und Grenzen des Kirchenrechts*, Frankfurt 1993.
[5] About Stutz cf. the contributions of P. Landau, L. Carle and N. Grass in «Zeitschrift der Savigny - Stiftung für Rechtsgeschichte», Kan. Abt. 74 (1988).
[6] *Dictionnaire de droit canonique*, V, Paris 1953, 968. Almost all works written by F. Gillmann have been published in «Archiv für katholisches Kirchenrecht» (1912-1940).
[7] H.E. Feine, *Kirchliche Rechtsgeschichte. Die katholische Kirche*, Köln-Wien 1925.
[8] P. Landau, *In memoriam Rudolf Weigand*, «Revue de droit canonique» 48 (1998), 227-232.
[9] About Kuttner: R. Somerville in «The Catholic Historical Review» 83 (1997), 181-184; J.M. Viejo-Ximenez, *In memoriam Stephan Kuttner*, «Ius Ecclesiae» 9 (1997), 221-264; D. Maffei, *Ricordo di St. Kuttner*, «Zeitschrift der Savigny - Stiftung für Rechtsgeschichte», Kan. Abt., 84 (1998), 684-686.

and a follower of the latter. In his opinion, the critical study and editing of canon law sources are a pre-requisite that – similarly to Altaner's medievalist methodology or De Ghellinck's patristic methodology – must be satisfied according to rigorous standards before classifying doctrines, methods of research, literary influences and trends[10].

The view of the history of law as an integral history brought forward by Kuttner in the United States[11], has several points in common with the methodology applied by Gabriel Le Bras. This author, though, not only followed the philological method of his teacher Paul Fournier[12], but was also influenced by the teachings in history of Marc Bloch (with whom he had worked in Strasbourg from 1923 to 1929) and by the sociologic theories of Marcel Mauss, who had classified religious phenomena according to three levels of analysis (representations, practices, organization and systems) and had created a sociology of the «living religions» by applying statistical methods. Le Bras had already formulated the program for great history of canon law based upon the fundamental principle of «cooperation between all the human sciences»[13].

The historical-legal perspective also developed in other European countries. The figure of Willibad Maria Plöch, who eventually moved to USA, and interest in the canon law of the eastern churches emerged in Austria, in the state theological Faculties of Innsbruck and Vienna[14]. This approach was followed in Poland thanks to the University of Krakow and the research on Graziano by Adam Vetulani. The same approach had supporters in Belgium thanks to the school initiated by Alphons Van Hove and continued by Henri Wagnon, Willem Onclin and Gérard Fransen: all these

---

[10] S. KUTTNER, *The Scientific Investigation of Medieval Canon Law*, «Speculum» 24 (1949), 493-501, 499-500.

[11] Cfr. S. KUTTNER, *Problemi metodologici nella storia del diritto canonico*, «Annali di storia del diritto» I (1957), 140.

[12] Cfr. P. FOURNIER et G. LE BRAS, *Histoire des collections canoniques en Occident depuis les Fausses Décretales jusqu'au Décret de Gratien*, 2 volls., Paris 1931-1932.

[13] Cf. G. LE BRAS, *Prolégomènes*, Paris 1955 (Italian translation: *La Chiesa del diritto*, Bologna 1976), to the *Histoire du droit et des institutions de l'Eglise en Occident*, started by the author with his pupil Jean Gaudemet, prolific historian of Roman and Canon Law, of whom we remember *Eglise et Cité. Histoire du droit canonique*, Paris 1994. Cf. R. METZ, *Un éminent historien du droit canonique... Jean Gaudemet (1908 - 2001)*, «Revue de droit canonique» 50 (2000)/1, 5-12.

[14] R. Köstler, W. Plöch, e F. Arnold founded in 1950 the review «Österreichisches Archiv für Kirchenrecht. Kanon»; the review of the law of the eastern churches will be founded subsequently.

authors have contributed significantly to the history of the sources and institutions of medieval canon law[15]. In Spain, this approach was developed in the Pontifical University of Salamanca thanks to the works of Antonio García y García, a scholar of canon law in the Middle Ages.

The influence of 19th century German historic methodology was extended to Italy by Francesco Scaduto and Francesco Ruffini[16]. From Ruffini's school came Arturo Carlo Jemolo, a prominent figure among Catholic secular scholars and author of studies in the history of modern canonical doctrines and the history of Church-State relations[17]. This author stands apart from the common background of legal historiography in the twentieth century, which was mainly interested in problems concerning the canon law sources of the Middle Ages[18] and was often influenced by the interdenominational controversies that arose in reaction to Sohm's theories[19].

2.

The codification of Canon Law, which began in 1904 and ended in 1917, was a very important event in the life of the universal Catholic Church and had numerous effects, yet to be fully understood, both on theological subjects and on the disciplinary status of canon law[20]. The *Codex* helped canon law recuperate a central, and in some cases prominent, position within the general structure of canonical studies and for the training of the Catholic Church's leadership until Vatican II.

The most relevant sign of the effects that codification had on the theology manuals is the frequent inclusion of «ad mentem Codicis Iuris Canonici» on the title page. The difference in subject, method and scope

---

[15] Cfr. A. GARCÍA Y GARCÍA, *Balance de la aportación científica de Gérard Fransen*, «Zeitschrift der Savigny - Stiftung für Rechtsgeschichte», Kan. Abt. 83 (1997), 1-11.

[16] Cf. C. FANTAPPIÈ, *Sulla genesi del diritto ecclesiastico italiano. Il giovane Scaduto tra Firenze e Lipsia,* «Studi Senesi» 115 (2003), 71-132.

[17] Cf. *Giornata Lincea nel centenario della nascita di Arturo Carlo Jemolo, Roma, 18 dicembre 1991,* Rome 1993.

[18] Cf. F. ROUMY, *Editions et traductions des sources canoniques anciennes et médiévales: bilan et perspectives*, «L'année canonique» 40 (1998), 191-206.

[19] Cf. L. MUSSELLI, *Ideologia e storia del diritto canonico*, «Il diritto ecclesiastico» 113 (2002), 559-582.

[20] C. FANTAPPIÈ, *Per la storia della codificazione canonica (a cento anni dal suo avvio)*, «Ius Ecclesiae» 16 (2004).

notwithstanding, canon law influenced moral theology to the extent that moral theologians adapted their manuals according to the set of laws included in the new code, and canon law scholars integrated the exegetic method with the casuist method typical of moral theologians. The foundations were laid for a new «concubinage» between moral theology and canon law that was similar to the other unions that had already occurred in the previous centuries of the modern age[21].

Similar remarks can be made about the predominantly legal approach applied to the theology of sacraments, especially to marriage. The qualification of marriage as a contract and the introduction of a hierarchy in the purposes of marriage – included by Gasparri in the very last phases of the final drafting of the Code – led to the censorship of the theories elaborated by Viglieno, follower of Rosmini, by Mons. Luigi Cornaggia Medici and by the personalist Doms in the years 1925-35[22].

The *Codex* also transformed pastoral theology, by restricting and regulating the activities of parish priests and believers. The discipline subjected to the greatest rigidity was, however, liturgy, which was considered a «part of canon law» and defined essentially as «the whole of the ceremonies included in the Church's public worship and of the ecclesiastical laws which regulate it»[23].

3.

In this section, I will examine the consequences that codification had on the disciplinary status of the science of canon law in the 20th century. The adoption of the Code format by Pius X represented a strategic defensive choice both *ad intra*, in order to centralize the organization of the church and unify its law, and *ad extra*, in order to reassert the public nature of the Catholic Church's organization and legal system against the liberal state[24]. The reduction and updating of the *ius vetus* within the *Codex iuris canonici*, though, not only gave canon law a new coating, but also caused the introduction of several formal innovations which had the potential effect of

---

[21] I. ZEIGER, *Codex iuris canonici et Theologia moralis*, «Periodica de re morali canonica liturgica» 32 (1943), 329. Cf. REDAELLI, *Diritto canonico...*, 337-339.

[22] About these theories, cf. A.C. JEMOLO, *Il matrimonio canonico*, Bologna 1992, 122-135.

[23] C. VAGAGGINI, *Il senso teologico della liturgia*, Roma 1958, Preface.

[24] C. FANTAPPIÈ, *Introduzione storica al diritto canonico*, Bologna 2003², 193-232.

weakening or distorting some of the distinctive traits of its millennium-long legal tradition, such as its variety and flexibility. Canon law was for long attracted by the codification myth and adopted both its theoretical foundations (i.e. the view of canon law as an exclusively normative source) and its applications (i.e. the exegetic method, imposed by the Holy See in 1917 and faithfully followed by all the pontifical and ecclesiastical universities and seminaries).

Not surprisingly, for the first fifteen years in the life of the Code the only available scientific texts were not very original manuals (Maroto, Cicognani, Wernz's new edition). Subsequently, after the reorganization of ecclesiastical faculties carried out by the Pope in 1931, there were some commentaries to the Code published in Rome (Ojetti, 1927-31; Michiels, 1929-34) and Louvain (Van Hove e Vermeersch, 1928-39). Some innovations, within this background, are represented by the foundation of several canon law reviews in Rome[25]. The institutional consolidation of the teaching of canon law was completed between 1931 and 1940, with the creation of new pontifical faculties of canon law in Rome (*Antonianum* and *Pontificium Athenaeum de Propaganda Fide*, then the Urbanianum Pontifical University in 1933; the Salesian Pontifical Athenaeum in 1940), in Belgium (Louvain, 1935) and Spain (Pontifical University of Salamanca, 1940). Along with these faculties, other faculties of canon law continued to operate in the catholic universities (Dublin in 1920, Ottawa in 1929) or in the research institutes of state theological faculties (Strasbourg in 1920, Munich in 1947). After 1960, the internationalization process was completed with the new faculties of Navarra in 1960 and Buenos Aires in 1991, the Pontifical Athenaeum of the Holy Cross in Rome in 1996, and with other new institutions (Budapest in 1960, Mexico City, Yaoundé in Cameroon in 1991)[26].

The creation of a multitude of canon law schools, at first in some European countries and then in the United States, is the result of many converging factors. The first is the relinquishment of the exegetic method of the Code used by the pontifical universities, thanks to the assimilation and confrontation with different approaches: legal positivism, history of law,

---

[25] «Commentarium pro Religiosis et Missionariis» in 1920; «Ius pontificium» in 1921, «Periodica de re morali, canonica, liturgica» in 1927, «Apollinaris» in 1928.

[26] For the complete list of faculties and institutes of canon law see the latest *Annuario Pontificio*. For the scientific activity after the Vatican Council II (commentaries, manuals, reviews, conferences of canon law), cf. P. ERDÖ, *Storia della scienza del diritto canonico. Una introduzione*, Roma 1999²), 185-202.

theology of law, sociology of the rule of law. The second is the institutional status of teaching and research centres (pontifical or ecclesiastical universities, catholic or state universities, faculties of canon or state law). This changed according to their dependence on the Holy See and the catholic universities or, on the other hand, on autonomous state athenaeums (in between there are canon law faculties within state universities). The third is the cultural, political and religious tradition of each country in terms of the clerical, secular or mixed composition of the teaching staff. The fourth factor of differentiation is, finally, the prevalence of one approach (historical, legal, theological) above others, or the different points of view about certain problems or qualifying themes (the relationship with secular state law or theology, the rights of *christifideles*, the nature and scope of canon law, etc.).

Italian secular scholars of canon law intended to adapt canon law according to the evolution of secular legal thought, and to upgrade its scientific status in the state universities (canon law was introduced as a subsidiary subject in 1936 as a consequence of the Lateran Concordat). This led to the relinquishment of the purely exegetic approach and to the consideration of canon law as a legal system having its own autonomous status, independent of the legal praxis of the Roman Curia. The authors responsible for this cultural shift are P.A. d'Avack, Pio Fedele, A.C. Jemolo, O. Giacchi[27]. These scholars, between 1936 and 1943, opened a methodological debate of large import, enriched by the contributions of Emilio Betti's legal hermeneutics, by the different currents of the *nouvelle théologie* (I refer especially to the Dominicans Georges Renard and M.D. Koster), and by the Italian and German legal-historical approach.

D'Avack applied to canon law the identical approach Betti had used to resolve the problem of bringing Roman law up to date: both authors employed the theories developed by contemporary legal positivism. D'Avack's fundamental question was whether canon law must be anchored to the traditional theoretical structures and categories, or whether they should be substitute with «new concepts and categories» applying «the principles,

---

[27] S. BERLINGÒ, *Il concetto di diritto canonico nella scuola laica italiana*, in *Il concetto di diritto canonico. Storia e prospettive*, a cura di C.J. ERRÁZURIZ e L. NAVARRO, Milano 2000, 47-69; M. TEDESCHI, *La contribution de la science juridique italienne dans le domaine du droit canonique et ecclésiastique*, «L'année canonique» 44 (2002), 215-232.

logical procedures and structures currently being developed by the modern legal positivism with regard to state law»[28].

In opposition to this modernization of canon law, Fedele raised strong methodological objections. He believed that «the theoretical structures and categories» developed to analyze state law could not be applied to that unique experience represented by the catholic church, in consideration of the «peculiar theological nature» of canon law. Fedele followed the ideas of Renard on canon law as a fertile ground for mutual exchanges between theology and legal science[29]. He thus demonstrated that certain canon law concepts (*aequitas canonica, dispensatio, tolerari potest, dissimulatio, bona fides*, etc.) and the ultimate transcendental goal of canon law (the *salus aeterna animarum*) derived from their connection with dogmatic and moral theology[30].

The controversy between D'Avack and Fedele at the end of the 1930s can be seen as emblematic from an epistemological angle and it partially foreshadowed the debate on the methodology of canon law which took place immediately before Vatican II. This controversy was indeed centered on the fundamental question about the relationship between canon law, theology and legal science. This issue, along with the problem of the adjustment of canon law to the new concept of the Church adopted by Vatican II, became the main differentiating criteria among the various canon law schools of the last quarter of the century[31].

---

[28] P.A. D'AVACK, *Considerazioni sulla questione metodologica nello studio del diritto canonico*, «Il diritto ecclesiastico» 54 (1943), 158-159. For the criticism made by a canonist of the Roman Curia against D'Avack's programme: cf. D. STAFFA, *Immobilità e sviluppo della scienza canonistica*, «Apollinaris» 29 (1956), 413-424. It is worth mentioning also the discussion in Italy about the necessity for the canon law scholar to *sentire et vivere cum Ecclesia*: cf. P.A. D'AVACK, *Trattato di diritto canonico. Introduzione sistematica generale*, Milano 1980, 49-51.

[29] G. RENARD, *Contributo allo studio dei rapporti tra diritto e teologia. La posizione del diritto canonico*, «Rivista internazionale di filosofia del diritto», 16 (1936), 477-521.

[30] P. FEDELE, *Discorso generale sull'ordinamento canonico*, Padova 1941. For the first paper on methodology: cf. P. FEDELE, *Programma per uno studio sullo spirito del diritto canonico*, «Annali della Facoltà di Giuurisprudenza dell'Università di Perugia», 51 (1938), 123-142.

[31] Cf. C. FANTAPPIÈ, *P. A. d'Avack: dal confronto con la canonistica curiale all'autonomia scientifica del diritto canonico*, in *Metodo, fonti e soggetti del diritto canonico*, a cura di J.I. ARRIETA e G.P. MILANO, Città del Vaticano 1999, 139-170.

4.

The different images and definitions of Church proposed by the *Lumen Gentium* produced, also among canonists, a variety of different theoretical choices and tones[32]. The Italian secular legal school, headed by D'Avack, viewed the concept of Church-*societas* as the definition closest to the legal dimension and the subject of canon law as the research of «the social, communitarian and institutional order» of «God's People in their earthly *peregrinatio* and what it should be»[33].

The «School of Navarra» of the Catholic University of Pamplona, connected to *Opus Dei*, underlined that the different notions of church (God's people, community and society) correspond to as many ingrained dimensions (its supernatural origin, communitarian aspect and organization as a society), differentiated but at the same time complementary. According to this approach, which had among its most distinguished supporters Pedro Lombardía and Javier Hervada, canon law portrays and reflects the specific dimension of sociality and justice which must be present within the church, but this cannot weaken its sacramental reality[34].

Both the School of Munich, founded by Klaus Mörsdorf[35], and the group of canonists of the international review *Concilium*, stressed the category of *communio* as the central and summarizing idea of the concept of church endorsed by Vatican I, but they did this in a radically different way: the former by theorizing the *theologization* of canon law, the latter by pointing to the *historicization* of canon law.

The first group of authors, headed by Antonio Maria Rouco Varela and Eugenio Corecco, maintained that the foundation and methodology of canon law was exclusively theological, assuming as their theoretical standpoint the inextricable connection between *ius divinum* and canon law, which

---

[32] Cf. in general C.R.M. REDAELLI, *Il concetto di diritto della Chiesa nella riflessione canonistica tra Concilio e Codice*, Milano 1991.

[33] P.A. D'AVACK, *Corso di diritto canonico*, Milano 1980, 39.

[34] About Lombardía cf. *Metodo, fonti e soggetti del diritto canonico...*; about Hervada see J. HERVADA, *Confessioni di un canonista*, «Ius Ecclesiae», 14 (2002), 615-620.

[35] Cf. K. MÖRSDORF, *Schriften zum kanonistichen Recht*, München-Paderborn-Wien 1989; A. CATTANEO, *Questioni fondamentali della canonistica nel pensiero di Klaus Mörsdorf* Pamplona 1986; CH. KUHN, *Die theologische Begründung des Kirchenrechts in der Münchner Schule. Eine kritische Auseinandersetzung*, Budapest 1991.

had been rediscovered by authors belonging to the protestant theology of law (Heckel, Erick Wolf, Ellul)[36].

Huizing and the canonists of «Concilium», on the contrary, highlighted the historically relative and instrumental character of the institutes and norms of canon law. According to these authors, the Church, from era to era, must formalize the divine law (natural and positive) in a mediate and never absolute cultural context. This historical and structural dynamism prompts the need to «de-theologize» and «de-legalize» canon law. In this way, canon law would be deprived of its cognitive and juridical function passing from the category of «juridical order» (*Kirchenrecht*) to the category of «ecclesiastical order» (*Kirchenordnung*) [37].

5.

Among the canon law schools of the period between Vatican II and the new *Codex iuris canonici* of 1983, the different views on the relationship between theology and law did not emerge directly, but were implicit in the philosophical and anthropological conception assumed as the basis of the legal system. The majority of canon law scholars continued to refer to the theological approach, supported by the Second Scholastics, according to which the distinction between «natural» and «supernatural» was incontrovertible data and based upon this distinction was the analogy between canon law and law in general. Corecco and Rouco Varela, on the contrary, accepted the critique made by the theologians De Lubac, Rahner, Balthasar and Giuseppe Colombo to the post-tridentine theology of the elevation of the «natural» to the «supernatural», and applied the results of such critique to canon law. The rejection of the notion of «pure nature» as the foundation of theological anthropology led Corecco and Rouco Varuela to reject the natural law codified by the «Tomistic-Suaresian synthesis». It produced also a new classification of *ius divinum*, which was placed in the «fideistic» or «transcendental supernatural» province, and *ius humanum*, which was placed in the «sacramental» or «ecclesiastical» province, and it determined the assumption of faith as the «ultimate and conclusive» crite-

---

[36] Cf. E. CORECCO, A. ROUCO VARELA, L. GEROSA e L. MÜLLER, *Chiesa e diritto. Un dibattito trentennale su fondamenti e metodo della canonistica*, Pregassona-Lugano 2002 (the first part is dated 1971); E. CORECCO, *Ius et communio. Scritti di Diritto Canonico*, 2 voll. Casale Monferrato-Lugano 1997.

[37] Cf. N. EDELBY, T.I. JIMÉNEZ URRESTI e P. HUIZING, *Editoriale*, «Concilium» 1 (1965)/8, and 11 (1975), 193 ss.

rion for the formulation and interpretation of canon law[38]. For Corecco, the subordination of legal methodology to faith was a necessary step in order to avoid the criticism made by the anti-legalization movement and to safeguard the specific identity of canon law. For other canonists, instead, this subordination represented a new attempt to theologize canon law and a rejection of the relative autonomy of the human sciences.

On the other hand, behind the assumption or rejection of the «theory of the double order», theorized by modern Christian anthropology with its integrated pairs (natural and supernatural, reason and faith, contract and sacrament, etc.), there is the problem, even more fundamental, of the *analogia entis* that, in the case of canon law, determines the type of logical or ontological articulation between the two elements which shape the expression «canon law». The question that canonists posed themselves was whether the term «law» stood with the term «canon» in the same relationship as *species* versus *genus*, or whether they were in a relationship of analogy, or, finally, whether those terms shaped a concept *sui generis*.

In the post-council debate, canonists wavered between opposing the essential incomparability of the law of the Church with secular state law and maintaining their substantial identity. Other authors chose instead an intermediate position, claiming that there was a specific diversity between the two legal systems.

The followers of Mörsdorf insisted on the wholly peculiar character of canon law, to the extent that they considered canon law as law only in an improper sense. There was, however, a graduation of different theoretical positions: Rouco Varuela acknowledged only some formal similarity with secular law; Corecco restricted the application of analogy only to the after-the-fact field, with the aim of highlighting «the differences between the two legal systems»; Sobański came to define canon law «as unique in its genre within the legal world». In such a way these scholars, in the attempt of identify a neutral concept of law, were creating a confused notion of a «pre-philosophical and pre-theological form of law used by all human cultures» (Corecco), or, otherwise, were leading to a notion of the law as merely operational (Sobański) [39].

---

[38] Corecco, to highlight his distance from Barth, claims that the notion of canon law as *ordinatio fidei* does not involve the rejection of the *analogia entis* «which is indispensable for the faith in order to take root in the historical reality» (CORECCO, *Ius et communio...*, I, 155). About Corecco, cf. *Antropologia, fede e diritto ecclesiale. Atti del simposio internazionale sugli studi canonistici di Eugenio Corecco. Lugano, 12 novembre 1994*, Milano 1955.

[39] R. SOBAŃSKI, *La Chiesa e il suo diritto. Realtà teologica e giuridica del diritto ecclesiale*, Torino 1993.

Other canon law scholars resorted to the concept of analogy of proportionality (consisting in the equality of two relationships) to maintain that canon law and secular law, even though they have an identical *ratio*, deal with a different subject (the secular order and the salvific and supernatural order respectively), and that it is therefore impossible to consider them as dependent on each other; in contrast to the analogy defined as one of attribution, where the relationship between canon law and secular law (*minora analogata*) depends upon some *analogatum princeps*, i.e. a full notion of the law to which they are in relationship in different ways and more or less extrinsically (F.X. Urrutia, G.F. Ghirlanda, P.A. Bonnet, etc.).

Other authors chose to compare the two legal systems according to a unified notion of law seen as their common foundation. This position presupposed a preliminary determination of the essence of law, and was supported by scholars from different theoretical backgrounds, with different approaches in methodology. The upholders of the program for the de-legalization of canon law (Huizing, Jiménez Urresti, etc.) claimed in a polemic spirit that the two laws could be compared only because there are positive norms in both legal systems. The founders and the followers of the «School of Navarra» (Lombardía, De la Hera, J. P. Schouppe, G. Lo Castro, etc.) viewed canon law as *species generis iuris*, real law but different in species because of the peculiar nature of the Church as a supernatural society. The supporters of the theory of the anthropological and metaphysical character of the law considered the law as a unique legal reality, specified in different ways according to the different societies that created it (L. Vela, V. de Paolis, T. Gałkowski, etc.)[40].

In more recent years in the United States and Canada, some scholars have focused on the problems concerning the creative interpretation of the norms and the function of canon law as a pastoral and «service» instrument[41]. A Hungarian born canonist, László Örsy, has proposed substituting the exegetic method with the «doctrine of horizons», developed by the philosophers Lonergan and Gadamer, for the explanation and application of canon laws. In his opinion, this would «contextualize» canon laws and therefore the role of the Christian community as bearer of the *sensus fidei* would be emphasized and canon law would be configured as *ordinatio charitatis*[42].

---

[40] Cf. the review of V. DE PAOLIS, *Ius: notio univoca an analoga?*, «Periodica de re morali, canonica, liturgica» 69 (1980), 127-162.

[41] J.A. CORIDEN, *Canon Law as ministry: Freedom and Good Order for the Church*, New York-Mahwah 2000. The Canon Law Society of America publishes «The Jurist» review.

[42] Cf. L. ÖRSY, *Theology and Canon Law. New Horizons for Legislation and Interpretation*, Collegeville (Minnesota) 1992.

6.

As it is easy to perceive from this summary analysis of the different legal trends and schools, the debate about the scientific status of canon law in the last forty years has been wide and manifold. This debate has not yet led to an agreement on methodology and to defining the status of canon law in relationship to other sciences. In conclusion, it is my intention to emphasize that there are still serious issues to be worked through.

The separation between history and legal positivism theorized and desired by Stutz at the beginning of the 20th century had an ambivalent effect when it was associated with the work of the codification of canon law. On the one hand, the theory made historical research autonomous and independent from legal dogmatism and apologetics. On the other hand, it strengthened the determination of the Roman Catholic Curia to create a code of canon laws that separated the study of the codified canon laws from their historical background. This has favored the onset of an abstract legal mentality, which has progressively lost track of the essentially historical perspective in which divine law and human law are immersed. The pontifical universities continue to apply the exegetic method, and the state universities the exegetic and legal-dogmatic method, but never or almost never in a legal-historical perspective.

The huge repercussions that the 1917 codification of canon law had on theological disciplines provoked repeated waves of anti-legalism which have not subsided even after the 1983 Codex. As it is well known, many theologians, who played a primary role during the Vatican Council II, were impregnated with an anti-legalistic spirit in reaction to the concept of the Church as a *societas iuridice perfecta* which seemed to suffocate the dimension of mystery in favor of the institutional dimension. In the cultural and theological atmosphere of the period immediately following the Council, the gap in culture between theologians and canon law scholars has in certain aspects widened. I believe that the time has come to «steer the course» and that both sides should work for the recomposition of the field of theological sciences in accordance with all its different articulations.

RICHARD PUZA

Theology, History and Jurisprudence in German Faculties of Theology

1. Historical Data

1.1. Concepts

First of all I would like to explain the various concepts covered by German research, these being church law (*Kirchenrecht*), canon law, ecclesiastical civil law, State law of religions and public law. Traditionally speaking, in Germany *Kirchenrecht* comprises the history of the Church law, canon law and *Staatskirchenrecht* (State law of religions). The components of *Kirchenrecht* are taught with different accents. *Kirchenrecht* is more than canon law and is more than Church law because, in a broad sense, it also comprises the state law of religions. But if we take into account the definition Jean Werkmeister gives in his *Petite Dictionnaire de droit canonique* – «droit ecclésiastique: qui a l'église pour origine» – we can say that *Kirchenrecht* is Church law whereas the State law of religions is State law. In faculties of catholic theology, the professor for *Kirchenrecht* also teaches the State law of religions.

Staatskirchenrecht, that is to say, ecclesiastical civil law (today called State law of religions) is an academic discipline, the existence of which can be explained by the special relationship between church and state in Germany. Until 1919 (the date of the Weimar Constitution – Weimarer Reichsverfassung) relations between church and state were very clear, there being a system of state churches. The Weimar constitution declared that this system would cease to exist and stipulated quite clearly: «there is no Church of State anymore in Germany». This means that at present in Germany there is a system of organisatorical separation which nevertheless cannot be compared with the situation in France. A similar system is still functioning in Alsace-Lorraine. The German System is a system of separation, but one in which Church and State co-operate on different levels. This is why we talk about a system of separation with co-ordination and co-operation. The ecclesiastical civil law (*Staatskirchenrecht*) or State law of religions

(*Religionsrecht*) represents the law of the State and is also concordat law in Germany. It regulates relations between Church and State and the relationship between citizens and their Churches (such as in the case of Church taxes: in Germany we have an obligatory Church tax and must make a declaration for renouncing membership). State law of religions also regulates the relationships between citizens and the churches to which they do not belong.

We can distinguish between ecclesiastical civil law (*Staatskirchenrecht*) and ecclesiastical public law. The latter, called in France «external or ecclesiastical public law», is not *Staatskirchenrecht*, but Church law. It aims at establishing relationships between Church and State from an ecclesiastical viewpoint. We can distinguish between the fundamentals of *Staatskirchenrecht* («Grundlagen des Staatskirchenrechts») and material ecclesiastical law. The fundamentals of ecclesiastical civil law are studied as part of the subject «public law» as taught in law faculties, but the subject is also dealt within theological faculties where it is taught under the general subject «Kirchenrecht». The subject of *Kirchenrecht* also deals with biblical and theological issues relating to Church and State relations.

History is very important to the subject «State law of religions» because it is considered necessary to understand history in order to understand the present day situation. The history of church-state relations is also taught in the departments of church history in theology and history faculties.

1.2. Tradition of Study

In Germany there is a tradition of study in the area of the legal relationship between State and Church. This relationship was once taught in faculties of law but is now also taught in theological faculties.

State law of religions is studied at university in the law and theology faculties, though in the law faculties this subject is only an optional course. Nevertheless there remain faculties of law or Institutes for *Kirchenrecht* (State law of religions) where the relationship between Church and State is studied. Within law faculties there are departments in which State law of religions is taught. These departments are connected either with public law, with private law or with the philosophy of law. The law of the reformed or Lutheran Churches is also taught.

1.2.1. Law Faculties

1. Bayreuth: Institut für Rechtsphilosophie, Kirchenrecht, Forschungsstelle für Europäisches Verfassungsrecht. Lehrstuhl für öffentliches Recht IV[1]

2. Bonn: Juristische Fakultät, Kirchenrechtliches Institut[2]
3. Cologne: Rechtswissenschaftliche Fakultät, Institut für Kirchenrecht und rheinische Kirchenrechts-geschichte[3]
4. Dresden: Juristische Fakultät, Lehrstuhl für Öffentliches Recht, insbesondere Verfassungsgeschichte, allgemeine Rechts- und Staatslehre, Staatskirchenrecht[4]
5. Erlangen: Juristische Fakultät, Lehrstuhl für Kirchenrecht, Staats- und Verwaltungsrecht[5]
6. Freiburg in Breisgau: Juristische Fakultät, Forschungsstelle für Kirchenrecht und Staatskirchenrecht. Institut für Öffentliches Recht[6]
7. Halle-Wittenberg: Lehrstuhl für öffentliches Recht, Staatskirchenrecht und Kirchenrecht[7]
8. Konstanz: Lehrstuhl für Deutsche Rechtsgeschichte, Kirchenrecht, Bürgerliches Recht[8]
9. Leipzig: Juristenfakultät, Lehrstuhl für Staats- und Verwaltungsrecht, Verfassungsgeschichte und Staatskirchenrecht[9]
10. München: Juristische Fakultät, a. Lehrstuhl für Deutsche Rechtsgeschichte, neuere Privatrechtsgeschichte, Kirchenrecht, Bürgerliches Recht, Rechts- und Staatsphilosophie[10]
11. München: b. Lehrstuhl für Öffentliches Recht und Kirchenrecht[11]
12. Regensburg: Juristische Fakultät, Lehrstuhl für Bürgerliches Recht, Europäische Rechtsgeschichte und Kirchenrecht[12]
13. Trier: Institut für Europäisches Verfassungsrecht[13]
14. Tübingen: Juristische Fakultät, Lehrstuhl für Öffentliches Recht und Kirchenrecht[14]
15. Würzburg: Juristische Fakultät, Lehrstuhl für Deutsche Rechtsgeschichte, Kirchenrecht, bürgerliches Recht und Handelsrecht.[15]

---

[1] Prof. Dr. Häberle.
[2] Prof. Dr. Christian Waldhoff.
[3] Prof. Dr. Muckel.
[4] Prof. Dr. Dieter Wyduckel.
[5] Prof. Dr. Heinrich de Wall.
[6] Prof. Dr. Konrad Hesse, Prof. Dr. Alexander Hollerbach.
[7] Prof. Dr. Michael German.
[8] Prof. Dr. Hans-Wolfgang Strätz.
[9] Prof. Dr. Helmut Goerlich.
[10] Prof. Dr. Peter Landau.
[11] Prof. Dr. Stefan Korioth.
[12] Prof. Dr. Hans-Jürgen Becker.
[13] Prof. Dr. G. Robbers.
[14] Prof. Dr. Karl-Hermann Kästner.
[15] Prof. Dr. Dietmar Willoweit.

1.2.2. Protestant/Reformed Theology Faculties

Among the faculties of Protestant /Reformed Theology, only the Faculty in Tübingen had a chair of Church Law (State law of religions and Church Law). However, the professor who was teaching the subject, Prof. Dr. Joachim Mehlhausen, who was a specialist in contemporary Church history, died in 1999. Since then the Law Faculty professor of public law and canon law has been teaching the subject at the theological faculty in Tübingen.

1.2.3. Catholic Theology Faculties

The teaching of State law of religions is part of the subject of canon law. Since there are few specialists in this area in the Catholic theological faculties, I would like to mention the following departments:
1. Frankfurt: St. Georgen. Kirchliche Hochschule of the Jesuits. Seminar für Kirchrecht[16]
2. Mainz: Seminar für Kirchenrecht, Staatskirchenrecht und kirchliche Rechtsgeschichte[17]
3. München: Klaus-Mörsdorf-Institut für Kanonistik[18]
4. Tübingen: Lehrstuhl für Kirchenrecht[19]

1.2.4. Degrees

Even though there are numerous lectures on these topics, one cannot obtain a degree in State law of religions, though it is possible to specialize in this field: one can for instance write a PhD, an abilitation, or an MA thesis in this subject, and as a result be awarded the following titles: Dr.iur habil., Dr.theol habil.

1.2.5. Research Institutes for the Evangelical and Catholic Churches

1. The Institute for Church Law of the Protestant Church in Germany (EKD) in Göttingen, Director: Axel Freiherr von Campenhausen. Its first director was Rudolf Smend.
2. The Institute für Staatskirchenrecht of the German Dioceses. Director: Wolfgang Rüfner (predecessor Josef Listl).

These two institutes, on the one hand, play a major role in advising their Churches in matters of Church law and State law of religions and, on the

---

[16] Prof. Dr. Reinhold Sebott. Dr. Ulrich Rhode.
[17] Prof. DR. Ilona Riedel-Spangenberger.
[18] Prof. Dr. Elmar Güthoff.
[19] Prof. Dr. Richard Puza.

other hand, publicly participate in discussions on relations between Church and State in society and in the academic world. The Evangelical Institute organises yearly conferences on subjects of Church law and issues several publications. The conferences are ecumenically-oriented. Important researchers at this institute include Rudolf Smend and Axel von Campenhausen. The Institute also publishes the «Zeitschrift für Evangelisches Kirchenrecht».

The Institute of the catholic dioceses in Bonn has published a lot on this topic, for instance the *Handbuch des katholischen Kirchenrechtes*[20] and the *Handbuch des Staatskirchenrechtes*. Its directors have a lot of expertise, though their main task is that of consultants. There is a very well equipped library but unfortunately the institute does not organise conferences.

1.2.6. Other Institutions

1. The «Essener Gespräche zum Thema Staat und Kirche». It is worth mentioning the so-called «Essener Gespräche zum Thema Staat und Kirche», which have been organised by the diocese of Essen over the past 39 years. The *Debate in Essen* is an ecumenical forum in which specialists from the catholic and evangelical Churches meet and discuss issues of Church law and State law of religions. The group also has a very important impact on politics. Important participants and researchers include: Heiner Marré, Ulrich Scheuner, Ernst Friesenhahn and Alexander Hollerbach.
2. The annual «Tagungen» held by Prof. Richard Puza and Dr. Abraham Peter Kustermann at Stuttgart-Hohenheim and Weingarten. One also has to mention the conferences organised by centres of different dioceses. Good examples are the conferences on topics of Church law and State law of religions organised by Prof. R. Puza in cooperation with the Academy of the Diocese Rottenburg-Stuttgart. These conferences take place either in Stuttgart-Hohenheim or in Weingarten. Well-known conferences have included: «German reunification and Church-State relations» and «Trends in State law of religions in Germany».[21]

1.3. Tradition of Research

There is a long tradition of research on the legal relationship between State and Church in Germany, in the faculties of law but also in the theological faculties, formerly the catholic faculties, and it is possible that in a wider sense there are various schools.

---

[20] Second edition, 1999.
[21] Most of the conferences are published.

First of all I would like to mention that the Ius publicum ecclesiasticum originates in Germany (School of Würzburg) and, I think, its last German representative is Josef Listl.

1.3.1. The History of State Law of Religions

Peter Landau has analysed (in RDC 47/1 1977, p. 161-189) the origins of the «Staatskirchenrecht» in Germany in the second half of the 19th century. Other studies have been done by Dietrich Pirson and St. Häring. One should also mention the essay of Ulrich Scheuner in the first edition of the Handbuch des Staatskirchenrechts[22]. These articles deal with the history of the subject rather than the subject itself.

The study of the relationship between Church and State is an old subject. The Staatskirchenrecht was previously called «Kirchenstaatsrecht»[23]. It originated in the Reformation. In Germany the protestant princes managed to secularise immense Catholic possessions, but lacked the knowledge to administer them. Until the Reformation there was no real distinction between religious and Stately domains. If, for instance, the catholic prince had designated a professor a bishop or a diocesain priest, nobody gave to the whole matter a second thought. However, in the new situation the protestant prince had to differentiate between designating a bishop of one confession or another. They also had to deal with situation of power having to share with another prince who happened to be also a catholic bishop.

One might think that the princes would have tried to expand the way they exercised their power over the Lutheran and Catholic Churches, but they did not go so far. Instead of taking the countries such as Austria as a model for the domination of catholics, a new relationship between Church and State was established instead. This was a new form of Staatskirchentum, and had extreme forms in the south and south-west German territories.

Honest experts in catholic Church law – and there were quite few of these in the bishoprics – warned the protestant rulers, who were inexperienced in such matters, to be wary of the development of a strong link between the civil State and their Church. This constituted the beginning of a period in the relations between Church and State which was summed up by a Württemberg civil servant in the following words: «We only need someone to perform the last unction. The rest we can do ourselves».

---

[22] *Das System der Beziehungen von Staat und Kirchen im Grundgesetz*, in *Handbuch des Staatskirchenrechts*, hg. von E. FRIESENHAHN, U. SCHEUNER, J. LISTL, 1974, 5-86.

[23] A. VON CAMPENHAUSEn, *Staatskirchenrecht*, München, 1983.

The starting points of Landau is the German Constitution of Frankfurt (1848/49) and the Prussian Constitution (1850). But there are Länder with older constitutions like Württemberg (1819 till 1918 in law!).

The second period starts with German Unification (1870), with which we associate the name of Bismarck and the «Kulturkampf». In this field we must mention some experts in Staatskirchenrecht: Emil Friedberg (without German fellows, but a few in Italy), Rudolph Sohm, Paul Hinschius (the most important expert in *Staatskirchenrecht* in the 19th Century), Friedrich Schulte (an independent spirit) and Wilhelm Kahl (1849-1932), professor in Rostock, Erlangen, Bonn and Berlin, whom I will mention only.

1.3.2. Important Experts and Professors in the field of Church-State Relations

Emil Friedberg (1837-1910), professor in Leipzig and Strasbourg, is known in the academic world because of his edition of the *Corpus Iuris Canonici*. He is also one of the most important 19th century scholars of *Staatskirchenrecht,* though at the end of his life he felt isolated among his fellow professors in Germany and had only a few followers among the Italian canonists. His main work: *The constitutional law of the Churches in Germany and Austria* was first published in 1888 and is still the only textbook of protestant Church law. His monography on *The Barriers between the Church and the State and the guarantees against their violation* (1872) was the literary beginning of the so-called *Kulturkampf.* He based his work on serious historical research in the history of law, particularly the first period of modernity. At the end of the second volume he sums up his ideas and makes some very valuable suggestions.

I would also like to draw attention to Rudolph Sohm (1841-1917), professor in Freiburg, Strasbourg and Leipzig, and his doctrine of the public law of the church. His ideas on relations between the Church and the State have not been studied as much as his thesis on the contradiction between Church and canon law. His most important article appeared in 1872, the same year in which Friedberg published his work, and was entitled: *The Relationship between Church and State, analysed from their fundamental principles*. Unlike Friedberg who focused his attention on historical analysis Sohm has the philosophy of the State as his starting point.

Sohm attributes absolute sovereignty to the State. The State has to regulate all mechanisms through public law and give every citizen the possibility of free moral development. The law creates a zone of individual liberty, of ethical determination, for every citizen and in this way accomplishes its moral mission. «The law is the ethical law of the power relations within the common life». The law is therefore produced by the state. The Church exists from a legal point of view as a corporation recognized by the State. The State is the creature of law, but at the same time considers the church to be its equivalent on a moral level. Consequently the church has power in so far as it is a corporation legitimised by the public law. Sohm saw in the unity between Church and State a unity comparable with that in marriage.

The first systematic genius of the modern German *Staatskirchenrecht* is Paul Hinschius (1835-1898), professor in Kiel and Berlin. His monumental work comprises 6 volumes on canon law and it has not been superseded until now. This fundamental work is cited even today in canon law papers. Its importance, as far as the *Staatskirchenrecht* is concerned, is undeniable. He also published a general presentation of the relations between Church and State in his 1883 *Compendium of public law*. Like Friedberg, he was also a councillor to Falk, the Prussian minister for cultural affairs, and dedicated the 3rd volume of his *Kirchenrecht* to him. He was a professor in Berlin, and as such a national – liberal spirit who rejected the system of control in the Church-State relationships. In his interpretation of 1833 he distinguishes between the concept of liberty of conscience and that of State sovereignty. For him religious freedom is the guarantee of a sovereign state. Hinschius also stressed the fact that an ideologically-oriented state could not, for instance, admit the emancipation of Jews, and this he found intolerable. Jews and dissidents should not be discriminated against in admission to official functions. Hinschius considered the discrimination against Jews and dissidents as an indirect expression of the alteration of religion. It is interesting to notice that even at that time antisemitism existed and he condemned its development. As far as relations between the Church and the State are concerned, Hinschius suggested the application of the following principles:
- The independence of the State in relation to Churches and religious societies.
- The autonomy of Churches and religious societies as far as concerns the administration of their daily affairs.

Through the second principle one can notice the difference to Friedberg's point of view and that of Sohm. In 1883 Hinschius still recognized the principle of Art. 15 of the Prussian Constitution which had been abolished in 1875. He did not share the radical position of the representatives of the «Kulturkampf» (like Friedberg did), but stressed that only the autonomy of the Churches could stop the intervention of the State in Church affairs and ensure liberty of conscience. This was possible in Italy, where there existed the concept of «libera chiesa». (This concept of Staatskirchenrecht corresponds to Cavour's formula on the «libera Chiesa in libero Stato »).

For Hinschius, that formula was slightly unclear and he could not accept the relation between Church and State as it was in Italy, because this principle juxtaposes itself to the Pope's captivity in the Vatican. Hinschius wants to settle things by suggesting a compromise: the State should give up its religious competences. In this way it could also ensure its sovereignty. The State should accept the idea that it cannot accomplish religious duties, because religion is the spiritual «good» of each individual. Therefore he totally refuses the manifestation of a «religion civile» in sense of Rousseau. Freedom of conscience is the fundamental right of every individual, including members of the Catholic Church, even the Church would not accept such a statement.

For Hinschius the definition of Churches as corporations of public law is not proof that the State should impose a compulsory model for the functioning of the Church. He considered Churches more like institutions of public law. He disliked the terminology – «corporation». In his view, the Churches have the possibility of organising themselves in an autonomous manner. Here his position differs from Sohm: the power of the Church does not come from the State, so to be limited by the sovereignty of the State. In Church-State relations there is neither coordination nor subordination; instead one can talk about a graduation of authority.

The beginning of German democracy was seen in the Weimar Constitution, this is completed by the *Grundgesetz* (Constitution) of Bonn (1949), which remains valid until now. For the Republic of Weimar the commentary of Anschütz is indispensable. For the history of the German Federal Republic the *Handbuch of Staatskirchenrecht* is very important and is characterised by the co-operation between the two societies[24].

In Germany we also have experts who think that there should be a separation between Church and State (e.g. Norbert Greinacher). Axel von Campenhausen believes that this is a small group of experts whose opinions are not very productive, with the exception of L. Renck.

2. Methods of Interpretation

2.1. The Method of Historical Interpretation

The method of historical interpretation is very important as State law of religions in Germany has its roots in the 19th century. Peter Landau describes

---

[24] For details see the summary by Campenhausen.

the historical development of the German *Staatskirchenrecht* in his article in the RDC. The highlights of this development are: the Weimar Constitution, the Weimar Republic, and the Constitution of Bonn. The Constitution of Bonn incorporated some articles from the Weimar Constitution but, as Rudolf Smend remarks, the ccents were put differently. In the Federal Republic of Germany a modern system to coordinate relations between Church and State was constructed, one in which modern jurisprudence as well as the Federal Constitutional Court and its experts were also involved.

The reunification questioned this system, but not for long. Recent years have been characterised by the discussion on the influence of European Union law on Church-State relations in Germany. German experts are active at this level through their cooperation within the European Consortium for Church and State Relations.

2.2 The Juridical Method

Alongside the historical method, which describes the present day legal situation without legitimizing it (which is most important), we also have the juridical method, which is a method of interpretation of the constitution and the concordats and the legal law. The *Handbuch of the Staatskirchenrecht*, with the exception of the articles on the catholic or protestant positions, the Federal Constitutional Court and the majority of experts make use of this method.

2.3. The Method for the Interpretation of the Constitution

This method of interpretation will be explained by help of an example. Even though there are common principles which are applied within this method – like the idea of the unity of the constitution – one has to underline the fact that at the level of State law of religions we face some special problems. For example the interpretation of the equality of rights. Art 3 Constitution of Bonn guarantees the liberty of religion. The equality of rights is nevertheless applied in some fields only by indistinguishable norms (norms of formal parity) and in other sectors of the law the equality of rights is accessible only through equivalent norms (norms of material parity).

2.4. The Method for Interpretation of Conventions and Concordats

The interpretation of conventions and concordats is part of the juridical method with some peculiarities. A great part of State law of religions in Germany is conventional law. In the concordats however, one can find for instance mechanisms for solving the problem of text interpretation: the

Freundschaftsklausel. The interpretation of gender law is also of great importance.

2.5. The Sociological Method

The fundamental issues and problems of the Church-State relations can also be interpreted through the sociological method. This is common in Germany. However, because of the constitutional situation we cannot do that without consequences. From the point of view of sociology, the religious communities are groups, associations like any other group in society. There are several experts who share this opinion (e.g. Erwin Fischer in his book over the separation of Church and State) and especially theologians. As a consequence, the trend towards separation also exists in Germany. Ecology Party politicians support this idea. Nevertheless there is only a minority of persons who are in favour of this separation.

The Constitution does not support this idea either. The religious communities are not only groups or associations (*Verbände*), but some of them are also corporations of public law with their own status (especially the two big Churches in Germany) and the Constitution guarantees them this right.

2.6. The Method of Comparative Law

This is the method of the members of the «European Consortium for Church and State Relations». The scope of her work is not only in the comparison of the laws, concerning Church-State relations in the member States, but also to find principles that are applicated in all of this States, like: freedom of religion, autonomy, etc. At the end there might be a European Law of Religions.

3. Future Perspectives

The Relationship between theology and society could be improved through the presented comparative method and the method of synthesis. Theology would not find itself separated from the main stream of interest anymore. In a Europe, which is ecumenical open, theology can regain its importance. In this process, the specialists in State law of religions could play a very important role because of the pluralism of their views.

Ideally we should examine the function of Church law for the entire society within the boundaries of a concordat theory, with church members participating at the elaboration of the concordats. Unfortunately the German tradition of the *Bischofskonkordate* was not followed when new dioceses were founded in the former Eastern Germany. All the concordats were signed with the Apostolic See. Even if several bishoprics were present at the discussions over the concordats, Roman centralism was the mainstream orientation and the tradition that the bishops themselves could sign a convention between the Church and the State was completely ignored.

At the same time it would be necessary to explain, both from an ecclesiological and from a Church law point of view, the question of the presence and influence of religious communities and their members in the European Parliament. This is why it is necessary to improve the relationship of the Churches to the democracy within the democratization of the European Union. In a multicultural society it is also important to use a common language to describe the same realities. For this reason, a thesaurus on the terminology of the State-Church relations has been prepared at the research institute CNRS in Strasbourg.

Nowadays there are various ways of solving the problems which arise in a pluralistic or in a pluralistically religious state. The method of comparative law can be of a great help. There are several countries, including Greece and Italy, where the State is facing a strong orthodox or roman-catholic community, and not just atheism. There are many ways of solving the legal problems (e.g. in family law) that arise in a religious and pluralistic State. To finish, I would like to mention two of these ways:

– Some experts in legal matters consider it necessary to maintain the present law but to adapt it to religious pluralism. This would mean that one could abolish the obligatory civil marriage and introduce an optional civil marriage, as was the case in some countries of Eastern Europe (Poland, Slovakia) after the fall of communism. Italy has been an example since 1984.This requires many changes but it is possible to achieve.
– Other experts consider it necessary to create special legal systems in a religious and pluralistic State for particular sociological and religious groups. This would mean that one could leave family law in the hands of religious groups (as in Israel).

4. Literature, Specialised Libraries, Internet Sites

4.1. General Literature

H.U. ANKE, *Die Neubestimmung des Staat-Kirche-Verhältnisses in den neuen Ländern durch Staatskirchenverträge. Zu den Möglichkeiten und Grenzen des staatskirchenvertraglichen Gestaltungsinstruments*, Tübingen 2000.

H. BECKER, *Der Untergang der Reichskirche von 1803 und die Bemühungen um einen Neubeginn im Staatskirchenrecht.* Festschrift für Christoph Link zum 70. Geburtstag, in *Bürgerliche Freiheit und christliche Verantwortung*, hg. von H. de Wall und M. German, Tübingen 2003.

Staatskirchenrecht in den neuen Bundesländern. Textsammlung. Verfassungen und Staatskirchenverträge, hg. von G. BURGER, Leipzig 2000.

A. FRH VON CAMPENHAUSEN, *Staatskirchenrecht*, München 1983 (1996^3).

C.D. CLASSEN, *Religionsfreiheit und Staatskirchenrecht in der Grundrechtsordnung*, Tübingen 2003.

A. DIRINGER, *Scientology, Verbotsmöglichkeit einer verfassungs-feindlichen Bekenntnisgemeinschaft*, Frankfurt a. M. 2003.

A. ERLER, *Kirchenrecht*, München 1983.

C. FUCHS, *Das Staatskirchenrecht der neuen Bundesländer*, Tübingen 1999.

M. GERMAN, und H. DE WALL, *Kirchenrecht und Staatskirchenrecht in Erlagen 1889-1986*, in *Festschrift für Christoph Link*, Tübingen 2003.

G. KLOSTERMANN, *Der Öffentlichkeitsauftrag der Kirchen. Rechtsgrundlagen im kirchlichen und staatlichen Recht,* Tübingen 2000.

S. KORTA, *Der katholische Kirchenvertrag Sachsen*, Frankfurt a. M. 2000.

P. MASER, *Die Kirchen in der DDR*, Bonn 2000.

G. MEHRLE, *Trennung vom Staat – Mitarbeit in staatlichen Institutionen. Militärseelsorge und Religionsunterricht in den neuen Bundesländern*, Berlin 1998.

Winfried Schulz in memoriam. Schriften aus Kanonistik und Staatskirchenrecht, hg. von C. MIRABELLI, Frankfurt a. M. 1999.

P.-C. MÜLLER-GRAFF, *Kirchen und Religionsgemeinschaften in der Europäischen Union*, in *Kirchen und Religionsgemeinschaften in der Europäischer Union*, hg. von P.-C. Müller-Graff und H. Schneider, Baden-Baden 2003.

G. NEUREITHER, *Recht und Freiheit im Staatskirchenrecht: das Selbstbestimmungsrecht der Religionsgemeinschaften als Grundlage des staatskirchenrechtlichen Systems der BRD*, 2002.

R. PUZA und A. KUSTERMANN, *Die deutsche Einheit und die Kirchen*, Stuttgart 1991.

R. PUZA und A. KUSTERMANN, *Staatliches Religionsrecht im europäischen Vergleich*, Fribourg 1992.

R. PUZA, *Konkordat*, in *Katholische Soziale Lexicon*, 1477ff.

O. J. VOLL, *Handbuch des Bayerischen Staatskirchenrechts*, München 1985.

H. DE WALL, *Bürgerliche Freiheit und Christliche Verantwortung* (FS ChristophLink zum 70. Geburtstag), Tübingen 2003.

J. WINTER, *Staatskirchenrecht der Bundesrepublik Deutschland*, Neuwied 2000.

4.2. Important encyclopedic works

Handbuch des Staatskirchenrechts der Bundesrepublik Deutschland, 2 vol, 1st ed. 1974 (ed. E. FRIESENHAHN und U. SCHEUNER); 2nd ed, 1994 (ed. J. LISTL und D. PIRSON). Von Campenhausen has analysed the 2nd edition in «Revue européenne des relations Églises-État», vol. 4, 1997.

Handbuch des Staatsrechts der Bundesrepublik Deutschland (ed. J. ISENSEE und P. KIRCHHOF), Vol. 6, 1989: here the articles of Hollerbach and Campenhausen.

Das Bonner Grundgesetz. Kommentar (ed. H. V. MANGOLDT, F. KLEIN und A. VON CAMPENHAUSEN), vol. 14, 1991^3.

A. VON CAMPENHAUSEN, *Staatskirchenrecht*, 1996^3.

Church and State in the European Union, ed. by G. ROBBERS, 1997.

R. PUZA, *Katholisches Kirchenrecht*, UTB 1395, 1993^2, 91-111.

4.3. Specialised Libraries

The libraries of the two above-mentioned institutes in Bonn and Göttingen, and of the law faculties which I have named. The library in Freiburg is well-equipped, as are those in Trier and Tübingen, where you one can make use also of the libraries of the two theological faculties (for evangelical and for catholic theology)

4.4. Internet Sites

www.nomokanon.de
www.kirchenrecht.net
www.church-state-europe.org
www.staatskirchenrecht.de
www.uni-trier.de/ievr/staatskirchenrechts.html
www.home.arcor.de/ ulrichrhode /staatskir/links.html
www.sdre.c-strasbourg.fr

GIUSEPPE RUGGIERI

Lo statuto della teologia nel '900[1]

1. I termini del discorso

Cos'è la teologia? La risposta che ricorre all'etimo ci lascia dove eravamo prima di porre la domanda. Infatti l'etimo accoppia semplicemente la «parola» a «dio». Ma come parlare di Dio o come parla Dio? Se non poniamo la domanda in astratto, ma cerchiamo di reperirla all'interno delle grandi narrazioni religiose dell'umanità troviamo infatti che ciò che vogliamo esprimere con l'unione dell'evento della parola e di ciò che gli uomini chiamano «dio» è da sempre oggetto dei racconti mitici delle varie tradizioni religiose dell'umanità ed è variamente percepito all'interno di queste stesse tradizioni. Allora una prima risposta alla domanda è dare un attributo a «teologia» e quindi parlare di teologia cristiana, la quale dovrebbe trattare del Dio presente nella tradizione religiosa ebraica ripresa dalle chiese cristiane.

Questo percorso è tuttavia ancora troppo generico. Per rendere concreto il nostro discorso è meglio optare più umilmente per una strada meglio tracciata dall'uso comune del linguaggio, anche se alla fine, come vedremo, saremo costretti ad abbandonare in qualche modo questa stessa strada. Teologia, secondo l'uso comune, è quella che è stata prodotta lungo i secoli della storia cristiana da coloro che hanno «insegnato» nelle chiese e che è depositata negli scaffali delle biblioteche. E già così dovremmo parlare di statuti molteplici della teologia. Ora, lasciando da parte tutto quel ramo

---

[1] Le considerazioni sviluppate si riferiscono in primo luogo, anche se non esclusivamente alla teologia cattolica. Ciò vale soprattutto per l'impostazione del discorso. Ma il nucleo centrale di questo discorso, il rapporto cioè tra teologia e storia, attraversa anche la vicenda della teologia protestante. Ne resta invece totalmente fuori la teologia orientale, sia bizantina che slava, nella quale il rapporto tra teologia e storia viene mediato da una concezione della tradizione, resa viva dalla mediazione liturgica, che resta sostanzialmente estranea alla pratica della teologia occidentale.

dell'insegnamento che appartiene ai «pastori» e volgendoci a quello che appartiene ai «dottori» (la distinzione del duplice magistero è quanto mai netta in Tommaso), la questione diventa quella di sapere cosa si insegna *oggi* in una facoltà teologica. *Oggi*, dentro le varie facoltà di teologia cattolica, troviamo mediamente le seguenti discipline dette «principali»: esegesi dell'Antico e del Nuovo Testamento, storia della chiesa, patristica, liturgia, diritto canonico, teologia fondamentale, teologia dogmatica, teologia morale, teologia pastorale/pratica, filosofia.

Pur astraendo dalla filosofia, insegnata in maniera sostanzialmente «ancillare» alla teologia ma di fatto estranea al «sistema», tuttavia difficilmente oggi un esegeta definirebbe se stesso un teologo e tanto meno lo farebbe uno storico della chiesa (se si eccettuano le facoltà teologiche tedesche e, forse, le facoltà pontificie). Non è un caso che, almeno nelle università italiane, ma non soltanto, alcune di queste discipline vengano insegnate all'interno di altre facoltà, sia pure con dizioni a volte modificate: letteratura cristiana antica, storia delle origini cristiane, diritto canonico, storia del/la cristianesimo/chiesa, storia della liturgia, per non parlare della filosofia. Ci accorgiamo così che, nell'uso comune del linguaggio, il termine «teologo» appartiene piuttosto all'insegnante di teologia fondamentale e di dogmatica, mentre gli altri vi si identificano secondo un'intensità variabile. Noi qui parleremo quindi soprattutto di questo teologo, che secondo le varie dizioni, si chiama teologo fondamentale, sistematico, dogmatico.

Ma questo teologo, di cui si parla in senso stretto, non produce un sapere parallelo agli altri saperi prodotti in una qualsiasi facoltà teologica. Egli cerca piuttosto di integrarli. La teologia vera e propria è infatti un «sistema» di saperi diversi: quelli dell'esegesi, del diritto canonico, della storia della liturgia, della storia della chiesa etc. Il teologo è quindi uno strano personaggio: egli cerca di comprendere il suo oggetto grazie all'assemblaggio di un certo numero di saperi. Ognuno di questi ha un suo statuto autonomo, ma è proprio questo che mette in difficoltà il teologo. Il teologo è propriamente un «sistematico» nel senso letterale del termine, uno che cioè mette ordine, per raggiungere il suo scopo, tra varie operazioni intellettuali. Chi vuol leggere una delle più lucide testimonianze di questo procedere sistematico può con frutto prendere visione dell'opera di Bernard Lonergan *Method in theology,* la cui prima edizione uscì a Londra nel 1972. Lonergan trova «l'ordine» tra i vari momenti riducendoli alla struttura stessa del dinamismo umano: percezione , comprensione, giudizio etc., e facendo tesoro delle moderne teorie epistemologiche delle varie scienze.

Il teorizzatore «classico» del sistema teologico resta tuttavia un teologo del XVI secolo, Melchiorre Cano, che raccolse gli elementi costitutivi del sistema in dieci «loci», o case di argomenti[2]. Certo, occorre tener conto che per lui già la teologia vive della duplice separazione, della chiesa d'Oriente da quella d'Occidente, delle chiese protestanti dalla chiesa cattolica. Ma, astraendo da questo fatto e limitandoci all'aspetto di «sistema», prendiamo semplicemente atto che per lui la teologia è la *costruzione strutturata* di un sapere. Il sapere teologico era cioè un'argomentazione costruita a partire da:
1) l'autorità della sacra scrittura
2) le tradizioni apostoliche
3) l'autorità della chiesa cattolica
4) l'autorità dei concili
5) l'autorità della chiesa romana
6) l'autorità dei santi padri
7) l'autorità dei dottori scolastici (Cano vi includeva anche i canonisti)

A questi sette «loci» propri, Cano ne aggiungeva 3 «alieni»:
8) gli argomenti della ragione naturale
9) l'autorità dei filosofi
10) l'autorità della storia umana

Si noti ancora come, accettando almeno l'interpretazione di Seckler, ognuno di questi saperi o *loci*, che fornivano il punto di partenza per la costruzione del sistema teologico, possedeva una sua autonomia, una sua «infallibilità» che doveva essere rispettata nella dialettica tra le diverse parti del sistema. Per Cano il «sistema» dei *loci* della conoscenza cristiana sta a significare infatti che ai *loci* teologici che sottostanno alla Scrittura e alla Tradizione, e cioè la chiesa tutta (*ecclesia catholica*), i concili, la chiesa romana, i santi padri della chiesa, i teologi,

«spetta non solo lo *stare fondati su di sé* e uno *statuto specifico*, ma anche una *sistematica uguaglianza della capacità di prestazione*... Il punto centrale del principio di uguaglianza qui sottolineato consiste nel fatto che la testimonianza di ciascuno dei 7 *loci theologici*

---

[2] *De locis theologicis* (1563). Qui si farà riferimento alla edizione di G. SERRY, Padova 1772. È interessante che ancora oggi, per esporre la metodologia teologica, ricorra allo schema di Cano un teologo come P. HÜNERMANN, *Dogmatische Prinzpienlehre. Glaube - Ueberlieferung -Theologie als Sprach- und Wahrheitsgeschehen*, Muenster 2003.

proprii è infallibile se, in quanto tale, attesta in maniera regolare una verità di fede, cioè in modo da rappresentare di volta in volta regolarmente la capacità, la funzione di testimonianza e l'effettiva testimonianza del *locus* in questione»[3].

Possiamo quindi già arrivare ad una prima determinazione dei termini della nostra riflessione: lo «statuto» della teologia è dato dall'equilibrio mutuo dei vari saperi nonché dalle *trasformazioni* intervenute nello statuto specifico dei vari saperi. Si pensi in primo luogo all'esegesi dopo l'adozione del metodo storico-critico per afferrare concretamente i termini del mutamento.

La nostra domanda quindi è: in che modo lo statuto della teologia, costitituito da questo equilibrio mutuo tra i saperi che essa assembla per un verso e dalla mutazione intervenuta all'interno dei singoli saperi assemblati, è stato determinato da quanto è avvenuto nel Novecento.

La domanda può sembrare innocente, ma non lo è. Essa nasconde una pretesa. Non si può porre ad esempio la stessa domanda per il secolo X. Per quanto ne sappiamo, lo statuto della teologia del secolo X è sostanzialmente lo stesso di quello del secolo IX. Possiamo porre invece la domanda almeno per il secolo XIII (se non altro per l'ingresso in teologia di Aristotele «metafisico»), e sicuramente ancora per il secolo XVI, con il diverso equilibrio attribuito all'autorità della Scrittura rispetto a tutti gli altri *loci* ad opera dei riformatori e con la recezione consapevole delle istanze dell'umanesimo all'interno della teologia e Cano ne è già un ottimo testimone. Possiamo porre la domanda per il secolo XX?

2. Il problema della datazione

La nostra domanda sullo statuto della teologia nel '900 di fatto suggerisce un sottinteso: che nel '900 sia avvenuto qualcosa di analogo al '500 o al secolo XIII. Il sottinteso della domanda risulta tuttavia abbastanza problematico, giacché, per comprendere i mutamenti di recente introdotti nella teologia, il tempo delimitato dal '900 è indubbiamente troppo stretto e non si può rinserrare la storia della teologia, se si vuole guardare al suo statuto,

---

[3] M. SECKLER, *Die ekklesiologische Bedeutung des Systems der «loci theologici». Erkenntnistheoretische Katholizität und strukturale Weisheit*, in *Die schiefen Wände des Lehrhauses. Katholizität als Herusforderung*, Freiburg-Basel-Wien 1988, spec. 92, Sottolineature nell'originale. Per una presentazione globale recente del «sistema» di M. CANO, cf. B. KÖRNER, *Melchior Cano De locis theologicis. Ein Beitrag zur theologischen Erkenntnislehre*, Graz 1994.

dentro date artificiose. Ciò resta vero anche se proprio nel '900 si formano alcuni snodi risolutivi dell'impasse concreta del precedente equilibrio, almeno all'interno della teologia cattolica[4]. Esiste certamente un Novecento teologico, ma è impossibile fissare all'interno del Novecento, il suo inizio. Un esempio concreto per illustrare l'impossibilità di fissare l'inizio al '900 è ad esempio la discussione tra Loisy e Blondel che darà origine a *Historie et dogme* di Blondel nel 1903, mettendo in atto, da parte di Blondel, una comprensione della tradizione come soggetto interpretante collettivo che si appoggia a Newman[5]. Ma il saggio di Newman, sullo sviluppo della dottrina cristiana che è essenziale alla comprensione di quel dibattito risale al 1845[6]. A sua volta Newman, sia che l'avesse letto o che lo conoscesse solo mediante Richard Hurrel Froude – in ogni caso la cita – è sensibile alla concezione di Möhler dello sviluppo della dottrina come automanifestazione dello Spirito nella chiesa.

La discussione tra Loisy e Blondel appare in questo modo come un capitolo soltanto, certamente non quello iniziale, ma forse quello decisivo per l'ingresso dell'ermeneutica storica nella teologia cattolica. Ma il problema può essere colto solo se rivolgiamo il nostro sguardo ancora più a monte. Le sue radici sono infatti da ravvisare nella messa in discussione già nell'Illuminismo, in seguito ai primi risultati dell'esegesi storica (nella fattispecie quella cosiddetta «deista»), del rapporto tra storia e fede da una parte e ragione e verità dall'altra. La storia, votata alla contingenza, non può fornire la base di convinzioni assolute, che possono derivare solo dall'evidenza razionale. Il problema qui è più vasto, non è solo quello teologico. Infatti il problema, per la teologia, è quello di pensare il rapporto tra verità e storia, giacché il credente coglie e riconosce la verità proprio in una storia precisa, quella di Gesù di Nazaret e in quella che ha avuto origine da lui. Ma il rapporto tra verità e storia nasconde a sua volta l'altro, quello tra del rapporto tra ragione e storia, un rapporto che viene «consapevolmente» rotto almeno a partire da Lessing. Costui infatti poteva scrivere in *Über den Beweis des Geistes und der Kraft*[7]:

---

[4] Alcuni di questi snodi risolutivi sono raccolti in «Cristianesimo nella storia» 22 (2001/3) dedicato a *Il Novecento e le Chiese*.
[5] Cf. adesso R. CIAPPA, *Rivelazione e storia. Il problema ermeneutico nel carteggio tra Alfred Loisy e Maurice Blondel (febbraio-marzo 1903)*, Napoli 2001.
[6] L' *Essay on the Development of Christian Doctrine* voleva fornire anche la giustificazione della conversione di Newman al cattolicesimo. Non è facile stabilire se Newman avesse avuto una conoscenza diretta dell'opera di Möhler.
[7] G.E. LESSING, *Werke* 8, Darmstadt 1996, 9-14 (trad. it. *La religione dell'umanità*, a cura di N. MERKLER, Bari 1991, cit. a p. 68.

«Se nessuna verità storica è suscettibile di dimostrazione, allora nulla può essere dimostrato *per mezzo* di verità storiche. Vale a dire: *casuali verità storiche non possono mai diventare la prova di necessarie verità razionali*».

Lessing, da parte sua, cercò di superare lo iato, cercando di mostrare come la rivelazione storica fosse una tappa necessaria e provvisoria nello sviluppo della ragione (riprendendo in questo vari spunti dell'Illuminismo). Ma così la rivelazione veniva ad essere «superata» dalla ragione e non veramente integrata.

Hegel, anche se era molto attento alla storia empirica e alla comprensione storico-empirica del dato, in forza della sua concezione per cui la storia era il processo di autorappresentazione dello Spirito, vedeva la storia come epifania della ragione assoluta e così sottomise la storia all'idea. La reazione più creativa da parte della teologia cattolica, che si confrontò tuttavia soprattutto con Schelling, fu, entro questo schema sistematico di fondo, quella di dare un privilegio all'evento storico originario, costituto da Gesù di Nazaret. Ma poté far questo grazie al suo concetto di Spirito, che restava trascendente rispetto allo spirito umano. Ma, con un diverso equilibrio, storia e ragione coesistevano invece in qualche modo nel contemporaneo F.C. Baur il quale usava il sistema per comprendere i dati della storia[8].

La reazione neoscolastica comunque impedì lo sviluppo tranquillo della teologia cattolica nel secolo XIX. Coloro che possiamo considerare rappresentanti della scuola cattolica di Tubinga (Drey, Hirscher, Möhler, Staudenmaier, J.E. Kuhn, Hefele) non formarono una scuola. Tubinga non era fatta solo da loro e loro non erano riducibili sotto un'unica etichetta. Ma era ad essi comune l'idea che il cristianesimo fosse la verità e la vita nel processo della storia, che fosse un organismo vivente, che riassumesse per così dire nel suo centro il divenire della storia e della libertà dell'uomo[9].

Quando Loisy all'inizio del nostro secolo rimprovera alla chiesa di non possedere «la filosofia della propria storia», coglie acutamente il problema, anche se per lui la «ragione» è ultimamente quella del fatto storica-

---

[8] Su Baur, anche se ormai datata, cf. la presentazione di insieme di W. GEIGER, *Spekulation und Kritik. Die Geschichtstheologie Ferdinand Christian Baurs*, München 1964.

[9] Cf. A.P. KUSTERMANN, *La prima generazione della «Katholische Tübinger Schule» tra rivoluzione e restaurazione*, in «Cristianesimo nella storia» 12 (1991), 489-526, e la recente edizione italiana con l'introduzione di M. Seckler, di J.S. DREY, *Breve introduzione allo studio della teologia. Con particolare riguardo al punto di vista scientifico e al sistema cattolico*, Brescia 2002.

mente avvenuto, come tale. Rimprovera sì a Harnack di concepire l'essenza del cristianesimo come un nucleo perfettamente separabile dal suo rivestimento. Per Loisy non esiste una essenza del cristianesimo separabile dalla forma concretamente assunta ogni volta. Il messaggio del regno aveva necessità di svilupparsi per poter essere se stesso. Ma il criterio dello sviluppo era offerto da ciò è avvenuto nella sua globalità, per cui era la necessità storica che si sostituiva alla verità stessa. Loisy non identificava la verità al dato storico, ma lo storico deve limitarsi a ciò che è tale, alle manifestazioni documentarie che «virtualmente» possono rimandare al loro fondamento. Blondel invece esigeva, anche per lo storico, l'opzione previa sulla convinzione che Dio si comunica effettivamente nella storia, esigeva cioè quello che egli chiamava il «realismo» (l'effettiva incarnazione del soprannaturale) contrapposto sia all'estrinsecismo che allo storicismo (identificato questo con Loisy, identificato ancora con una visione della storia in cui lo sviluppo era concepito come una serie di stratificazioni legate più o meno estrinsecamente). Il giudizio di Blondel era ingeneroso, ma Blondel immise nella teologia cattolica del secolo XX un nuovo concetto di tradizione, o meglio rimise in circolo una concezione che si era irrobustita lungo l'Ottocento. L'organo per la comprensione non poteva essere che la tradizione collettiva di coloro che coglievano la presenza del soprannaturale nella storia stessa. La tradizione da «oggetto» ridiventava «soggetto».

Comunque anche questo fu un capitolo chiuso a forza dalla reazione antimodernistica. Esso sarà riaperto alcuni decenni dopo, negli anni '30 del Novecento in Francia. Questa riapertura del problema risulta decisiva: la storia viene effettivamente recepita all'interno della teologia e, da quel momento, sarà impossibile tornare indietro. Questa recezione fa corpo non con quello che avrebbe desiderato Loisy (una filosofia della propria storia), ma con una serie di eventi di diversa natura, alcuni addirittura non propriamente storiografici (come la linguistica e la critica che da essa si sviluppa). Volendo enumerare i vari elementi di questo processo, possiamo senza tema di sbagliare indicarne i principali:

a) La crescita delle indagini storico critiche che, senza prefiggersi letture teologiche, di fatto rinnovarono la teologia (l'esegesi, le origini cristiane, la patristica, la storia dei grandi concili ecumenici, la stessa teologia medievale rivisitata storicamente etc.). Non si può valutare mai a sufficienza il peso di questo dato. Prima di ogni «filosofia della propria storia», come avrebbe detto Loisy, i teologi dovevano tener conto del nuovo «luogo teologico» che, se ripeteva ancora il nome che gli aveva dato Cano, era nel frattempo diventato molto diverso. Non mi pare che a tutt'oggi si dia un consenso tra i teologi su una teoria della storia. Non esiste né una filosofia condivisa, né un'ermeneutica comune della storia. Ma, e questo è il punto, *i teologi sono stati costretti, in forza delle esigenze del sistema, a conoscere la storia scritta dagli storici*. Ed è questo che ha mutato completamente il panorama. Porto alcuni esempi: Se si impone una certa lettura del Gesù «storico», che ne è di Calcedonia? Se non esiste fino ai primi decenni del II secolo, nemmeno a Roma, un monoepiscopato, cosa accade per la comprensione del primato?

b) L'abbandono, per la comprensione della storia della teologia e dei dogmi, dell'idea di sviluppo, vera palla al piede, origine di grave incomprensione dello stesso evento cristiano che non è momento funzionale ad un tutto idealmente concepito o anche storicamente atteso, per cui ciò che viene prima dovrebbe essere compreso solo alla luce di ciò che viene dopo, «inghiottito in esso». A questo abbandono di quella che possiamo chiamare l'ideologia dello sviluppo, e che ad esempio era operante nello stesso Loisy, ma anche nelle visioni cattoliche dell'«evoluzione omogenea» del dogma, contribuirono soprattutto le due grandi guerre che l'Occidente visse al suo interno.

c) Il Vaticano II che abbattendo steccati «sancisce» ufficialmente, per così dire, le avanscoperte dei suoi pionieri della I metà del secolo, permettendo un «ringiovanimento», e la ripresa di una tradizione dell'incontro (del cristianesimo con le culture) che non era mai mancato alle chiese (da Giustino a Origene ad Agostino, da Anselmo a Tommaso a Cano, da Cusano a Drey), una tradizione interrotta funestamente dalla restaurazione ottocentesca[10].

d) La fine dell'umanesimo eurocentrico, minato già al suo interno con l'avvento del sapere dominato dalla tecnica, ma causato al tempo stesso dal progressivo irrompere nella rete della comunicazione planetaria delle altre culture del pianeta. Per ciò stesso venivano erose le basi di quella che possiamo chiamare «classicità» cristiana.

e) L'evolversi delle scienze per un verso e delle nuove epistemologie del linguaggio. La gerarchia dei *loci*, ultimamente egemonizzata dalla ragione teologica, esigeva di essere riformulata *ab imis*.

f) *Last but not least*: il clima ecumenico che permette il superamento del confessionalismo e permette altresì di scoprire differenze ben diverse da quelle delle confessioni e percorrono trasversalmente le confessioni

---

[10] Sulla teologia postrivoluzionaria dell'Ottocento, cf. la visione di insieme nel quaderno *Teologia e restaurazione*, a cura di G. RUGGIERI, di «Cristianesimo nella storia» 12 (1991)/3.

stesse. All'interno della teologia cattolica i due elementi più vistosi sono la recezione di Barth (con le due grandi monografie «classiche» di Balthasar e Bouillard) e di Bultmann, che non registra alcuna opera «classica», ma che penetra molto più capillarmente dello stesso Barth.

Non posso qui ovviamente dare conto di tutto. Permettetemi quindi di offrire solo alcune indicazioni raccolte sotto tre termini, che hanno l'unica funzione di ordinare delle informazioni che ritengo prioritarie.

3. L'oggetto della teologia

Di cosa si occupa la teologia? Durante il Vaticano II, nelle discussioni tenute al Segretariato per l'Unità dei cristiani a proposito dei membri della chiesa, il padre Dumont, un domenicano, faceva valere una distinzione: Notre théologie se présente comme une théologie des notions plutôt que comme une théologie des réalités[11]. Dumont attingeva senza citarlo all'insegnamento del padre Chenu, il quale nel famoso *Une Ecole de théologie, Le Saulchoir* aveva scritto una pagina incisiva in proposito. A p. 54 dell'edizione italiana, curata da G. Alberigo[12], vi leggiamo: «Non solo il primato dialettico di un enunciato; ma una *presenza*, con l'inesauribile realismo e l'insistenza silenziosa che questa parola implica – per lo sguardo che ha dato il proprio consenso».

Il problema dell'oggetto della teologia, suscitato dalla posizione del P. Chenu, non è un problema così semplice. Dato per scontato che l'oggetto della riflessione teologica sia Dio, resta da precisare l'oggetto formale: *Deus sub ratione deitatis? Deus qua salvans?* Di per sé non dovrebbero esserci dubbi. Lo stesso Tommaso in modo classico, nella I questione della *Summa teologica* distingue appunto la scienza di Dio in quanto Essere (appannaggio della filosofia) e la scienza di Dio in quanto ci rivela l'ordinamento storico dell'uomo all'unione con lui (appannaggio della teologia che riceve quindi dall'esperienza di fede i suoi principi). Ma questa seconda «scienza di Dio» viene colta solo nella rivelazione storica di Dio. Ora la rivelazione storica di Dio è mediata appunto dalla fede dei credenti.

---

[11] Devo la citazione a M. Velati, il quale sta preparando l'edizione degli atti del Segretariato per l'unità dei cristiani durante il Vaticano II.

[12] *Le Saulchoir. Una scuola di teologia*, intr. di G. ALBERIGO, Torino 1982. Il libretto di Chenu venne pubblicato alla fine del 1937. Una delle proposizioni che l'autorità romana gli fece sottoscrivere nel 1938 suonava: «Le formule dogmatiche enunciano una verità assoluta e immutabile». Ma questa sottomissione non impedì la condanna nel 1942, quando il S. Uffizio mise all'indice il libretto.

Ma proprio sul concetto di «rivelazione» il Novecento doveva superare un'abitudine di pensiero inveterata. Giacché, a partire almeno da Suárez, nella teologia cattolica era invalso l'uso di indicare con questo termine gli enunciati stessi «esterni» che descrivevano la comunicazione di Dio all'uomo[13]. Per cui la teologia postridentina si era sviluppata come teologia delle «nozioni» o degli «enunciati». Le nozioni venivano inoltre attinte, in epoca a noi più recente e comunque nella cosiddetta teologia scolastica dei manuali, per lo più non dalla «sacra pagina», ma dagli enunciati dottrinali della chiesa stessa che venivano poi giustificati (*ex scriptura et ex traditione*) e razionalmente approfonditi (*ex ratione*). E tutta la teologia si costruiva così come *theologia conclusionum*. Niente di più eloquente, per rendere questa concezione della teologia, dell'apertura della voce «Conclusion théologique», dell'enciclopedia *Catholicisme*, contenuta nel vol. 2 (1949):

La teologia è la scienza della fede. *impressio fidei divinae*, e il suo ideale è quello di mettere in ordine il dato rivelato e l'insegnamento cristiano secondo una costruzione razionale. Il suo statuto scientifico consisterà precisamente nel collegare, all'interno della fede, delle verità-conclusione a delle verità-principio: *dalle cose che comprndiamo, quando aderiamo alla verità prima, arriviamo alla conoscenza di altre secondo la nostra maniera, cioè procedendo dai principi alle conclusioni* (Tommaso, *In Boet. de Trin.*q 3 a 1 ad 4). In questo senso la conclusione teologica è l'oggetto della teologia.

La realtà della rivelazione (sempre attuale, giacché Dio sempre si comunica all'uomo) in questo modo non viene però più attinta. In questo modo infatti la teologia perde il suo riferimento formale (*Deus qua salvans, Deus qua revelans*) per sostituirlo con gli enunciati formulati lungo la storia della fede cristiana. Essa si trasforma così in un campo di gioco razionale, che deduce, con l'aiuto di una «minore» (che poteva essere sia una conoscenza storica che un'evidenza razionale), dalla «maggiore» (identificata con gli enunciati contenuti nelle formule della Scrittura, della Tradizione e della sua interpretazione autentica, cioè del Magistero).

Il Vaticano II ridiede il suo oggetto alla teologia cattolica anzitutto innovando il concetto stesso di rivelazione. Infatti se la rivelazione viene identificata con la comunicazione di Dio all'uomo nella storia, è chiaro che il *Deus sese revelans* oggetto della teologia va cercato nella storia. Questo non esclude l'autorità della Scrittura e della Tradizione interpretativa che si è depositata in vari luoghi ecclesiali (liturgia, concili etc.), ma pone

---

[13] Cf. G. Ruggieri, *La problematica della rivelazione come «concetto fondamentale» nella discussione teologica contemporanea,* in Associazione Teologica Italiana, *La teologia della rivelazione,* a cura di D. Valentini, Padova 1996, 81-105.

la riflessione teologica al servizio di ciò che il credente coglie adesso come incontro con Dio.

Il trend che ha portato all'abbandono della teologia nozionistica, potrebbe tuttavia portare oltre, in una zona grigia, dove il riferimento a Dio come *sese revelans* non è chiaro o comunque non è facilmente comunicabile, perché manca di plausibilità all'interno di una cultura profondamente secolarizzata, in cui la fede è un'opzione del soggetto senza certezza di referente oggettivo. Da qui, in alcuni settori almeno della teologia cattolica, l'abbandono della tradizione teologica stessa per l'assimilazione della teologia ad una delle cosiddette scienze umane: la soggettività credente è chiamata ad assumere la plausibilità di un sapere (psicologico, sociologico, letterario) e del linguaggio corrispondente, per render conto a sé e agli altri del proprio orientamento esistenziale[14].

È difficile dire, al giorno d'oggi, se questa perdita della tradizione teologica stessa, dei suoi linguaggi, sia un fatto definitivo e quale sia la sua effettiva portata. È difficile cioè prevedere se questo rimarrà come orientamento sia pure parziale e di frontiera della teologia, o se costituisca soltanto un capitolo significativo ma limitato nel tempo, di quel grande rimescolamento di carte che è stato il postconcilio teologico all'interno della chiesa cattolica.

4. Il soggetto dell'interpretazione teologica

Fino al concilio Vaticano II era scontato che il teologo fosse solo il teologo professionale. Ma il concilio riconoscendo a tutte le componenti ecclesiali un ruolo nella crescita dell'intelligenza di fede, anzi della tradizione interpretativa che dagli apostoli arriva fino ai nostri giorni[15], allarga per ciò stesso la soggettività teologica, in una varietà di ruoli e di funzioni, alla chiesa tutta.

---

[14] Come esempio di questo atteggiamento, tra i teologi contemporanei, mi limito a segnalare M. DE CERTEAU, per il quale basterà rinviare alla raccolta degli scritti contenuti in *La faiblesse de croire. Texte établi et présenté par Luce Giard*, Paris 1987.

[15] «Questa Tradizione di origine apostolica progredisce nella Chiesa con l'assistenza dello Spirito Santo: cresce infatti la comprensione, tanto delle cose quanto delle parole trasmesse, sia con la contemplazione e lo studio dei credenti che le meditano in cuor loro (cfr. Lc 2,19 e 51), sia con la intelligenza data da una più profonda esperienza delle cose spirituali, sia per la predicazione di coloro i quali con la successione episcopale hanno ricevuto un carisma sicuro di verità. Così la Chiesa nel corso dei secoli tende incessantemente alla pienezza della verità divina, finché in essa vengano a compimento le parole di Dio» (*Dei Verbum*, 8).

Abbiamo qui una delle *impasses* più significative della riflessione teologica contemporanea. Infatti è facile banalizzare l'affermazione secondo cui tutta la chiesa è il soggetto della teologia. L'affermazione non può eliminare certamente l'immissione del discorso scientifico all'interno della comunicazione ecclesiale globale e del compito quindi del teologo professionale. Essa vuole invece sottolineare, una volta che si accetti che l'oggetto primario della teologia sia la comunicazione che Dio fa di se stesso all'uomo che cammina nella storia, come la mediazione obbligata e primaria di quest'autocomunicazione di Dio sia la consapevolezza che i credenti hanno della propria storia. Nel linguaggio attuale della chiesa cattolica, provocato soprattutto dal pontificato di papa Roncalli, questo rimanda alla lettura dei «segni tempi»[16]. È cioè la storia vissuta dai cristiani, l'esperienza concreta della fede nel tempo, non soltanto l'«oggetto», ma il «soggetto» stesso della teologia.

Questa non è la concezione della storia come luogo teologico nel senso in cui l'aveva inteso Cano. Per Cano infatti il ricorso alla storia è in qualche modo strumentale. Per lui il ricorso alla storia si giustifica per la necessità a volte («interdum»), anche all'interno delle dispute scolastiche, di «far venir fuori («excitare») dai monumenti degli annali testimoni chiarissimi della verità» (lib. XI, cap. II, p. 253). Cano è attento nello sviluppare anche un'epistemologia della conoscenza storica, dividendo le autorità dei documenti secondo il grado di certezza (ivi, cap. IV, 259-261). Egli recepisce in questo modo il mutato clima umanistico nella considerazione della storia. Ma in lui si tratta appunto di un uso apologetico della storia stessa.

E nemmeno la storia alla quale fanno riferimento i segni dei tempi può essere confusa con la concezione del positivismo storicista[17]. I «segni dei tempi» rimandano invece a una concezione della storia come storia vissuta, narrata e interpretata criticamente, ma collocata altresì in una prospettiva di fede dominata, per un verso, da una insoddisfazione sul presente e, per altro verso, dalla fede nella promessa del Dio di Israele.

È chiaro allora che non è la registrazione del bruto fatto e nemmeno la semplice storia vissuta che possano far emergerne i segni distintivi. La

---

[16] Cf. per quanto segue, il mio saggio su *La teologia dei «segni dei tempi»: acquisizione e compiti*, ASSOCIAZIONE TEOLOGICA ITALIANA, *Teologia e storia: l'eredità del '900*, a cura di G. CANOBBIO, Cinisello Balsamo (Milano) 2002, 33-77.

[17] Per una critica al positivismo storicista, ma anche per alcune delle riflessioni seguenti, si rimanda a W. BENJAMIN, *Tesi di filosofia della storia*, in *Angelus novus. Saggi e frammenti*, Torino 1962, 72-83.

storia è del resto sempre mediata da una cultura, da una memoria collettiva e, nelle società in cui vige una trasmissione organizzata del sapere, della conoscenza critica della storia stessa. In questa sua accezione globale il termine stesso di «storia» è tuttavia suscettibile ogni volta di una diversa intensità semantica, nei vari soggetti, nei vari gruppi, nei vari momenti stessi della loro vita. Si dà cioè la storia di cui parliamo anche laddove l'interpretazione è solo appena abbozzata, magari confusa. E si dà soprattutto storia umana dove si ha una coscienza consapevole, criticamente fondata, del significato della vicenda umana e degli accadimenti vissuti nel presente come frutto delle possibilità depositate dagli uomini nel passato, ma anche come distruzione di quelle possibilità e quindi come negazione. Nella storia ci sono anche le macerie, ciò che scompare per sempre, come il sangue di Abele, e non ha futuro o discendenze.

Non è possibile quindi una separazione tra oggettività storica e intenzionalità soggettiva, sia essa del singolo o del gruppo sociale. La storia è costruzione progressiva di un significato, di un futuro. Dalla vicenda affettiva dei singoli alla determinazione dei modelli di sviluppo dell'intera società, dall'incontro interpersonale alle possibilità aperte dalla ricerca scientifica, sempre si rappresenta l'eterno gioco per cui i singoli individui della specie umana «reagiscono» ad una serie di «informazioni» ricevute dall'«intorno». Una concezione credente della storia ravvisa tuttavia altre possibilità oltre quelle che risultano da questo gioco.

L'intelligenza teologica non è quindi compito del singolo teologo, e nemmeno del solo magistero, o di un concilio, o della stessa sola scrittura, ma risultato dell'azione spesso dialettica dei luoghi e quindi dei vari soggetti ecclesiali secondo il peso proprio di ognuno. Il vero soggetto/luogo ermeneutico dei segni dei tempi è cioè la comunità confessante nella compagine di tutte le sue componenti e in tutti i suoi momenti, dove un ruolo centrale è assunto proprio dalla celebrazione liturgica.

Ma questo sta a indicare la possibilità di una integrazione nella conoscenza teologica della storia e dei suoi segni distintivi, meno «estrinseca» di quanto non pensasse lo stesso Cano. Il Vaticano II, nella costituzione *Gaudium et spes* n. 44, riconosce esplicitamente questo carattere non estrinseco della storia umana quando afferma che la chiesa «non ignora quanto essa abbia ricevuto dalla storia e dallo sviluppo del genere umano».

6. I contesti interpretativi

La riflessione teologica non è coinvolta solo dentro il circuito interno della comunicazione ecclesiale, ma si trova esposta, sollecitata e confrontata con i processi della comunicazione umana *tout court*, sia nel confronto con le altre tradizioni religiose, sia nel confronto con i problemi comuni della vita degli uomini. Occorrerebbe parlare qui non solo della teologia attenta al confronto interreligioso (modo a mio avviso, nonostante tutto molto astratto di porre il problema), ma dell'inculturazione della fede cristiana all'interno di una tradizione religiosa differente da quella ebraico-greca-occidentale (si perdoni la giustapposizione di questi termini in un'unità fittizia, giacché con più rigore si dovrebbe parlare separatamente dei giudeo-cristianesimi, degli etno-cristianesimi e via dicendo). Può esserci un buddista cristiano, così come si è dato un etnocristiano? E cosa vuol dire questa espressione? Ma questo esigerebbe una trattazione a parte, che dovrebbe prendere «atto» (giacché il problema è proprio prenderne atto e riconoscerne la dignità) anzitutto di una configurazione della fede cristiana «diversa» da quelle ufficialmente riconosciute.

Qui tuttavia mi limito a parlare della contestualità oggi esaltata della teologia. Anche qui il concetto apparentemente è meno nuovo di quanto sembri. Non è mai esistita una fede disincarnata, astratta quindi da un contesto. Ma alla «contestualità» oggi si dà un'accezione determinata, che è quella dell'incidenza del contesto nella «soggettività» della fede in quanto tale.

Le teologie contestuali infatti per un verso si potrebbero ricondurre entro l'alveo tradizionale di una ricomprensione dell'oggetto: Dio così come si manifesta nei vari contesti. La variante sarebbe costituita dalla percezione della differenza dei luoghi e delle culture.

Tuttavia non si tratta soltanto di questo. Giacché il mutamento d'orizzonte, più che sull'oggetto verte sul soggetto della teologia. Mi pare che una buona espressione di questo mutamento sia quella del recente articolo «Théologie» di *Catholicisme*, contenuto nel vol. XIV edito nel 1996, col. 1086[18].

L'erosione della teologia classica, la sua inadeguatezza (*inadaptation*) alle sfide nuove, la volontà perseguita dal Vaticano II di una reciprocità e di un dialogo tra la chiesa e il mondo hanno spinto ad un ascolto degli uditori reali o potenziali della Parola evangelica. La teologia classica trat-

---

[18] Non è senza una certa ironia che prima ho citato un articolo della stessa enciclopedia del 1949 e adesso un altro datato 1996. Mezzo secolo di differenza fra le due diverse concezioni teologiche è ben reso dalla diversità di prospettiva dei due articoli, redatti da due domenicani. La voce «Conclusion théologique» era stata redatta da J. Dubois, la voce «Théologie», nella parte qui citata, è stata redatta da Ch. Duquoc.

tava in maniera identica ogni uditore della Parola, senza tener conto né della sua cultura, né della sua condizione sociale, né della sua storia: era semplicemente un uomo davanti a Dio. Nella secondo metà di questo secolo sono nate delle teologie che partono dalla situazione effettiva dei gruppi ai quali è indirizzata la Parola: sono i poveri dell'America Latina, i neri americani o africani, i popoli asiatici, le donne. Questi gruppi hanno come comune denominatore il fatto di essere sfruttati o disprezzati. Occorre quindi assumere il loro grido di rivolta contro l'ingiustizia, perpetrata a loro danno, di essere tenuti ai margini della storia che (= *qui* soggetto) si fa. Essi ne sono oggetto e non soggetto. Le teologie nate dalla base mirano, nell'orizzonte della speranza biblica, a strappare queste donne e questi uomini all'alienazione, allo sfruttamento e alla miseria. Esse si differenziano per il luogo della loro produzione e per i soggetti che le costruiscono, ma hanno uno stesso scopo lavorare alla liberazione delle donne o degli uomini per i quali la libertà è ancora una parola soltanto».

7. Conclusione

L'orizzonte della teologia, proprio nel suo statuto, è attualmente in movimento. Non tanto nei suoi «loci» singolarmente presi. Non perché essi non lo siano in se stessi, ma si tratta di un movimento per così dire «prevedibile». Si tratta piuttosto dell'equilibrio generale, dovuto alla moltiplicazione dei soggetti ecclesiali in un modo del tutto inedito. Con il Vaticano II e il riconoscimento ufficiale della diversità culturale che genera pluralità di teologie, liturgie e discipline, «salva restando l'unità della fede» (*Lumen Gentium 23)*, si è aperta effettivamente una stagione inedita nella storia delle chiese cristiane. La pluralità delle teologie, quindi dei sistemi, è il coerente risultato di questa nuova stagione. Davanti a noi stanno problemi nuovi e grandi da risolvere e da riformulare. Il primo di essi è proprio l'inciso appena citato del Vaticano II: «salva restando l'unità della fede»: quali segni saranno necessari per far percepire questa unità? (Rahner[19] ipotizzava la Scrittura, il simbolo Niceno-costantinopolitano e il riconoscimento della funzione del ministero petrino anche se non *de iure divino*: sono sufficienti o sono troppo?).

---

[19] Cf. H. FRIES e K. RAHNER, *Unione delle chiese possibilità reale. Con un bilancio «Approvazione e critica» di H. Fries*, Brescia 1986.

PAUL TOMBEUR

Tradition et modernité. Outils informatiques pour l'étude de la tradition en sciences religieuses

L'organisation d'un colloque qui a pris comme thème les préparatifs d'un bilan pour les sciences religieuses au XXe siècle est une occasion de prendre conscience du rôle que ces sciences ont joué dans l'élaboration de la modernité. Et précisément, on se trouve confronté à un des éléments les plus significatifs de notre monde moderne, à savoir l'automatisation et ce que nous appelons depuis les années soixante l'informatique. L'informatisation des données alpha-numériques est devenue de nos jours chose tellement banale qu'on risque de ne pas se pencher sur l'histoire même de cette informatisation. On constate d'ailleurs que la plupart de nos contemporains et des utilisateurs de l'informatique, même en sciences humaines et particulièrement en lettres – domaine directement concerné – ignorent tout de cette histoire. Jusqu'à la fin de la seconde guerre mondiale, on ne connaît aucune application informatique dans le domaine textuel. Hermann Hollerith avait breveté à la fin du XIXe siècle un système de mécanisation du recensement des Etats-Unis par l'usage de cartes perforées et donc, du même coup, par l'utilisation d'un système de codage apte à rendre les réalités à recenser. Par la suite on a vu bien des applications dans le domaine des sciences en dehors des sciences humaines. L'honneur éminent revient de fait au Révérend Père Roberto Busa d'avoir conçu le projet de mettre sur un support machine l'ensemble de l'œuvre de saint Thomas d'Aquin afin de réaliser l'instrument de travail reprenant chacun des mots utilisés, tel qu'il figure dans les éditions, afin de constituer l'*Index Thomisticus* qui verra le jour bien des années plus tard[1]. Le premier travail

---

[1] Voir R. BUSA, *Sancti Thomae Aquinatis hymnorum ritualium uaria specimina concordantiarum. Primo saggio di indici di parole automaticamente composti e stampati da machine IBM a schede perforate*, Milan 1951. Il est intéressant de reprendre les *Cahiers de lexicologie*, 3 (1961) publiés en 1962 qui contiennent les actes du *Colloque international sur la Mécanisation des Recherches lexicologiques*. A la page 67, le Père Busa écrit: «on a la conscience que nous tous qui prenons part au Colloque, sommes pionniers de l'automatisation de l'analyse lexicale».

que publia Roberto Busa concerne l'office de la Fête-Dieu et c'est lui qui alla trouver le responsable général de ce qui était devenu IBM pour le convaincre qu'il y avait un énorme avenir dans le traitement des données alpha-numériques et donc des textes. Je me souviendrai toujours de la première visite que je fis au Père Busa à Gallarate en 1964 au lendemain de ma thèse pour laquelle j'avais utilisé les cartes perforées afin de constituer des instruments de travail pour l'étude de Raoul de Saint-Trond, thèse présentée en février 1964. Sur le bureau du Père Busa il y avait deux photos : Watson, le grand patron d'IBM, et le cardinal Spellman! C'est donc dans le domaine de la théologie et de la philosophie, et donc dans celui des sciences religieuses que l'informatique textuelle s'est particulièrement développée. Et c'est à partir de ce point de départ réalisé par le Père Busa (qui fut rapidement secondé par le regretté Antonio Zampolli) que virent le jour les travaux de Paul Imbs, ceux de Bernard Quemada, ceux de Louis Delatte et d'Etienne Evrard dont je fus le direct bénéficiaire, et de quelques autres. L'informatique en sciences humaines est partie de là: elle est partie notamment et particulièrement du domaine des sciences religieuses. Voilà assurément un apport des plus importants pour le bilan du XXe siècle.

Il en va de même pour des méthodes d'analyse et particulièrement pour tout un vocabulaire qui est devenu tout à fait commun de nos jours mais qui prend sa source dans les créations audacieuses du cher Père Busa. Aujourd'hui une informatique sans culture et des informatisés sans culture historique parlent couramment de lemmatisation, de «lemmatizzazione» ou de «lemmatization», sans savoir que ce sont là des néologismes lancés par le Père Busa[2]. Nous étions là à une époque où les mots «ordinateur» et «informatique», transposés par la suite dans bien des langues, n'avaient pas encore vu le jour.

Dans le bilan des sciences religieuses, l'informatique joue donc un rôle particulièrement important et, comme on vient de le voir, fondamental et essentiel. L'idée qui sous-tend toute ma démarche – hier dans le cadre du laboratoire du Cetedoc que j'ai eu l'honneur et la chance de pouvoir fonder à l'Université de Louvain, aujourd'hui dans celui du CTLO (Centre *Traditio Litterarum Occidentalium*) établi au Béguinage de Turnhout et

---

[2] Il est consternant de constater qu'un ouvrage récent comme *A Practical Guide to Lexicography*, éd. par P. VAN STERKENBURG, Amsterdam-Philadelphie 2003, ne mentionne pas le nom du Père Busa, pas plus que celui de Bernard Quemada et les autres. Cette même méconnaissance de l'histoire – qui est pourtant «maîtresse de vie»! – se constate, hélas, dans bien des ouvrages. Ce sont là à première vue des écrits de barbares sans histoire. Cela est toujours dangereux, car le scientisme n'est jamais loin...

qui a pris pour le latin le relais de l'ancien laboratoire néo-louvaniste – est que le recours à l'informatique pour les sciences religieuses n'est pas une mode, ni même une commodité, mais une nécessité fondamentale. Il y va de la quête même du sens et donc de celle de la distinction du vrai et du faux. Qui a dit quoi, quand, dans quel contexte? Qui l'a précédé et qui l'a suivi? Quelles sont les fluctuations d'une expression et d'une pensée, et, d'abord, quels sont les mots utilisés, les *ipsissima uerba* que nous devons nécessairement rechercher? Dans le bilan des sciences religieuses pour le XXe siècle, l'informatique joue ainsi un rôle central parce qu'elle permet un accès aux informations, un accès aux textes; elle rend possible de meilleures éditions critiques, base de tout le reste; elle conditionne une étude rigoureuse des textes originaux comme des traductions, des mots jugés importants comme des moindres signes, souvent négligés et même nécessairement presque toujours négligés avant l'apparition de l'ordinateur. Les humbles mots-outils jouent un rôle de base dans l'expression de toute pensée et je me souviens avec joie de l'étonnement suscité chez Giuseppe Alberigo quand j'avais montré à Bologne à propos du concile Vatican II qu'une distinction fondamentale dans la démarche de la pensée théologique pouvait être faite entre Vatican I et Vatican II par la seule comparaison des fréquences décroissantes des mots-outils.

Dans tout cela, il y va de l'observation des signes avant celle du sens. Il est, de fait, indispensable de faire abstraction du sens dans une première démarche afin d'en mieux apercevoir les contours en une seconde étape. Le questionnement doit être premier et l'ouverture de l'esprit aussi totale que possible. Il faut être prêt à recevoir les textes, donc à les voir et à les entendre! Pour cela il faut vivre avec, les manger et les ruminer. Une utilisation informatique judicieuse n'a pas seulement comme but d'avoir des réponses à ses questions – encore faut-il avoir conscience que nos questions sont souvent mal posées, voire incorrectes, ou encore incomplètes. Il faut, au-delà des réponses – qui peuvent être nulles, puisque l'on sait bien que la non-réponse elle-même pose question –, avoir «l'in-tel-ligence» nécessaire pour en décrypter le sens. Lire, on l'a souligné, n'est jamais fini. Cela n'est que d'autant plus vrai.

On aura saisi qu'une telle démarche est celle d'une profonde liberté intellectuelle et spirituelle. La quête de vérité est à ce prix. Cela implique le refus d'une idéologie. J'aime rappeler ce que soulignait Paul Ricoeur: la science ne cesse de s'arracher à l'idéologie – j'en dirais autant de la religion et de la foi. Il est bon de souligner combien les répertoires traditionnels et la plupart des index qui ont été faits – sans manquer pour autant d'admiration pour leurs auteurs – correspondent quasi toujours à des positions idéologiques: ce sont des index idéologiques qui procèdent d'un savoir, alors que nous nous situons aujourd'hui tout au contraire dans la perspective d'un certain abandon et d'un abandon certain des certitudes. L'axiome de Kierkegaard doit demeurer sans cesse présent à notre esprit. La grande chose, le grand renouvellement – c'est-à-dire la grande et vraie liberté – que l'informatique textuelle peut ainsi apporter me paraît un phénomène majeur. Cela dit, il faut insister sur le fait que cela ne se pratique pas du jour au lendemain et que l'entrée dans une manière de penser va bien au-delà de l'apprentissage d'une manière de faire. Ce qu'il faut dénoncer c'est l'apparente facilité: à s'en tenir là, on demeure sur les bords. Il faut entrer dans la logique informatique, faire l'heuristique de tous les instruments de travail disponibles, en faire aussi une critique judicieuse. J'ai rarement constaté que tout cela se faisait. On interroge mal parce qu'on ne sait tout simplement pas comment un ordinateur fonctionne (ou bien l'on n'y pense pas: tout un monde publicitaire veut nous faire croire qu'ils ont pensé à notre place et que tout est parfait!). Il y faut une formation rigoureuse que tous les «Google» du monde ne nous apporteront pas[3].

Enfin, il me semble utile de souligner que ce qui est devenu radicalement nouveau en sciences religieuses – en tout cas, ce qui devrait être tel –, c'est la prise de conscience du *uerbum*: «D'abord il y avait le langage», a écrit Jean Grosjean [4]. Tout commence par les mots. On ne peut dès lors s'abstraire ni de philologie – quel beau mot, si souvent délaissé, cependant –, ni de linguistique. De fait toute réflexion religieuse, tout vécu religieux se voit confronté, comme la vic tout court, à cette dialectique du mot et du silence. Ou l'on parle, ou l'on se tait; ou il y a des mots et des ensembles et des constructions de mots ou il y a le silence. Banalité que tout cela? Non, choses élémentaires qu'il faut dire et redire. «L'essentiel, écrit Christian Bobin, est ce qu'on néglige». En en parlant, on risque moins de le rater.

---

[3] Cela ne veut pas dire qu'on ne puisse tirer un bénéfice réel de la masse d'informations que véhicule cet outil, ainsi par exemple, pour le domaine qui nous occupe ici, la consultation en ligne de la masse d'informations que contient le *Biographisch-Bibliographisch Kirchenlexicon*.

[4] J. GROSJEAN, *L'ironie christique. Commentaire de l'Evangile selon Jean*, Paris 1991. Je ne saurais assez recommander la lecture de ce livre lumineux. Le texte sur la couverture nous avertit: «Le livre de Jean Grosjean semble le fruit de la réflexion de toute une vie sur les mots de l'évangéliste. Il nous l'offre pour nous aider à recevoir cette illumination de langage». Cette «ironie christique» est bien dans la ligne de la critique des certitudes.

1.

Pour ce bilan en sciences religieuses, Alberto Melloni avait insisté pour que je présente le travail concret que nous avons pu réaliser en Belgique dans le domaine de l'informatisation des textes. Historiquement tout a commencé par l'étude de textes médiévaux – et là aussi on se plaira à souligner combien les médiévistes ont joué un rôle important dans le développement informatique. Le Père Busa a fait débuter les choses avec saint Thomas d'Aquin! La raison que je vois au rôle joué par les médiévistes, c'est précisément qu'eux étaient plus démunis que d'autres en matière d'instruments de travail. Les autres pensaient (fallacieusement!) qu'ils avaient tout ce qu'il fallait. Dès la fin des années soixante a commencé la mise en ordinateur de l'ensemble des textes écrits dans nos régions du VIIe au XIIe siècle, et ce, grâce au Fonds National de la Recherche Scientifique de Belgique auquel il me plaît de rendre un vibrant hommage. C'est sur ce travail que s'est greffée, très peu de temps après, l'étude des conciles œcuméniques du moyen âge, puis, grâce au regretté Mgr Philippe Delhaye, celui de Vatican II qui venait alors de s'achever, et les textes se sont ajoutés aux textes dans une chaîne sans fin. Il y eut les accords avec le *Corpus Christianorum* qui ont donné lieu à l'automatisation de tous les textes latins, puis ceux avec Teubner pour l'étude de tous les textes de l'antiquité, enfin – et sans m'étendre ici davantage – les accords avec le Lessico Intellettuale Europeo qu'a fondé à Rome Tullio Gregory. Un bilan en matière d'informatique a été récemment dressé pour l'ensemble des sciences humaines et il suffit ici d'y renvoyer: *Informatica e scienze umane. Mezzo secolo di studi e ricerche*[5]. Je me suis efforcé pour ma part d'y déterminer le positif et le négatif. Le négatif réside assurément dans le mauvais usage, dans le n'importe quoi qui ne se vérifie que trop. N'a-t-on pas vu l'emploi de l'ordinateur pour une étude statistique des phénomènes linguistiques du Pentateuque, concluant par l'attribution certaine de l'ensemble des cinq livres à Moïse?... Le positif le plus éclatant est assurément le fait de l'inimaginable de hier: pouvoir s'assurer de l'exhaustivité du dépouillement des textes, sur la base (à ne jamais oublier) d'éditions par définition tou-

---

[5] Volume publié par M. VENEZIANI, Florence, 2003. Outre ma contribution, on y trouvera celles d'auteurs qui pour la plupart ont joué un rôle de premier plan dans le développement de l'informatique en sciences humaines: Tullio Gregory, Bernard Quemada, Bernard Smith, M. Teresa Cabré, Roberto Busa, Heinrich Schepers, Paolo Galluzzi, Joseph Denooz, Eugenio Picchi, Andrea Bozzi et Marco Veneziani.

jours provisoires. La science est en progrès, donc provisoire! Je reprendrai volontiers ici le beau rôle que voulait avoir André Gide: être un inquiéteur! Etre suffisamment conscient des problèmes pour demeurer en non-repos, en «in-quiétude», mais aussi être suffisamment en quiétude pour entreprendre, ce qui veut dire sans cesse parfaire.

Le constat d'ignorance, certes, amène l'inquiétude. Jadis on faisait de l'heuristique – aujourd'hui le mot a tendance à n'être plus employé, même par les historiens! – ; on lisait des ouvrages. Aujourd'hui on croit tout connaître, on utilise, on ne juge même pas utile de lire les manuels, estimant savoir comment toute cette informatique fonctionne, sans se rendre compte qu'on passe à côté de choses importantes sinon essentielles. Telle est bien mon expérience continuelle. Il me suffit de me reporter, par exemple, à telle session de travail informatique organisée dans un des lieux scientifiques les plus prestigieux de France, avec des personnalités de tout premier plan. C'est d'ailleurs ainsi que l'on mesure le gouffre existant entre ce qui est disponible et la richesse des différentes procédures mises au point, d'une part, et la connaissance et l'utilisation qu'ont la plupart ou en tout cas beaucoup de chercheurs, d'autre part. Tel canoniste et médiéviste ne sait pas que le Décret de Gratien est en base de données; tel autre chercheur n'a pas vu que l'on a aujourd'hui des bases de données de type dictionnairique qui fournissent les attestations datées précises. Mon collègue et ami Louis Holtz me disait qu'il en va à vrai dire des innovations techniques et des publications de certains instruments de travail aujourd'hui comme il en allait hier de certains ouvrages fondamentaux: il a fallu des décades pour que la publication des *Codices latini antiquiores* de Löwe produise ses effets! Patience sans doute, mais méfions-nous d'une société dominée par l'argent et donc par la publicité et dès lors par la non-critique.

2.

On demeure abasourdi devant le nombre d'extraordinaires prises de conscience des réalités humaines que recèle le trésor textuel occidental. Un exemple: le récit bien connu de la mort et de la résurrection de Lazare au chapitre XI de Jean. Il y a cette réponse faite à Jésus qui demande: où l'avez-vous déposé? «*Domine, ueni et uide*». Et saint Augustin d'enchaîner immédiatement: «*Quid est, uide? Miserere*»[6]. Sans doute cela n'avait-

---

[6] AUGUSTINUS HIPPONENSIS, *Tractatus in Iohannem*, 49, 20 (*CC, SL*, 36, p. 430, l. 10-11). L'expression augustinienne a été reprise par Alcuin.

il pas échappé à la *Glossa ordinaria* qui met en glose interlinéaire au-dessus de *uide*: *miserere*. Mais nous, nous avons le plus souvent besoin de l'informatique pour redécouvrir de telles perles.

Les instruments de travail que nous avons mis au point pour découvrir toutes ces richesses et permettre l'analyse d'une œuvre, d'une pensée, sont de divers types: les uns sont focalisés sur une œuvre, un auteur et ses *opera omnia* et ont nom *Instrumenta Lexicologica Latina* (*ILL*) et *Thesaurus Patrum Latinorum* (*TPL*). Les premiers sont directement liés au *Corpus Christianorum* ; les outils que constitue le *TPL* prennent généralement en considération l'ensemble de l'œuvre d'un auteur. Je ne ferai pas ici de longues listes avec tous les volumes publiés. Je me contenterai de souligner que bien des grands noms de la patristique et du moyen âge en ont fait l'objet, tels Cyprien, Ambroise, Marius Victorinus, Augustin, Jean Cassien, Jérôme, Grégoire le Grand, Denys l'Aréopagite avec l'ensemble des traductions latines du IXe siècle à la Renaissance, Sedulius Scotus, Pierre Damien, Hildegarde de Bingen, Bernard de Clairvaux, Guillaume de Saint-Thierry, fra Salimbene, Thomas a Kempis, Angèle de Foligno et bien d'autres, sans oublier l'ensemble des conciles œcuméniques de Nicée à Vatican II. Ce qu'il faut souligner, c'est la mise en place d'hypothèses de travail que constitue la réalisation de chacun des volumes de la collection *TPL*. On ne se contente pas de rassembler des états de texte les meilleurs possible, en les dégageant des apports éditoriaux modernes que peuvent représenter des titres qui ne sont pas d'auteurs, des résumés qui leur sont bien postérieurs, des incipit et des explicit extratextuels. On s'efforce de présenter des lieux d'observation des discours propres à chacun de ces auteurs ou ensembles qui soient les plus pertinents possible. Tel *Thesaurus*, comme celui de saint Augustin, prend appui sur l'auteur lui-même pour la présentation des diverses tables lexicales, et ce, en l'occurrence, sur le propre ouvrage de l'évêque d'Hippone que sont les *Retractationes* ou «Révisions». Tel autre *Thesaurus* distingue les genres littéraires ou met en évidence les problèmes d'authenticité, comme c'est le cas pour l'attribution de l'*Imitation de Jésus-Christ* à Thomas a Kempis.

Retenons ici l'exemple du *Thesaurus Conciliorum Oecumenicorum et Generalium Ecclesiae Catholicae* publié en 1996. L'*Enumeratio formarum* qui constitue la majeure partie des pages imprimées présente un extraordinaire survol du langage officiel de l'Eglise latine du IVe siècle à nos jours. Chacun des conciles est distingué en une colonne qui lui est propre et il est aisé d'observer le vocabulaire commun, les mots qui apparaissent à une époque donnée, ceux qui disparaissent, ceux qui n'affleurent qu'au XXe siècle, ceux aussi qui n'apparaissent jamais. Ainsi le vocable ou lemme *collegialitas*. Il n'est jamais attesté, y compris au concile de Vatican II, et ce, nonobstant le fait que certains index idéologiques – précisément idéologiques – l'ont mentionné. Il est trop facile de dire: l'idée existe, mais le mot n'apparaît pas. Il importe d'établir en premier lieu s'il y a des mots pour le dire. C'est comme le terme *maternitas*, qui n'existe pas dans l'antiquité, pas plus d'ailleurs que *paternitas* : ce sont des mots chrétiens. *Fraternitas* n'apparaît que rarement, et ce, au second siècle de notre ère. Dans les conciles seul *fraternitas* apparaît avant Vatican II qui est seul à attester *maternitas* et *paternitas*.

Un instrument de travail particulièrement intéressant, et qui est publié à la fois et de manière complémentaire sous forme imprimée et sous forme de CD-Rom, est le *Thesaurus formarum totius latinitatis a Plauto usque ad saeculum XXum* (*TF*)[7]. Ce *Thesaurus* englobe près de 64 millions de formes et va du début de la latinité jusques et y compris le concile Vatican II. Le livre imprimé offre une vue globale des termes en cinq colonnes: fréquence générale, fréquence propre aux grandes périodes de la latinité: l'antiquité jusqu'au second siècle, l'époque des Pères, de la fin du second siècle jusqu'à la mort de Bède le Vénérable, le moyen âge, de 736 à 1500 et enfin la période dite néo-latine ou *recentior latinitas*, de 1501 à 1965. Le parcours de ces listes est des plus instructifs. Ainsi le lemme *atheismus*: aucune forme n'est attestée avant 1500. Dans les conciles il n'y a qu'un emploi dans Vatican I et 12 emplois dans Vatican II qui est seul à attester 2 fois le lemme *atheus*. Nos contemporains ignorent le plus souvent que les chrétiens furent précisément accusés d'être des athées: ils ne croyaient pas dans les dieux de la cité. Le mot «athée» n'apparaît auparavant qu'en grec. Grâce au CD, on peut observer chez quel auteur, dans quelle œuvre, à quel siècle une forme est utilisée. Le logiciel permet de rassembler ce qui est commun à des périodes, à des siècles ou, au contraire, ce qui est spécifique. On peut ainsi voir ce qui est commun à la Vulgate et n'importe quel auteur, comme saint Thomas d'Aquin, par exemple, car toute son œuvre est reprise dans ce *Thesaurus formarum*. On peut de même demander ce qui est commun à saint Augustin et à saint Thomas, ou à Descartes! Mais il est possible également de demander les formes propres, par exemple à

---

[7] *Thesaurus formarum totius latinitatis a Plauto usque ad saeculum XX^{um}* (*TF*), sous la direction de P. Tombeur, Turnhout 1998, XCIX-1009 pp. *Database for the Study of the Vocabulary of the Entire Latin World. Base de données pour l'étude du vocabulaire de toute la latinité,* CD-Rom constitué sous la direction de P. Tombeur, Turnhout, + *Guide de l'utilisateur – User's Guide,* par P. Tombeur, Turnhout 1998, 78 pp.

Vatican II et que l'on ne trouve nulle part ailleurs, de Plaute à Vatican II (bien entendu, dans les limites du corpus rassemblé, puisque ce travail ne cesse de s'étendre et qu'une nouvelle mise en ordinateur textuelle peut aboutir à des attestations nouvelles). Le logiciel donne quasi immédiatement les réponses et elles sont instructives. Quelqu'un qui ne sait rien de Vatican II, qui n'en a jamais lu les textes, trouve des pistes de réflexion qui seront assurément très utiles. Il en va d'ailleurs de même pour les listes de fréquences décroissantes de ce concile – comme de toute œuvre. On voit ainsi les idées maîtresses, les termes nouveaux, les préoccupations, la volonté lexicalisée de «l'aggiornamento». Retenons-en quelques termes que nous avons obtenus de la manière la plus simple et de façon extrêmement rapide en sélectionnant Vatican II et en écrivant la formule: «Vatican II # restall», c'est-à-dire (selon la formulation informatique utilisée) ce qui est dans le concile Vatican II et qui ne se trouve jamais par ailleurs dans l'immense masse de textes du *TF*.

Selon l'édition du *TF* de 1998, et donc d'après les informations rassemblées à cette époque, 622 formes sont ainsi propres à Vatican II. Toute la liste est extrêmement intéressante et révélatrice des préoccupations de ce concile. Je ne retiendrai ici que quelques exemples qui correspondent en fait à des lemmes non attestés auparavant, du moins selon l'état du *TF*: *actuositas, aeronauigo, agnosticismus, analphabetismus, anthropologicus, apostolicitas, autochtonus, automatio, autonomia, babelicus, biblicus, ciuilizatio, collegialis, eschatologicus, linguisticus, liturgicus*, etc., etc. Epinglons à la fin de la liste – car de fait, tous les termes sont intéressants – après *non-christianus, oecumenismus* ou *personalizatio: socializatio, traditionalis, ultraterrestris, urbanizatio*. La «Library of Latin Texts» permet de retrouver dans quel texte précis de Vatican II se rencontre chacun de ces termes. Il y a là toute une image concrète de volonté de réception du monde moderne.

Nous pourrions nous étendre longuement sur toutes les possibilités radicalement nouvelles qu'offre ce *Thesaurus formarum* dans le domaine des sciences religieuses. Je ne m'attarderai qu'à un seul dernier exemple: l'usage que l'on peut faire des listes de fréquences décroissantes en opérant des sélections particulières. Je me permettrai de reproduire ici l'exemple même que nous avons utilisé dans la présentation de ce *Thesaurus*[8]: toutes les formes plus fréquentes que 1000 et qui n'apparaissent pas dans l'anti-

---

[8] Cf. «*Appendix* illustrant la complémentarité du *TF* imprimé et du *TF* sur CD», p. L-LI du volume imprimé, où l'on trouvera la liste citée ci-dessus.

quité. «Dans le *TF* imprimé on peut observer l'ensemble des formes réelles dans l'ordre alphabétique; dans le CD on interroge par procédures booléennes. Le résultat obtenu, en excluant *Antiquitas* dans le filtre des périodes de la latinité et en demandant les formes de fréquence >1000, constitue une synthèse bien suggestive quant à la différence de ces deux mondes, l'un antique, l'autre chrétien. La liste est parlante par elle-même : il suffit de la parcourir. On voit ainsi apparaître un monde où figure au second rang *idest*. Monde de *l'auctoritas* où se situe dès le sixième rang l'omniprésent *Augustinus*, mais où on trouve aussi d'autres autorités comme *Gregorius* (quelles que soient les ambiguïtés, qui ont ici un impact faible). Monde d'une omniprésence de l'Ancien et du Nouveau Testament où *Christi, Christum, Iesu, Iesus* sont attestés parallèlement à *Dauid, Israel, Iacob, Abraham*. Monde où figurent en haut lieu les formes correspondant au lemme *diabolus*, mais où *dilectio* également a une place prépondérante. Chaque forme et chaque ensemble de formes méritent leur commentaire». Je n'hésite pas à dire qu'il s'agit là vraiment d'une vue d'ensemble prodigieuse de la masse des mots latins et que les possibilités de l'usage d'un tel outil sont vraiment exceptionnelles, y compris pour l'apprentissage du vocabulaire de base nécessaire pour lire un auteur ou une œuvre donnée. Seulement voilà: la plupart des chercheurs en demeurent inconscients et croient qu'il s'agit d'un produit informatique comme un autre. Il faut décidément prendre le temps de voir comment faire aujourd'hui les inventaires lexicaux fondamentaux pour une recherche. Pour cela, il faut lire – ce que presque personne ne fait – les introductions des dictionnaires que l'on emploie, car une méthode n'est pas l'autre; de même ici, il faut apprendre quelles sont les procédures et les possibilités réelles d'investigation.

Avec cela nous n'avons encore que des formes et des listes de formes les plus variées, établies selon des critères innombrables. Après il faut aller voir les textes qui les attestent. Pour les *ILL* et les *Thesauri* publiés on dispose des concordances d'expressions (que nous privilégions). Là aussi on n'insistera jamais assez sur le bénéfice considérable que l'on peut retirer de la lecture de concordances, bien au-delà de leur simple consultation. Il faut manger du texte, et ne pas se contenter de le consulter. Consulter n'est pas lire! On ne tirera rien de toutes les informatisations sans formation intérieure, sans y aller jusqu'au cœur – *corde tenus* ou *cordetenus* disaient les médiévaux: leur «par cœur» est un jusqu'au cœur ! Il s'agit donc de pratiquer une dialectique constante qui va des listes et des instruments de travail aux textes et, inversement, des textes aux instruments de travail.

Les outils de connaissance des textes eux-mêmes sont essentiellement les bases de données textuelles. Je ne parlerai ici que des seules bases de données que nous avons constituées qui concernent de manière essentielle le domaine des sciences religieuses en ne faisant que mentionner celles qui sans doute peuvent apporter des informations intéressantes, mais incontestablement plus marginales, comme la *Bibliotheca Teubneriana Latina*, l'*Aristoteles latinus database* ou encore le *Thesaurus diplomaticus* qui, lui, intéresse particulièrement l'histoire des institutions religieuses et des donations qui les affectent. La base de données textuelles que je mettrai ici en évidence est la *CLCLT* ou *Library of Latin Texts*. Les quatre premières éditions ont été réalisées par le Cetedoc de Louvain-la-Neuve; la cinquième a été le fruit du travail de cette nouvelle unité qui a pour nom le CTLO de Turnhout. Parue en 2002, la *CLCLT*-5 a connu plusieurs innovations: l'inclusion de tous les textes de l'antiquité – ce qui permet de confronter les textes chrétiens aux textes formateurs relevant de l'antiquité latine –, l'insertion au niveau didactique (dans une rubrique appelée le mémento de chaque œuvre) de la rubrique de la *Clauis Patrum Latinorum* du Père Eligius Dekkers (selon la dernière édition qui date de 1995), la possibilité d'interroger les œuvres par siècle. Disons tout de suite les nouveautés que présente la toute dernière version *CLCLT*-6 accessible et sur DVD/CD et en ligne. La sixième version intègre quelque 6,5 millions de formes supplémentaires. Parmi les nouvelles possibilités il faut souligner le décompte des réponses obtenues selon six ensembles, à savoir l'antiquité, la période patristique de la fin du second siècle jusque 500, la Vulgate, la seconde période patristique de 501 à 735, le moyen âge de 736 à 1500 et la période néo-latine de 1501 à 1965, car ici également on va jusqu'au concile Vatican II ; désormais il est également possible d'obtenir la visualisation d'un texte à partir d'une référence : on sélectionne l'auteur, l'œuvre, la référence voulue et on obtient le texte correspondant. Plusieurs fenêtres de réponses sont possibles sur un même écran, ce qui permet de comparer les contextes.

Les grandes œuvres de Thomas d'Aquin – la *Somme théologique*, la *Somme contre les gentils*, le *Commentaire aux Sentences* et d'autres – sont incluses, et ce, grâce à l'accord intervenu avec le Père Busa. On se réjouira d'autre part de l'ouverture de plus en plus affirmée que révèle l'inclusion de textes de la Renaissance et de la post-Renaissance. Ce nouvel apport bénéficie lui aussi d'un accord particulier, conclu cette fois avec le *Lessico Intellettuale Europeo* fondé par Tullio Gregory. On y trouve ainsi le corpus latin de Descartes. Mais d'autres textes viennent s'y insérer et on se réjouira particulièrement de l'insertion de l'*Institutio christianae religionis* de Jean Calvin reprise intégralement selon la dernière édition. De fait, de plus en plus de textes de la Réforme et de la Contre-Réforme vont faire partie de cette *Library of Latin Texts,* comme saint Laurent de Brindisi, mais aussi des œuvres d'Erasme et de bien d'autres. Dans l'immédiat, on constatera qu'une interrogation ciblée sur saint Augustin et Jean Calvin, par exemple, est dorénavant possible.

Il résulte de tout cela que dans le domaine des sciences religieuses, de manière particulière, et celui de l'histoire du vocabulaire et des idées, de manière générale, nous sommes désormais en ce début du XXIe siècle dans une situation radicalement différente par rapport à nos prédécesseurs, situation dont non seulement il faut tirer profit, mais dont il faut déduire les conséquences claires au niveau de la recherche et des publications. Je dirais même au niveau de la déontologie en matière de recours aux textes.

Aujourd'hui il n'est plus permis de dire ou de publier n'importe quoi. On peut vérifier et on doit infirmer ou confirmer les conclusions auxquelles on était arrivé précédemment. Il en va ainsi pour le chercheur, le spécialiste, bien entendu, mais aussi pour l'homme de culture ou le journaliste ou tout simplement le chrétien qui interroge, qui s'interroge. Des grands noms du passé ont pu se tromper et l'on ne leur en tiendra évidemment pas rigueur. Ainsi Henri Marrou dans ce petit livre par ailleurs excellent – comme l'ensemble de son œuvre – intitulé *Saint Augustin et l'augustinisme*, écrit-il: «si partielle et toute relative qu'elle puisse être dans cette vie, cette *"jouissance de Dieu", fruitio Dei,* [sic] est bien le but vers lequel s'ordonne tout l'effort de la pensée comme celui de la purification intérieure, toute la vie en un mot»[9]. Il est quand même gênant de constater que saint Augustin ne parle jamais de «*jouissance de Dieu, fruitio Dei*». Certes le verbe *frui* est un mot-clé de son vocabulaire, mais il est essentiel de constater que jamais il n'utilise le mot abstrait *fruitio*, mais toujours le verbe. L'attestation augustinienne figurant dans le *Thesaurus linguae latinae* pour le terme *fruitio* est une lamentable erreur, car il s'agit de la reprise non d'une attestation de saint Augustin, mais de celle d'un résumé fait par un Mauriste et repris dans la Patrologie latine. Comme la parole des grands maîtres se voit répercutée par les disciples, on constate que dans le si utile *Dictionnaire de Spiritualité*, sous l'article *Fruitio Dei*, on trouve un premier paragraphe consacré à la «*"fruitio"* Augustinienne»[10]. Il est quand même gênant de devoir souligner que même si on note à juste titre la formule *frui deo*, il n'est dit nulle part que le mot *fruitio* fait défaut chez lui.

---

[9] H. MARROU, *Saint Augustin et l'augustinisme*, avec A.-M. LA BONNARDIÈRE, Paris 1957, 71.

[10] *Dictionnaire de Spiritualité*, V, Paris 1964, c. 1547 (article signé par Paul Agaësse).

Le vivre et la parole ne sont pas choses identiques! Dans le même article on parle de saint Bernard et on note que «l'emploi de *frui* est rare chez lui»[11]: aujourd'hui on peut noter les fréquences exactes de ce verbe qui est utilisé 68 fois et il faut ajouter – ce qui n'est pas dit – que le substantif *fruitio* n'est pas attesté davantage chez Bernard[12] que chez Augustin. On retrouve le verbe *frui* dans toutes les sections de son œuvre à l'exception des Paraboles.

Le passage d'un vocabulaire verbal à un vocabulaire conceptuel, abstrait, le passage de l'agir, de l'être et du vivre à la notion et au concept doit être noté avec une très grande attention. On ne s'étonnera pas qu'il n'y ait jamais le mot *trinitas* dans l'Ecriture et que, malgré son emploi par Tertullien, il faille attendre saint Augustin pour pouvoir parler d'un *De trinitate* – le mot n'est utilisé que deux fois par Hilaire de Poitiers et son titre (qui ne peut être dû à l'auteur) nous trompe, car le sujet en est un *De fide* qui présente le mystère trinitaire de manière essentiellement syntaxique.

Des constats de ce genre sont de fait des plus précieux. Faut-il rappeler qu'on se situe ainsi dans la ligne du *Discours de la méthode* qui invite dans une des règles de base à faire des dénombrements tels que l'on soit sûr de ne rien omettre. Seule une informatique parfaitement maîtrisée – ce qui n'est que rarement le cas – nous met dans une telle perspective de recherche. On ne peut que souhaiter d'établir aujourd'hui un véritable index qui reprendrait pour les termes théologiques, comme ceux qui ont été mentionnés et d'autres comme *incarnatio, transsubstantiatio*, etc., un relevé daté. Nous espérons pouvoir établir un tel index qui serait des plus utiles, mais dès à présent tout chercheur peut faire les recherches nécessaires dans ce sens.

On comprend comment des scientifiques peuvent éprouver le ras-le-bol devant tant et tant d'écrits qui émanent soit d'amateurs, ou peu scrupuleux ou mal informés ou trop rapides, mais aussi parfois de chercheurs distraits ou qui ne prennent pas la peine de s'informer sérieusement. Or s'informer sérieusement est aujourd'hui dans bien des cas parfaitement possible. Un tel ras-le-bol a été pertinemment et heureusement exprimé par mon ami Goulven Madec dont chacun admire la compétence, particulièrement pour tout ce qui touche à saint Augustin. C'est à lui d'ailleurs que nous devons les idées essentielles mises en place pour la présentation du *Thesaurus* des œuvres complètes de l'évêque d'Hippone. Dans l'avant-

---

[11] *Ib.*, c. 1553 (article signé par Théodore Koehler).
[12] Voir particulièrement le *Thesaurus* consacré à Bernard de Clairvaux, *Series B-Lemmata*, paru en 2001.

propos d'un beau livre consacré au Dieu d'Augustin, Goulven Madec s'en prend à juste titre aux déclarations sur cet auteur faites par Jacques Duquesne[13]. Que d'erreurs, que de simplismes colportés pour le grand public à propos du grand Augustin. «J'estime, écrit Goulven Madec, qu'Augustin n'est pas responsable de toutes les sottises qu'on lui a prêtées ni de celles qu'on a dites en s'appuyant sur son autorité»[14], et de dénoncer «certains lecteurs, pressés et qui ont tort de l'être», et qui passent ainsi sur des notes critiques qu'ils estiment superflues. Il faut lire les textes avant d'en parler et contrôler, développer cette lecture même par tous les moyens qui sont à notre disposition aujourd'hui.

Les appréciations erronées sont tout simplement des ratés, dont la source n'est nullement dans la malveillance – que du contraire –, mais ces ratés sont lus par un large public et les erreurs répétées finissent par sembler des vérités. Je ne puis ici m'abstenir de prendre moi aussi Jacques Duquesne comme cible, et ceci à propos de son récent ouvrage sur Marie[15]. Le propos est généreux: l'auteur pose librement de bonnes questions et certaines réponses semblent bien exactes, mais il y a aussi autre chose que de simples coquilles[16]: des affirmations fausses que l'auteur, comme quiconque, peut contrôler, à condition bien sûr de connaître la langue des sources et de pouvoir les lire couramment. Si cela n'est pas possible, l'honnêteté consiste à se taire plutôt que de produire un ouvrage de Xème main sans contrôle. C'est un contrôle rigoureux des informations que je réclame et, une fois encore, le grand acquis pour les sciences religieuses est que désormais ce contrôle est à notre portée pour une immense masse de textes chrétiens de notre tradition et parmi les plus importants, même si l'on n'a pas fini d'engranger de l'information nouvelle.

Je passe sur des erreurs de siècle – cela aussi on peut, comme on l'a vu plus haut, le contrôler rigoureusement dans nos bases de données, puisque le mémento propre à chaque œuvre en situe la date de la manière la plus précise possible. Légèreté donc que d'écrire: «Une religion de la peur se

---

[13] G. MADEC, *Le Dieu d'Augustin,* Paris 1998, 7 à 23. Le livre incriminé est: J. DUQUESNE, *Le Dieu de Jésus,* Paris 1997.

[14] MADEC, *Le Dieu d'Augustin...,* 22.

[15] J. DUQUESNE, *Marie,* Paris 2004.

[16] Coquilles qui mettent mal à l'aise quand il s'agit de juger de la familiarité de l'auteur avec son sujet. Ainsi Thomas a Kempis est-il devenu «Thomas A. Kempis» (p. 150); une erreur dans une expression latine peut créer la suspicion : «De transitu virgini» au lieu de *virginis* (p. 217).

diffuse. C'est de cette époque que date le "Dies Irae" [*sic*] inventé par les franciscains, et, dans l'art, *L'Apocalypse* d'Albrecht Dürer»[17]. Sans doute l'auteur prend-il le relais un peu facile de Jean Delumeau, mais chez cet auteur également bien des choses doivent être remodelées à partir des textes mêmes. Le *Dies irae* n'a pas été «inventé» par les franciscains, car on ne parle pas d'invention pour une œuvre poétique qui est à vrai dire une grande œuvre quand on veut la lire, la chanter (convenablement) et la considérer dans son ensemble. Sans doute y a-t-il des images qui peuvent évoquer la peur, mais il y a aussi une foi dans la tendresse et l'amour infini de Dieu: «*Qui Mariam absoluisti, Et latronem exaudisti, Mihi quoque spem dedisti*», et de mettre le Fils de Dieu lui-même en cause: «*Quaerens me, sedisti lassus, Redemisti crucem passus, Tantus labor non sit cassus*». La passion et la mort de Jésus rendues vaines par le fait que moi, je ne serais pas sauvé! Quelle audace! quelle tendresse! quelle plongée dans la miséricorde! On ne balaye pas de tels textes du revers de la main. Soulignons que *Dies irae, dies illa* est une expression du prophète Sophonie (I, 15) cité entre autres à cinq reprises par le pape Grégoire le Grand, notamment deux fois dans ses très célèbres et très répandues *Homélies aux Evangiles*. Faut-il mettre en cause le prophète Sophonie ou utilisera-t-on les textes des prophètes uniquement quand ils nous conviennent? Cette séquence est vraisemblablement d'origine franciscaine et on l'a souvent attribuée, sans en savoir plus, à Thomas de Celano, un des biographes de François d'Assise (mort en 1260). Ce que l'on peut dire avec certitude, c'est que cette séquence n'est pas de la même époque que Dürer qui vit de 1471 à 1528! Il y a un monde entre l'univers du XIIIe siècle et celui de la fin du XVe et du début du XVIe siècle. Ces remarques sur le *Dies irae* ne sont pas pour moi accessoires si l'on veut mettre en place une véritable histoire des mentalités comme cela a été si souvent suggéré. Seule une lecture rigoureuse, des contrôles de tout ordre sont de nature à éviter de regrettables dérapages. Vraiment, il faut revenir au propos de Régine Pernoud: «Pour en finir avec le moyen âge», c'est-à-dire pour en finir avec la masse d'idées fausses que l'on ne cesse d'entendre et de lire.

Plus grave: le débat sur l'Immaculée Conception qui fait l'objet du chapitre 10 de l'ouvrage incriminé et qui demanderait davantage de nuances. A juste titre est-il rappelé que c'est le 8 décembre 1854 que Pie IX proclama le dogme de l'Immaculée Conception. Mais nulle part je ne vois ce qu'aurait pu révéler une simple interrogation dans notre base de don-

---

[17] *Ibid.*, 138.

nées textuelles du type *"pecca*/ 2 original*"*, ce qui veut dire: je désire obtenir toutes les phrases où il y a une forme qui commence par *pecca-* et qui comporte, à une distance maximale de deux termes avant ou après, une forme qui commence par *original-*. Tous les endroits où l'expression «péché originel» est utilisée doivent ainsi normalement apparaître – puisqu'on sait que le latin a des particularités propres en ce qui concerne l'ordre des mots. On trouve parmi les réponses un passage du concile Vatican I qui rappelle la définition intervenue dans le Concile de Trente où – grâce à cette même base de données – on voit apparaître les textes recherchés à cinq reprises, et il y est clair que la Vierge est exclue du péché originel. Ainsi *sessio 5*: «*Declarat tamen haec ipsa sancta synodus non esse suae intentionis comprehendere in hoc decreto ubi de peccato originali agitur beatam et immaculatam uirginem Mariam...*».

On nous rappelle (p. 149 du même ouvrage) que certains en Occident admettent l'Immaculée Conception et que d'autres s'y opposent: «et pas n'importe qui: ils s'appellent saint Bernard et saint Thomas d'Aquin». On sait que les *Sententiae* de Bernard posent des problèmes d'authenticité, mais il faut recueillir quand même, avec la prudence requise, ce témoignage de la *Sententia* 87, de la *series* 3 (vol. VI, 2, p. 127), où parlant de Marie il est dit : *uirtute diuina, ab originali et actuali peccato emundata*. Mais à côté des *Sententiae*, il y a un sermon pour l'Assomption de la Vierge qui est on ne peut plus clair: «*Cum omnimodis constet, ab originali contagio sola gratia mundatam esse Mariam, quippe cum et nunc in baptismate sola hanc maculam lavet gratia, et sola eam raserit olim petra circumcisionis, si, ut omnino pium est credere, proprium Maria delictum non habuit, nihilominus ab innocentissimo corde etiam paenitentia longe fuit*»[18]. On aura remarqué cependant que Marie n'est pas exempte «*ab originali contagio*», mais qu'elle en est purifiée par l'action de la grâce.

Il fallait rappeler ces nuances même si nous sommes bien d'accord pour souligner la différence qu'il y a entre, par exemple, la formulation bernardienne et la définition de l'Immaculée Conception, qui ne parle pas de purification mais déclare la Vierge «*in primo instanti suae conceptionis fuisse singulari omnipotentis Dei gratia et priuilegio, intuitu meritorum Christi Iesu Saluatoris humani generis, ab omni originalis culpae labe praeseruatam immunem*»[19]. Il est vrai que la question fut controversée et

---

[18] Bernardus Claraevallensis, *Sermones, In assumptione beatae Mariae, sermo* 2, éd. par J. Leclercq, V, 237, l. 9 sv.
[19] *Bulla «Ineffabilis Deus»* du 8 décembre 1854.

on le voit clairement dans l'œuvre de Thomas qui cite le pour et le contre, et considère que la Vierge fut effectivement «*peccato originali infecta*» ce dont elle a été purifiée avant la naissance du Sauveur[20]. Il mentionne du reste que Bernard ne voulait pas qu'on célèbre l'Immaculée Conception[21]. La question mérite donc les nuances soulignées. On ne manquera pas d'ailleurs à ce sujet comme à tant d'autres de magnifier l'étonnante liberté de saint Thomas qui argumente dans un sens, dans un autre, et tire les conclusions qu'il pense devoir tirer. On est loin d'un dogmatisme étriqué. Ce que l'on constate en définitive – mais il faut le dire – c'est que la tradition a reconnu l'Immaculée Conception dans un sens relatif tandis que le dogme proclamé par Pie IX marque une Immaculée Conception dans un sens absolu.

Ce n'est pas ici, évidemment, le lieu de prendre position pour ou contre telle doctrine ou tel dogme énoncé. Mon but n'est autre que de montrer que doctrines et formulations dogmatiques peuvent désormais être observées «à livres ouverts» grâce à ces bases de données textuelles auxquelles peut recourir quiconque connaît la langue des textes insérés.

Qu'on ne se méprenne pas sur mes intentions quand je critique les publications de Jacques Duquesne: je ne veux pas ici polémiquer le moins du monde. J'ai voulu simplement montrer par des exemples concrets que le bilan «informatique en sciences religieuses» signifie que n'importe qui, pape, cardinal, simple laïc, chercheur spécialisé, peut en un clin d'œil avoir aujourd'hui des réponses précises relatives à des affirmations des hommes et des institutions du passé dans la mesure où une mise en mémoire informatique adéquate de leurs œuvres a été réalisée. *Amicus Plato, magis amica ueritas*. Le cheminement vrai est à ce prix qui peut être parfois la néces-

---

[20] *In III Sententiarum*, distinctio 3, quaestio 1, articulus 2B, responsum ad argumentum 3. Dans la *CLCLT*-6 se trouvent notamment les grandes oeuvres de Thomas: la *Somme théologique*, la *Somme contre les Gentils* et le *Commentaire aux Sentences* (cfr. supra).

[21] Cf. la lettre 174 aux chanoines de Lyon. Là aussi on retrouve immédiatement le texte en sélectionnant Bernard de Clairvaux et en interrogeant *conceptio**, c'est-à-dire tous les exemples chez Bernard de mots qui commencent par les lettres *conceptio*, ce qui ici correspond au lemme même. Mentionnons ici pour mémoire l'utilité que représente toujours pour nous l'*Enchiridion symbolorum* de H. Denzinger. L'attestation la plus ancienne de la *semper uirgo et immaculata* est mise sous le nom du pape Martin I pour le Concile du Latran de 649. Et que dire de la somme de connaissances que représente toujours le *Dictionnaire de Théologie Catholique*. Le tome VII, publié en 1930, consacre à l'Immaculée Conception les colonnes 845 à 1218! De la lettre de Bernard il est question c. 1050 à 1054. Faut-il rappeler que Thomas d'Aquin rejette l'Immaculée Conception comme une négation de l'universelle rédemption?

saire confrontation. Un bilan progressif est aussi celui qui sait marquer des désaccords qui n'empêchent nullement la sympathie ni la cordialité. Il ne s'agit nullement d'avoir raison, mais de donner raison aux textes.

Avant de conclure je voudrais insister sur un aspect qui échappe souvent dans le débat théologique et spirituel: le lien entre le christianisme latin et la culture latine antique. L'avantage considérable de pouvoir disposer d'une base de données textuelles unique incluant notamment les textes de la tradition latine avant le christianisme, c'est que l'on peut ainsi mieux se rendre compte de toutes les opinions pré-chrétiennes qui se sont exprimées et dont parfois on ne se doute pas. Je ne citerai qu'un exemple, celui d'un auteur qui eut grande vogue au moyen âge, y compris avec son «Art d'aimer»: Ovide. Au livre I des *Métamorphoses*, vers 83 à 86, où l'auteur antique évoque la création de l'homme, la création du «glébeux», comme écrivait André Chouraqui, Ovide parle d'une création à l'image des dieux!

Finxit in effigiem moderantum cuncta deorum,
Pronaque cum spectent animalia cetera terram,
Os homini sublime dedit caelumque tueri
Iussit et erectos ad sidera tollere uultus.

S'attend-on à voir Ovide évoquer ainsi l'homme créé à l'image des dieux, créé, contrairement aux animaux qui ont le regard tourné vers la terre – *prona* –, debout pour dresser son visage vers le ciel ? Notre base de données permet évidemment de retrouver ce texte, mais aussi de constater que ce passage n'a pas échappé aux Pères et aux auteurs médiévaux. Les vers 85 à 86 (*Os homini... uultus*) se retrouvent ainsi chez Lactance, Isidore de Séville, Bède le Vénérable, André de Saint-Victor et Alexandre d'Ashby (inconnus de la *PL* parce que inédits à l'époque), Bernard de Clairvaux (à trois reprises), Isaac de l'Etoile, Pierre le Chantre et le Polythecon[22].

---

[22] Cette communauté de vues entre l'antiquité et la littérature chrétienne risque bien d'échapper à ceux qui utilisent la *PLD*, la *Patrologia Latina Database* dont on ne soulignera jamais assez ni les limites, ni les confusions, ni les dangers. Sans doute ajoute-t-elle certains témoignages qui nous font encore actuellement défaut, mais il y en a en revanche d'autres qui n'y figurent pas parce que les œuvres étaient inédites ou que leur datation dépasse le tout début du XIIIe siècle. Pour utiliser valablement la *PLD*, il faut impérativement recourir aux volumes de la Patrologie elle-même pour s'assurer qu'il n'y ait pas de confusion entre des notes éditoriales et le texte même, entre un titre étranger à l'auteur et le texte même de celui-ci. Il est toujours essentiel de rappeler que la Patrologie correspond à un *status quaestionis* du milieu du XIXe siècle,

3.

Un bilan quant à l'apport à l'informatique en sciences religieuses ne peut porter que si l'on ne se contente pas d'asséner de simples affirmations. Il fallait concrétiser l'impact par des exemples précis, ce que je me suis efforcé de faire, quitte à louer les uns et à écorcher les autres. Que ceux-ci me pardonnent. Je me souviens de cette grande leçon que nous donna à Rome Paul Imbs, le premier directeur du *Trésor de la Langue Française*, lors d'une session au *Lessico Intellettuale Europeo*: toute vérité en sciences humaines est toujours datée. Nous devons être à même de dire demain des choses différentes d'aujourd'hui parce que de nouveaux éléments nous obligent à reformer notre jugement. Le corpus de nos informations ne cesse de s'étendre: aujourd'hui il faut tirer parti de tout ce qui est disponible, et ce, avec un sens critique toujours de plus en plus affiné.

Ce que nous avons plaidé dans ce bilan, c'est la possibilité où l'homme se situe désormais de jouer davantage son rôle essentiel de maître du sens, non pas qu'il se serait délivré des contingences du réel, bien au contraire, parce qu'il est davantage confronté à l'objectivité d'un donné textuel lui-même en état d'être de plus en plus assuré. On se trouve donc en un lieu d'observation qui est aux antipodes de quelque nihilisme, de quelque plaidoyer pour une «athéologie», mais, en sens inverse, pour un humble abandon des certitudes premières qui conditionne davantage de vérité. Aujourd'hui l'homme prend conscience que seul 0,5% du monde est visible. Et le texte, et l'univers des textes exprimant l'histoire et la pensée du passé sont-ils visibles? Il faut en définitive se situer dans une pensée de renouvellement continuel, de découverte nouvelle, «d'apo-calypse» au jour

---

qu'un nombre très important de sermons augustiniens, par exemple, y font défaut, qu'il faut confronter les données bibliographiques avec des ouvrages comme ceux du Père Dekkers et de H.J. Frede. Dans le contexte particulier aux préoccupations de l'Institut de Bologne, je retiendrai un exemple intéressant, celui de l'œuvre de Sigebert de Gembloux (+ 1112). Un texte fameux de contestation papale dû à Sigebert (lettre des Liégeois *aduersus Pascalem papam*) n'a pas été imprimé dans la *PL* et on se demande bien pourquoi ! (Quant à la réponse à Grégoire VII, elle était encore inédite à l'époque). La lettre de Sigebert est pourtant un document bien intéressant qui atteste que la dévotion au pape telle qu'elle s'est répandue est un phénomène qui remonte au XIXe siècle et non au moyen âge. Cf. R. AUBERT, *Le pontificat de Pie IX,* Paris 1952, 294: «Cette "dévotion au pape" qui se développe de manière particulièrement spectaculaire en France, est un phénomène nouveau dont l'importance ne peut être sous-estimée». Que d'air pur on peut respirer au moyen âge!

le jour! Le problème fondamental, comme il m'est apparu à la suite de réflexions échangées à Assise avec Emile Poulat avec qui je discutais de Loisy, c'est que les gens ne lisent pas vraiment. Finira-t-on par lire vraiment?

In Deo laudabo uerbum,
in Domino laudabo sermonem. (Ps., 55, 11)

En bref il s'agit bien en toutes choses de rechercher la quintessence. Une informatique intégrée nous y aide. Chercher en toutes choses la quintessence, c'est bien ce que suggère cette ville d'Assise où nous avons ensemble réfléchi à ce bilan. De cette ville se dégage une pureté de pierre, une pureté solide, un reflet de sainteté qui est toute une invitation.

National Landscapes

CLAUDE LANGLOIS

Histoire religieuse en France *

On emploie facilement l'expression «histoire *religieuse*» en France. Le terme est susceptible de plusieurs interprétations. J'en retiendrai trois, l'une pour la récuser, l'autre pour l'expliciter, la troisième pour la commenter. L'histoire *religieuse* ne définit pas une histoire confessionnelle encore moins une perspective confessante appliquée à l'histoire. L'histoire *religieuse* doit se comprendre dans la perspective de la dilatation du territoire de l'historien, chère aux années soixante, époque où dominait en France, à côté des modèles traditionnels d'histoire politique, l'histoire des relations internationales et l'histoire socio-économique. L'histoire religieuse est donc, si l'on file la métaphore, un territoire qui s'est autonomisé, un domaine qui a pesé rapidement entre 10 et 15% de la production globale; un secteur pilote même, qui a été important dans la réflexion historiographique (de Marrou à de Certeau). Reste à en expliciter le contenu. Elle a été souvent de fait l'accumulation voire la juxtaposition d'histoires consacrées aux grandes confessions, judaïsme, islam et surtout christianisme. L'histoire religieuse a été voulu par d'autres, dont j'ai été, comme une manière de proposer, en s'inspirant des sciences sociales, la possibilité de produire des objets singuliers, indépendamment des perspectives confessionnelles. Cette façon de travailler «à distance» n'est pas seulement le fruit d'une volonté consciente; elle s'explique plus encore par la convergence de diverses données inégalement récentes: poids de la tradition mauriste dans

---

* Cette présentation rend impossible toute bibliographie systématique, puisqu'il s'agit ici de faire un large panorama des auteurs et de donner au passage tel ou tel titre par ailleurs connu. J'ai emprunté divers développements principalement à deux textes que j'ai déjà publiés, le premier avec A. VAUCHEZ, *L'histoire religieuse*, in *L'histoire et le métier d'historien en France, 1945-1995,* sous la direction de F. BÉDARIDA, Paris 1995, 313-323; le second est de moi seul: «Faire l'histoire du christianisme», *Histoire du christianisme*, T. XIV, *Anamnèsis,* sous la direction de F. LAPLANCHE, Desclée 2001, 15-35.

l'historiographie ecclésiastique; perspective érudite des «sciences religieuses» de l'EPHE; influence de l'anthropologie et de la sociologie religieuse; élaboration de l'histoire religieuse dans le cadre de la discipline historique et de ses problématiques et non, en tant qu'*histoire de l'Église*, comme partie prenante de la théologie. Ce dernier aspect est sans doute le plus important, au regard d'autres traditions nationales, en Europe et en Amérique.

L'historiographie religieuse reste aussi tributaire de la spécificité de l'histoire de la France religieuse, marquée tout à la fois par l'antiquité de la christianisation, la domination du catholicisme depuis trois siècles, la sécularisation actuelle, très forte, malgré diverses formes de retour du religieux ou de *revival* propres aux grandes confessions. Il en découle plusieurs conséquences. D'abord une approche duelle concernant l'Islam, d'un coté l'histoire qui marche au pas de celle du christianisme notamment pour la période médiévale, de l'autre une histoire des textes, prioritairement, des théologies, des droits, des spiritualités. Ensuite une place à part faite au Judaïsme sur lequel les recherches sont très riches tout en s'inscrivant dans un cadre institutionnel qui d'un côté privilégie l'exégèse et la philosophie médiévales et de l'autre, pour la période contemporaine, est dominée par la volonté de prendre la mesure, pour un demi siècle tragique (de l'Affaire Dreyfus à Vichy) d'une histoire plus politique ou «nationale» que strictement religieuse. Enfin, autre caractéristique moins perçue, c'est une histoire religieuse qui est confrontée, dans le champ plus général de l'histoire, à la laïcisation de ses propres problématiques comme en témoignent les présupposés, nettement religieux, des *Lieux de Mémoire* de P. Nora.

Le cadre national de cette histoire a été balisé au tournant des années «soixante» (1957-1963), par l'*Histoire du catholicisme en France* sous la direction d'A. Latreille; dans les années «soixante-dix» (1972-1980), par trois *Histoires* distinctes des juifs, des protestants, des catholiques; au tournant des années «quatre-vingt-dix» (1988-1992), par l'*Histoire de la France religieuse* sous la direction de J. Le Goff et R. Rémond (4 vol). Le choix du titre a été réfléchi: pour éviter certaines équivoques, l'on a tenu à ce que ce fut l'objet (La France) qui soit qualifié de *religieux*, non l'histoire, pratique de soi séculière. Mais je voudrais m'arrêter quelque temps sur une production plus ample, qui entraîne un changement d'échelle, puisque l'historiographie française vient de publier tout récemment une remarquable *Histoire du christianisme*. Le projet date de 1985. Charles Pietri fixait ainsi, dans un texte interne, rendu public seulement dans le 14e volume, ses ambitions initiales. L'histoire du christianisme entend maîtriser l'immensité d'une longue durée, depuis les origines d'une mission, elle-même enracinée dans la tradition juive, jusqu'au temps présent. Cette histoire rassemble tous ceux qui d'une manière ou d'une autre, se réfèrent au Christ; ceux qui ont pris, comme la première fois les nomment les Actes des apôtres, le nom des chrétiens, les premiers disciples qui proclament Jeshoua, le Messie ressuscité de la Bonne nouvelle, les peuples divers réunis depuis des siècles dans une prière collective adressée au nom du Christ.

Entre 1990 et 2000 paraissent avec régularité, dans l'ordre d'avancement des ouvrages, quatorze volumes soit donc plus de 15000 pages d'histoire. Deux traduction sont en cours, l'une italienne, l'autre, allemande. L'ouvrage en fait a été pris en charge par quatre historiens de la même génération, Charles Piétri (+), André Vauchez, Marc Venard, Jean-Marie Mayeur, qui avaient chacun la responsabilité des quatre périodes que reconnaît l'historiographie française dans une partition fixées voilà moins d'un demi-siècle: histoire ancienne, histoire médiévale, histoire moderne, histoire contemporaine. Cette dernière, qui commence avec la Révolution française, comprend exceptionnellement quatre volumes contre trois pour les autres périodes. Cette simple comptabilité n'est pas sans importance, puisque, du fait d'une pondération équilibrée des périodes, et de la prépondérance du plus récent, cette histoire marche au rythme des autres histoires profanes, elle prend en compte aussi la densité des historiens disponibles (une centaine de collaborateurs en grande majorité français); mais surtout elle traite de l'histoire du christianisme sans tenir compte, comme dans une perspective classique d'histoire de l'Église, de la prééminence révérentielle et référentielle accordée par l'histoire de l'Église aux origines, notamment au temps de la patristique.

Cette *Histoire du christianisme* a un certain nombre de caractéristiques que je voudrais identifier maintenant, ce qui permettra de rendre compte par cette manière de la spécificité de l'historiographie française. Je soulignerai pour commencer un aspect géographique qui n'est pas négligeable, à savoir la disponibilité d'historiens ayant des compétences concernant des aires géographiques non occidentales, notamment pour ce qui concerne le christianisme byzantin, puis plus tard l'Amérique latine et encore l'espace anglo-saxon. Il faut indiquer l'importance aussi des liens personnels tissés par les dirigeants de la collection avec M. Klossowski, historien polonais francophone qui a participé largement à toute l'entreprise. Mais par dessus tout il faut mentionner la grande proximité avec l'historiographie italienne, grâce notamment au rôle très important joué par l'École française de Rome, qu'ont présidé successivement – ce n'est pas tout à fait un hasard – et Charles Piétri et tout récemment André Vauchez.

Le point le plus important pour comprendre cette production est le phénomène générationnel. Avant eux, l'histoire religieuse existe, depuis plusieurs générations dans l'Université: que l'on songe, pour la seule période contemporaine, à Georges Weill ou à Charles Pouthas. Elle a été surtout, dans la génération précédente, le fait d'historiens prestigieux, Mollat, Duby et Le Goff, Dupront, Chaunu et Delumeau, ou encore Rémond pour le plus contemporain. Ces historiens sont souvent venus plus tard à l'histoire religieuse, soit, pour la majorité d'entre eux, à partir de l'histoire économique, triomphante dans les années 50/60, soit par la science politique (René Rémond) soit encore par l'anthropologie historique (Alphonse Dupront). Après la génération qui a dirigé l'*Histoire du christianisme*, l'histoire religieuse a continué d'exister, je tenterai plus loin de dire comment. Mais la génération qui a pris en charge cette histoire est singulière. Elle a bénéficié de la disparition progressive du personnel ecclésiastique: les clercs historiens, qui ont joué un rôle important dans l'*Histoire de l'Église*, ne constituaient plus que des individualités, sans postérité. Ils furent rapidement remplacés par des historiens laïcs qui ont bénéficié de l'explosion de la carte universitaire, nécessitant un recrutement massif d'enseignants pour faire face à la démocratisation du secondaire dans les années «60». Parallèlement le CNRS multiplie les équipes de recherche, ce dont aussi l'histoire religieuse profite, notamment pour mettre en place des pôles régionaux compétents (Lyon) puis bientôt créer une structure fédérative (GRECO2 devenu GDR1095)

Il convient aussi de dire un mot d'une entreprise singulière mise en place par cette génération. Plusieurs d'entre eux, dont particulièrement Marc Venard, sont à l'origine du «Groupe de La Bussière», mouvement informel auquel trois des quatre co-drecteurs de la collection ont appartenu. Ce Groupe de La Bussière avait comme activité quasiment unique de susciter une réunion annuelle de ses propres membres en une sorte de «séminaire» tout laïc de formation de plusieurs jours. En continuant jusqu'à nos jours, le groupe de la Bussière est passé de la fonction initiale d'autoformation d'une génération à une autre, plus classique, de contacts intergénérationnels. Ce qui s'est maintenu jusqu'à nos jours c'est l'approche thématique qui permet de confronter les manières de faire de l'histoire sur le long terme alors que la spécialisation scientifique et l'institutionnalisation professionnelle conduisent de plus en plus les historiens à des habitudes de partition par période. Cette génération initiale, ainsi que la suivante d'ailleurs, a été attentive aussi à l'élaboration d'instruments de travail, permettant l'accès à des sources nouvelles comme les recueils de visites pastorales pour l'époque moderne et contemporaine dont Marc Venard a été, avec Dominique Julia, la cheville ouvrière.

Il faut dire aussi combien cette génération a bénéficié d'atouts dont l'importance ne se révèlent qu'après coup. D'abord le renouvellement de l'historiographie déjà en cours. Il existait une solide histoire politico-religieuse, souvent novatrice pour la période contemporaine, avec des interrogations fécondes sur le Moyen Age, la Réforme ou la Révolution française; puis est arrivée une historiographie nouvelle, attentive tant à l'activité pastorale des clercs qu'à la réponse des fidèles. Cette dernière approche constitue sans doute l'axe de référence principal de l'*Histoire du christianisme*. Elle est caractérisée par un intérêt systématique pour la pastorale, pour le «peuple de Dieu», comme on le dira alors en termes théologiques: cette perspective nouvelle a permis de présenter conjointement et les modalités successives des réformes et de la réformation et la réaction des populations qui ont leur propres manières de vivre leur christianisme. L'histoire des mentalités, qui a marqué aussi très largement l'histoire religieuse n'est évidemment pas absente de cette entreprise, mais son poids est moindre dans la mesure où celle-ci produit souvent des objets plus singuliers ou plus marginaux qui entrent mal dans la perspective globale qui ici a prévalu.

Il faut ajouter encore que cette génération d'historiens universitaires laïcs avait des convictions personnelles. Le moment du Concile a sans doute été important pour eux. Certains ont même affiché publiquement leur positions ecclésiologique en s'engageant dans le lancement d'une revue originale (*les Quatre fleuves*) que l'on pourrait situer, pour faire bref, entre *Concilum* et *Communio*. Ces laïcs donc n'ignoraient point la chose théologique, ainsi que le montre, dans l'*Histoire du christianisme*, les longs développements savants que Charles Pietri a consacrés aux querelles christologiques des premiers siècles. Enfin il faut ajouter que cette *Histoire du christianisme* a été réalisée en parfaite coopération avec les historiens du protestantisme: si cela a permis une meilleure appréciation des réformes, protestantes et catholiques, du XVIe siècle, cela a aussi conduit, à mon sens, à gommer, pour le XIXe siècle voire le XXe, les longs antagonismes entre catholicisme et protestantisme, notamment dans le domaine des missions. Mais en fait cette histoire du christianisme a été pensée par des historiens qui ont sécularisés l'histoire de l'Église tout en reprenant ses présupposés transposables, d'unicité et de continuité *ab initio* malgré les ruptures. Et le *ab initio* s'est révélé plus difficile à gérer qu'on ne le pensait: le premier volume a été le dernier publié, et il a fallu mettre en place un quatorzième volume, conclusif, composite aussi, pour compléter le premier: en effet une place importante y est faite à l'environnement juif au moment de la naissance du christianisme, solution boiteuse pour négocier une filiation devenue de plus en plus sensible du Judaïsme au Christianisme.

Revenons maintenant à la production historiographique plus large qui s'est développée dans le temps où s'écrivait l'*Histoire du christianisme*. Il faut faire une place à part à la seconde génération des historiens du groupe de La Bussière, bien que souvent la différence d'âge avec les premiers n'est pas grande: cette génération à laquelle j'appartiens, me paraît plus diverse. Il ne faut point être trop ségrégatif: la génération des «références» a longtemps exercée son influence, Duby et Delumeau, par le collège de France, Dupront et Le Goff par l'EHESS, Chaunu par l'Université de Paris IV, Rémond par l'Institut d'études politiques et l'Université de Nanterre: il n'est pas surprenant que cette seconde génération de la Bussière ait eu aussi les premiers, comme ses directeurs de thèses, ses références aussi. Mais dans les années «70», la seconde génération de la Bussière est marquée également par Michel de Certeau, personnalité longtemps hors institution, puis ensuite vivant hors de France: jésuite, historien, psychanalyste, enseignant à l'Université de Vincennes et à San Diego, avant d'être élu à l'EHESS. cet inclassable, cet errant, nous posait des questions radicales. Comment *Faire de l'Histoire* et donc de l'histoire religieuse. Il a, comme en creux, tenté d'esquisser un contre-modèle à cette histoire dominante qui trouvera son aboutissement tardif dans l'*Histoire du christianisme*. Il n'était, pour lui, d'histoire que dans la majesté de l'écriture, dans l'attention à soi qui accompagne, celle, première, portée au texte pris en compte et toujours revisité. Il n'était aussi pour lui de christianisme tenable, quasiment, en ce temps de procès de l'institution, celle du 17e siècle comme celle des années de l'après 68, qu'à partir de ces témoins épars de la présence de Dieu dans son absence, chez ces mystiques qui écrivent l'indicible indéfiniment. Sa radicalité critique ainsi que sa manière d'annoncer la fin de l'histoire religieuse en cette fin du 17e siècle par une sécularisation sociale et une prééminence de l'État, rendaient impossible toute élaboration d'un projet collectif qui fut comparable à celui qui a été élaboré par la génération précédente, qui reposait sur une ecclésiologie proche de Vatican II (l'histoire du peuple de Dieu) et une historiographie appropriée. Mais cette radicalité de Michel de Certeau a été porteuse, pour beaucoup d'entre nous et pour de plus jeunes encore, d'interrogation sur ce en quoi consiste l'opération historiographique, sur l'obligation faite à chacun de poursuivre dans les voies qu'il expérimentait, sur la nécessité aussi d'être plus radical dans la mise à distance de l'objet. Tout en suscitant aussi des oppositions, donc des fractures, mais non des ruptures.

Dans le même temps se développait une histoire des mentalités moins apte à fournir de grandes synthèses, dans la mesure où celle-ci se donnait des objets moins associables, de taille souvent petite, proche de la microstoria italienne. Cette histoire des mentalités s'est intéressée à la fois aux *croyances* en l'Au-delà, aux saints, au diable et aux *pratiques*, qui impliquaient de telles croyances comme les possessions, les ravissements, les miracles. Elle repose sur trois postulats communs: la délimitation du nouveau territoire de recherche comme la frontière du visible et de l'invisible; le tension de cette histoire entre l'autonomie des acteurs et la pression des modèles; la capacité enfin de jouer à la fois de la marginalité (le sorcier, le mystique, le déviant) et de la quotidienneté (la mort, la maladie, le malheur). À dire vrai, d'un dossier à l'autre les manières de faire cette histoire sont multiples. *La fable mystique* de M. de Certeau joue tout à la fois du langage des corps et du corpus des textes. Le dossier de la sorcellerie – entre la fin du Moyen Age et le 17e siècle – est aussi significatif: l'enquête est ouverte curieusement par l'histoire de sa clôture (R. Mandrou, *Magistrats et sorciers*); l'histoire de la sorcellerie est longtemps perçue comme celle d'une répression, indice d'une fragilité sociale historiquement repérable; mais elle ne prend véritablement sens que par une réflexion conjointes sur la cohérence des discours, ces *Sciences du diable*, et sur l'irréductible altérité de certains comportements qui témoignent d'une «religion autre». Par contre autour des sanctuaires, les enquêtes, impulsées par A. Dupront, se sont orientées dans de multiples directions: elle concernent ici les reliques, là, les ex-voto, là encore, les miracles dont la comptabilité détermine la variété des demandes, la hiérarchie des intercesseurs et la qualité des publics; là enfin, la masse des pèlerins – croisés ici, touristes là – qui se rendant à Jérusalem, à Compostelle, à Rome ou à Lourdes et dans toute l'Europe.

Toutefois ce sont les recherches sur la mort et l'au-delà qui ont le plus marqué l'apport de l'histoire des mentalités à l'histoire religieuse. La mort est d'abord affaire de localisation: où placer les morts tant ici-bas – de l'église au cimetière – que dans l'au-delà? De la *peur* de l'enfer aux représentations du paradis, J. Delumeau a ancré là sa longue histoire des sentiments à l'époque moderne. Mais c'est la naissance d'un «nouveau lieu», le purgatoire, au XIIe s (J. Le Goff) qui a sans doute constitué l'évènement majeur de cette cartographie de l'au-delà dans la mesure où elle a permis de proposer un autre type de moralisation des fidèles et de solidarité entre morts et vivants (prières, indulgences), de susciter un imaginaire officiel mais aussi de résorber, tardivement, des représentations populaires tenaces. L'existence à partir du XIVe siècle de documentations sérielles a permis de joindre approche démographique et histoire des représentations et d'établir, à partir des testaments, de véritables *Comptabilités de l'au-delà* mettant en évidence pour la fin du Moyen Age (J. Chiffoleau) et pour celle de l'époque moderne (M. Vovelle) deux modèles originaux de comportement, une «piété flamboyante» qui se caractérise par un usage obsessionnel de messes pour les défunts et une «piété baroque» qui situe le même besoin dans un contexte plus socialisé et plus ostentatoire.

Il serait nécessaire aussi de faire place à une autre histoire, il vaudrait mieux dire une histoire autre, qui s'est développée prioritairement dans la section des Sciences religieuse de l'EPHE, histoire dont j'ai mieux découvert l'originalité quand j'y suis entré voici plus d'une dizaine d'années, une histoire où l'on privilégie les pratiques textuelles, une histoire qui se réfère à la philologie, à la littérature, à la philosophie, à la théologie même. Je ne dirai rien de l'antiquité chrétienne où s'opère conjointement un travail sur le centre (la patristique) et les marges (manichéisme). Je m'arrêterai un temps sur un Moyen-âge où la section des Sciences religieuses a longtemps porté seule l'étude de la philosophie médiévale laissée en déshérence par une Université qui, parce que laïque, passait sans transition de Platon et Aristote à Descartes. La tradition impulsée par Gilson durant l'entre deux guerres a trouvé à la section des continuateurs talentueux avec Vignaux, puis de Libera et maintenant Dahan et Boulnois. Philosophies médiévales en dialogue avec l'islam et le judaïsme, théologies nouvelles, mystiques tardives, exégèses bibliques chrétiennes tels sont les secteurs sans cesse renouvelés de cette approche originale.

Il en va différemment de l'héritage d'Orcibal, assumé longuement par Jacques Le Brun et auquel Michel de Certeau, spécialiste des mystiques jésuites, n'était pas étranger. Il faut en ce domaine tout à la fois souligner l'importance de publications érudites autour de Port-Royal (Orcibal) et plus encore de Fénelon (Orcibal et Le Brun), mais tout autant faut-il mettre en évidence les interrogations qui se sont nouées ici autour de la mystique à l'époque moderne. Reprise, après interruption de quelques décennies, de l'héritage de Bremond. On pense immédiatement à *La fable mystique* de Michel de Certeau (1982); il faut mentionner aussi, vingt ans après, *Le pur amour de Platon à Lacan* que Jacques Le Brun vient de publier (2002). Pour Jacques Le Brun le discours sur le pur amour en quelque sorte culmine puis en même temps s'éteint en cette fin du XVIIe siècle. Le titre qui dit l'amplitude du regard en fait couvre deux enquêtes différentes: pour l'avant, la quête des origines à travers la cumulation des références, pour l'après, la chaîne plus aléatoire des réinvestissements séculiers dont Lacan n'est que le dernier avatar.

Cette focalisation sur le moment privilégié du 17ᵉ siècle s'est accompagnée de réinvestissement en amont et en aval. Pour le Moyen âge, André Vauchez lui-même et ses élèves ont étudié les modèles de sainteté, en portant une attention particulière aux mystiques dans une approche qui se situe au croisement de l'histoire des femmes et des discours religieux. Une attention similaire pour le plus contemporain est venu d'un sociologue des religions, Jacques Maître: celui-ci a tenté d'identifier sous la troisième République la réapparition de trajectoires mystiques très variées (*Mystique et féminité,* 1997); mais surtout il avait montré au préalable, sur quatre études de cas (de Madeleine Lebouc à Thérèse de Lisieux), la fécondité de la psychanalyse socio-historique. L'intérêt pour la féminisation du catholicisme revêt des formes diverses, plus sociale avec l'étude globale que j'ai menée sur les congrégations à supérieures générales (*Le catholicisme au féminin*), plus religieuse avec l'identification des apparitions mariales (Philippe Boutry, *Un signe dans le ciel*). Mes travaux en cours sur Thérèse de Lisieux entendent marier transposition dans le champ historique d'une revendication féministe (le désir de sacerdoce) et travail sur les textes (*Le poème de septembre*).

Ce bref panorama serait incomplet si l'on n'évoquait pas, pour conclure, la spécificité de l'histoire contemporaine, période dont l'historiographie mériterait, à elle seule, un développement spécifique. À défaut de cela, trois repères peuvent être retenus: la publication en 1975, sous la direction de Jean-Marie Mayeur, de *L'Histoire religieuse de la France. 19e-20e siècle. Problèmes et méthodes*, ouvrage collectif de réflexion et de prospection; puis, dix ans plus tard, dans un autre registre, plus didactique, *L'histoire religieuse de la France contemporaine*, de Gérard Cholvy et Yves-Marie Hilaire, trois volumes publiés de 1985 à 1989, réédités depuis, complétés, contractés, continués, par deux auteurs compétents et féconds, prenant fortement parti sur les évolutions récentes de l'Église catholique. Enfin la parution en 1997, sous la responsabilité d'Étienne Fouilloux, du premier volume de la traduction de l'*Histoire du concile Vatican II*, publié sous la direction d'Alberigo. Au moment où s'opère la relève d'une génération, à laquelle j'appartiens, il est difficile de citer quelque nom. J'en retiendrai pourtant un, Michel Lagrée, récemment décédé, dont le dernier ouvrage consacré au rapport de l'Église catholique et de la technique (*La bénédiction de Prométhée*) met bien en évidence l'originalité d'une pensée puissante et féconde.

ÉTIENNE FOUILLOUX

Histoire et sociologie religieuse en France depuis un siècle

En France plus que dans d'autres nations sans doute, les études sur le fait religieux ont eu partie liée depuis plus d'un siècle avec le statut occupé par celui-ci dans l'évolution politique et sociale du pays. Autrement dit, elles n'ont pas échappé pas aux conflits qu'entraînèrent la sécularisation de la société et la laïcisation de la vie publique. Ces études ont même constitué un enjeu non négligeable dans de tels conflits. Quand le Collège de France créa, en 1880, une chaire d'histoire des religions, son titre impliquait une ambition comparative plaçant le christianisme sur un pied d'égalité avec les autres cultes, anciens et modernes[1], ce que le catholicisme intransigeant refusait avec énergie. De même, lorsque le Parlement décida en 1886, après la fermeture des facultés de théologie des Universités publiques, d'adjoindre à l'Ecole pratique des hautes études une Ve section intitulée «sciences religieuses», au pluriel, l'évêque d'Angers et député conservateur, Mgr Freppel, dénonça «un enseignement théologique retourné contre nous». «Ce sera purement et simplement une faculté de théologie anticatholique», prédit-il[2]. Les catholiques ne laissaient pourtant pas le terrain libre à l'adversaire laïque: tout au long du XIXe siècle, ils ont prôné la mise en place d'une «science catholique», déclinée au singulier mais plus étendue, car n'excluant pas la métaphysique et la théologie de ses préoccupations[3]. Comme les autres sciences religieuses, l'histoire fut profondément marquée par de telles batailles sur les mots comme sur les contenus, sur les méthodes comme sur leur objet.

---

[1] Même choix pour la «Revue de l'histoire des religions», fondée en 1881.
[2] Citation par E. Poulat, *L'institution des «sciences religieuses»*, dans *Cent ans de sciences religieuses en France à l'Ecole pratique des hautes études*, Paris 1987, 70.
[3] *La science catholique. L'«Encyclopédie théologique» de Migne (1844-1873) entre apologétique et vulgarisation*, sous la direction de C. LANGLOIS et F. LAPLANCHE, Paris 1992.

Les minorités reconnues ont toutefois échappé, pour l'essentiel, à ces affrontements: à la fin du XIXe siècle, moment où se structurait le champ des études sur le fait religieux, elles jouaient sans complexe le jeu de la laïcisation contre le catholicisme intransigeant majoritaire. Juifs libéraux et protestants libéraux ont d'ailleurs fourni, à la République en général, et aux sciences religieuses en particulier, un renfort décisif, avant d'être supplantés par des rationalistes ou des scientistes[4]. A cette notable exception près, le sort de l'histoire et de la sociologie religieuses est inséparable en France de celui de la « question religieuse », c'est-à-dire des rapports entre l'Eglise catholique et l'Etat laïque. Tel est donc le fil conducteur de l'essai qui suit, délibérément restreint, en fonction des compétences de son auteur, à la période contemporaine, dans l'Hexagone[5]. Selon une telle perspective, l'historiographie du fait religieux a connu quatre phases principales des années 1880 jusqu'à nos jours.

1. Deux France, deux historiographies

La première de ces phases est aussi la plus facile à définir, chronologiquement et intellectuellement: elle commence avec l'avènement de la République des Républicains au début des années 1880 et s'achève au cours des années 1920, avec la normalisation des rapports Église-Etat. Elle est caractérisée par une opposition sans faille entre deux historiographies illustrant dans leur registre la lutte pour ou contre la laïcisation du pays. Cette opposition vaut tout autant pour l'histoire que pour la sociologie, dont les caractères militants s'affichent sans honte.

Au nom d'une même méthode positiviste érigeant le fait historique, d'ordre politique, diplomatique ou religieux en juge de paix sans appel, se construisent alors l'une contre l'autre deux histoires incompatibles. L'histoire universitaire, vulgarisée dans les lycées, les collèges et jusque dans les écoles primaires, conteste la véracité des origines chrétiennes; souligne les ombres de la chrétienté médiévale (croisades, Inquisition...); exalte la Renaissance et la Réforme comme matrices de la liberté de conscience;

---

[4] Parmi ses nombreux travaux, voir de P. CABANEL, *L'institutionnalisation des sciences religieuses en France (1879-1908). Une entreprise protestante?*, «Bulletin de la Société de l'Histoire du Protestantisme français», 140 (1994), 33-80.

[5] Comparer avec M. VENARD, *L'histoire religieuse dans l'histoire de la France au XXe siècle. Les curiosités et les attentes d'un public*, dans *Un siècle d'histoire du christianisme en France. Bilan historiographique et perspectives*, «Revue d'Histoire de l'Eglise de France», 86 (2000), 327-339.

magnifie les Lumières du XVIIIe siècle et la Grande Révolution, moment fondateur de la France moderne, c'est-à-dire laïque; déroule enfin les péripéties contrastées du XIXe siècle jusqu'au triomphe de la République, volontiers présentée comme le meilleur des régimes possibles, voire le dernier. Telle était déjà l'histoire de Jules Michelet ; telle est l'histoire d'Ernest Lavisse, celle de la Sorbonne et de la *Revue historique* fondée en 1876 par Gustave Monod.

A cette historiographie vouée à la cause de la laïcité s'oppose celle de la *Revue des questions historiques*, née dix ans plus tôt, que relaient la *Revue d'Histoire de l'Eglise de France* en 1910 et la Société d'histoire ecclésiastique quatre ans plus tard[6]. Avec un même souci d'érudition, sinon de réflexion critique, l'historiographie intransigeante répond point par point aux attaques de l'historiographie laïque: maintien de l'historicité des origines chrétiennes; exaltation des lumières de la chrétienté médiévale (sommes architecturales et sommes théologiques); réprobation de la Renaissance et de la Réforme qui ont brisé son unité; vigoureuse dénonciation des Lumières philosophiques et de leur fille la Révolution persécutrice; refus de la République laïque leur digne héritière. Cette historiographie, quasi dépourvue de légitimité universitaire, est une historiographie ecclésiastique, produite pour l'essentiel par des ecclésiastiques: érudits locaux nombreux dans un clergé lui-même nombreux, professeurs d'histoire des collèges privés, des séminaires et des instituts catholiques nés de la loi de 1875, dont le modèle est Alfred Baudrillart, recteur de la Catho de Paris entre 1905 et 1942, fondateur de la *Revue d'Histoire de l'Eglise de France* et de la Société d'histoire ecclésiastique. Un point commun de taille toutefois entre ces deux historiographies, en dehors du positivisme méthodologique: leur amour convergent pour la France qui démontrera son efficacité en 1914.

Bien qu'il y ait moins d'historiens de métier que d'exégètes, de philosophes et de théologiens dans le mouvement accusé de «modernisme» par Pie X, la répression antimoderniste tue dans l'œuf, en histoire et en sociologie aussi, les tentatives catholiques pour en finir avec ce dualisme. Mgr Duchesne, l'oratorien Lecanuet ou les universitaires Paul Bureau et Paul Imbart de la Tour entendaient appliquer la méthode historico-critique, jugée neutre, au passé et au présent de l'Eglise: tous ont été considérés comme suspects, voire rappelés à l'ordre intransigeant.

---

[6] C. SAVART, *La «Revue d'Histoire de l'Eglise de France». Analyse rétrospective*, «RHEF», 68 (1982), 5-29.

L'affrontement est moins direct, mais aussi net en sociologie. Avec l'oeuvre considérable de Frédéric Le Play, le catholicisme intransigeant dispose d'une sociologie sur mesure[7]. Né en 1856 (et mort en 1882), Le Play fut ingénieur des Mines et professeur dans l'Ecole parisienne du même nom. Il abandonna toutefois la métallurgie pour l'étude des faits sociaux, étude commandée par la découverte de la misère ouvrière. Sa méthode repose sur deux postulats: le refus de toute théorisation autre que celle qui imprègne le catholicisme social naissant (influence déterminante de la famille; responsabilité des couches supérieures de la population envers les couches inférieures ou paternalisme); et l'enquête monographique comme outil d'analyse, la juxtaposition des monographies suffisant à donner de la société une image globale satisfaisante. Son école, dite de la *Réforme sociale*, du nom de la revue créée en 1881, imposa de façon durable dans les milieux catholiques la vision d'une société organique et hiérarchisée, conforme à la structure du catholicisme intransigeant, mais réformable grâce aux enseignements de l'enquête de terrain; enquête utilisée ensuite, non sans modifications, par l'Action catholique spécialisée, par «Economie et Humanisme» ou pour l'évaluation de la pratique religieuse. Cette approche pragmatique du social s'accompagne d'un refus de la perspective révolutionnaire et privilégie les microréalisations qui survivront à la critique du paternalisme, en direction du tiers monde notamment.

Fils et petit-fils de rabbin, mais détaché du judaïsme, Emile Durkheim fut le contemporain de Le Play (1858-1917); mais il est Normalien de la rue d'Ulm et philosophe de formation. Loin de tout pragmatisme, il entend fonder la République sur une théorie de la société autrement rigoureuse que l'accumulation d'observations factuelles. Aussi part-il à la recherche du lien social, fondateur de toute société cohérente. Et c'est là qu'il rencontre la religion. Pour ce socialiste dreyfusard, fervent partisan de la laïcité, le judéo-christianisme n'est plus capable de fournir un tel lien: la France se trouve déjà en situation post-chrétienne. Il faut donc retrouver le secret du lien, non pas dans un christianisme dépassé, mais dans les « formes élémentaires de la vie religieuse», pour ensuite adapter ce lien au cadre des sociétés modernes, en le laïcisant. D'où l'intérêt presque exclusif de Durkheim et de ses disciples, qui ont dominé la sociologie universitaire jusqu'à la fin des années 1930, pour ces «formes élémentaires», et leur désintérêt subséquent pour les religions de leur temps. Sur le terrain de la méthode comme sur celui de son point d'application, tout dialogue

---

[7] F. ARNAULT, *Frédéric Le Play: de la métallurgie à la science sociale*, Nancy 1994.

est impossible entre Leplaysiens et Durkheimiens. L'emprise de ceux-ci sur la discipline prive donc longtemps la France d'une sociologie attentive aux «formes contemporaines» de la vie religieuse[8].

2. L'éclipse des années 1930-1960

Elle tient en premier lieu à l'épuisement de la guerre des deux France, qui fournit l'arrière-plan sur lequel vont se détacher des innovations historiographiques majeures. Deux étapes principales: d'abord les retrouvailles de l'«union sacrée» pendant la Première Guerre mondiale et la normalisation consécutive des relations Eglise catholique - République laïque au début des années 1920 ; puis l'échec du sursaut anticlérical du Cartel des Gauches, en 1924-1925. Désormais, la «question religieuse», quasiment réduite à la «question scolaire», passe au second plan des préoccupations nationales. Elle n'est plus la pierre de touche des choix politiques ou intellectuels. Du coup, le combat historiographique cesse faute de combattants. Le dépérissement touche d'abord l'historiographie laïque dont les derniers représentants, un Antoine Debidour ou un Georges Weill, n'ont pas de successeur[9]. On chercherait en vain, aujourd'hui, un historien de ce courant, à l'exception caricaturale d'Annie Lacroix-Riz, qui dénie toute consistance à l'histoire «religieuse»[10]. Comble d'ironie: c'est à une collègue de formation catholique, Jacqueline Lalouette, qu'est due la première étude scientifique d'ensemble sur le mouvement de la Libre Pensée[11]. L'historiographie intransigeante a tenu plus longtemps, avec des auteurs comme Jean Guiraud ou l'abbé Louis Capéran. Exemple achevé, mais tardif, d'une telle historiographie: l'*Introduction aux études d'histoire ecclésiastique locale* de l'abbé Victor Carrière (trois tomes, 1934-1940). Datant des mêmes années, les premiers volumes de l'*Histoire de l'Eglise depuis les origines jusqu'à nos jours*, publiée à partir de 1934 par le médiéviste Augustin Fliche et par Mgr Victor Martin, n'échappent pas complètement à

---

[8] Voir D. HERVIEU-LÉGER, *Emile Durkheim (1858-1917). Le sacré et la religion*, in D. HERVIEU-LÉGER et J.P. WILLAIME, *Sociologies et religion. Approches classiques*, Paris 2001, 147-194.

[9] Signalons toutefois, sur le terrain universitaire, la solide thèse de J. MAURAIN, *La politique ecclésiastique du Second Empire, de 1852 à 1869*, Paris 1930; et sur celui de la polémique, les ouvrages d'Albert Bayet ou de François Méjan.

[10] Les guillemets figurent dans l'introduction de son livre, *Le Vatican, l'Europe et le Reich de la Première Guerre mondiale à la guerre froide*, Paris 1996, 3.

[11] *La Libre Pensée en France, 1848-1940*, Paris 1997.

l'épure, malgré leur volonté affichée de sérieux. L'éclaircissement des rangs du clergé érudit entraîne toutefois le déclin de cette historiographie après la Seconde Guerre mondiale.

Au même moment l'histoire universitaire, plus que la sociologie, est affectée par une importante mutation dont les effets ambigus se font sentir sur l'étude du fait religieux. En 1928, à partir du creuset strasbourgeois des années d'après guerre, Marc Bloch et Lucien Febvre créent les *Annales d'histoire économique et sociale*. Bons représentants de la laïcité universitaire, ils ne se désintéressent pas des phénomènes religieux, comme le prouve éloquemment leur œuvre personnelle[12]. Contre une histoire événementielle et positiviste, contre une histoire à dominante politique et diplomatique, ils imposent néanmoins le primat d'une histoire économique et sociale, soucieuse d'atteindre les conditions de vie du plus grand nombre grâce à l'outil statistique proposé par leurs collègues et amis durkheimiens, très présents dans les premières années des *Annales*. Cette révolution méthodologique, que vient renforcer après 1945 un marxisme diffus ou avoué, celui d'un Ernest Labrousse par exemple, a pu détourner nombre de jeunes chercheurs de l'histoire religieuse, ainsi réduite à la portion congrue.

L'adjonction des civilisations aux économies et aux sociétés, dans le nouveau sous-titre de la revue, après la Seconde Guerre mondiale, ne saurait faire illusion. Sous la houlette de Fernand Braudel, les secondes *Annales* privilégient le dialogue avec les sciences sociales, ethnologie structurale et sociologie principalement, sur le mode de la longue durée, d'utilisation difficile pour la période contemporaine. La forte emprise de Braudel sur la discipline historique en France dans les années 1950 et 1960 ignore en outre le religieux. Sa volumineuse *Identité de la France*, certes inachevée, ne comporte aucun développement sur l'enracinement chrétien du pays. «Il a construit une cathédrale dans laquelle il n'y a pas d'autel», faisait remarquer Charles Pietri. Le seul biais par lequel la «nouvelle histoire», canonisée sous ce nom en 1974[13], touche au religieux est celui des mentalités collectives. Après la cave des infrastructures économiques et les étages nobles des structures sociales, vient ainsi le tour du grenier de l'«outillage mental», cher à Lucien Febvre, repérable par un quantitatif et un sériel de troisième niveau. Modèle? L'utilisation par Michel Vovelle

---

[12] Cf. *Les Rois thaumaturges. Etude sur le caractère surnaturel attribué à la puissance royale, particulièrement en France et en Angleterre*, du premier, en 1924, ou *Un destin, Martin Luther*, du second, en 1928.

[13] Date de parution des trois volumes de *Faire de l'histoire*, sous la direction de J. LE GOFF et P. NORA, Paris.

des clauses religieuses des testaments provençaux du XVIIIe siècle pour évaluer la sécularisation précoce de couches sociales décisives[14]. Les résultats sont probants pour les sociétés relativement homogènes d'Ancien Régime, sur les quatre siècles allant de la fin du Moyen âge au milieu du XIXe siècle. En revanche, les *Annales* s'en remettent aussi souvent aux sociologues qu'aux historiens pour traiter de périodes plus récentes, comme si les mentalités ne faisaient pas bon ménage avec le contemporain et surtout avec le temps présent. De plus, une histoire religieuse alors en plein renouveau ne risque-t-elle pas de se dissoudre dans une nébuleuse à géométrie variable, que fascinent les comportements face à la vie ou à la mort[15]?

Dans le secteur de la sociologie, le virage opéré est moins net, mais il est de sens contraire. En 1938, le jeune Raymond Aron soutient sa thèse intitulée *Introduction à la philosophie de l'histoire. Essai sur les limites de l'objectivité historique*. Contre les certitudes laïques des Durkheimiens, elle revalorise le tragique de l'Histoire, qui frappe d'ailleurs à coups redoublés en ces années 1930 finissantes. Elle revalorise aussi, dans une perspective wébérienne, la responsabilité morale du savant face à un nouveau scientisme ou à un positivisme au carré, abrité derrière ses statistiques et ses séries chiffrées. Ce retour prémonitoire à Max Weber n'a pourtant, dans l'immédiat, aucun effet concret sur la sociologie religieuse, toujours dominée par les héritiers de Durkheim.

Seule l'histoire du protestantisme paraît échapper à l'éclipse, car la connaissance de son passé joue pour cette minorité un rôle identitaire, périodiquement rechargé par les commémorations, qu'il s'agisse de l'édit de Nantes, de sa révocation, de la guerre des Camisards ou de l'édit de tolérance de 1787. Si la Réforme elle-même est devenue le bien commun des historiens depuis le maître livre de Lucien Febvre sur Luther, l'aventure postérieure des minorités protestantes reste l'apanage d'historiens protestants, autour du lieu de mémoire central qu'est depuis le milieu du XIXe siècle la Société de l'Histoire du Protestantisme français[16]. Génération après génération, la relève est ponctuelle au rendez-vous[17]. Rien de comparable en ce qui concerne les juifs, pour deux raisons au moins. Malgré la nais-

---

[14] *Piété baroque et déchristianisation. Les attitudes devant la mort en Provence au XVIIIe siècle*, thèse soutenue en 1971 et publiée en 1973.

[15] G.E.R. LLOYD, *Pour en finir avec les mentalités*, Paris 1994.

[16] Voir le numéro spécial de son «Bulletin» pour le cent-cinquantenaire 148 (2002).

[17] Daniel Robert après Emile G. Léonard et André Siegfried; Pierre Bolle, André Encrevé et Jean Baubérot après Daniel Robert, aujourd'hui relayés par Patrick Cabanel, Rémi Fabre ou Patrick Harismendy, alors que se profile déjà la cohorte de l'avenir: Arnaud Baubérot, Sébastien Fath, Pierre-Yves Kirschleger ou Valentine Zuber.

sance de la *Revue des études juives* en 1880, les communautés françaises ne participent guère à la construction de la «science du judaïsme» telle qu'elle s'est développée en Allemagne. Elles sont alors dominées par une volonté d'intégration et d'assimilation qui l'emporte nettement sur les velléités identitaires jusqu'aux chocs de 1940, voire de 1967.'
Sans qu'il soit aisé de déterminer avec précision les liens entre la mutation historiographique évoquée et les entreprises dont il va maintenant être question, celles-ci doivent beaucoup à un même homme, aujourd'hui un peu oublié. Né en 1891, catholique et breton toujours, Gabriel Le Bras fit des études de droit jusqu'à l'agrégation obtenue en 1922. Nommé à Strasbourg en 1923, il enseigna le droit romain à la faculté de droit et le droit canon à la faculté de théologie, avant de rejoindre la Sorbonne en 1929, puis la Ve section de l'Ecole pratique des hautes études en 1931, et enfin la VIe en 1948, où il enseigna la sociologie religieuse. Il fut aussi conseiller du Ministère des Affaires étrangères pour les affaires religieuses à partir de 1947.

C'est à Strasbourg, au contact des fondateurs des *Annales* et de leurs amis sociologues, qu'il conçoit un projet qui va marquer quatre décennies de sociologie et d'histoire religieuses. Ce projet allie en effet à l'enquête de terrain, puisée dans l'héritage catholique, la méthode statistique puisée dans le milieu strasbourgeois. On compte tout en France dans les recensements quinquennaux, constate Le Bras, sauf les fidèles des différentes confessions, laïcité oblige[18]. Il lance donc en 1931 un vibrant appel « pour un examen détaillé et pour une explication historique de l'état du catholicisme dans les différentes régions de la France»[19]. Il prêche ensuite l'exemple sur des zones restreintes et s'efforce de susciter des vocations: sans grand écho avant la Seconde Guerre mondiale, c'est-à-dire avant la révélation par *La France, pays de mission?*, en 1943, du détachement religieux d'une partie de la population, urbaine et ouvrière notamment. C'est ce choc qui fournit à Le Bras une main d'œuvre cléricale fortement intéressée aux résultats. Sous la houlette du chanoine Fernand Boulard, une vaste enquête produit à la fin des années 1950, pour les campagnes puis pour les villes, des cartes d'attachement aux prescriptions de l'Eglise selon les trois critères de la sacramentalisation (baptêmes, mariages, enterrements), de l'assistance à la messe dominicale et de la communion pascale. Il s'agit là d'une sociographie de la pratique plus que d'une véritable sociologie, car

---

[18] Le recensement de 1872 est le dernier où figure une question concernant l'appartenance religieuse.
[19] Sous-titre de l'article *Statistique et histoire religieuse*, «Revue d'Histoire de l'Eglise de France», 17 (1931), 425-449.

cet immense travail manque d'arrière-plan théorique, sinon de cadres d'interprétation; et d'une sociographie pastorale, car les enseignements de l'enquête sont vite répercutés dans le clergé, par Fernand Boulard lui-même, expert au concile Vatican II, sous la forme d'une pastorale pour ensembles humains jugés homogènes du point de vue social, culturel et religieux.

Le désir de rassembler les travaux épars de Gabriel Le Bras sert de point de départ à l'autre initiative qu'il accepte de patronner. En 1955, les «cinq doigts de la main» (Gabriel Le Bras, Henri Desroche, François-André Isambert, Jacques Maître et Emile Poulat, bientôt rejoints par Jean Séguy) fondent sous les auspices du Centre national de la recherche scientifique le Groupe de sociologie des religions, puis les *Archives de sociologie des religions* l'année suivante[20]. L'attelage peut surprendre, car cette équipe est entièrement constituée, à l'exception de Le Bras lui-même, de «chrétiens progressistes» en rupture d'Eglise après l'affaire des prêtres-ouvriers: Desroche vient de l'Ordre dominicain et Poulat de la Mission de Paris. Il faudra bien un jour éclaircir cet aspect obscur de la « saga lebrasienne»[21]. Car sa définition restrictive d'une «sociologie religieuse» respectueuse des normes ecclésiales ne suffit pas à en faire pleinement une «science des religions», maîtresse de ses méthodes comme de ses contenus[22]. Le Groupe et les *Archives* n'en représentent pas moins, pour la sociologie religieuse en France, une sorte de seconde naissance. Sans oublier les socialistes, utopiques ou non, du XIXe siècle, ni ignorer l'héritage durkheimien, ils entreprennent de refonder la discipline à partir des maîtres allemands, méconnus de ce côté-ci du Rhin, que furent Georg Simmel, Ernst Troeltsch, Joachim Wach ou Max Weber. Ils fournissent ainsi à la discipline, en émulation serrée avec sa branche pastorale[23], une armature théorique qui ne va pas tarder à produire ses fruits.

---

[20] *Le Groupe de sociologie des religions*, «Archives», 28 (1969), 3-92.

[21] Expression de C. LANGLOIS, *Les champs délaissés*, dans *Un siècle d'histoire du christianisme en France...*, 758.

[22] *Sociologie religieuse et science des religions*, «Archives de sociologie des religions», 1 (1956), 3-20. Voir D. HERVIEU-LÉGER, *Gabriel Le Bras (1891-1970). Un initiateur de la sociologie du catholicisme en France, Sociologie et religion...*, 233-262 (245-246 sur l'article évoqué).

[23] E. POULAT, *Catholicisme urbain et pratique religieuse*, «Archives», 29 (1969), 96-117; et la réponse de F. BOULARD et J. REMY, *Villes et régions culturelles: acquis et débats*, ibid., 117-140. C'est d'ailleurs le Groupe de sociologie des religions qui a rationalisé les résultats de l'enquête dans l'*Atlas de la pratique religieuse des catholiques en France*, sous la direction de F.-A. ISAMBERT et J.-P. TERRENOIRE, Paris 1980.

3. La percée

C'est à ce contexte peu favorable, encore prégnant au début des années 1960, que réagit une cohorte de jeunes chercheurs laïcs tous issus, d'une manière ou d'une autre, du réveil chrétien en milieu intellectuel amorcé au cours des années 1920. Réveil protestant, avec la conquête par les disciples de Karl Barth de la «Fédé» (Fédération française des associations chrétiennes d'étudiants). Réveil catholique dans lequel convergent les apports de l'Association catholique de la jeunesse française, du scoutisme, des paroisses étudiantes et de la Jeunesse étudiante chrétienne. Ce réveil n'investit guère l'Université avant la fin des années 1950. Quelques signes annonciateurs malgré tout: Henri-Irénée Marrou succède en 1945 au rationaliste Charles Guignebert dans la chaire d'histoire du christianisme de la Sorbonne[24]; publiés chez Hachette en 1946 et 1950, les deux volumes d'André Latreille, professeur à l'Université de Lyon, *Les catholiques et la Révolution française*, manifestent l'apaisement des passions sur un sujet naguère explosif[25]. La thèse de Jean-Baptiste Duroselle sur *Les débuts du catholicisme social en France (1822-1870)*, publiée en 1951 aux Presses universitaires de France, reste cependant un monument isolé, car son auteur abandonne ensuite l'histoire religieuse au profit de celle des relations internationales.

Il faut donc attendre les années 1960 pour que la nouvelle vague formée par le mouvement catholique entre à l'Université ou au CNRS et commence à y modifier le paysage historiographique. La chronologie est à cet égard instructive. En 1958, une poignée d'anciens khâgneux fonde le Groupe d'histoire religieuse, plus connu comme Groupe de La Bussière, du nom de la maison de retraites bourguignonne où ont eu lieu pendant des années ses rencontres estivales. Bien qu'il ait longtemps travaillé dans la discrétion[26], son rôle ne saurait être sous-estimé, car presque tous les artisans de la percée invoquée en ont fait partie plus ou moins longtemps[27]. En 1960-1962, André Latreille et René Rémond publient le deuxième et le

---

[24] P. Riché, *Henri-Irénée Marrou historien engagé*, Paris 2003.
[25] Voir aussi, du chanoine J. Leflon, *La crise révolutionnaire, 1749-1846*, tome XVII de l'*Histoire de l'Eglise*, Paris 1949.
[26] Sa première apparition publique date de 1983, année de la sortie des *Pratiques de la confession*, qui inaugure la collection Cerf Histoire.
[27] Sur son évolution, voir B. Filippi, *Le «Groupe de La Bussière». Quelques étapes d'un parcours collectif*, «Revue d'Histoire de l'Eglise de France», 86 (2000), 735-745.

troisième volume de l'*Histoire du catholicisme en France*, sorte d'état des lieux de niveau universitaire, avant investigation plus détaillée[28]. En 1963, René Rémond entame sa longue carrière à Nanterre : il est l'un des premiers titulaires de chaire à accepter des sujets de thèse sur une histoire tout à la fois proche et délibérément religieuse. 1964 voit la création à Lyon, par André Latreille, du Centre d'histoire du catholicisme, dans la foulée du colloque international de l'année précédente. En 1966, trois membres du Groupe de La Bussière entrent au Comité de rédaction de la *Revue d'histoire de l'Eglise de France*. La généralisation du contrôle continu des connaissances à l'Université, après les «événements» du printemps 1968, multiplie les postes d'assistants dont bénéficient, entre autres, plusieurs jeunes historiens catholiques dopés par le concile Vatican II.

Du point de vue de la reconnaissance de leur travail par les instances officielles, sous la forme de structures spécifiques, la décennie 1970 est décisive. En 1968 déjà, le CNRS a donné la forme d'une Recherche coopérative sur programme au projet de répertoire des visites pastorales des évêques, qui trouvera son terme en 1978-1980 sous la responsabilité de Jacques Gadille, pour la période contemporaine[29]. Puis les choses se précipitent. 1973, création par Charles Molette de l'Association des archivistes de l'Eglise de France, avec laquelle les historiens n'entretiendront pas que de bons rapports; 1974-1975, création de l'Association française d'histoire religieuse contemporaine, qui compte aujourd'hui près de 300 adhérents, fonctionnaires de l'Education nationale et de la Recherche pour la plupart ; 1975, publication par le groupe de travail réuni autour de Jean-Marie Mayeur, à l'Université Paris XII - Créteil, de *L'Histoire religieuse de la France, 19e-20e siècle. Problèmes et méthodes*, tout à la fois guide de recherche et plan de travail[30]; enfin, *last but not least*, création par le CNRS en 1977 d'un Groupement de recherches coordonnées pour l'histoire religieuse moderne et contemporaine (GRECO n° 2 puis 1095) qui associera jusqu'à une quinzaine d'équipes universitaires, dont la dispersion à travers la France prouve l'expansion d'un secteur désormais pionnier.

Les études juives connaissent alors la même expansion, pour des raisons différentes mais bien connues: réveil identitaire consécutif à l'exode vers la France des communautés maghrébines, prise de conscience renou-

---

[28] Paris, Spes.
[29] Deux volumes (Agen-Lyon et Marseille-Viviers), publiés par les Editions du CNRS (RCP 206).
[30] Paris, Beauchesne.

velée du drame de la Shoah ou regain de solidarité avec l'Etat d'Israël menacé. Seuls des juifs s'y consacrent, exception faite de quelques chrétiens philosémites[31]. Ces études ne font pourtant que peu de place à l'évolution proprement religieuse du judaïsme contemporain, polarisées qu'elles sont par le sort des juifs dans la société française. On serait bien en peine aujourd'hui, malgré l'avalanche de titres les concernant, de citer une bonne histoire religieuse des juifs de France pour la période contemporaine[32]. Sur le développement de l'islam dans l'Hexagone, les historiens, sans doute trop discrets[33], ont jusqu'ici laissé le champ libre aux politologues et aux sociologues.

On arrêtera là ce rappel chronologique sommaire[34]. Il suffisait de mettre en évidence, par la simple accumulation des dates et des titres, la percée de l'histoire religieuse, sous l'impulsion d'une nouvelle génération de chercheurs, au cours des décennies 1960 et 1970. L'essentiel a été acquis durant ces vingt ans: une reconnaissance tellement visible qu'elle passa parfois pour de l'impérialisme. Au début des années 1990, une vingtaine de chaires d'histoire contemporaine de l'Université française, où il n'existe guère de chaires d'histoire religieuse, sauf situation particulière[35], étaient occupées par des spécialistes reconnus du fait religieux.

Deux questions viennent alors à l'esprit. Qu'a donc produit cette génération de la percée? A-t-elle su et pu passer la main, puisque ses membres, nés pour la plupart entre 1930 et 1945 sont aujourd'hui retraités ou préretraités?

Sans se lancer dans un palmarès fastidieux et forcément incomplet[36], on ne retiendra que sa production collective dans deux domaines: celui des instruments de travail et celui des manuels de synthèse. A l'initiative du GRECO, dirigé successivement par Jean Delumeau, Bernard Plongeron et

---

[31] Pierre Pierrard, Jean-Marie et Danielle Delmaire, avant Catherine Poujol.
[32] Voir par exemple *Les Juifs de France de la Révolution à nos jours*, sous la direction de J.-J. BECKER et A. WIEVIORKA, Paris 1998.
[33] Signalons toutefois les études en cours de Dominique Avon sur les islamologues Anawati, Gardet ou Théry.
[34] Pour une analyse plus détaillée, C. LANGLOIS, *Trente ans d'histoire religieuse. Suggestions pour une future enquête*, «Archives de sciences sociales des religions», 63 (1987), 85-114.
[35] Ve section (sciences religieuses) de l'Ecole pratique des hautes études, où la chaire spécifique d'histoire et de sociologie du catholicisme contemporain, inaugurée par Claude Langlois, ne date pourtant que de 1993; facultés de théologie concordataires, catholique et protestante, de Strasbourg.
[36] Voir *Un siècle d'histoire du christianisme en France...*

Claude Langlois, ont vu le jour, outre le répertoire des visites pastorales déjà cité: les *Matériaux pour l'histoire religieuse du peuple français* qui rassemblent et cartographient, pour les XIXe et XXe siècles, tous les chiffres accessibles sur les pratiques cultuelles de nos prédécesseurs (manque encore le quart sud-est du pays, que prépare Bernard Delpal)[37]; une enquête sur la piété populaire, auquel un colloque parisien a donné un large écho en 1977[38]; les dix volumes parus chez Beauchesne du *Dictionnaire du monde religieux dans la France contemporaine* en deux séries, régionale et thématique ; une foule de travaux sur l'histoire des mouvements de jeunesse, que la dispersion ou la disparition des sources prive de synthèses, malgré un utile essai de Gérard Cholvy[39]: on attend encore, par exemple, une bonne histoire de la Jeunesse ouvrière chrétienne en France.

La génération de la percée a en outre produit au moins trois collections de référence à destination des étudiants et d'un public cultivé: l'*Histoire religieuse de la France contemporaine* en trois volumes, de Gérard Cholvy et Yves-Marie Hilaire, dont la première édition est sortie à Toulouse, chez Privat, entre 1985 et 1988; l'*Histoire de la France religieuse* du Seuil, avec un XVIIIe-XIXe siècle sous la direction de Philippe Joutard en 1991 et un XXe siècle sous la direction de René Rémond l'année suivante; enfin les volumes 10 à 13 de l'*Histoire du christianisme* de Desclée, dans lesquels la France occupe une place de choix, dirigés respectivement par Bernard Plongeron, Jacques Gadille et Jean-Marie Mayeur (1990-2000). Les caractères communs à ces entreprises sont bien connus: volonté de dépasser une histoire ecclésiastique à dominante politico-religieuse ou une histoire de l'Église à dominante théologique au profit d'une « histoire vécue du peuple chrétien»[40], de ses pratiques et de ses croyances dans une société donnée, sans pour autant négliger l'histoire des institutions, des théologies et des spiritualités; volonté d'inclure, sur un pied d'égalité qualitatif, sinon quantitatif, avec le catholicisme majoritair, les minorités et les marges, voire les forces hostiles à la religion. Elles présentent aussi des divergences de tonalité et d'approche à partir desquelles on peut déceler, au sein de la génération décisive, des sensibilités différentes.

---

[37] Trois volumes parus entre 1982 et 1992, coédition CNRS-EHESS-FNSP.

[38] *La religion populaire*, Paris 1979.

[39] *Histoire des organisations et mouvements de jeunesse chrétiens en France (XIXe-XXe siècle)*, Paris 1999.

[40] Titre du recueil en deux volumes paru à Toulouse, chez Privat, sous la direction de Jean Delumeau, en 1979.

Celle qu'on pourrait appeler la filiation Le Bras-Boulard est la plus facile à définir. Les cartes qui synthétisent leurs enquêtes présentent des contrastes saisissants: à quelques kilomètres de distance, l'assistance régulière à la messe dominicale peut varier du simple au triple. Les débats sur les causes de tels contrastes n'ont pas manqué. Gabriel Le Bras, et Fernand Boulard après lui, ont misé sur une explication par l'histoire des divers éléments de la mosaïque France. D'où des remontées vers le passé qui ont suscité une impressionnante série de monographies diocésaines, en forme de thèses de doctorat le plus souvent, dont les modèles furent celles de Christiane Marcilhacy sur le diocèse d'Orléans sous l'épiscopat de Mgr Dupanloup en 1963-1964. Michel Lagrée n'en pas compté moins de 61, en 1995[41]. On peut y ajouter le matériau inégal que fournit la collection, aujourd'hui défunte, de l'«Histoire des diocèses de France» (20 volumes parus chez Beauchesne jusqu'en 1987). Ces monographies, qui ont bénéficié chemin faisant de nouvelles curiosités, sont toutefois mal réparties dans l'espace comme dans le temps: elles privilégient les régions de chrétienté et la France rurale au détriment des zones plus tièdes et des grandes agglomérations[42]; elles portent plus sur le XIXe siècle que sur le XXe, malgré un élargissement progressif jusqu'à la Seconde Guerre mondiale. La veine en semble quasiment épuisée aujourd'hui.

C'est des Matériaux Boulard et de cette mosaïque incomplète que Gérard Cholvy et Yves-Marie Hilaire ont extrait l'essentiel de leur *Histoire religieuse de la France contemporaine*, et aussi la thèse tripartite qui en est l'ossature. La grande diversité sociale et religieuse du pays empêche de le traiter comme un bloc: ni terre de chrétienté, ni pays de mission, mais agrégat de terroirs au tonus religieux très variable. Les séries chiffrées permettent aussi de récuser la thèse d'un détachement continu et inéluctable depuis la Révolution, y compris pour le monde ouvrier. Elles mettent au contraire en évidence des cycles de flux et de reflux qui infirment toute explication déterministe à la baisse: ainsi à l'étiage des années 1880-1920 ont succédé les «trente glorieuses» du catholicisme français, avant la crise des années 1960-1970, suivie d'un sursaut qui se prolongerait sous nos yeux. Une telle interprétation s'articule sans fard avec des convictions re-

---

[41] *La monographie diocésaine et les acquis de l'historiographie religieuse française*, «Etudes d'histoire religieuse», Société canadienne d'histoire de l'Eglise catholique, 61 (1995), 9-41.

[42] Un correctif récent, et de taille: le travail de J.-O. BOUDON, *Paris, capitale religieuse de la France sous le Second Empire*, Paris 2001.

ligieuses fortes, critiques envers nombre de choix pastoraux effectués après Vatican II et conformes à la ligne dominante du pontificat de Jean-Paul II. Militants catholiques de formation, les historiens de ce courant sont restés, à leur manière, des catholiques militants qui ne craignent pas de faire valoir leurs arguments auprès des autorités ecclésiales.

Décrire le reste du spectre est plus difficile, sinon de manière négative. Dans la génération étudiée, nombre de chercheurs ont moins subi l'attraction de la foule des pratiquants et de la religion du plus grand nombre, qui est sans doute la seule influence nette du milieu des *Annales* sur l'histoire religieuse contemporaine. Ils ont préféré l'étude des élites ou de groupes de pression restreints, voire de personnalités significatives. Au vécu, ils ont préféré le prescrit, c'est-à-dire l'élaboration des croyances, que Gabriel Le Bras excluait du cahier des charges de l'historien[43]. Un parcours comme celui de Claude Langlois souligne toutefois le danger d'une typologie trop rigide: adepte du chiffre et des grands nombres, aussi bien pour la reconstruction concordataire du diocèse de Vannes que pour l'approche des congrégations féminines à supérieure générale au XIXe siècle, il s'est tourné depuis des années vers une restitution minutieuse de l'œuvre et de la figure de Thérèse de Lisieux.

Tous les artisans de la percée sont d'origine ou de formation chrétienne. Mais beaucoup n'ont pas réagi à la crise ecclésiale des années 1960-1970 de la même manière que les précédents: elle les a conduits, par divers chemins, à introduire une distance plus ou moins grande entre leurs convictions et leur travail de chercheur ou d'enseignant. En témoignent nombre des fragments d'ego-histoire sollicités par Jean Delumeau pour le recueil *L'Historien et la foi*, et plus encore les lacunes de celui-ci[44]. Le degré zéro d'une telle distance n'est autre que le respect de la neutralité axiologique chère à Max Weber, qui est aussi, en l'occurrence, respect de la laïcité républicaine; le degré maximal peut aller jusqu'à un agnosticisme serein, plus ou moins bien masqué par les impératifs de l'objectivation scientifique. Entre ces deux bornes, on trouve toute la gamme des formes de distanciation critique. Alors que les représentants du courant précédent

---

[43] «Il y a des secteurs que le catholique s'interdit d'explorer: celui de la Révélation. Car si les mythes des peuples archaïques sont une invention, une explication, une réplique (ou si l'on veut une hypostase), de la tribu, du clan, les mystères chrétiens sont une dictée de Dieu à l'homme, qui se borne à traduire en son langage», préface aux *Premiers itinéraires en sociologie religieuse* du chanoine Boulard, Paris 1954, 7.

[44] Paris 1996.

mettent volontiers leurs compétences au service des Eglises, voire cherchent à influer sur leur évolution, les membres de ce qu'on pourrait appeler la diaspora ont le plus souvent renoncé à tout militantisme ecclésial. Quand ils interviennent dans un lieu d'Eglise, c'est sur commande et à condition d'avoir plein accès aux sources nécessaires pour pouvoir honorer celle-ci. Leur manière de faire de l'histoire religieuse est parfois leur unique engagement.

En dehors de ces deux traits assez largement répandus, le paysage de la diaspora est éclaté en cheminements particuliers parmi lesquels on peut juste repérer quelques avenues plus fréquentées que d'autres, sans essayer de les classer par ordre d'apparition ni d'importance. Une première voie s'est nourrie du renouveau concomitant de l'histoire politique, autre victime notoire de l'Ecole des *Annales*. A l'instigation de la Fondation nationale des sciences politiques et sous la houlette de René Rémond à partir du colloque fondateur de Strasbourg en 1963[45], l'intérêt s'est déplacé de l'histoire-bataille des rapports Eglises-Etat, vers celle du rôle des croyants dans la vie politique, qu'il s'agisse de leur bulletin de vote, qui suscitait au même moment le vif intérêt des sociologues, ou de leur comportement pendant les crises nationales qui ont jalonné les XIXe et XXe siècles. La série des colloques de Grenoble, Lyon, Lille et Biviers, entre 1976 et 1983, a montré la fécondité précoce d'une telle approche pour la Seconde Guerre mondiale[46]. Le retour en force de la biographie et de l'événement, en histoire contemporaine notamment, alimente cette voie dans la mesure où il fournit des exemples concrets de la jonction, ou de la disjonction, du religieux et du politique. Il en va de même de la naissance en France, au début des années 1980, d'une histoire du temps présent, autour de l'Institut du même nom: l'oeuvre de son fondateur et premier directeur, François Bédarida, illustre à elle seule la fécondité du rapprochement, sur ce terrain, entre histoire du politique et histoire du religieux[47].

Une autre voie, la plus proche de la «nouvelle histoire» des *Annales*, s'est efforcée d'acclimater le projet séduisant d'une anthropologie historique au secteur religieux, en puisant dans deux disciplines voisines: une

---

[45] *Forces religieuses et attitudes politiques dans la France contemporaine*, Paris 1965.
[46] *Églises et chrétiens dans la IIe Guerre mondiale. La région Rhône-Alpes*, Lyon 1978; *Églises et chrétiens pendant la Seconde Guerre mondiale dans le Nord-Pas-de-Calais*, «Revue du Nord», Lille 1978; *Églises et chrétiens dans la IIe Guerre mondiale. La France*, Lyon 1982; *Spiritualité, théologie et Résistance. Yves de Montcheuil au maquis du Vercors*, Grenoble 1987.
[47] *Histoire, critique et responsabilité*, recueil posthume, Bruxelles 2003.

ethnologie repliée sur l'Hexagone pour cause de décolonisation et une psychologie collective attirée, de façon plus ou moins convaincante, par la psychanalyse[48]. L'épicentre d'un tel courant se situe en histoire moderne, et non en histoire contemporaine, puisque ses deux guides reconnus sont Alphonse Dupront et Michel de Certeau. Le Centre d'anthropologie religieuse européenne de l'Ecole des hautes études en sciences sociales, qui prolonge l'influence considérable du premier, est certes dirigé par un de ses disciples «historiques», le moderniste Dominique Julia, mais aussi par le contemporanéiste Philippe Boutry, qui est un «converti», le début de sa carrière s'étant effectué sous le patronage de l'ethnohistorien du politique Maurice Agulhon. Quant à Michel de Certeau, son héritage ne se mesure pas au nombre de ses élèves, mais à l'influence diffuse de sa pensée tous azimuts sur nombre d'historiens, à partir d'un moment qu'on peut dater précisément: son entrée au Groupe de La Bussière en 1967, Groupe sur l'évolution duquel il a ensuite pesé, qu'on le déplore ou qu'on s'en félicite[49]. Son insistance sur «l'opération historique», son appel à une «anthropologie du croire» et bien sûr ses travaux sur la mystique comme «fable» révélatrice continuent de travailler la corporation historienne[50].

Un troisième courant s'est engouffré dans une autre percée, de peu antérieure, celle de la sociologie des religions. Plusieurs contemporanéistes ont trouvé dans le célèbre Bulletin bibliographique des *Archives de sociologie des religions*, puis de *sciences sociales des religions* à partir de 1973, un salubre décloisonnement de leurs horizons disciplinaires. Ils ont surtout trouvé dans la revue les références théoriques susceptibles de les prémunir de l'empirisme et de l'impressionnisme si caractéristique de la postérité historienne du chanoine Boulard. D'où une série de dialogues particulièrement fructueux: celui de Michel Lagrée avec Max Weber, sur les facteurs catholiques de la modernisation, sinon de la modernité, dans les terres de chrétienté aux XIXe et XXe siècles[51]; celui d'Etienne Fouilloux avec Ernst Troeltsch, par l'intermédiaire de Jean Séguy, sur «les conflits du dialogue» œcuménique[52]; celui de Jean-Marie Mayeur, et d'Etienne Fouilloux à sa suite, avec Emile Poulat sur la prégnance et les limites de la matrice intransigeante dans l'histoire et le devenir du catholicisme con-

---

[48] Plus convaincante par les fruits discrets d'une analyse personnelle sur le travail de certains historiens que par les essais de psychanalyse appliquée à des personnages ou à des situations historiques
[49] F. DOSSE, *Michel de Certeau. Le marcheur blessé*, Paris 2002, 221-240.
[50] *Michel de Certeau, Les chemins d'histoire*, Bruxelles 2002.
[51] *Religion et modernité. France, XIXe-XXe siècles*, recueil posthume, Rennes 2002.
[52] *Historiens et sociologues aujourd'hui*, Paris 1986, 121-134.

temporain[53]; plus récemment, celui de Claude Langlois avec Jacques Maître sur l'interprétation psychanalytique du cas Thérèse de Lisieux[54]. Actuellement, les échanges continuent, avec Danièle Hervieu-Léger et Jean-Paul Willaime notamment[55], bien que l'extraversion croissante des *Archives* et l'accentuation de son versant théorique découragent quelque peu les historiens du catholicisme français contemporain. Il faut évoquer aussi, par delà ce milieu familier, l'affrontement de quelques-uns d'entre eux avec les analyses provocantes de Pierre Bourdieu sur la place du champ religieux dans l'économie des biens symboliques[56]. Ces trois directions n'épuisent pas la diversité de la diaspora; elles ont pourtant en commun d'emprunter à des disciplines voisines, politologie, anthropologie ou sociologie, nombre d'outils qui contribuent à désenclaver une histoire religieuse parfois tentée de camper sur ses positions.

4. Quelle relève?

Il ne suffit en effet pas d'effectuer une percée. Encore faut-il pouvoir l'exploiter. La génération décisive, celle des années 1930 et 1940, a occupé le terrain et les postes universitaires ou de recherche jusqu'à une date toute récente. Mais a-t-elle su former, dans un contexte culturel et religieux bien différent, la relève indispensable à la consolidation des avancées antérieures? La réponse varie en fonction des générations. L'histoire religieuse contemporaine manque en France de cinquantenaires, alors qu'elle est assez riche en trentenaires. Comme dans le clergé, qui ne fournit plus guère d'historiens de métier, les classes 1950 et 1960 sont des classes plutôt creuses, parce que formées au paroxysme d'une crise sévère sur le passé proche et lointain des Eglises; mais aussi en des temps de saturation historienne: pour un philosophe comme Rémi Brague, «le développement cancéreux de l'histoire»[57] appelait alors un antidote métaphysique et théologique dont la revue *Communio*, apparue en 1975, fournit une bonne illustration: sa première

---

[53] J.-M. MAYEUR, *Catholicisme social et démocratie chrétienne. Principes romains, expériences françaises*, Paris 1986, 39-45 notamment; E. FOUILLOUX, *Esprit*, avril 1978, 116-121 et *Un objet de science le catholicisme*, Paris 2001, 246-252.

[54] *La Thérèse de Maître*, «Archives de sciences sociales des religions» 96 (1996), 41-50.

[55] *Sociologies et religion...*

[56] E. DIANTEILL, *Pierre Bourdieu et la religion: synthèse critique d'une synthèse critique*, «Archives de sciences sociales des religions», 118 (2002), 5-19.

[57] *Quatre retouches au prêt-à-penser*, «Revue des Deux Mondes» (mai 1996), 80 (ensemble sur *L'Eglise et les intellectuels catholiques*, pour le 25e anniversaire de l'édition française de «Communio»).

livraison sur l'histoire de l'Eglise comporte plus de théologiens que de vrais historiens[58]. En revanche, le regain d'intérêt pour le religieux des deux dernières décennies du XXe siècle a suscité une cohorte assez fournie de jeunes chercheurs, aujourd'hui titulaires d'un doctorat, qui peinent à trouver un débouché universitaire malgré le retrait de la génération de la percée, du fait d'économies budgétaires drastiques.

La majorité de ceux, jeunes ou moins jeunes, qui ont pris le relais l'ont fait explicitement ou implicitement, comme leurs devanciers, en raison de convictions religieuses personnelles, mais dans un sens assez différent. Alors que leurs prédécesseurs se sont efforcés de justifier leur existence scientifique, tant auprès de l'Université que des autorités ecclésiales, ils situent volontiers leurs recherches dans une perspective identitaire et attestataire forte, comme le signalent deux entreprises récentes recrutant dans les mêmes sphères. L'association Carrefour d'histoire religieuse, fondée par Gérard Cholvy et Yves-Marie Hilaire, organise chaque année depuis 1992, dans une ville différente et sur un thème différent, une Université d'été qui rassemble, avec une majorité d'historiens de métier, des journalistes, des responsables associatifs et des amateurs cultivés. Presque exclusivement peuplées de contemporanéistes, au point de freiner le recrutement du Groupe de La Bussière sur la période, ces rencontres qui ne se veulent pas des colloques savants ont aussi refusé de séparer travail scientifique, culture religieuse et témoignage de foi[59]. Nombre de leurs participants se retrouvent dans les sommaires de la revue *Histoire du christianisme magazine*, lancée en 1999 à l'initiative du publiciste Jean-Yves Riou. «Vous ne cherchez pas à prendre sans cesse l'Eglise en faute pour l'accabler de reproches», se félicite un lecteur qui traduit bien l'esprit de la publication[60]. Ce retour à une histoire croyante, volontiers apologétique sinon militante, est dans l'air du temps, au sein de l'Eglise catholique surtout, à la charnière des XXe et XXIe siècles. D'un strict point de vue méthodologique, on peut toutefois se demander s'il

---

[58] J.-R. ARMOGATHE, *Pour une histoire (sainte) de l'Église*, L'Église: une histoire, IV, 6 (novembre-décembre 1979), 2-4; ou G. CHANTRAINE, *Temps et tradition. Perspective catholique et perspective protestante sur l'histoire de l'Église*, 13-19 («Le savant qui refuserait d'accepter comme norme de son étude ce que l'Eglise affirme d'elle-même manquerait son objet», 16).

[59] Si telle semble bien être l'intention de leurs fondateurs et d'une bonne partie de leur public (voir l'avant-propos de Gérard Cholvy aux actes de la rencontre de Nancy 1997, *L'Europe ses dimensions religieuses*, Montpellier 1998, 2), tous les participants et les invités ne partagent pas cette approche.

[60] Lettre publiée dans le n° 6 (mars 2001), 6. La différence de ton et de contenu avec le magazine *Notre Histoire*, fondé en mai 1984 par les Publications de la Vie catholique, est frappante.

ne constitue pas une régression, en regard de l'autonomie conquise de haute lutte antérieurement, sur les tentations théologiques comme sur les préjugés laïques[61].

L'autre fraction, certes minoritaire, de la cohorte des vocations récentes vient d'un horizon différent. Sans autre bagage religieux souvent qu'un catéchisme d'enfance, et dépourvue d'attache confessionnelle solide, elle s'est intéressée à l'histoire du fait religieux par raison, intellectuellement convaincue que bien des événements apparemment extérieurs à la sphère spirituelle, la Première Guerre mondiale comme la dislocation de la Yougoslavie[62], demeurent incompréhensibles sans l'utilisation, parmi d'autres, de la clé religieuse. Ce courant rejoint là des penseurs agnostiques, philosophes de formation le plus souvent, qui constatent les dommages causés par l'effondrement de la culture chrétienne dans les sociétés sécularisées de l'ouest-européen[63]: le théoricien de la démocratie Marcel Gauchet ou bien Régis Debray, fondateur en 2003, avec Claude Langlois, de l'Institut européen de science des religions. Objectifs de celui-ci? Assurer une formation minimale aux professeurs de l'enseignement primaire et secondaire, mais aussi répondre à une demande sociale croissante, qui porte d'ailleurs plus sur la laïcité, l'islam, les religions asiatiques ou les nouveaux mouvements religieux que sur l'héritage judéo-chrétien. Un tel type d'approche, dépourvu de toute intention prosélyte, cultive au contraire ses rapports avec l'histoire sociale et surtout avec une histoire culturelle aujourd'hui boulimique, au risque d'y perdre sa spécificité, comme naguère au sein de l'histoire des mentalités[64].

Dans un cas comme dans l'autre, les centres d'intérêt ont sensiblement changé. Le siècle 1840-1940, bien labouré antérieurement, est quelque peu délaissé, au profit de la première moitié du XIXe siècle, sur laquelle le retard était criant[65]; et d'une histoire religieuse du temps présent encore fragile,

---

[61] « De plus on cherchera en vain des signes du moindre esprit critique», relevait Patrick Pasture, sur une production de ce type, dans la «Revue d'Histoire ecclésiastique» 96 (2001), 202.

[62] Dans des genres fort différents, A. BECKER, *La guerre et la foi. De la mort à la mémoire, 1914-1930*, Paris 1994; E. CLAVERIE, *Les guerres de la Vierge*, Paris 2003.

[63] *Religions d'Europe*, numéro spécial de «Vingtième siècle. Revue d'histoire», sous la direction de D. PELLETIER, 2000.

[64] Remarquable mise au point de M. LAGRÉE, *Histoire religieuse, histoire culturelle*, in *Religion et modernité...*, 35-49.

[65] J.-O. BOUDON, *Napoléon et les cultes*, Paris 2002; P. BOUTRY, *Souverain et pontife: recherches prosopographiques sur la Curie romaine à l'âge de la Restauration, 1814-1846*, Roma 2003.

parce que confrontée aux fortes positions antérieures de la sociologie et de l'ethnologie[66]. Le quantitatif ne fait plus recette. Et les lourdes enquêtes de pratique sont délaissées au bénéfice de sujets plus proches du cœur des croyances: histoire des intellectuels chrétiens[67], évolution des théologies et des spiritualités traitée avec les instruments de la critique historienne[68]. Ainsi la crise moderniste, pourtant bien connue dans ses grandes lignes, suscite-t-elle une floraison de travaux que son centenaire va sans nul doute enrichir[69]. Le climat passionnel qui entoure les débats autour de la laïcité donne à un autre centenaire, celui de la Séparation de 1905 et des mesures anticléricales qui l'ont précédé, une actualité inattendue[70]. De remarquables thèses récentes, sur la conjoncture prophétique et apocalyptique du milieu du XIXe siècle, sur le destin du Purgatoire à l'époque contemporaine ou sur le Séminaire français de Rome donnent une idée des thèmes qui attirent la jeune génération[71]. Une conjonction aussi féconde qu'improbable trente ans auparavant se dessine aussi entre histoire religieuse et histoire des femmes[72].

---

[66] Exemplaire est à cet égard le livre de D. PELLETIER, *La crise catholique. Religion, société, politique en France (1965-1978)*, Paris 2002. Voir aussi, de S. ROUSSEAU, *La colombe et le napalm. Des chrétiens français contre les guerres d'Indochine et du Vietnam, 1945-1975*, Paris 2002.

[67] F. GUGELOT, *La conversion des intellectuels au catholicisme en France, 1885-1935*, Paris 1998; C. TOUPIN-GUYOT, *Les intellectuels catholiques dans la société française. Le Centre catholique des intellectuels français (1941-1976)*, Rennes 2002; H. SERRY, *Naissance de l'intellectuel catholique*, Paris 2004; ou le «moment Maritain» avec les travaux de P. CHENAUX, *Entre Maurras et Maritain. Une génération intellectuelle catholique, 1920-1930*, Paris 1999; de M. FOURCADE, *Feu la modernité? Maritain et les maritainismes*, thèse monumentale inédite, Université Paul Valéry - Montpellier III, 2000, et d'O. COMPAGNON, *Jacques Maritain et l'Amérique du Sud. Le modèle malgré lui*, Lille 2003.

[68] É. FOUILLOUX, *Une Eglise en quête de liberté. La pensée catholique français entre modernisme et Vatican II*, Paris 1998.

[69] Outre la vue d'ensemble à caractère philosophique de P. COLIN, *L'audace et le soupçon. La crise du modernisme dans le catholicisme français, 1893-1914*, Paris 1997 et le remarquable petit livre du regretté E.GOICHOT, *Alfred Loisy et ses amis*, Paris 2002, les monographies sur Lagrange (Montagnes), Le Camus (Blomme), Lacroix (Sorrel) ou Mignot (Sardella).

[70] C. SORREL, *La République contre les congrégations. Histoire d'une passion française, 1899-1904*, Paris 2003.

[71] H. MULTON, *Les temps sont proches. Prophétisme et culture apocalyptique dans le catholicisme français et italien (1859-1878)*, Paris XII-Créteil, déc. 2002; G. CUCHET, *Du «ciel» à l'«au-delà»: le purgatoire dans la culture et la société françaises, 1850-1935*, Paris XII-Créteil, déc. 2002; P. AIRIAU, *Le Séminaire français de Rome du P. Le Floch, 1904-1927*, Institut d'études politiques de Paris, sept. 2003.

[72] Voir notamment les deux numéros de «Clio. Histoire, femmes et sociétés»: *Femmes et religions*, 2 (1995); *Chrétiennes*, 15 (2002).

Arrêtons le bilan aux portes d'un avenir sur lequel l'historien doit s'abstenir de toute conjecture, même quand il s'agit de sa propre discipline. Soulignons aussi le caractère subjectif de ce bilan, qui n'aura pas manqué d'apparaître au détour d'une phrase: il est le fait d'un des acteurs de la percée invoquée, trop engagé depuis trois décennies dans le sens d'une déconfessionnalisation de l'histoire religieuse pour prétendre à une illusoire objectivité dans les débats entre spécialistes à son sujet.

FRANCIS P. KILCOYNE

Christian Theology in the United States in the 20th Century. A Protestant and Catholic Overview

1. The Protestant Experience

The fifty years which separated the American Civil War and World War I formed a half century during which American Christianity, Protestant and Catholic, was confronted by a series of issues which reflected several dominant trends in late nineteenth century culture. In the field of science, Charles Darwin dominated. His impact in theological studies, particularly in the field of the biblical creation narrative, was reinforced by discoveries in the Middle East of the ancient cultures of Mesopotamia, including literary documents such as the Code of Hammurabi and the Epic of Gilgamesh, which questioned the uniqueness and therefore spiritual authority of the biblical corpus. Historical criticism of European scholars led by Adolph Harnack prompted Americans to question Christian history as it was then taught, the nature of the church and its teachings. Early anthropological and human behavioral investigations prompted questions regarding moral standards which offered unbiblical explanations which reduced much of humanity's development to a very natural or romantic process of human adaptation[1].

In addition to the intellectual trends which permeated both sides of the North Atlantic world, several factors impacted on the American scene. The first was the settlement of the West. With the end of the Civil War a unified nation was able to invest its energy and ever-growing population in the settlement of the vast and relatively underpopulated Western plains. In the area of religious history, this afforded an opportunity and challenge for religious expansion. Native Americans were to be christianized, with distinctly less than positive results. New settlements were founded which challenged the underresourced branches of Protestantism to work in har-

---

[1] S. AHLSTROM, *A Religious History of the American People*, New Haven 1972, 764.

mony towards realizing the destiny of a Christian nation. Progress validated the earlier and now expanded Puritan vision of the North American new Jerusalem, City on a Hill. By the 1890's the nationalism of this Christian democratic achievement was ready for export and a worthy beneficiary was identified in Spain's moribund colonial empire in the Carribbean and Pacific. 1898 was viewed as a validation of the American new world vision over the European old world decadence.

The combination of intellectual and socio-political forces narrated above impacted differently on the culturally dominant Protestant and the numerically emerging but culturally isolated Catholic communities. As settlement of the West progressed during the years after the Civil War (1861-65), the sharp distinction between various Protestant denominations was blurred by a shared vision of a divinely inspired program of progress, national solidarity, and good feeling. For Protestant Christians, the period 1890 - 1914 was dominated by what is collectively referred to as Liberal Protestantism which affirmed the positive effect of the indwelling of the divine in modern culture[2]. It sought to reconcile the old Protestant dream for America with the issues raised by Darwin's scientific discoveries, historical research and the latest biblical criticism. One segment of liberal Protestantism, the Social Gospel movement assumed that the basic altruistic goodness of man was such that the teachings of the gospel could successfully guide the Christian nation in the amelioration of modern industrial society's ills through intervention in programs of education, health care and fair employment. Also characteristic of the liberal movement in American Protestantism was its emphasis on religious education in the formation of Christian character.

Critical to the evolution of Liberal Protestantism was the research university divinity school and the clergy therein trained. In 1876 Johns Hopkins University was founded in Baltimore. It was modeled after the German research university and set the standard for university reform and development in the United States. During the next seventy-five years a significant number of American Protestant scholars spent at least several years at German universities. There they experienced theological study placed on a par with other university disciplines and called to meet the same standards of accountability for scientific research both in terms of methodology and conclusions of study[3]. Thus, theology involved a reformulation of

---

[2] G.M. MARSDEN, *Fundamentalism and American Culture*, New York 1980, 22-26.
[3] W.C. GILPIN, *A Preface to Theology*, Chicago 1996, 82-85.

Christian doctrine in terms of modern thought as represented by modern academic standards. In addition, theology had to be free from the isolation inflicted by dogmatic presuppositions so as to be able to effectively address modern democratic society. Finally, the freedom of scientific research, central to a university's mission of inquiry, was to be viewed as an ally and not an enemy by a modern theological scholar. Between 1900 and 1930 the university divinity school was judged by liberal Protestants as a «pivotal institution for religious leverage on American society»[4].

Centered primarily in the northern section of the country, Liberal Protestantism was represented in elements of many mainline denominations in particular Congregationalism, Methodism, Unitarianism, the Northern Presbyterian Church and Northern Baptist Convention . It received its direction from members of divinity faculties at Yale (D.C. Macintosh), Harvard (Edward Caldwell Moore), Union Theological Seminary (William Adams Brown, George A. Coe), Boston University (Borden Parker Bowne) and the University of Chicago (Shailer Mathews) as well as numerous denominational seminaries. It was characteristic of Victorian Americans to seek the foundation of truth in everyday realities[5]. Thus, the liberal Protestant movement extended involvement to the better educated common man through the popular Chautauqua movement and its educational center, the upstate New York Chautauqua Institute[6].

The result of this interdenominational, multileveled movement within mainline Protestantism resulted in a deemphasis on denominational particularism. Charles Briggs, biblical scholar at Union Theological Seminary, attacked «the theological demagogue» and cautioned about making dogmatic catechisms central to religious practice since all such documents would become obsolete. All historical theological formulations were tentative. Briggs urged that theology accept the Bible as giving «material for all ages (leaving man) the noble task of shaping the material so as to meet the needs of his own time»[7].

Thus, the Liberals, or as they would come to be called in the first quarter of the twentieth century, the Modernists, sought empirical verification of theological claims. They believed that the truth of religious statements could be demonstrated through observation of human experience. Begin-

---

[4] GILPIN, *A Preface to Theology...*, 89-90.
[5] R.C. MILLER, *Biblical Theology and Christian Education*, 1956, 92.
[6] T. MORRISON, *Chautauqua*, Chicago 1974, 41-51.
[7] W.R. HUTCHISON, *The Modernist Impulse in American Protestantism*, New York 1976, 92.

ning with the biblical text and working through to the modern period, the socio-historical method allowed the scholar to enter successive cultures, identify their thought patterns and symbolic structures and clarify what were the sources of religious meaning which were ever developing. They dismissed appeals to tradition as a religious authority[8]. Experience became a fundamental ground for the legitimation of religious claims. Accepting Darwin's concept of development, the Liberals or Modernists believed that new truths could emerge and that theology could adapt to and absorb these truths[9].

Liberal Protestantism offered several significant contributions to American Christianity. Ahlstrom observes that the movement «domesticated modern religious ideas»[10], that is the Liberals brought the Protestant churches into dialog with modern science, historical scholarship, and knowledge of the broader world. It placed constructive emphasis on the need for an educated clergy. It gave greater focus to Christianity's ethical dimension. It cautioned against dogmatism and exclusivism. At the same time, in emphasizing man's altruistic nature, the creativity of human nature and the developing dimension of creation, other insights in the Christian tradition were slighted such as sin, forgiveness, sacramentality and the paradox of faith.

The interwar years saw a series of hammer blows to the dominance of what Hutchinson has termed the «modernist impulse in American Protestantism». The slaughter of the Great War's trenches, the dissolution of Europe's political *status quo,* combined at home with the Red scare, perceived dissoluteness of the jazz age and the cynical commentary of Scott Fitzgerald and Hemingway brought the Liberals' hopeful trust in Progress and a fundamentally altruistic humanity into question. The hammer blows came from two major directions from within American Protestantism: Protestant conservatism either in its mainline but moderate evangelicalism or what emerged as its more radical version, fundamentalism. The other source of critique of the liberal Protestant tradition came to be called Neo-Orthodoxy.

Throughout its heyday Liberal Protestantism had always had its more conservative critics. Grounded in the Calvinist theological heritage as well as Luther's Augustinian roots, conservative evangelicals insisted on a

---

[8] H.C. KING, *Fundamental Questions*, New York 1917, 139.
[9] HUTCHISON, *The Modernist Impulse in American Protestantism*, 1-11.
[10] *Ibid.*, 783.

number of points of doctrine which they held to be essential to the very nature of Christian belief. Objections to the Liberal or Modernist trend arose between 1910 and 1925 at different times in the several denominations. These essentials varied among the different conservative groups. However, the main outline of development can be traced.

Between 1910 and 1915 two California millionaires Lyman and Milton Stewart funded the publication of twelve booklets collectively entitled, *The Fundamentals*. The Stewart brothers established a fund to assure that the tracts were sent «to every pastor, evangelist, minister, theological professor, theological student, Sunday School superintendent, YMCA and YWCA secretary in the English speaking world»[11]. By enlisting the assistance of Benjamin Warfield of Princeton Seminary and E.Y. Mullins of Southern Baptist Seminary, interdenominational credibility was bestowed.

While the war of 1914-1919 interrupted dissemination, the debate renewed at war's conclusion. Ahlstrom suggests that these pamphlets represent the beginning of the Fundamentalist movement. In 1919 Baptist William B. Riley founded the World's Christian Fundamentals Association. It espoused dispensationalism, the belief that history was a process of segmented stages moving towards the coming of Christ's Kingdom and that humanity was in a stage, «the age of the church», immediately before the Kingdom's realization. This became particularly important with the fall of Jerusalem to the British in 1918 and the possibility of a restored Jewish state called for, some would claim, by the 1917 Balfour Declaration.

While other groups such as Holiness and Pentecostal churches and the Churches of Christ emerged at the same time, Fundamentalism as a movement was confined largely to white Presbyterians and Baptists collectively affirming biblical inerrancy, original sin, the virgin birth, the bodily resurrection of Christ and the truth of the biblical miracle stories. As a movement, Fundamentalism received attention for its opposition to the teaching of biological evolution in public schools, in 1925 in the Scopes trial and, more recently, in demanding that Creationism be taught as a theory of human existence on a par with that of biological evolution. It also supported Prohibition in the 1920's and has consistently endorsed the premise that the United States is a Protestant Christian nation founded on biblical principles.

---

[11] *Ibid.*, 815.

Fundamentalism as a movement crosses denominational lines and is rooted in the leadership of independent evangelists. It is fed by quasi-independent bible institutes, and their publications. Free from the review and implicit demand for accountability within the university, fundamentalism fosters an individualism without clear accountability either to denomination or academe. Liberal Protestantism offered a clear target for opposition.

Neo-Orthodoxy presented a very different critical stance. Dennis Voskuil suggests that it might as well have been termed «Neo-Liberalism» in that it represented as much a corrective as a rejection of Protestant Modernism[12]. Led by the brothers Reinhold and H. Richard Niebuhr from their teaching positions at Union Theological Seminary and Yale Divinity School, Neo-Orthodoxy began its critique of the liberal Protestants in the mid-1920's and reached its zenith in the 1930's.

Reinhold Niebuhr objected to liberal theology's inability to uphold a moral position during the World War and in the decade of social disintegration which followed. Both brothers noted that God was too closely identified with the dominant culture. The Social Gospel's moral altruism was replaced during the Great Depression by a more sober attention to the doctrine of moral evil. The Neo-Orthodox leaders found an intellectual wellspring in the Swiss theologian Karl Barth who emphasized the paradox and dialectic of theological inquiry and that «truth must be found outside or above pure rationality»[13].

In 1932 Reinhold Niebuhr published *Moral Man and Immoral Society* in which he distinguished between the ability of individuals and groups to exercise moral leadership. He observed that the egoism of individuals is merely accentuated in a group and that by their nature groups were virtually incapable of altruistic conduct. In 1929, his brother Richard had arrived at remarkably similar conclusions in his *Social Sources of Denominationalism* when he pointed out «how deeply involved in middle-class presuppositions was the American religious mainstream»[14].

It should be noted that the Niebuhrs stood as correctives more than rejections of the Protestant liberals. They pointed to a need for constructive tension between the faith based church and any culture in which it exists, between the historical and the transcendent. They uttered a caution

---

[12] D.N. Voskuil, *Neo-Orthodoxy* in *Encyclopedia of the American Religious Experience*, ed. by C.H. Lippy and P.W. Williams, New York 1988, 1147-1157, 1147.
[13] *Ibid.*, 1151.
[14] Ahlstrom, *A Religious History of the American People...*, 941.

about the threat of corruption of the church which an uncritical embrace of the world would produce. The Neo-Orthodox offered a more nuanced Social Gospel, one aware of the human condition and the sin from which man was redeemed.

By the end of World War II, three main trends existed in American Protestantism: the liberal which sought a constructive continuity between belief and modern culture, the fundamentalist on the one hand mistrustful of the modern and scientific while reasserting traditional biblical teaching and the Neo-Orthodox who both sought intellectual depth and integrity while reasserting the reality of God and the modern drama of the Kiekegaardian personal decision and leap of faith.

The twin horrors of Holocaust and atomic bomb dominated the 1950's. Each of the three strands of Protestantism continued until the 1960's gave birth to a changed worldview dominated by the secular, the here and now, that which could be engaged by the senses. Perhaps Harvey Cox's *The Secular City* (1965)most typified the decade. Cox recognized the struggle of contemporary belief with culturally dated theological vocabulary. For Cox political involvement was the means to affirm faith, exercise moral responsibility and in so doing transform society. While one can hear echoes of both the Niebuhrs and their Modernist predecessors, Cox's framing of the discussion is not surprising for the decade bracketed by the 1961 Kennedy call to «ask not what your country can do for you» and his subsequent creation of the Peace Corps and the assassination in 1968 of Martin Luther King, the leader of the March on Washington and author of the call to prophetic responsibility in the «Letter from the Birmingham Jail».

The last third of the twentieth century witnessed continuous realignment in what had been a deceptively neat three strands in the American Protestant tradition. The first factor in this realignment was the growth of ecumenism which now included a healthy participation of Roman Catholics. Since the Second Vatican Council cooperation among Christians in theological dialog, critical scholarship, addressing common concerns in such areas as war and peace and the economy have forged new alliances.

Other changes have included the increased participation in the religious conversation of formerly excluded groups. The last thirty years have seen a significantly greater presence of ethnically diverse theological traditions, in particular from the African American and Latino communities. Feminists also represent a change in the theological scene and in every branch of theological study, a new perspective within every denominational tradition. So too, non-Christian participation, while not as large as formerly marginalized Christians, is still a noteworthy change. Finally, the last twenty-five years have witnessed a noticeable turn toward the right.

This is particularly true in the political activism of Fundamentalist groups such as the Moral Majority of Jerry Falwell and the condemnation by commentators such as Pat Robertson of anything tainted by the secular. The doctrinaire repudiation of any place for Islam in the religious dialog while at the same time espousing an extreme dispensationalist justification of virtually all the policies of the State of Israel comprises a significant evolution in the Fundamentalism of 1925.

On one level, the issue of modernity confronted by liberal Protestants in the nineteenth century is still central. Yet the field for the conversation today has broadened. The participants are more diverse and the range for the dialog extends throughout the world.

2. The Catholic Experience

In 1884 the American Catholic bishops met for the third time in a national council to address questions concerning the continued growth of the American Catholic community. Within eight years of the founding of Johns Hopkins University, the bishops at Third Baltimore decreed that within two years of the promulgation of the council's decrees every parish in the United States was to erect a parochial school[15]. Pastors who failed to comply with this decree could be removed from office. If the reality of the decree was questionable, the priority of the bishops was not. The same council provided that a catechism be drawn up for the benefit of the faithful. This document reflected a resume of the Creed and the theology of the First Vatican Council and presented this summary in simple question and answer form. The parochial school and Baltimore catechism were at the center of what was generally understood to be «Catholic education» for the next fifty years. They reflected a church which, while the largest religious community in the United States, was also the most insular, self-conscious and defensive.

It was not until 1889 that the Catholic University of America opened in Washington, D.C., as a graduate school of theology for priests. While at the turn of the century there were sixty-three catholic colleges, their intellectual significance was marginal. Theology or religion courses were largely of an apologetic nature, preparing students to defend their church and beliefs from presumed attacks from the Protestant majority. The main thrust

---

[15] J. HENNESEY, *American Catholics: A History of the Roman Catholic Community in the United States*, New York 1981, 186.

of distinctively Catholic higher education in 1900 was in philosophy, in particular the neo-Thomism espoused by Leo XIII. The ideal culture was medieval «where faith and reason walked hand in hand»[16]. Probably the most noteworthy effort in canonizing the medieval emerged in James J. Walsh's *The Thirteenth the Greatest of Centuries*. First published in 1907, it remained on Catholic college reading lists well into the 1950's.

The last decade of the nineteenth century was one of frequent lay congresses. It mirrored the phenomenon of Catholic scholarly congresses held in Europe during the same period. Led by Henry Brownson, son of the famous convert, Daniel Rudd, an afro-american Catholic journalist and editor and German-American Henry Spaunhorst, the 1889 Lay Congress in Baltimore evoked hope and fear from different members of the hierarchy. The congresses represented moderate programs of discussion of the layman's (and also lay woman's) role in the church. The fourth congress, scheduled for 1904 died from episcopal resistence. So too, after five Colored Catholic Congresses between 1889-1894 which discussed labor issues, discrimination, relations with the bishops and sympathy for the oppressed of Ireland, no further congresses were encouraged[17].

Whatever discussion was to take place as to the nature of the church and life within it was to be within clerical structure and under episcopal supervision. Two examples of a yet further constriction of theological education may be seen in interventions at St. Joseph's Seminary, Dunwoodie, New York and at the Catholic University in Washington .

In May, 1905 the first issue of *The New York Review* appeared. Intended as a scholarly journal under the sponsorship of the seminary of the Archdiocese of New York, it combined original articles and reviews of books and current theological issues. Included were authors from the seminary faculty as well as noted contributors from the United States and abroad. Topics included the relation of faith and modern science, questions of biblical interpretation. Articles by the French church historian Alfred Loisy were among the translated works published and the Notes section included mention of Fr. George Tyrrell of England and French biblical scholar Marie-Joseph Lagrange. The 1907 publication of the encyclical *Pascendi Dominici Gregis* and the Holy Office decree *Lamentabili Sane Exitu* prompted a sense of insecurity on the part of New York's Archbishop Farley with

---

[16] R.E. CURRAN, *American Catholic Thought* in *Encyclopedia of American Religious Experience...*, 997-1013, 1006.
[17] HENNESEY, *American Catholics...*,191-192.

regard to the review. After further prompting from the Apostolic Delegate Diomede Falconio, *The New York Review* ceased publication in 1908. The announced cause was a lack of subscribers[18].

After sustained conflict from 1905 to 1909, Henry Poels was dismissed from his position as Professor of Old Testament at the Catholic University in Washington, for holding that Moses could not be considered the primary author of the Pentateuch. This position put him in opposition to a decree by the Pontifical Biblical Commission. After personally advising Pope Pius X that he could not in conscience agree with the decree, his dismissal was requested by the pope through Cardinal Gibbons, a member of the university trustees[19]. With the condemnation of Modernism in 1907, there appeared what Robert Emmett Curran has referred to as «a certain intellectual rigor mortis within the American Catholic intellectual landscape»[20].

From 1910 through the 1950's American Catholicism existed in large measure within an intellectual ghetto. In 1910 the American Catholic community was overwhelmingly immigrant and of the uneducated laboring class. The priest was very often the best educated member of the community. It was a community which in the eyes of many non-Catholics was suspect. In the 1920's a resurgence of the Ku Klux Klan saw Catholics as enemy because Catholics were still viewed by many as foreign and subversive. Creative participation in theological research and discussion were not in high priority for American Catholics, clergy or lay. The priest's theological education was intended for the pastoral care of his flock, primarily in preaching, catechetical instruction and in hearing confessions. Relations with the broader community often focused on the apologetic, the explanation of Catholic beliefs and practices to non-Catholic neighbors. What mattered most was survival and defense of gains thus far achieved. Nevertheless, even in this winter of discontent, seeds of future renewal were sewn. Specifically theological renewal would at first be a miniscule part of this.

During the interwar years, the percentage of Catholics participating in what might broadly be termed intellectual activities was small. While still the privilege of a very few, higher education had in the 1920's and 30's

---

[18] T. SHELLEY, *Dunwoodie: The History of St. Joseph's Seminary*, Westminster 1993, 132-155.

[19] G. FOGARTY, *American Catholic Biblical Scholarship*, New York 1989, 96-115.

[20] CURRAN, *American Catholic Thought...*; see also R.S. APPLEBY, *Church and Age Unite: The Modernist Impulse in American Catholicism*, Notre Dame 1992. R. BROWN, *The Churches the Apostles Left Behind*, New York 1984, 243.

expanded in availability and in the number taking advantage of it. Between 1921 and 1928 the number of Catholic colleges expanded from one hundred thirty to one hundred sixty three[21]. Between 1916 and 1950 Catholic college enrollment grew from 8,304 to 112,765[22]. While the largest increase took place after 1945, the process was well underway by 1930. Hennesey estimates that before World War II Catholic institutions enrolled two-thirds of the total number of Catholics in colleges. It was primarily within this small but growing pool that the currents of Catholic intellectual life stirred.

What the function of this education was exactly did not always reflect the most open and enlightened vision. Rev. George Bull, S.J. of Fordham University envisioned Catholic culture as a «totality of view rather than the fragmentation and compartmentalization of the secular world.» Bull admitted pride that outsiders viewed Catholics as inert and apathetic when facing certain civic issues and social needs. Catholic research was not intended to push out the boundaries of science but rather «to penetrate into the reality for understanding»[23].

Another quality, less pervasive although nevertheless real, was a peculiarly Catholic fundamentalism formed by a rigid anti-modernist dogmatism which negatively impacted on the analysis of challenging questions and issues. This effect was apparent in American Catholic biblical studies and other branches of theology as well. Two illustrations from biblical studies show the extra-biblical priorities which dominated Catholic biblical scholarship during the 1930's. In 1934 at the end of his studies in Rome, Michael Grunthaner, S.J. submitted a four hundred sixty-six page monograph that defended the absolute historicity of the Old Testament, a completely literalist interpretation. In accord with the Pontifical Biblical Commission's defense of Mosaic authorship of the Pentateuch, the monograph completely dismissed the Wellhausen multisource theory of the composition of the first five books of the Hebrew Bible. A second example is Francis Peirce, S.J.'s defense of the Johannine authorship of John's Gospel in an article appearing in the Catholic University Journal, *The American Ecclesiastical Review*. As Fogarty points out, nineteenth century anti-rationalist

---

[21] HENNESEY, *American Catholics...*, 237.
[22] J. DOLAN, *The American Catholic Experience: A History from Colonial Times to the Present*, Garden City 1985, 399.
[23] W. HALSEY, *The Survival of American Innocence*, Notre Dame 1980, 53-55.

neo-Thomism had become so strong that integralism had become a habit of mind with Catholic writers confusing theology with doctrine.[24]

One area where genuine effort was made to bridge the gap between the American experience and the neo-scholastic world view was in the field of social justice. John Ryan was a Minnesota priest and the most prolific and highly visible spokesperson in the United States for Catholic social doctrine and critique from 1905 until 1945. Beginning with his doctoral dissertation, published in 1906 under the title *A Living Wage* and followed in 1916 with *Distributive Justice*, Ryan dominated the American scene from his dual posts as professor of moral theology at the Catholic University in Washington and as director for the Social Action Department of the National Catholic Welfare Conference, the official agency of the American Catholic bishops. In 1919, seeking a focusing statement at the conclusion of the war in Europe, the NCWC adopted a paper Ryan had prepared and issued it as the bishops' *Program of Social Reconstruction*. The program advocated many measures espoused by Roosevelt's New Deal fifteen years later. Ryan's entire critique and proposed solutions for society's problems were neo-scholastic with a heavy emphasis on natural law and deductive reasoning completely excluding the dynamic and personalist insights of scripture and liturgy on the theological side and history and sociology as contributing secular wisdom in defining the human condition[25].

During the years 1920 until 1945 some American Catholics were not enamored by James J. Walsh's thirteenth century and Ralph Adams Cramm's designation of the medieval church as the mother of all arts. Some agreed with English commentator Donald Attwater's reflection, «Was she rather a giant consumer, and not always a very discriminating one?»[26].

In 1911 Rev. Terence Shealey, S.J. founded the Laymen's League for Retreats and Social Studies. Rooted in the theological construct of the priesthood of all believers. the League attempted to analyze the church's social teaching with a focus on the layman's role[27]. After Shealey's death in 1922, the idea lived on at the retreat house in Staten Island, N.Y. where the concluding conference addressed the implication for Catholics of the church's social teaching.

---

[24] FOGARTY, *American Catholic Biblical Scholarship...*, 198.
[25] CURRAN, *American Catholic Social Ethics...*, 84-87.
[26] Quoted by W. HALSEY, *The Survival of American Innocence*, Notre Dame 1980, 68.
[27] J.M. MCSHANE, *To Form an Elite Body of Laymen: Terence Shealey, S.J. and the aymen's League, 1911-22*, «Catholic Historical Review» 78 (1992), 557-580.

The Benedictine Virgil Michel is a striking example of the attempt to link the different aspects of modern culture with one's belief. He criticized neo-Thomism as reinforcing a defensive Catholic ghetto which wrongly attributed to Aquinas the last word on everything[28]. Michel viewed the church as a much more dynamic participatory community animated as much by its liturgical self-definition as by abstract statements from authority. One left the liturgy to be broken and given for one's brothers and sisters. Michel would be joined in his response to the social question and in a renewed ecclesiology by H.A. Reinhold and fellow Benedictine, Godfrey Diekman. His work toward renewal lay the groundwork for broader renewal in the 1960's. A revitalized liturgy acknowledged the legitimacy of multiple roles in the church.

Probably the best known critic of the smug isolationist Catholic vision was George N. Schuster who raised at times awkward questions challenging the «accepted wisdom» in the Catholic intellectual community. In 1927 he asked, «Is such a thing as a definitely Catholic culture possible in modern times?»[29]. By the 1930's Schuster had studied and traveled widely in Europe and because of his firsthand exposure to European currents of thought was also able to point out how some perceptions mutated in trans-Atlantic crossing. Perhaps the most glaring case was the church's initial embrace of the authoritarian regimes of Italy, Germany and Spain.

While it attracted only a miniscule element of the population, the Catholic Worker Movement invited its members to a reflective critique of modernity and the role of the individual in working for a just society. Many future leaders in the field of education, journalism and social action passed through the Worker's centers of hospitality and were challenged there as to the manner in which they would live as Catholic Christians.

Specific to theology, John Courtney Murray, S.J. was the most significant American Catholic theologian. Editor of *Theological Studies* from 1942 until his death in 1967, Murray was at the same time a member of the faculty of Woodstock College in Maryland. In the 1940's criticism of the church by non-Catholic Americans developed along two lines. The first focused on the close association of Catholic leaders with right wing governments particularly in Latin America and Europe and the privileged role the church obtained with regard to financial subsidy, educational policy

---

[28] A. SPARR, *To Promote, Defend and Redeem: The Catholic Literary Revival and Cultural Transformation of American Catholicism, 1920-1960*, New York 1990, 163.

[29] G. SCHUSTER, *The Catholic Spirit in America*, New York 1927, 186.

and marriage. The second concern arose from the steady growth of the American Catholic population and its potential threat to religious freedom in the event a Catholic were to be elected president.

Murray began to review issues of interdenominational cooperation and religious toleration with particular attention to statements of Leo XIII. By the 1950's he had concluded that the nineteenth century conflict between the church and the anti-clerical secularist rulers of Europe had motivated papal efforts to protect the rights of the church to freely exercise its mission of teaching and religious leadership. It was not the intent of Leo or his successors to impede the religious practice of non-Catholics. As he viewed twentieth century society Murray concluded that religious freedom was an essential quality in a democratic society and that such freedom was essential for genuine participation by religious groups in the life of a nation. Murray pointed out that pluralism challenged all members of a society to be engaged in the ongoing conversation which renewed each generations personal commitment to the society's core values. Such engagement, he pointed out, had made the Catholic church in America stronger and more resilient than the Catholic church in those countries where it enjoyed legal establishment.

After several years of sustained attack by his theological opponents, Murray was vindicated when, as a *peritus* at the Second Vatican Council, he was the primary author of the conciliar decree on religious liberty. In the decades which followed, Murray and his supporters have been faulted for placing too great trust in pluralism. His critics tend to equate pluralism with indifferentism and seem to forget that, far from being a passive ignoring of other even hostile positions, Murray's understanding of pluralism required sustained, creative engagement which required participants to take seriously both their own and their opponents positions. Ultimately one's own commitments and beliefs were strengthened and clarified when enriched by and held accountable to other people's questions and insights[30]. Perhaps the best examples of Murray's sense of engagement were the American bishops' pastoral letters on the economy and peace. The alternative stance which unfortunately manifested itself in the hierarchy's handling of the child abuse allegations and the subsequent broader challenges to an Episcopal leadership style was more than tinged with secretiveness and a lack of accountability. On a more general level, engagement is one dimension of the religious conversation which seems to be lacking in the

---

[30] D. PELOTTE, *John Courtney Murray: Theologian in Conflict*, New York 1976.

experience of many younger people today. This goes a long way in explaining the alienation from the church which is manifesting itself in the current decade.

In the 1920's through the 1940's numerous Catholic professional societies were founded, paralleling their peers in the American mainstream. Of interest to the process of professionalization of academic discipline as well as the specific development of theological study was the founding of the Catholic Historical Association in 1919, the American Catholic Philosophical Association in 1926, the Catholic Biblical Association in 1936 and the Catholic Theological Society in 1940. Who would have suggested that the all clerical, seminary faculty dominated Catholic Theological Society of the 1940's would in the twenty-first century have a majority of lay members mostly university affiliated and more than once be led by a woman?

While anti-Modernism would continue to manifest itself in the 1940's with denunciations of professors in some way associated with the *nouvelle théologie*, different issues of biblical interpretation and the nascent liturgical movement, organizational structures were emerging which ultimately supported the renewal of the 1960's.

Fogarty traces the developments in the field of biblical studies beginning with the simultaneous founding of the Catholic Biblical Association and its first project, the Confraternity Translation of the Bible in 1936 and the beginning of the *Catholic Biblical Quarterly* in 1939. The encyclical *Divino Afflante Spiritu* in 1943 afforded a charter for modern biblical scholarship. The biblical association provided a network to defend biblical scholars exploring newly legitimated territory. The participation by the mid-1950's of Catholic scholars in broader professional associations such as the Society for Biblical Literature and the American Schools of Oriental Research as well as the welcoming of non-Catholic scholars into the Catholic Biblical Association's membership and to the pages of its journal reflects a sea change in the manner with which one area of theological study is conducted.

Charles Curran has reviewed the development of Catholic moral theology during the same period. He considers Roman Catholic moral Theology from the view of its ecclesial, societal, ecumenical and academic contexts suggesting that between 1967 and 1987 significant development took place. He cautions against oversimplification of questions still under debate and underscores the significant contribution of the American Catholic moral theologians in the areas of the bishops' pastorals on the economy

---

[31] C. CURRAN, *Toward an American Catholic Moral Theology*, Notre Dame 1987, 26-27.

and on peace and war[31]. In his discussion of the social context of moral theology Curran notes the teaching style in the two pastorals on the economy and peace and war. He suggests the appropriateness of this style when addressing both believers and non-believers and observes that something can be learned from this appropriate sensitivity in dealings with others outside the Catholic fellowship, for instance Jews and Muslims[32]. He also raises the concerns of at times marginalized groups such as women. He considers feminist issues and insights to be of significance for the whole community and not merely women and observes that the role of women in the church is perhaps the most crucial issue facing the American church. It would seem that while the role of women continues to be of major concern, the central question both ethically and ecclesiologically is now that of the whole structure of participation, leadership and accountability. This has taken centerstage since the emergence of the child abuse cases at the beginning of this century. It might be observed that the centrality of this unresolved and thusfar underaddressed issue is itself rather pathetic in that its continued presence significantly impedes the church's important role as a prophetic witness.

In his discussion of the academic context of American Catholic moral theology, Curran suggests that the professionalization of the discipline, the evolution of the structure of governance of Catholic colleges beginning in the 1960's and the development of a more nuanced literature on academic freedom in Catholic institutions has combined to strengthen the position of the Catholic moral theologian. In doing so, it does not detract from the Catholic nature of Catholic moral theology nor does it deny the hierarchy's role in the formulation of moral teaching. The judgment of competence to teach is properly a judgment of the academic community which must give due weight to the role of the hierarchal *magisterium* and to the academic freedom of the Catholic institution[33].

Perhaps the area of ecclesiology is the most challenging since the discussion there is fed by so many sources. One's consideration can be with the biblical period and view the issues of pluriformity and diversity as illustrated in Brown's *The Churches the Apostles Left Behind*. The evolution of medieval structures in the many works of Brian Tierney and Francis Oakley as well as Oakley's recent collection of essays on Church Govern-

---

[32] CURRAN, *Toward an American Catholic Moral Theology...*, 28.
[33] *Ibid.*, 38.

ance compliment Patrick Granfield's treatment of the evolving papacy. Joseph Komonchak's evolving magnum opus on the history of Vatican II, David Tracy's *The New Pluralism in Theology*, and, by way of contrast, Peter Steinfels' recent *A People Adrift*.

In terms of theological education, probably the two most significant developments within the Catholic community are the evolution of Catholic institutions of higher learning (both colleges and universities) as entities independent of direct church oversight. and the ecumenical nature of theological education with Catholic scholars present on state sponsored faculties and on the faculties of institutions sponsored by other religious denominations and the presence of non-Catholics on Catholic university faculties.

The challenges today are numerous. Each discipline confronts its scholars with emerging questions. Of the several issues which straddle particular disciplines, the cooption of religion by political leaders and the politicization of religion based positions, particularly it seems by spokespersons of the right offer robust challenges. So too does the tentative nature of the acceptance of value and reality of faith on the part of the current student generation. Impeding any credibility the American Catholic church would bring to a discussion of any of the above problems, the issues of leadership, shared governance and accountability will loom as a perpetual albatross disabling any genuine apostolic activity.

FELICIANO MONTERO

Historiografía española de la Iglesia y del catolicismo en el siglo XX

1. Entre la historia eclesiástica y la historia religiosa ¿Retraso español?[1]

Una somera comparación de la historiografía eclesiástica o religiosa española con la francesa o italiana revela un importante retraso tanto en el plano metodológico como en el institucional. Comparto los juicios pesimistas que Cuenca[2] aplica a la situación en un balance reciente: «debilidad y atraso», especialmente si se compara con el desarrollo de otras ramas de la historiografía nacional, que atribuye entre otros factores a la ausencia de una estrategia investigadora y al arcaísmo de las técnicas aplicadas. Retraso que siguiendo este mismo juicio tiene bastante que ver con el aislamiento en el que permanecen la mayor parte de los estudiosos («condenados a un lamentable ostracismo, muy connatural, no obstante, a buena parte de los de condición clerical»). Los mismos juicios negativos se refieren a la escasez y debilidad de los manuales y obras de síntesis, y a la «rutina e insipidez» de las revistas. Otra manifestación del retraso en comparación con el panorama francés o italiano es la ausencia de proyectos de

---

[1] Este balance historiográfico reproduce en gran medida un trabajo presentado en el 2000 en un encuentro sobre historia del «tiempo presente», publicado en Madrid, ed. Biblioteca Nueva; en la revista «Ayer», 51 (2003), publico también un balance historiográfico sobre bibliografía publicada en los últimos años. Las Actas de un encuentro de historiadores franceses y españoles, en el 2001, son el mejor y más reciente balance historiográfico: *L'Histoire religieuse en France et en Espagne*, éd. par B. PELLISTRANDI, Madrid 2004.

[2] J.M. CUENCA, *La historiografía eclesiástica española contemporánea. Balance provisional a finales de siglo (1976-1999)*, «Hispania Sacra» 51 (1999), 355-383; otros balances recientes, el de J. ANDRÉS GALLEGO, *La historia religiosa en España*, en *La Historia religiosa en Europa, siglos XIX y XX*, a cargo de A. PAZOS, Madrid 1995; y el de E. BERZAL, *La historia de la Iglesia española contemporánea. evolución historiográfica* en «Antologica Annua», 44 (1997), 633-674.

equipo de amplio alcance para la cobertura de alguno de los objetivos como las series de historia diocesanas, la recopilación y publicación de materiales y fuentes, un atlas socio-religioso, o un diccionario religioso o del Movimiento católico.

En medio de este panorama bastante negativo destaca sin embargo la edición de fuentes documentales conservadas en el Archivo Vaticano, a cargo fundamentalmente de Vicente Cárcel, y de buenos inventarios y guías como el *Regesto de la correspondencia de los obispos de España con los nuncios de Madrid* a cargo de Franco Díaz de Cerio. Y, por otro lado, el trabajo aislado de algunos pocos profesores universitarios dedicados al estudio de diversos temas más o menos relacionados con la historia de la Iglesia y del catolicismo español.

En un repaso de esta diversa y más bien dispersa producción bibliográfica siguen dominando los temas y enfoques tradicionales de la historia política, y apenas se encuentran muestras de la nueva historia social religiosa, según el modelo francés[3]. Unicamente en el terreno de la historia del catolicismo social y político, o del Movimiento Católico, se aprecia un cierto desarrollo historiográfico, paralelo e influido por las historiografías francesa e italiana[4].

Las propuestas investigadoras que el propio Cuenca formula al final de su balance son también un indicador del retraso y de las grandes lagunas: los estudios de diócesis, siguiendo el ejemplo de la serie francesa; la participación desde la historia religiosa en el estudio de los contactos y confrontaciones culturales dentro de proyectos eminentemente ecuménicos e interdisciplinares; los estudios estrictamente de historia religiosa, de la espiritualidad, de las devociones, de las misiones, de la actividad de las congregaciones religiosas, de los valores y comportamientos morales. Panorama y diagnóstico ciertamente pesimista que se refleja en una muy débil incorporación a proyectos y líneas europeas; y en una escasa desconfesionalización de la investigación y la docencia, mayoritariamente protagonizada por personas y centros eclesiásticos.

---

[3] La excepción confirma la regla. José Andrés Gallego ha tratado de impulsar esta línea en sus síntesis, Sobre las formas de pensar y de ser, en *Historia General de España y América, XV-I*, Madrid 1982, 677-755, y más recientemente, *La Iglesia en la España contemporánea*, I; y en la dirección de tesis: el estudio de A. Pazos, *El clero navarro, 1900-1936. origen social, procedencia geográfica y formación sacerdotal*, Pamplona 1990.

[4] Vid. mis propios balances historiográficos sobre el catolicismo social, en «Studia Historica» y en «Historia Social», el de J. Cuesta, en «Studia Historica», y los libros de J. Andrés Gallego, D. Benavides, S. Castillo y F. Montero.

Resumiendo se podría decir que esta historia en España sigue siendo una historia eclesiástica más que religiosa, y una historia política más que social. Pero sobre todo, y esta sería una de las claves del estancamiento, se trata de una historiografía marginal y marginada respecto de la historiografía civil y académica, con muy escasa presencia en los planes de estudio y en los departamentos universitarios de las Universidades civiles[5].

La salida de este retraso depende, a nuestro juicio, de la superación de algunos problemas y obstáculos, institucionales e ideológicos, muy arraigados en tanto que ligados a la propia tradición eclesiástica y religiosa nacional.

Desde el punto de vista institucional el reto principal consiste en desconfesionalizar y secularizar la investigación, la docencia y la publicación; de un lado integrando investigadores laicos en esas tareas y en los centros eclesiásticos; y de otro lado abriendo recíprocamente y sin prejuicios ideológicos los centros de investigación y docencia a criterios no apologéticos. Esta tarea implica un cambio de mentalidad, una apertura al diálogo, pero requiere también la solución de problemas materiales.

Entre los problemas institucionales hay que mencionar también la desigual situación de los archivos eclesiásticos.

En los últimos 25 años una Asociación de archiveros eclesiásticos ha potenciado la centralización y catalogación de los fondos de los archivos parroquiales en archivos diocesanos. En sus reuniones periódicas la Asociación ha impulsado a la vez que el trabajo propiamente archivístico el estudio de temas, preferentemente de historia religiosa moderna, relacionados con las series documentales depositadas en los archivos diocesanos y parroquiales. Ahora bien todo este esfuerzo archivístico ha tenido hasta el momento poca incidencia en el impulso de la investigación de la historia religiosa del siglo XX. En primer lugar porque apenas han centrado la atención en las fuentes y temas del tiempo presente, que generalmente consideran vedados al investigador. Quizás por ello mismo apenas se observa presencia de los historiadores de la época contemporánea en la actividad de esta Asociación de archiveros[6]. En este sentido contrasta la difi-

---

[5] Esta situación afecta especialmente a la historia contemporánea y sobre todo a la del siglo XX. Pues el estudio del monacato, por ejemplo, forma parte de los programas docente e investigador de los medievalistas; y el de la Inquisición o las cofradías y la religiosidad popular de los programas de los modernistas.

[6] Las Actas de los Congresos de la Asociación de Archiveros eclesiásticos se han publicado en una serie con el título de «Memoria Ecclesiae». En la desigual situación de los archivos diocesanos destaca por la organización y la accesibilidad el de Barcelona, bajo la dirección del Dr. Martí y Bonet.

cultad en el acceso a fondos tan decisivos para el estudio del conflicto religioso durante la II República y la guerra civil, como el archivo Gomá (sólo muy recientemente en vías de publicación) con la excelente edición crítica del Arxiu Vidal y Barraquer[7]. Por otra parte algunos de los fondos que interesan a la historia religiosa contemporánea como los relacionados con la actividad de las organizaciones de A.C. y de otras asociaciones de seglares están demasiado expuestos a las vicisitudes de las propias organizaciones[8].

Algunos problemas «ideológicos» afectan también al desarrollo de la historia religiosa. En primer lugar, los recelos «ad intra», entre las distintas «familias» católicas que proyectan intereses y concepciones eclesiales y pastorales diferentes en la investigación de temas próximos a las cuestiones que discuten: por ejemplo, la recepción y aplicación del Concilio Vaticano II, o la valoración de los procesos de secularización y las crisis y conflictos del postconcilio. Por otro lado, recelos y prejuicios con el mundo laico y secularizador provocan a veces la reaparición de viejos «tics» clericales-anticlericales, y de posiciones defensivas u hostiles de carácter apologético.

2. El peso de la historia del tiempo presente en la historiografía del catolicismo

0Más allá de este balance y valoración general, presidido por un notable retraso y bastantes pervivencias de la vieja historia eclesiástica veamos más concretamente el panorama de la historia religiosa del siglo XX, fijándonos en algunos temas y centros representativos, y partiendo de una observación de la trayectoria historiográfica de los últimos años. Siguiendo esa evolución podríamos señalar *dos etapas* que se corresponden bastante bien con la

---

[7] M. BATLLORI y V.M. ARBELOA, *Arxiu Vidal y Barraquer*, Abadía de Montserrat, desde 1971; el archivo Gomá fue utilizado ampliamente por M.L. RODRIGUEZ AISA, *El cardenal Goma y la guerra de España*, Madrid 1981; y es citado por J.Andrés Gallego y A. Pazos en su obra reciente.

[8] Una información somera sobre los archivos centrales de la A.C. española, en F. MONTERO, *Fuentes escritas y orales para la historia de la ACE durante el franquismo*, «Espacio, Tiempo y Forma», 10 (1997), 383-406. No hay archivos accesibles sobre organizaciones tan importantes como la ACNP o el Opus Dei. El archivo de Angel Herrera Oria, para el tiempo del franquismo, utilizado por J. Sanchez Jiménez en su biografía de A. Herrera, (1986), tampoco se encuentra accesible.

evolución del resto de la historiografía española, y sobre todo con dos tiempos distintos del catolicismo español: el tiempo innovador del postconcilio y final del franquismo, aproximadamente la década de los setenta; y el tiempo más reciente de un cierto estancamiento y repliegue ideológico.

– *Hasta mediados de los años sesenta* domina una historiografía eclesiástica, hecha exclusivamente en centros eclesiásticos, por eclesiásticos, y centrada preferentemente en la historia política de la relación Iglesia-Estado. En cierto modo el *Diccionario de Historia Eclesiástica* publicado por el Instituto E. Florez del CSIC en 1975 o el volumen V de *la Historia de la Iglesia* de la BAC, marcan un momento de transición, en el que se advierten la permanencia de criterios de la vieja historia eclesiástica, al lado de síntomas de nuevos enfoques historiográficos menos apologéticos y más próximos a la historiografía civil.

– En la década de los 70, al compás de la renovación acelerada del catolicismo español, en el contexto postconciliar, y siguiendo los modelos de la nueva historiografía religiosa francesa e italiana, hay signos evidentes del paso de una historiografía eclesiástica a otra religiosa. En ese cambio historiográfico renovador, en el plano metodológico y temático, participan junto a centros e historiadores eclesiásticos (Revuelta, Cárcel, Laboa, Raguer), algunos pocos historiadores civiles (Cuenca, Longares, Andrés Gallego...). En esa década del 70, coincidiendo con el final del franquismo y la consiguiente revisión del lugar de la Iglesia en el régimen, una parte de la investigación historiográfica acompaña ese proceso de revisión replanteando por ejemplo autocríticamente «el fracaso social del catolicismo español»[9] o la cuestión del anticlericalismo[10], o la actitud de la Iglesia ante la política secularizadora de la 2ª República[11].

---

[9] En unos pocos años avanza significativamente el estudio del catolicismo social y del sindicalismo cristiano anterior a la guerra civil; vid. los estados de la cuestión de C. Martí, F. Montero, J. Cuesta; y las obras de D. Benavides, J. Andrés Gallego, F. Montero, J. Cuesta, J.J. Castillo, I. Olabarri.

[10] En cuanto al estudio del anticlericalismo es muy significativo el proyecto colectivo dirigido por Batllori y financiado por la F.J. March, aunque no se materializara en una publicación colectiva, sino sectorial de algunos de los participantes en el proyecto (Caro Baroja, Arbeloa, Mozaz). Habrá que esperar al final de los 90 para que se retome historiográficamente el tema del anticlericalismo: tesis de J. DE LA CUEVA, *Clericales y anticlericales. El conflicto entre confesionalidad y secularización en Cantabria, 1875-1923*, Santander 1994; la obra coordinada por LA PARRA Y SUAREZ CORTINA, *El anticlericalismo español contemporáneo*, 1998; y el n. 27 de «Ayer» (1997), coord. por R. CRUZ.

[11] Especialmente la edición crítica del *Arxiu Vidal y Barraquer* a cargo de BATLLORI Y ARBELOA; y en general la obra de este último *Aquella España católica*, 1975.

En esta coyuntura renovadora, postconciliar y tardofranquista, se intenta una historia social de la Iglesia y del catolicismo, introduciendo problemas y métodos de la historiografía francesa: el estudio sociológico del episcopado (Cuenca), los estudios globales de la actividad pastoral del episcopado isabelino (Cuenca), el estudio sociológico del clero (El clero navarro de Pazos). Las Semanas de Historia de la Iglesia organizadas por el Pr. Cuenca en El Escorial[12] son también reflejo de un nuevo talante, pues en ellas se dieron cita historiadores eclesiásticos junto a otros civiles de distintos ámbitos y enfoques.

La obra de José Andrés Gallego es quizá la que mejor representa el intento de aplicar la nueva historia religiosa social francesa a la historia religiosa contemporánea. Las carencias y lagunas que el propio J. Andrés Gallego señalaba en su balance historiográfico son las que ha intentado cubrir en sus monografías, en algunas tesis doctorales dirigidas por él, y en las síntesis escritas para la Historia general de España y América en 1982, y la más reciente, en colaboración con Antón Pazos, *La Iglesia en la España contemporánea*[13]. En la segunda parte del volumen 1º de esta obra, la Iglesia concordataria, es donde se observa mejor ese «análisis de lo institucional, de lo doctrinal y de lo sociológico» en el que los autores se proponen plantear el estudio, y que recuerda tanto los objetivos y métodos de los historiadores franceses: la historia social de las instituciones, la jerarquía, el clero, las asociaciones y organizaciones católicas, la historia de

---

[12] Las ponencias de las Semanas se publicaron *Aproximación a la Historia social de la Iglesia española contemporánea* (1978), *Estudios históricos sobre la Iglesia española contemporánea* (1979), *La cuestión social en la Iglesia española contemporánea* (1981).

[13] J. ANDRÉS GALLEGO y A. PAZOS, *La Iglesia en la España contemporánea, I: 1800-1936*. La parte II: *La iglesia concordataria*, incluye los siguientes capítulos: los eclesiásticos (incluyendo el presupuesto, la formación en los seminarios, la extracción social, la proyección misionera extrapeninsular), la espiritualidad y la ética, el drama liberal (es decir los pleitos católicos con los liberales en relación con la enseñanza, la imprenta, el matrimonio), «los ejércitos» (es decir el conjunto de asociaciones y obras que constituyen el llamado «Movimiento católico»), la sociología de la movilización(una valoración cualitativa, cuantitativa y territorial de la presencia, implantación y movilización clerical y seglar), el catolicismo de Trento (breve incursión en el «universo devocional»), y finalmente, «recristianizaciones, descristianización (estudio del grado de difusión y eficacia del movimiento secularizador o anticlerical frente al movimiento católico). Numerosos cuadros estadísticos sobre todos estos extremos complementan el planteamiento de muchos de estos temas. Una versión algo abreviada de esta obra, *Histoire religieuse de l'Espagne*, Paris 1998, dentro de la serie «L'Histoire religieuse de l'Europe contemporaine».

las «movilizaciones», la de la espiritualidad y religiosidad tan poco estudiadas. El interés y la utilidad de esta síntesis, que parece seguir los pasos de la historia religiosa francesa de Hilaire y Cholvy, reside precisamente en el planteamiento de hipótesis, temas y enfoques nuevos. Pues a diferencia de la síntesis francesa citada, la obra Andrés Gallego y Pazos no es tanto (no lo puede ser) el resumen de resultados de muchas investigaciones monográficas aún en buena medida por hacer, sino hipótesis de trabajo a partir de algunas monografías o de algunas fuentes de la época, y propuestas de investigación que deberían de ser desarrolladas en trabajos subsiguientes. Es decir, el punto de partida de un programa de investigación más que la síntesis de investigaciones monográficas sectoriales y regionales aún por hacer.

3. ¿Historiadores o pastoralistas?

Ese impulso historiográfico de los años 70, que parecía querer transformar la historia eclesiástica en historia social religiosa, fue paralelo a otros cambios, igualmente significativos del impacto postconciliar, en otras ciencias religiosas como la teología pastoral, la eclesiología y la sociología religiosa. Es muy importante detenerse en la obra de estos teólogos, pastoralistas y sociólogos, no sólo para entender el cambio social y político del catolicismo español de los años 60 y 70, sino porque en ellos, mejor que en los historiadores se encuentran las claves principales de la historia religiosa del «tiempo presente» en la España católica. Los historiadores españoles aprovecharon menos que otros, como el francés Hermet, las claves interpretativas que ofrecían los análisis de Alvarez Bolado, Fernando Urbina, o los abundantes estudios de sociología religiosa de Duocastella y Vázquez[14].

Lo destacable es que la reflexión historiográfica sobre «el tiempo presente» del catolicismo español (el proceso de secularización, la hipotética descristianización, el impacto del Concilio del Vaticano II, y muy especialmente el análisis crítico de la Iglesia del franquismo) fue en primer lugar y sobre todo obra de sociólogos (Duocastella), teólogos (A. Bola-

---

[14] R. DUOCASTELLA, *Análisis sociológico del catolicismo español*, Barcelona 1967, J.M. VAZQUEZ, *Informe sobre la situación religiosa en España*, 1968, y *La Iglesia española contemporánea (estudios sociológico)*, Madrid 1973.

do)[15] y pastoralistas (Urbina, Benzo, Malagón)[16], aunque también participaron historiadores como C. Martí[17].

En todos ellos dominaba sobre todo una reflexión fundamentalmente interna y autocrítica, hecha desde la propia Iglesia y con objetivos preferentemente pastorales, que buscaba respuestas alternativas a los nuevos retos sociales y políticos del final del franquismo. Un análisis estrechamente ligado por tanto a los retos y problemas pastorales con que se enfrentaban los nuevos curas y los militantes cristianos de los movimientos especializados de Acción Católica. Por ello, una revisión de revistas como *Iglesia Viva*, *Pastoral Misionera* o la catalana *Questions de Vida Cristiana*, entre otras, es una de las mejores fuentes para el historiador del «tiempo presente»[18].

En estos años del final del franquismo y principios de la transición, son muy escasos los análisis desde fuera del mundo católico, sobre el papel de la Iglesia y del catolicismo durante el franquismo. Y en todo caso están teñidos preferentemente de un tono polémico y combativo, como los libros publicados por «Ruedo Ibérico» sobre el Opus Dei y sobre la ACNP[19]. Pero en este panorama tan pobre destaca la obra de G. Hermet *Les catholiques dans*

---

[15] A.A. BOLADO, *El experimento del nacional-catolicismo, 1939-1975*, Madrid 1976.

[16] F. URBINA, *Forma de vida de la Iglesia en España: 1939-1975*, en *Iglesia y sociedad en España, 1939-1975*, Madrid 1977; entre diversos trabajos sobre la evolución de la teología pastoral durante el franquismo destaca su estudio de la A.C., *Reflexión histórico-teológica sobre los movimientos especializados de A.C.*, en *Pastoral Misionera*, 1972, 269-364; M. Benzo, consiliario sucesivamente de la Juventud Universitaria, los Hombres de A.C. la Junta Nacional y finalmente tras su cese en la ACE de la Asociación Católica Nacional de Propagandistas, escribió unas interesantes Memorias que permanecen inéditas. Tomás Malagón, consiliario de la HOAC entre 1953 y 1963, escribió diversos análisis sobre la crisis de los Movimientos y militantes de A.C. en el final del franquismo

[17] Casimir Martí además de sus estudios sobre el siglo XIX, como protagonista activo del catolicismo antifranquista (consiliario de la A.C. especializada) ha escrito análisis históricos al hilo de los acontecimiento y las crisis de los Movimientos

[18] La revista *Iglesia Viva*, fundada en 1966, dedicó varios números monográficos a temas como la Asamblea Conjunta, Cristianos por el socialismo, la Iglesia ante la transición y la Constitución, etc. vid. una revisión en el n. 100, 1982; *Pastoral Misionera*, fundada por iniciativa de la JOC, dirigida por F. Urbina, más atenta a los problemas concretos de la militancia cristiana y los retos de la secularización; *Questions de Vida Cristiana*, ligada a la Abadía de Montserrat es uno de los órganos de expresión del catolicismo catalán. Para el catolicismo catalán vid. también *La revista «El Ciervo». Historia y teoría de cuarenta años*, a cargo de J.A. GONZÁLEZ CASANOVA, Barcelona 1992.

[19] J. INFANTE, *La prodigiosa aventura del Opus Dei. Génesis y desarrollo de la Santa Mafia*, Paris 1970; y D. ARTIGUES y A. SAEZ ALBA, *La Asociación Católica de Propagandistas*, Paris 1974.

l'Espagne franquiste[20] que todavía hoy sigue siendo un buen punto de partida, como marco de interpretación, para cualquier estudio sectorial sobre el tema. El interés y la utilidad del estudio de Hermet no reside tanto en el valor documental, inevitablemente escaso e incompleto por el momento en que elaboró el estudio, sino en el marco teórico e interpretativo y en el buen aprovechamiento de toda esa reflexión de teólogos y pastoralistas antes citados.

Pasado el pacto y el consenso de la transición, y especialmente a partir de octubre del 82, comienza para la Iglesia y el catolicismo español una etapa nueva marcada más por la confrontación con nuevos retos sociales y políticos de signo secularizador que parecen cuestionar o amenazar su presencia e influencia pública en la sociedad española. En ese contexto, «desde dentro» de la Iglesia se revisa y cuestiona la anterior posición autocrítica de los años 70, cuya expresión más simbólica sería la propuesta de demanda de perdón en relación con el papel desempeñado en la guerra civil, planteada en la Asamblea Conjunta de 1971. Y en su lugar se afirma, frente a comportamientos anteriores que se consideran vergonzantes, la identidad y la especificidad de la presencia católica en la nueva sociedad secularizada.

Esta nueva actitud eclesial, impulsada desde la cúpula de la jerarquía eclesiástica y desde ciertos sectores del catolicismo, supone una nueva mirada sobre el «tiempo presente» del catolicismo en España, que implica, por ejemplo, una valoración matizadamente distinta del supuesto «fracaso del catolicismo social» anterior a la guerra civil, la reivindicación de los mártires de la guerra civil, o una valoración menos optimista del proceso secularizador que acompañó el impacto del Concilio[21].

Incluso, más concretamente, esa revisión historiográfica, que parece romper consensos anteriores, refleja un debate intraeclesial más o menos explícito sobre la interpretación y aplicación del Vaticano II, y sobre los

---

[20] G. HERMET, *Los católicos en la España franquista*, 2 vols., 1985 (edic. francesa, 1980).
[21] Desde la Jerarquía F. Sebastian es uno de los que mejor expresa este cambio de valoración. Una reivindicación de los mártires en el contexto de una nueva interpretación de la persecución religiosa de los años 30 en el historiador V. CÁRCEL ORTÍ, *La persecución religiosa en España durante la II República 1931-1939*, Madrid 1990; mientras que H. RAGUER mantiene una posición contraria, en «La Aventura de la Historia», 17 (2000).

respectivos papeles jugados por el Opus Dei, la Acción Católica especializada, o el taranconismo en el catolicismo español de la segunda mitad del siglo XX[22].

En el segundo volumen de la síntesis de J. Andrés Gallego y A. Pazos, que se corresponde cronológicamente con los límites del «tiempo presente», se manifiestan los problemas ideológicos que el propio J. Andrés Gallego señalaba como lastre de nuestra historiografía religiosa. Según su punto de vista la polémica aún viva sobre la identidad de España y sobre el papel y lugar que el factor católico ha tenido y tiene en ese proceso se ha proyectado ampliamente sobre la historiografía eclesiástica y religiosa distorsionando los enfoques y el planteamiento de los problemas. Creemos que en efecto la polémica ideológica y política afecta sobre todo al estudio de la Iglesia y del catolicismo durante la guerra civil y el franquismo, así como a la valoración del proceso de secularización y del impacto del Concilio Vaticano II. También el volumen tercero de la historia religiosa de la Francia contemporánea de Cholvy-Hilaire, que abarca el periodo 1930-1988, suscitó según uno de sus autores, las más vivas polémicas. Porque, y esta es una de las características de la historia del tiempo presente, los historiadores son a la vez protagonistas y partícipes de situaciones y decisiones sobre la orientación que debe adoptar la Iglesia ante los retos del mundo moderno.

Por otra parte, desde fuera del ámbito católico,(pues los canales de integración y de colaboración recíproca entre los ámbitos eclesiástico y civil en el campo de la historiografía siguen siendo muy débiles o casi inexistentes), ha aumentado ligeramente, en cantidad y calidad, el estudio del catolicismo español más desde una perspectiva sociológica que

---

[22] El debate se expresó de forma más o menos latente o explícita con ocasión del Coloquio sobre Pablo VI y España, celebrado en 1994, publicado por el Istituto Paolo VI, Brescia, 1996; Vid. especialmente la ponencia de S. Sanchez Terán sobre la crisis de la ACE, 82-97; y la de E. Nasarre, la recepción de la enseñanza de Pablo VI en materia social y política», pp. 170-188. Sobre la recepción eminentemente política de la doctrina del Vaticano II: A. González Montes. Las *Confesiones* de Tarancón dedican muchas páginas a narrar las vicisitudes de las tensas relaciones del Vaticano de Pablo VI con el Régimen de Franco. Una voluminosa publicación más informativa y documental que analítica es la de V. Cárcel Ortí, *Pablo VI y España*, Madrid 1999. Sobre la crisis de la ACE, la polémica publicación documental del obispo Guerra Campos, *Crisis y conflicto en la Acción Católica española y otros órganos nacionales de apostolado seglar desde 1964*, Madrid 1989; y una visión crítica desde la perspectiva de la teología histórica en A. Murcia, *Obreros y obispos en el franquismo. Estudio sobre el significado eclesiológico de la crisis de la Acción Católica Española*, Madrid 1995.

historiográfica. En esta perspectiva se encuentran los estudios de V. Pérez Díaz, J.J. Linz, José Casanova, Salvador Giner, J. Estruch, y, especialmente representativa, la obra colectiva *Religión y sociedad en España,* coordinada por Rafael Díaz Salazar y Salvador Giner.

La historiografía sobre el catolicismo social en la España contemporánea, ayuda a entender también la evolución y la situación de la historia eclesiástica y religiosa española de los últimos años. Los primeros estudios propiamente historiográficos en España sobre el catolicismo social se hacen en los años 60, en medios progresistas o renovadores, atentos a la reforma Conciliar del Vaticano II, y desde un enfoque autocrítico, que parte de la hipótesis del fracaso del catolicismo social , especialmente en comparación con otros países europeos. El enfoque ya estaba presente en el libro pionero del jesuita J. García Nieto (1960) sobre el sindicalismo cristiano, pero se plantea de forma más rotunda en el estudio del hombre que encarnaría mejor ese fracaso, el canónigo asturiano Maximiliano Arboleya. En la tesis historiográfica del fracaso del catolicismo social y el amarillismo del sindicalismo cristiano anterior a la guerra del 36, confluyen la actitud autocrítica de sectores del catolicismo progresista, y muy principalmente los ligados a la pujante Acción Católica obrera (C. Martí, J. García Nieto), y la historiografía laica que trata de recuperar la memoria de los perdedores de la guerra (los libros de J.J. Castillo, *El sindicalismo amarillo,* y *los Propietarios muy pobres*).

Coincidiendo con el final del franquismo y el inicio de la transición comienzan a plantearse una revisión de esta hipótesis del fracaso, y del tono autocrítico y bastante vergonzante de esa historiografía progresista (especialmente J. Andres Gallego). Vemos pues cómo en la historiografía del catolicismo social se proyecta el debate intraeclesial, y la evolución de la propia Iglesia católica en relación con estos temas. La revisión historiográfica corre paralela a la evolución de la autoconciencia eclesial sobre el papel jugado en la guerra civil, durante las diversas fases del franquismo y en la transición.

Pero al margen de este factor ideológico, se plantea también un cierto cambio de objeto y enfoque, intentando aplicar el concepto italiano de Movimiento Católico al caso español, para así poder estudiar conjuntamente obras, asociaciones y movilizaciones, políticas y sociales, que se habían estudiado demasiado separadamente.

A mediados de los 70 pareció producirse un cierto estancamiento historiográfico, incluso aparente saturación, antes, paradójicamente, de haberse cubierto objetivos mínimos como el estudio de las diversas tendencias y líderes, las propagandas, y los diversos tiempos. Todavía hoy quedan importantes lagunas por cubrir: en el plano ideológico una definición precisa de las tendencias, influencias y recepciones; biografías de los propagandistas; en el plano social y político el análisis concreto de las presencias de las organizaciones de acción social católica en la vida política; su interrelación con el conjunto del Movimiento católico y la Acción Católica. Y, sobre todo, en la rica y abundante historiografía sobre el franquismo se echan en falta estudios sobre un factor como el catolicismo social que jugó un papel tan esencial tanto en la legitimación del régimen como en su demolición.

4. A modo de conclusión

La situación de la historiografía religiosa en España tal como se ha presentado no invita al optimismo. Resulta obligado afrontar algunos de los problemas institucionales e ideológicos citados para intentar desbloquear ese aislamiento y marginación todavía dominante. Lo que más urge quizás es crear plataformas académicas, preferentemente no eclesiásticas, que permitan el diálogo y el intercambio tanto entre los historiadores católicos y eclesiásticos pertenecientes a distintas familias, como sobre todo con los historiadores laicos, creyentes o no.

En el caso de la historia del siglo XX, este dialogo podría materializarse en torno a temas y líneas de investigación suficientemente relevantes e interesantes para los diversos investigadores. Hay algunos temas de investigación en historia religiosa contemporánea que reclaman precisamente el trabajo pluridisciplinar, y que por tanto podrían ser estratégicamente lugares de debate y de colaboración académica y científica.

Temas fronterizos con la historiografía civil, como el anticlericalismo tan estrechamente ligado al estudio del Movimiento Católico[23]; los procesos de secularización y de descristianización tan ligados al de urbanización; el estudio del clero y de la Jerarquía como parte de los estudios prosopográficos sobre élites y notables[24]; los estudios sobre la relación de

---

[23] Una visión de conjunto en F. MONTERO, *El Movimiento Católico en España*, Madrid 1993. Vid. J. DE LA CUEVA y F. MONTERO, *Clericalismo y anticlericalismo en torno a 1898, Percepciones recíprocas. Actas IV Congreso Asociacion de Hª Contemporánea*, Sevilla 1998.

[24] Vid, el prólogo de P. CARASA al libro de E. BERZAL, *Remigio Gandásegui, 1905-1937*, Madrid 1999.

la Iglesia y educación, uno de los pocos ámbitos en que abundan los trabajos de la historiografía laica[25]; la relación entre el catolicismo social y la emergencia de la política social y del Estado del Bienestar; el análisis del impacto del Catolicismo social en el mundo rural, antes y después de la guerra civil; el estudio de la religiosidad popular desde una perspectiva antropológica[26].

Por otra parte en el ámbito de la historia del «tiempo presente», y utilizando entre otras las fuentes orales, un objetivo prioritario se impone: recuperar la «memoria histórica» de toda una generación católica (obispos, clérigos, laicos, de los años 60 y 70) que vivió el impacto del Concilio Vaticano II a la vez que el cambio social y económico de los años 60 y el final del franquismo[27]. Se trata de un objetivo especialmente pertinente a la historia religiosa, pero de gran interés y relevancia para la historia social y política del cambio de régimen que se incuba antes de la muerte de Franco.

---

[25] Vid. las Actas de los Congresos de Hª de la Educación; y de los coloquios organizado por J.L. Guereña en la Univ. de Tours. Entre la abundante bibliografía, *Estudios sobre la secularización docente en España*, a cargo de J. VERGARA, Madrid 1997.

[26] *La religiosidad popular.* Actas del Congreso de Sevilla, coord. C. ALVARES SANTALO, M.J. BUZO, S. RODRIGUEZ BECERRA, 1989, o el libro de W. CHRISTIAN, *Las visiones de Azquioga. La segunda república y el reino de Cristo*, Barcelona 1997.

[27] Podría contribuir a subsanar la escasa presencia española en la *Historia del Concilio Vaticano II*, dir. por G. ALBERIGO, que con bastante retraso acaba de iniciar su publicación en España.

CLAUS ARNOLD

Konfessionalismus und katholische kirchenhistorische Forschung in Deutschland (1900-1965)

Es ist wohl ein Gemeinplatz, daß der konfessionelle Hintergrund eines Theologen oder Religionswissenschaftlers auch seine historische Arbeit in der einen oder anderen Weise, bewußt oder unbewußt, mitprägt. Er mag diesen Hintergrund affirmieren, er mag sich an ihm «abarbeiten», er mag sich trotz allem um «Objektivität» bemühen; er bleibt jedenfalls ein Faktor in der Wahrnehmung oder sogar der Zielpunkt seines Interesses. Genauso scheint es evident, daß die europäischen Konfessionskulturen über weite Strecken des 20. Jahrhunderts spezifische historische Forschungsstile aufwiesen. Zu denken wäre etwa an die besondere Rolle der Patristik bei den Anglikanern, die mit der zeitweiligen Vorherrschaft des Anglokatholizismus zusammenhing und sich bis heute in den Oxforder «Patristic Conferences» niederschlägt. Zu denken wäre auch an das besondere Interesse, das deutsche protestantische Kirchenhistoriker an der Decouvrierung häresiologischer Kategorien bezüglich der Alten Kirchengeschichte hatten und haben[1]. Die konfessionellen Zusammenhänge sind freilich nicht immer so evident wie in diesen Fällen – wo sie zudem zu einer wirklichen Vertiefung des historischen Verständnisses beitragen – sondern oft subtiler. Ihr gänzliches Schwinden kann man selbst heute nur für einzelne Disziplinen, vielleicht für Teile der Bibelwissenschaft, behaupten[2].

Mit Ausnahme der Niederlande und der Schweiz war wohl kein europäisches Land im 20. Jahrhundert so stark vom konfessionellen Gegensatz geprägt wie Deutschland. Diese nicht so ganz neue Erkenntnis spielt in der gegenwärtigen historischen Forschung eine neue Rolle. Olaf Blaschke hat für die Zeit von 1800 bis 1970 den Begriff «ein zweites konfessionelles

---

[1] Vgl. W.A. BIENERT und G. KOCH, *Kirchengeschichte I/Christliche Archäologie*, Stuttgart 1989, 37f, 42, 46.

[2] Zu dieser Einschätzung R. KANY, *Summe eines Jahrhunderts. Vom Wandel der katholischen Theologie im Spiegel des Lexikons für Theologie und Kirche*, in «Theologische Quartalschrift» 183 (2003), 1-15, hier 6.

Jahrhundert» geprägt³ und die These aufgestellt, daß die tiefgreifende konfessionelle Prägung der Lebensbereiche in Deutschland in dieser Zeit nur mit der Konfessionalisierung des 16./17. Jahrhunderts zu vergleichen sei. Wenn Blaschke als ideologischen Hintergrund dieses Prozesses vor allem die «*Ultramontanisierung*»⁴ im deutschen Katholizismus dieser Zeit vor Augen hat, so wird von katholischen (Kirchen-) Historikern seit etwa fünfzehn Jahren die sozialwissenschaftliche Kategorie des «*katholischen Milieus*» bzw. der katholischen Subgesellschaft als übergreifendes Erklärungsmodell forciert⁵. In diesem Kontext ist auch plausibel dargelegt worden, wie die katholische historisch-theologische Forschung des langen 19. Jahrhunderts von ihrer Funktion für die Milieustabilisierung her verstanden werden kann⁶. (Spätestens ab 1900 gab es dabei auch milieukritische Stimmen in der Kirchenhistorie⁷).

Solche «Kontextualisierungen» wirken einer rein ideengeschichtlichen Betrachtung der Theologiegeschichte entgegen und sind daher grundsätzlich zu begrüßen. Der heuristische Wert dieser Kategorien darf aber nicht überzogen werden. Sowohl die «Ultramontanisierung» als auch das «Milieu» können die Tendenz zur Homogenisierung des betrachteten Gegenstandes haben. Dabei ist aber nicht nur umstritten, ob nicht der Protestantismus ohnehin in antagonistische Teil-Milieus (etwa das konservativ-lutherische und das kulturprotestantische) zerfällt; auch der deutsche Katholizismus muß für das 20. Jahrhundert differenziert betrachtet werden. Dem hat die Milieu-Forschung durch ein sehr elaboriertes, regional differenzie-

---

³ *Konfessionen im Konflikt. Deutschland zwischen 1800 und 1970: ein zweites konfessionelles Zeitalter*, hg. von O. BLASCHKE, Göttingen 2002. Dazu kritisch: C. KRETSCHMANN und H. PAHL, *Ein «zweites konfessionelles Zeitalter»? Vom Nutzen und Nachteil einer neuen Epochensignatur*, in «Historische Zeitschrift» 276 (2003), 369-392. Vgl. auch F. W. GRAF, *Art. Konfessionalismus*, in «Religion in Geschichte und Gegenwart» 4 (2001), 1548 f; ID., *Art. Konfessionskulturen*, in *ibid.*, 1552 f.

⁴ Dazu demnächst der Sammelband: *Ultramontanismus*, hg. von J. SCHMIEDL, Paderborn 2004. Vgl. auch O. WEISS, *Kulturen – Mentalitäten – Mythen. Zur Theologie- und Kulturgeschichte des 19. und 20. Jahrhunderts*, hg. von M. WEITLAUFF, H. WOLF und C. ARNOLD, Paderborn 2004.

⁵ Arbeitskreis für kirchliche Zeitgeschichte (AKKZG), Münster, *Katholiken zwischen Tradition und Moderne. Das katholische Milieu als Forschungsaufgabe*, in «Westfälische Forschungen» 43 (1993), 588-654.

⁶ A. HOLZEM, *Weltversuchung und Heilsgewißheit. Kirchengeschichte im Katholizismus des 19. Jahrhunderts* (Münsteraner Theologische Abhandlungen 35), Altenberge 1995.

⁷ *Ibid.*, 195-216.

rendes Modell Rechnung getragen⁸. Zugleich findet eine Differenzierung zwischen dem sozialgeschichtlichen Milieubegriff und dem ideologiekritischen Ultramontanismusbegriff statt. Dies hängt wohl auch damit zusammen, daß der Ultramontanismusbegriff durch die Verbindung mit dem Milieumodell inflationiert worden war und insbesondere hinsichtlich der Frage nach dem Verhältnis von Katholizismus und Antisemitismus zu diskussionswürdigen Ergebnissen geführt hatte⁹.

Die im engeren Sinne theologiegeschichtliche Forschung kann sich also nicht völlig diesen Kategorien verschreiben, wenn sie sie auch im Auge behalten muß. Im folgenden soll im Sinne einer historischen Pragmatik an den Punkten angeknüpft werden, wo das Thema Konfession vor allem in der katholischen deutschen Wissenschaftsgeschichte schon zeitgenössisch zum Thema des historisch-religiösen Diskurses geworden bzw. wo um konfessionelle, historisch-religiöse Geschichtsbilder gerungen worden ist. Dabei wird kein Anspruch auf Vollständigkeit erhoben. Es handelt sich vielmehr um Schlaglichter, die sich mir aus meiner bisherigen Forschung aufdrängen.

1. «Katholizismus als Kulturmacht» (1900-1907/14)¹⁰

Nachdem die Katastrophe der Historischen Theologie im Sinne Ignaz von Döllingers nach dem I. Vatikanum verschmerzt und die staatlichen Kultur-

---

⁸ Arbeitskreis für kirchliche Zeitgeschichte, Münster, *Konfession und Cleavages im 19. Jahrhundert. Ein Erklärungsmodell zur regionalen Entstehung des katholischen Milieus in Deutschland*, in «Historisches Jahrbuch» 120 (2000), 358-395. Vgl. auch B. ZIEMANN, *Der deutsche Katholizismus im späten 19. und im 20. Jahrhundert. Forschungstendenzen auf dem Weg zu sozialgeschichtlicher Fundierung und Erweiterung*, in «Archiv für Sozialgeschichte» 40 (2000), 402-439.

⁹ O. BLASCHKE, *Katholizismus und Antisemitismus im Deutschen Kaiserreich* (Kritische Studien zur Geschichtswissenschaft 122), Göttingen 1997, ²1999; dazu meine Miszelle, *Antisemitismus – Ultramontanismus – Kulturkatholizismus. Aus Anlaß einer Studie von Olaf Blaschke*, in «Rottenburger Jahrbuch für Kirchengeschichte» 18 (1999), 243-251. Vgl. auch CH. KÖSTERS, *Katholische Kirche im nationalsozialistischen Deutschland. Aktuelle Forschungsergebnisse, Kontroversen und Fragen*, in *Die katholische Schuld? Katholizismus im Dritten Reich zwischen Arrangement und Widerstand*, hg. von R. BENDEL, Münster 2. Aufl. 2004, 25-46.

¹⁰ C. ARNOLD, *Katholizismus als Kulturmacht. Der Freiburger Theologe Joseph Sauer (1872-1949) und das Erbe des Franz Xaver Kraus* (Veröffentlichungen der Kommission für Zeitgeschichte, Reihe B: Forschungen, Bd. 86), Paderborn 1999; vgl. zum folgenden auch: H. WOLF, *Der Historiker ist kein Prophet. Zur theologischen (Selbst-) Marginalisierung der katholischen deutschen Kirchengeschichtsschreibung zwischen*

kampfmaßnahmen abgebaut waren, waren sowohl der politische Katholizismus als auch das katholische akademische Milieu um 1900 auf nationale Integration gestimmt[11]. Man wollte die katholische «Inferiorität» überwinden, den Anschluß an den liberal-protestantischen Mehrheitsdiskurs gewinnen und langfristig nicht nur «einholen», sondern auch «überholen». Wissenschaftlich wie politisch drängten Teile des katholischen Bildungsbürgertums[12] aus dem «Turm», dem konfessionell-politischen Ghetto heraus, und zwar in der Hoffnung, dadurch »den Katholizismus selbst wieder zur größten Kulturmacht auch der modernen Welt erheben zu können»[13]. So formulierte es der Kirchenhistoriker Joseph Sauer im Blick auf seinen «liberalkatholischen» Lehrer Franz Xaver Kraus.

Der institutionelle Ort dieser Bemühungen waren zunächst die katholisch-theologischen Fakultäten an den staatlichen Universitäten. Der Tübinger Theologe Franz Xaver Funk pries 1902 in seinem einflußreichen Lehrbuch der Kirchengeschichte, das 1913 im Zuge des Antimodernismus

---

1870 und 1960, in *Die katholisch-theologischen Disziplinen in Deutschland. Ihre Geschichte, ihr Zeitbezug* (Programm und Wirkungsgeschichte des II. Vatikanums 3),hg. von H. WOLF und C. ARNOLD, Paderborn 1999, 71-93. In den Beitrag waren wesentliche Anregungen aus meiner Dissertation eingeflossen (ebd. 73). – Vgl. auch den materialreichen Überblick bei W. IMKAMP, *Die katholische Theologie in Bayern von der Jahrhundertwende bis zum Ende des Zweiten Weltkrieges*, in *Handbuch der bayerischen Kirchengeschichte, Bd. 3: Vom Reichsdeputationshauptschluß bis zum Zweiten Vatikanischen Konzil*, hg. von W. BRANDMÜLLER, St. Ottilien 1991, 539-651.

[11] Vgl. den Themenband: *Integration oder Gegengesellschaft? Der deutsche Katholizismus um 1900*, «Rottenburger Jahrbuch für Kirchengeschichte» 21 (2002), 1-239. Zur Nationalisierungsproblematik vgl. u.a. B. STAMBOLIS, *Nationalisierung trotz Ultramontanisierung oder: «Alles für Deutschland. Deutschland aber für Christus». Mentalitätsleitende Wertorientierung deutscher Katholiken im 19. und 20. Jahrhundert*, «Historische Zeitschrift» 269 (1999), 57-98; *Nation und Religion in der deutschen Geschichte*, hg. von H.-G. HAUPT und D. LANGEWIESCHE, Frankfurt am Main 2001; F.W. GRAF, *Art. Nationalismus IV.1.*, in «Religion in Geschichte und Gegenwart» 6 (2003), 71-74; TH. SCHULTE-UMBERG, *Berlin – Rom – Verdun. Überlegungen zum Verhältnis von Ultramontanismus und Nation*, in *Religion und Nation – Nation und Religion*, hg. von M. GEYER und H. LEHMANN, Göttingen 2004, 117-140.

[12] D. LANGEWIESCHE, *Vom Gebildeten zum Bildungsbürger? Umrisse eines katholischen Bildungsbürgertums im wilhelminischen Deutschland*, in *Bildung und Konfession. Politik, Religion und literarische Identitätsbildung 1850-1918* (Studien und Texte zur Sozialgeschichte und Literatur 59), hg. von M. HUBER und G. LAUER, Tübingen 1996, 107-132.

[13] [Joseph Sauer], «Franz Xaver Kraus» [Rez. Karl Braig, Zur Erinnerung an Franz Xaver Kraus], in: «Strassburger Post» Nr. 187, 27. Februar 1902. – Sauer knüpft hier semantisch, bewußt oder unbewußt, an die Rede des Kulturprotestanten und Kulturkämpfers Albrecht Ritschl von der «Kulturmacht des Protestantismus» an.

für den Gebrauch in den italienischen Seminarien verboten wurde[14], den Wettbewerb zwischen evangelisch- und katholisch-theologischen Fakultäten als positives Ergebnis der staatskirchenrechtlichen Lage nach der Säkularisation in Deutschland: «Der Gegensatz des Protestantismus und seiner Wissenschaft erwies sich als kräftiger Sporn, und wenn die Berührung in einzelnen Fällen nicht ohne nachteilige Folgen war, so ging im ganzen doch weit mehr Gutes für Glauben und Wissenschaft aus ihr hervor». Mit allzu großer Herablassung blickte Funk dagegen auf die Seminarerziehung des Klerus in den «romanischen Ländern»[15]. Ebenfalls auf direkten wissenschaftlichen Wettbewerb setzten die katholischen Historiker und Philosophen der 1876 gegründeten Görres-Gesellschaft unter Georg von Hertling[16].

Neben der wissenschaftlichen «Parität» war das das theologische Ziel dieser Bemühungen explizit eine neue, effektivere «Apologetik» auf historischem wie philosophischem Gebiet im Sinne des «Reformkatholizismus»[17]. Das uneingeschränkte Vertrauen darauf, daß die historische Forschung den Katholizismus in seiner Gewordenheit rechtfertigen würde, erinnert stark an die gleichzeitigen Bemühungen in Frankreich. Tatsächlich gab es eine deutsche katholische Loisy-Rezeption[18], die allerdings auch

---

[14] F.X. FUNK, *Lehrbuch der Kirchengeschichte* (Wissenschaftliche Handbibliothek. Erste Reihe. Theologische Lehr- und Handbücher 16), Paderborn ⁴1902. – Zum Verbot vgl. A. HAGEN, *Der Reformkatholizismus in der Diözese Rottenburg (1902-1920)*, Stuttgart 1962, 133.

[15] FUNK, *Lehrbuch...*, 587f. «Die romanischen Völker, die in der vorigen Periode den wissenschaftlichen Principat behauptet hatten, blieben jetzt hinter Deutschland zurück. Die Orden und anderen Institute, die früher die Hauptträger der kirchlichen Wissenschaft waren, fielen großenteils der Revolution zum Opfer. Die theologischen Fakultäten, die in Deutschland sich so segensreich erwiesen, gehen ihnen ab. Der Klerus wird in jenen Ländern fast durchweg in Seminarien erzogen, und diese Anstalten erwiesen sich wenigstens überall da, wo das fragliche Erziehungssystem herrschend ist, nicht als Stätten wissenschaftlichen Forschens und Schaffens».

[16] Forum dieser Zusammenarbeit war unter anderem die «Literarische Rundschau für das katholische Deutschland»; vgl. ARNOLD, *Sauer...*, 294-304. Vgl. zur Görres-Gesellschaft zuletzt R. MORSEY, *Görres-Gesellschaft und NS-Diktatur. Die Geschichte der Görres-Gesellschaft 1932/33 bis zum Verbot 1941*, Paderborn 2002.

[17] Zusammenfassend C. ARNOLD, Art. *Reformkatholizismus*, in «Religion in Geschichte und Gegenwart» 7 (2004), 189-191.

[18] Dazu ARNOLD, *Sauer...*, passim, und O. WEISS, *Das wechselvolle Geschick des Alfred Loisy in Deutschland*, in ID., *Kulturen*, 385-437. Zur Modernismusproblematik vgl. zusammenfassend C. ARNOLD, *Neuere Forschungen zur Modernismuskrise in der katholischen Kirche*, in «Theologische Revue» 99 (2003), 91-104.

zu peinvollen Selbstbetrachtungen hinsichtlich der Bibelexegese nötigte: Joseph Sauer schrieb an die Modernisten-Mäzenin Auguste von Eichthal[19]: «[Loisy] hat freilich recht, wenn er geringschätzig auf Deutschland blickt. Wir sind auf keinem einzigen Gebiet der exakten Wissenschaften in der Theologie bahnbrechend gewesen. Bei uns haben sowohl im Bereich der Geschichte wie in der Bibelwissenschaft stets die Protestanten den Urwald roden müssen; wir haben, beiseite stehend, jeweils über den Barbarismus in romantischer Entrüstung geschimpft und die herz- und glaubenslosen Gegner zu brandmarken gesucht, schließlich aber sind wir ihnen doch, schüchtern und verstohlen, gefolgt und haben an den Grenzen des urbar gemachten Feldes unseren schmächtigen Weizen gebaut. In Frankreich liegen die Dinge anders; dort fehlt ganz das protestantische Element, das wissenschaftlich in dieser Weise arbeitet und darum tut's der Katholik, und der kann's um so ungenierter, je wirrer die kirchlichen Verhältnisse dorten liegen»[20].

Doch das sollte nun anders werden. Katholische Exegeten wie Fritz Tillmann, Karl Holzhey und Friedrich Wilhelm Maier begannen sich vorzuwagen[21]. Aber stärker als auf dem biblisch-exegetischen Gebiet konnte sich der deutsche «Reformkatholizismus» der Jahrhundertwende hinsichtlich der Rekonstruktion der kirchlichen Vergangenheit profilieren und hergebrachte konfessionelle Geschichtsbilder revidieren: so förderte Sauer selbst im Anschluß an Albert Ehrhard die Abkehr vom Mittelalter als kirchlicher Normzeit und die Hinwendung zur Renaissance als vorkonfessioneller Idealepoche, in der noch volle Katholizität und volle Humanität, in den Künsten wie in den Wissenschaften, miteinander verschmelzen konnten[22]. Darin lag eine subtile Pointe sowohl gegen die Gegenreformation (die Sauer implizit mit dem Antimodernismus Pius X. parallelisierte) wie gegen die Reformation, die beide als doktrinäre Verengungen erscheinen mußten. Das kurzfristige Ziel der Reformkatholiken war, wie gesagt, durch kirchliche Reformen und wissenschaftliche Präzision die

---

[19] Über sie ARNOLD, in «Biographisch-Bibliographisches Kirchenlexikon» 20 (2002), 453-457.
[20] Sauer an A. von Eichthal, 11. Oktober 1902. Nachlaß Eichthal Nr. 86, Bayerisches Hauptstaatsarchiv.
[21] H. GRAF REVENTLOW, *Katholische Exegese des Alten Testaments zwischen den Vatikanischen Konzilien*, in WOLF und ARNOLD, *Disziplinen...*, 15-38; H.-J. KLAUCK, *Die katholische neutestamentliche Exegese zwischen Vatikanum I und Vatikanum II*, ibid., 39-70.
[22] Vgl. ARNOLD, *Sauer...*, 253-265 (Lit.)

kulturelle Gleichwertigkeit des Katholizismus zu erweisen und so den Anschluß an den nationalen Diskurs zu finden; langfristig wollte man die kulturelle Deutungshoheit des (Kultur-) Protestantismus überwinden.

Ein zentrales Thema in diesem Kontext war die *Luther-Deutung*. Einen Anschluß an die protestantisch geprägte nationale Kultur des Kaiserreiches konnte es für die Jung-Katholiken nur geben, wenn man zu einer zumindest teilweise positiven Wertung des Reformators durchstoßen würde. Dazu galt es – schon lange vor Joseph Lortz –, den Abschied von der traditionellen polemischen Lutherdeutung zu nehmen, die sich noch um 1900 mit Wonne Themen wie Luthers angeblichem Selbstmord hingab[23]. Eine symptomatische Diskussion ergab sich 1904 nach dem Erscheinen des ersten Bandes von Heinrich Suso Denifles Lutherbuch[24]. Der Dominikaner Denifle verkörperte zusammen mit dem Jesuiten Franz Ehrle das Wirken des deutschen «wissenschaftlichen» Elementes an der römischen Kurie, auf das man dort auch bei der Reform des Index der verbotenen Bücher zurückgegriffen hatte[25]. Das ganze katholische Deutschland schaute eigentlich mit Stolz auf Denifle, und selbst Adolf von Harnack hatte der theologisch-historischen Arbeit des Dominikaners seine Anerkennung nicht versagt[26]. Denifles «Luther» veränderte aber die Situation. Die jungkatholischen Theologen und Historiker wie Sebastian Merkle, Martin Spahn oder Joseph Sauer anerkannten zwar die wissenschaftliche Leis-

---

[23] Vgl. die Widerlegung der «Selbstmordthese» durch Nikolaus Paulus, die sich heftig mit der gegenteiligen Deutung von Paul Majunke auseinandersetzte. Über Paulus L. PFLEGER, in «Lexikon für Theologie und Kirche» 8 (1936), 51; über Majunke R. BÄUMER, in «Lexikon für Theologie und Kirche» 6 (1961), 1309.

[24] H. DENIFLE, *Luther und Luthertum in der ersten Entwicklung quellenmäßig dargestellt*, Bd. 1, Mainz 1904. - Zur zeitgenössischen Auseinandersetzung um das Buch vgl. S. MERKLE, *Zu Heinrich Denifle*, Luther, 1904, in S. MERKLE, *Ausgewählte Reden und Aufsätze* (Quellen und Forschungen zur Geschichte des Bistums und Hochstifts Würzburg 17), hg. von T. FREUDENBERGER, Würzburg 1965, 588-599; vgl. ARNOLD, *Sauer...*, 154 f; H. WOLF, *Milieustabilisierende Apologie oder Schnittstelle zur Moderne? Sebastian Merkle und seine Konzeption von Kirchengeschichte im Spannungsfeld von Gegengesellschaft und Integration*, in «Rottenburger Jahrbuch für Kirchengeschichte» 21 (2002), 123-140.

[25] H. WOLF, *Die «deutsche» Indexreform Leos XIII. Oder: Der ausgefallene Fall des Altkatholiken Franz Heinrich Reusch*, in «Historische Zeitschrift» 272 (2001), 63-106.

[26] M. WEITLAUFF, *«Catholica non leguntur»? Adolf von Harnack und die «katholische» Kirchengeschichtsschreibung*, in *Adolf von Harnack, Theologe, Historiker, Wissenschaftspolitiker*, hg. von K. NOWAK und O.G. OEXLE, Göttingen, 239-317; wieder in: M. WEITLAUFF, *Kirche zwischen Aufbruch und Verweigerung. Ausgewählte Beiträge zur Kirchen- und Theologiegeschichte des 19. und frühen 20. Jahrhunderts*, hg. von F.X. BISCHOF und M. RIES, Stuttgart 2001, 316-387.

tung Denifles, vor allem seine theologiegeschichtliche Verortung Luthers in der Scholastik. In ihren Augen verscherzte sich Denifle aber durch seinen groben Ton den durchaus katholisch-apologetischen Effekt einer historischen Relativierung Luthers. Die Diskussion um Denifles Luther spiegelt ziemlich genau die Revision «ultramontaner» Geschichtsbilder, die im Gange war: Wie schon erwähnt, wollte Albert Ehrhard das Mittelalter nicht mehr als kirchliche «Normzeit» verstehen, und andere katholische Kirchenhistoriker wie Merkle stießen nach der pauschalen ultramontanen Aufklärungskritik[27] wieder zu einer unvoreingenommeren Beurteilung der konfessionell irenischen katholischen Aufklärung durch, freilich gegen heftigen Widerstand konservativer Kollegen, die ein «dogmatisches Kriterium» für die Kirchengeschichte ansetzen wollten[28].

Die Revision der Geschichtsbilder verband sich mit einem historisch-kritischen Neuaufschwung der katholischen Geschichtswissenschaft, der sich nicht zuletzt dem 16. Jahrhundert zuwandte und sich mit den von Joseph Greving (1868-1919) 1905 begründeten «Reformationsgeschichtlichen Studien und Texten» sowie dem «Concilium Tridentinum» der Görres-Gesellschaft (ab 1901) bleibende Monumente setzte. Die junge Generation katholischer Historiker und Theologen, wilhelminisch sozialisiert und methodisch durch «Seminarübungen» geschult, machte sich an die Aufgabe, ohne Polemik, aber auf Augenhöhe mit den Protestanten Kirchen- und Dogmengeschichte zu betreiben. Ein Beleg für diese Arbeit sind die von Alois Knöpfler ab 1899 herausgegebenen «Veröffentlichungen aus dem kirchenhistorischen Seminar München», zu denen u. a. Georg Pfeilschifter, Andreas Biglmair, Joseph Schnitzer, Theodor Schermann, Heribert Holzapfel, Albert Koeniger, Carl Holzhey, Bruno Albers, Leonhard Fendt und Franz Wieland Quelleneditionen und kritische Studien beitrugen. Wielands dogmengeschichtliche Arbeiten zu «Mensa und Confessio» und zum «vorirenäischen Opferbegriff» trugen ihm das Lob des

---

[27] Zur Problematik: H. WOLF, *Johann Michael Sailer. Das postume Inquisitionsverfahren* (Römische Inquisition und Indexkongregation 2), Paderborn 2002; ARNOLD, *Sauer...*, 435 f.

[28] H. WOLF, *«Ein dogmatisches Kriterium der Kirchengeschichte»? Franz Xaver Funk (1840-1907) und Sebastian Merkle (1862-1945) im Streit um die Identität des Faches*, in *«Im Gedächtnis der Kirche neu erwachen». Studien zur Geschichte des Christentums in Mittel- und Osteuropa. Festgabe für Prof. Dr. Gabriel Adrianyi zum 65. Geburtstag*, hg. von R. HAAS, Köln 2000, 713-732.

kulturprotestantischen Kirchenhistorikers Adolf von Harnack[29] ein, nicht zuletzt, weil die nüchterne historische Forschung Wielands nicht ganz den erwünschten apologetischen Effekt für die katholische Meßopferlehre erbracht hatte. Zur gleichen Zeit setzte sich Franz Joseph Dölger das Projekt, Harnack eine katholische Dogmengeschichte entgegenzusetzen[30].

Auch auf dem Gebiet der Christlichen Archäologie bezog man selbstbewußt Position: Joseph Sauer etwa kritisierte scharf das Werk «Christliche Antike»[31]. des liberal-protestantischen Marburger Archäologen Ludwig von Sybel (Sauer selbst sprach intern von einer «Abschlachtung von Sybels»[32]). Er freute sich zwar, daß endlich ein methodisch geschulter klassischer Archäologe die strenge Abschottung zur Christlichen Archäologe zu überwinden versuchte, stellte aber große Defizite fest: Sybel habe statt der erhofften Zusammenführung der beiden Gebiete «ein religionswissenschaftliches Räsonnement» geboten, das sich noch ganz im Bann der veralteten Thesen von David Friedrich Strauß und Ferdinand Christian Baur bewege. Von Sybels Grundannahme, der «Christianismus» sei eine typisch antike, ganz aus ihren antiken Bezügen zu erklärende Jenseitsreligion, die sich auf dem Boden eines von Jesus verkündeten Humanitätsideals breitgemacht habe, stellt Sauer sein Verständnis vom Christentum als «etwas schlechthin Absolutem» entgegen. Er zerlegte, indem er detaillierte Kenntnisse der Katakomben-Motive beweist, die «un-historische Dilettantenmethode» wild gezogener religion-swissenschaftlicher Vergleiche und beklagt das methodische Absehen von Sybels von der altchristlichen Literatur und seine Beschränkung auf die Monumente, deren Symbolik er dann mit modernem «Lyrismus» oder Rationalismus deute. Zusammenfassend stellt Sauer fest, von Sybel habe zwar «zu Beginn seiner Untersuchung so pathetisch das Gesetz der Voraussetzungslosigkeit proklamiert», dann aber «eine Dogmatik [...] vom pagan klassischen Standpunkt aus» geboten. Damit hatte Sauer das zwar nicht «voraussetzungs-

---

[29] Vgl. O. WEISS, *Der Modernismus in Deutschland. Ein Beitrag zur Theologiegeschichte*, Regensburg 1995, 410-425; WEITLAUFF, *Catholica*...

[30] G. SCHÖLLGEN, *Franz Joseph Dölger und die Entstehung seines Forschungsprogrammes «Antike und Christentum»*, in «Jahrbuch für Antike und Christentum» 36 (1993), 7-23.

[31] L. VON SYBEL, *Christliche Antike. Einführung in die altchristliche Kunst. Bd. 1: Einleitendes. Katakomben, Marburg 1906.* – J. SAUER, *Christliche Antike*, in «Deutsche Literaturzeitung» 30 (1909), 2117-2129; 2181-2193. Vgl. ARNOLD, *Sauer*..., 265-269.

[32] Sauer an A. von Eichthal, 23. Dezember 1909. Nachlaß von Eichthal Nr. 86, Bayerisches Hauptstaatsarchiv München.

lose»³³, aber doch wissenschaftliche Recht des katholischen Theologen und Historikers angemeldet. Die apologetische Zielrichtung blieb gleichwohl unverkennbar.

Der römische Antimodernismus³⁴ setzte diesem katholisch-wissenschaftlichen «Aufbruch» ein Ende – oder besser: er leitete ihn in andere Bahnen. Franz Wieland wurde das Lob Harnacks zum Verhängnis, er geriet unter den Beschuß eines bis dato unbekannten Innsbrucker Jesuiten, verweigerte den Antimodernisteneid und beschloß seine Tage als Bibliothekar in Tübingen. Die anderen traten oft den Rückzug in die «positive Arbeit» an: Albert Ehrhard kompensierte den Verlust seiner dogmengeschichtlichen Arbeitsmöglichkeiten durch die Flucht in ein (unvollendetes) hagiologisches Großprojekt³⁵. Auch Franz Joseph Dölgers neues Forschungsprojekt «Antike und Christentum» vermied konsequent die Dogmengeschichte, führte aber auf ein wissenschaftlich fruchtbares religions- und frömmigkeitsgeschichtliches Feld³⁶. Gleichfalls verstärkte sich die Tendenz zur Konzentration auf Editionsprojekte. Beim «Concilium Tridentinum» arbeiteten hier katholische Kirchen- und Allgemeinhistoriker in der Historischen Sektion der Görres-Gesellschaft (verbunden mit den Namen von Aloys Schulte und Heinrich Finke) zusammen. Trotz – oder gerade wegen – dieser «positivistischen» Ausweichstrategie blieb auch der Görres-Gesellschaft der Modernismus-Verdacht nicht erspart³⁷. In Konkurrenz zu ihr trat 1913 der katholische Akademikerverband, der wieder eine «weltanschaulich» gebundene, antimodernistische «katholische Wissenschaft» vertrat³⁸. Die durch den Antimodernismus erzwungene Konzentration auf die positive Arbeit förderte auch die Spezialisierung der

---

[33] Die «Voraussetzungslosigkeit» der Wissenschaft hat bekanntlich Theodor Mommsen im Kontext des «Falles Spahn» postuliert; C. WEBER, *Der «Fall Spahn» (1901), Ein Beitrag zur Wissenschafts- und Kulturdiskussion im ausgehenden 19. Jahrhundert*, Rom 1980.

[34] Dazu u. a. C. ARNOLD, *Lamentabili sane exitu (1907). Das Römische Lehramt und die Exegese Alfred Loisys*, in «Zeitschrift für Neuere Theologiegeschichte» 11 (2004), 24-51.

[35] C. WEBER, *Kirchengeschichte, Zensur und Selbstzensur. Ungeschriebene, ungedruckte und verschollene Werke vorwiegend liberal-katholischer Kirchenhistoriker aus der Epoche 1860-1914* (Kölner Veröffentlichungen zur Religionsgeschichte, Bd. 4), Köln 1984, 121.

[36] SCHÖLLGEN, *Dölger...*

[37] N. TRIPPEN, *«Zwischen Zuversicht und Mutlosigkeit». Die Görres-Gesellschaft in der Modernismuskrise 1907-1914*, in «Saeculum» 30 (1979), 280-291

[38] C. WEBER, *Heinrich Finke zwischen akademischer Imparität und kirchlichem Antiliberalismus*, in «Annalen des Historischen Vereins für den Niederrhein» 186 (1983), 139-165.

historischen Fächer. So emanzipierte sich etwa die Christliche Archäologie ziemlich vollständig von der Kirchengeschichte; mit den von Görres-Gesellschaft und der Notgemeinschaft der deutschen Wissenschaft geförderten Ausgrabungen in Palästina (Brotvermehrungskirche) konnte sie in den 30er Jahren auch internationale Anerkennung erreichen[39].

2. Eine «neue Zeit» (1918-1933)?

Es ist einer der paradoxen Effekte der Modernismuskrise in Deutschland, daß der historisch-religiösen Forschung im katholischen Bereich die «antihistoristische Revolution»[40] erspart blieb, die sich gleichzeitig im Protestantismus im Zeichen der «Dialektischen Theologie» vollzog. Die Kirchenhistoriker und die katholischen Profanhistoriker hatten sich schon zuvor aus dem theologischen Diskurs verabschiedet. Zwar schwärmten theologische Schriftsteller im «ver sacrum catholicum» der 20er Jahre von der neuen Kulturbedeutung des Katholizismus und seiner «Objektivität»[41], doch hatte dies für den katholischen universitären Wissenschaftsbetrieb kaum Folgen: Das repräsentative Lexikon für Theologie und Kirche (1930-1938) etwa ist gekennzeichnet durch eine bloße Juxtaposition von «positivistischen» historischen und relativ traditionell-neuscholastischen dogmatischen Artikeln (meist von Jesuitentheologen wie P. Ludwig Kösters). Noch Karl Rahner konstatierte in einem Gutachten von 1943 die Konzentration der Kirchenhistorie auf Editionsleistungen und positivistische Einzelforschungen und klagte:

«[...] die Patrologie ist überhaupt ungefähr das einzige Gebiet, auf dem wir von den Protestanten unabhängig sein können - aber damit sind wir eigentlich auch schon ungefähr mit solchen größeren synthetischen Leistungen am Ende. Seit dem längst überholten Schwane hat kein deutscher Theologe mehr eine Dogmengeschichte geschrieben [...] Was soll der machen, der nun doch eine Dogmengeschichte lesen will? Bleibt ihm etwas anderes übrig, als zu Harnack oder besser zu Seeberg zu greifen?»[42].

---

[39] Vgl. ARNOLD, Sauer..., 351-358.

[40] F.W. GRAF, Die antihistoristische Revolution in der protestantischen Theologie der zwanziger Jahre, in Vernunft des Glaubens. Wissenschaftliche Theologie und kirchliche Lehre (FS Wolfhart Pannenberg), hg. von J. ROHLS und G. WENZ, Göttingen 1988, 377-405.

[41] TH. RUSTER, Die verlorene Nützlichkeit der Religion. Katholizismus und Moderne in der Weimarer Republik, Paderborn 1994.

[42] Karl Rahner. Theologische und philosophische Zeitfragen im katholischen deutschen Raum (1943), hg. von H. WOLF, Ostfildern 1994, 95. Zur Würdigung dieser Edition und des Rahner-Gutachtens vgl. Thomas Ruster in «Lebendiges Zeugnis» 51 (1996) 316-

Den Antimodernismus als Auslöser dieser Entwicklung benannte Rahner nicht. Obwohl Rahner die historische Erforschung der Scholastik in Deutschland, die sich u. a. mit den Namen von Martin Grabmann[43] und Clemens Baeumker verband, würdigte[44], sah er hier doch auch «viel Historizismus am Werk»[45]. Er bevorzugte die neueren Werke der sog. «katholischen Heidegger-Schule» (oder besser Maréchal-Schule[46]), also etwa von Johann Baptist Lotz und Max Müller, bei denen «wohl mehr Liebe und Begeisterung zu Thomas von Aquin zu verspüren [sei] als etwa in dem doch beinahe historisch kühlen Wohlwollen für Thomas, das aus den Arbeiten von Hertling[47], Baeumker usw. spricht»[48].

Die katholischen Historiker der Weimarer Zeit hatten den Geschmack an der konfessionellen Konkurrenz verloren. Mehr denn je war man angesichts des kirchlichen Mißvergnügens auf nationale Integration bedacht. Dies bedingte auch die Entwicklung eines weniger theologischen als nationalen Ökumene-Konzeptes. Noch 1917 hatte man im Zeichen des konfessionellen Burgfriedens im Ersten Weltkrieg eine Kommission zur Erforschung der Geschichte der Reformation und Gegenreformation gegründet, der von evangelischer Seite u.a. Harnack, von Schubert und Holl

---

318 sowie die Neuedition mit Zusammenfassung der Diskussion und der Kritikpunkte bei A. RAFFELT (Bearb.), *Hörer des Wortes. Schriften zur Religionsphilosophie und zur Grundlegung der Theologie* (Karl Rahner. Sämtliche Schriften 4), Freiburg i. Br. 1997. Vgl. auch K. KREUZER, *Karl Rahners Kritik antiintellektualistischer Tendenzen in der deutschen Philosophie und Theologie während der nationalsozialistischen Ära*, in «Theologie und Philosophie» 76 (2001), 410-420.

[43] Zur Grabmanns Programm einer historischen Erforschung der Scholastik in aktualisierender Absicht vgl. demnächst L. BENDEL-MAIDL, *Tradition und Innovation. Zur Dialektik von historischer und systematischer Perspektive in der Theologie am Beispiel von Transformationen in der Rezeption des Thomas von Aquin im 20. Jahrhundert* (Religion - Geschichte - Gesellschaft 27), Münster 2004.

[44] WOLF, *Rahner...*, 160-162.

[45] *Ibid.*, 162.

[46] Vgl. O. MUCK, *Die deutschsprachige Maréchal-Schule – Transzendentalphilosophie als Metaphysik, J.B. Lotz, K. Rahner, W. Brugger, E. Coreth u.a.*, in *Christliche Philosophie im katholischen Denken des 19. und 20. Jahrhunderts, Bd. 2: Rückgriff auf scholastisches Erbe*, hg. von E. CORETH u.a., Graz 1988, 590-622.

[47] Zu den Schwierigkeiten, die Hertling wegen seiner Thomas-Historisierung bereits um 1900 hatte vgl. WEBER, *Spahn...*, 108, 168f. Zum ganzen Problemkreis, der hier nicht weiter aufgerissen werden kann, ist grundlegend: C. WEBER, *Der Religionsphilosoph Johannes Hessen (1889-1971). Ein Gelehrtenleben zwischen Modernismus und Linkskatholizismus* (Beiträge zur Kirchen- und Kulturgeschichte 1), Frankfurt am Main 1994.

[48] WOLF, *Rahner...*, 189.

angehörten und denen katholischerseits Ehrhard, Finke, Grauert, Merkle, Schulte und Spahn, also prominente Mitglieder der Historischen Sektion der Görres-Gesellschaft, gegenüberstanden[49]. Die Objektivierung der Geschichtsbilder sollte den im nationalen Sinne dysfunktionalen Konfessionalismus eindämmen.

Entsprechend kam man in der Wissenschaftsverwaltung der Weimarer Zeit den alten katholischen Forderungen nach «Parität» ziemlich nahe. Mit direkter und indirekter Unterstützung durch die Kulturpolitik der nun oftmals regierungsbeteiligten katholischen Zentrumspartei und mit Duldung der alten liberal-protestantischen Eliten konnten katholische Wissenschaftsorganisatoren wie die (Kirchen-)Historiker Heinrich Finke, Georg («Reichsprälat») Schreiber oder auch Joseph Sauer eine bedeutsame Rolle im Wissenschaftsbetrieb spielen. Ihnen ging es dabei allerdings nicht primär um die Durchsetzung «katholischer Weltanschauung» (im Stile des mit der Görres-Gesellschaft konkurrierenden «Katholischen Akademikerverbandes»), sondern um die «Weltgeltung deutscher Wissenschaft»[50]. Insofern war man sich einig.

3. Im Nationalsozialismus (1933-1945)

Die «Entkonfessionalisierung» war auch eine der Forderungen der «Kulturpolitik» des «Dritten Reiches». In den Kreisen reformkatholischer Dissidenten gediehen in dieser Zeit deshalb Hoffnungen auf eine relativ romferne, deutsche, womöglich ökumenische, Nationalkirche unter einem eigenen Primas. Hier war man nun sogar bereit, nachträglich die Berechtigung von Bismarcks Kulturkampf gegen den «Ultramontanismus» anzuerkennen[51]. Aber auch offizielle Vertreter des Katholizismus wie der Paderborner Erzbischof (später Kardinal) Lorenz Jaeger[52] verfolgten ihre ökumenischen Interessen zunächst unter den Vorzeichen der nationalen

---

[49] F. SCHMIDT-OTT, *Erlebtes und Erstrebtes 1860-1950*, Wiesbaden 1950, 157f. Vgl. WOLF, *Merkle...*, 137f.
[50] ARNOLD, *Sauer...*, 351-358.
[51] *Der Rheinische Reformkreis. Dokumente zu Modernismus und Reformkatholizismus in Deutschland 1942-1955*, 2 Bde., hg. von H. WOLF und C. ARNOLD, Paderborn 2001.
[52] Über ihn G. WASSILOWSKY, in *Religion in Geschichte und Gegenwart* 4 (2001), 346. Zu Jägers national-konservativer Einstellung siehe M. PAPE, *Erzbischof Lorenz Jaeger von Paderborn im Kampf gegen den antichristlichen Bolschewismus*, in W. ALTGELD, *Menschen, Ideen, Ereignisse in der Mitte Europas. Festschrift für Rudolf Lill*, Konstanz 1999, 145-169.

Einheit. Allerdings hatte auch die Kirchenverfolgung der Nationalsozialisten die Ökumene gefördert, indem sie Teile des Protestantismus näher an den Katholizismus rücken ließ. Hinsichtlich der historisch-religiösen Wissenschaft ist vor allem im protestantischen Bereich eine Umsetzung rassistischer in theologische Kategorien zu konstatieren, wie sie ihren Ausdruck etwa im protestantischen »Institut zur Erforschung des jüdischen Einflusses auf das deutsche kirchliche Leben" in Eisenach fand[53]. Innerhalb der katholischen Theologie tat sich wohl am extremsten der Dogmatiker Karl Adam mit seinen «Brückenbau»-Versuchen zum Nationalsozialismus hervor; Adam schreckte auch vor Spekulationen über die Bedeutung der Unbefleckten Empfängnis und der Jungfrauengeburt für die Rassezugehörigkeit Jesu nicht zurück[54]. Im engeren kirchenhistorischen Bereich können vielleicht zwei Grundoptionen unterschieden werden[55]: die eine Richtung stellte fest, daß der Rückzug in die «positive Arbeit», den man unter dem Druck des kirchlichen Antimodernismus angetreten hatte, vielleicht auch unter dem Nationalsozialismus die richtige Immunisierungsstrategie darstellen könnte. In diesem Rahmen war sogar subtile Resistenz möglich, etwa wenn man sich auf die Erforschung des religiösen «Volkstums» verlegte und dabei den durchaus christlichen und nicht germanisch-heidnischen Volkscharakter der Deutschen affirmierte (so Georg Schreiber). Entsprechend arbeiteten Kirchenhistoriker wie der Bonner Wilhelm Neuss, wenn auch anonym, an der offiziellen katholischen Widerlegung von Rosenbergs «Mythus» mit. Die andere Richtung, vertreten etwa von Joseph Lortz und Ludwig Andreas Veit, stellte fest, daß man sich auf der Basis eines katholischen Antiliberalismus eventuell mit dem Nationalsozialismus verständigen könnte. Wenn man die abendländische Geistesge-

---

[53] Über das Institut zuletzt: S. HESCHEL, *Deutsche Theologen für Hitler. Walter Grundmann und das Eisenacher «Institut zur Erforschung und Beseitigung des jüdischen Einflusses auf das deutsche kirchliche Leben»*, in *«Beseitigung des jüdischen Einflusses...»*. *Antisemitische Forschung, Eliten und Karrieren im Nationalsozialismus* (Jahrbuch 1998/99 zur Geschichte und Wirkung des Holocaust), hg. von Fritz Bauer Institut, Darmstadt 1999, 147-167.

[54] Vgl. L. SCHERZBERG, *Kirchenreform mit Hilfe des Nationalsozialismus. Karl Adam als kontextueller Theologe*, Darmstadt 2001; C. ARNOLD, *Karl Adams Aachener Vortrag über die «Religiöse Situation des deutschen Katholizismus» (1939) und sein Echo*, «Geschichte im Bistum Aachen» 6 (2001/2002), 253-275.

[55] W. DAMBERG, *Kirchengeschichte zwischen Demokratie und Diktatur. Georg Schreiber und Joseph Lortz in Münster 1933-1950*, in *Theologische Fakultäten im Nationalsozialismus* (Arbeiten zur kirchlichen Zeitgeschichte B 18), hg. von L. SIEGELE-WENSCHKEWITZ und C. NICOLAISEN, Göttingen 1993, 145-167.

schichte seit dem Spätmittelalter als steten Abfall von der hochmittelalterlichen «Objektivität» und als Hinwendung zu individualistischer und subjektivistischer Zersetzung interpretierte, dann konnte die Erneuerung der anti-individualistischen Volksgemeinschaft im NS-Staat als fast heilsgeschichtlicher Umschwung gedeutet werden. Obwohl Lortz sich bei dem indizierten «Reformer» Sebastian Merkle habilitiert hatte und aus nationalem Interesse an dessen irenische Lutherdeutung anknüpfte, nahm er damit zumindest teilweise Abschied von den reformkatholischen Geschichtsbildern der Jahre um 1900 und repristinierte alte ultramontane Schablonen im Geiste eines antibürgerlichen Kulturpessimismus.

4. Die Zeit nach 1945: Das Beispiel der Contarini-Studien Hubert Jedins

Die westlichen Besatzungszonen und dann die Bundesrepublik Deutschland boten erstmals ein günstiges Umfeld, in dem sich das Programm eines «Katholizismus als Kulturmacht» realistischerweise durchsetzen ließ. Die Katholische Kirche genoß zunächst ein großes moralisches Ansehen und politischen Einfluß; Kritiker wie der SPD-Vorsitzende Kurt Schumacher sprachen von der «fünften Besatzungsmacht»[56]. Dies hatte auch wissenschaftliche Folgen: die französische Kulturpolitik etwa (namentlich Raymond Schmittlein) stützte die katholisch-christlichen Historiker um den Pastor-Schüler Wilhelm Wühr, die im neuen Mainzer Institut für Europäische Geschichte die Abkehr vom borussizistischen Denken und die Hinwendung zu abendländisch-europäischen Kategorien befördern sollten[57]. Freilich dominierte aufs Ganze gesehen – trotz der Bedeutung von Gestalten wie Franz Schnabel – noch lange der Typus des protestantischen «deutschen Professors» wie ihn etwa Gerhard Ritter verkörperte[58]. Die katholischen Universitätstheologen Westdeutschlands konnten nach ihrer Marginalisierung im «Dritten Reich» nun selbstbewußt im

---

[56] Rede auf dem SPD-Parteitag, 19.6. 1949; vgl. zum Echo G. ANGER, Art. *P. Nellen*, in «Biographisch-Bibliographisches Kirchenlexikon» 22 (2003), 890-902.
[57] Vgl. W. SCHULZE, *Deutsche Geschichtswissenschaft nach 1945*, München 1993, 164f und passim (Reg.); W. SCHULZE und C. DEFRANCE, *Die Gründung des Instituts für Europäische Geschichte Mainz* (Veröffentlichungen des Instituts für Europäische Geschichte Mainz Beiheft 36), Mainz 1992; C. BAGINSKI, *Frankreichs Kirchenpolitik im besetzten Deutschland 1945-1949* (Quellen und Abhandlungen zur mittelrheinischen Kirchengeschichte 87), Mainz 2001.
[58] Über ihn C. CORNELISSEN, *Gerhard Ritter. Geschichtswissenschaft und Politik im 20. Jahrhundert* (Schriften des Bundesarchivs 58), Düsseldorf 2001.

Universitätsganzen auftreten und eine (im Sinne der Görres-Gesellschaft gemäßigte) katholische Meinungsführerschaft beanspruchen[59].

Das konkrete Weiterwirken konfessioneller Kategorien in der historisch-religiösen Forschung der Zeit nach 1945 ist allerdings noch schwer zu bestimmen[60]. Die Bedeutung des Konfessionalismus, aber auch seine Relativierung in dieser Zeit soll hier wenigstens an einem prominenten Beispiel, nämlich den *Contarini-Forschungen Hubert Jedins*[61], illustriert werden[62].

Blicken wir dazu ein wenig zurück: Schon im Kontext des reformkatholischen Revisionismus um 1900 hatten die «irenischen» Kardinäle Gasparo Contarini und Reginald Pole eine große Rolle gespielt: Friedrich Lauchert[63] brachte Contarini nicht nur wieder als fairen Gegner Luthers ins Gedächtnis[64], sondern erinnerte auch an die Bemühungen des großen Benediktinergelehrten und Kardinals Angelo Maria Quirini[65], der in direkter Anknüpfung an Pole und Contarini zu einer Einigung mit den Protestanten seiner Zeit kommen wollte[66]. Diese Transformation des katholischen Geschichtsbildes hatte schon Ende des 19. Jahrhunderts der Braunsberger

---

[59] ARNOLD, *Sauer...*, 408-433. Zum Kontext siehe *Christentum und politische Verantwortung. Kirchen im Nachkriegsdeutschland* (Konfession und Gesellschaft 2), hg. von J.-C. KAISER und A. DOERING-MANTEUFFEL, Stuttgart 1990; *Siegerin in Trümmern. Die Rolle der katholischen Kirche in der deutschen Nachkriegsgesellschaft* (Konfession und Gesellschaft 15), hg. von J. KÖHLER und D. VAN MELIS, Stuttgart 1998.

[60] Vgl. die Hinweise bei A. ANGENENDT, *Liturgik und Historik. Gab es eine organische Liturgie-Entwicklung?* (Quaestiones disputatae 189), Freiburg i. Br. 2001, 88-98.

[61] Über ihn *Die Erforschung der Kirchengeschichte. Leben, Werk und Bedeutung von Hubert Jedin (1900-1980)* (Katholisches Leben und Kirchenreform 61), hg. von H. SMOLINSKY, Münster 2001.

[62] Vgl. zum folgenden C. ARNOLD, *Kirchliche Zensur und theologische Rezeption. Die postume Expurgation der Werke Cajetans und Contarinis und das theologische Profil der römischen Kongregationen von Inquisition und Index (1558-1601)*, Habilitationsschrift im Fach Mittlere und Neuere Kirchengeschichte, masch., Münster/W., Oktober 2002. 500 S.

[63] Über ihn E. BOSL, in *Biographisch-Bibliographisches Kirchenlexikon* 4 (1992), 1236-1238.

[64] F. LAUCHERT, *Die italienischen literarischen Gegner Luthers* (Erläuterungen und Ergänzungen zu Janssens Geschichte des deutschen Volkes 8), Freiburg i. Br. 1912, 371-381.

[65] Über ihn G. ALBERIGO, in *Lexikon für Theologie und Kirche* 8 (1999), 775f.

[66] F. LAUCHERT, *Die irenischen Bestrebungen des Kardinals Angelo Maria Quirini (O.S.B.), speziell in seinem literarischen Verkehr mit deutschen protestantischen Gelehrten*, in «Studien und Mitteilungen aus dem Benediktiner- u. Zisterzienserorden» 24 (1903), 243-275.

Kirchenhistoriker und Dompropst Franz Dittrich[67] mit seiner monumentalen Contarini-Biographie initiiert (Die preußische Regierung dankte es ihm, indem sie ihn zum Bischofskandidaten machte). Auf protestantischer Seite wurde dieser Umschwung durchaus wahrgenommen: Wilhelm Braun[68], Schüler des bekannten Dogmenhistorikers Reinhold Seeberg[69], drehte die konfessionspolitische Spitze des Themas aber geschickt um: In seiner 1903 erschienenen Broschüre: «Kardinal Gasparo Contarini oder der Reformkatholizismus unserer Tage im Lichte der Geschichte» würdigte er zwar die irenischere Haltung der Reformkatholiken, die den Protestantismus als «Kulturmacht» anerkannten[70], machte aber ihnen wie Contarini, der ihm rein innerlich gesehen «ein evangelischer Christ im Kardinalspurpur»[71] war, den Vorwurf, daß sie nicht vom Charakter der Kirche als «Heilsanstalt» abgehen wollten und so bei einer «Halbheit» stehenblieben[72]. Damit hatte Braun die ratio essendi der Reformkatholiken und ihres Vorläufers Franz Dittrich getroffen. Dittrich fühlte sich herausgefordert und replizierte in einer spitzen Rezension in der Theologischen Revue[73].

Hubert Jedin nun sah sich selbst in der Tradition des kirchenhistorischen Aufschwungs um 1900, der sich in seinen Vorbildern Albert Ehrhard, Sebastian Merkle[74] und Joseph Greving verkörperte. Jedin war sich der Leistungen und Schwierigkeiten dieser Generation klar bewußt und hat die Forschungsgeschichte, auf der er aufbaute, selbst früh rekonstruiert[75]. Ihre alten Anliegen – Abkehr von billiger antiprotestantischer Polemik und historisch-kritische Nüchternheit als Basis einer «neuen Apologetik» –

---

[67] Die nach wie vor beste biographische Skizze von J. LORTZ, in *Lexikon für Theologie und Kirche* 3 (1931), 351.

[68] Über ihn K.-H. FIX, in *Biographisch-Bibliographisches Kirchenlexikon* 17 (2001), 164-171.

[69] Über ihn F. W. GRAF, in *Profile des Luthertums. Biographien zum 20. Jahrhundert*, W.-hg. von D. HAUSCHILD, Gütersloh 1998, 617-676.

[70] W. BRAUN, *Kardinal Gasparo Contarini oder der «Reformkatholizismus» unserer Tage im Lichte der Geschichte*, Leipzig 1903, 5.

[71] *Ibid.*, 10.

[72] *Ibid.*, 88f.

[73] F. DITTRICH, Rez. Braun, Contarini, in «Theologische Revue» 2 (1903), 601-604.

[74] Dazu G. ALBERIGO, *Hubert Jedin als Geschichtsschreiber 1900-1980. «Ein dürres Blatt, mit dem der Wind der Weltgeschichte spielt»* (Lebensbericht 85), in *Erforschung...*, 19-43; vgl. ID., *Hubert Jedin storiografo (1900-1980)*, in «Cristianesimo nella Storia» 22 (2001), 315-338.

[75] Vgl. seine Antrittsvorlesung als Breslauer Privatdozent von 1931: H. JEDIN, *Die Erforschung der kirchlichen Reformationsgeschichte seit 1876*, Münster 1931, wo er 21-23 ausführlich die Auseinandersetzung um Denifles Lutherdeutung referiert und 38 mit einem an Greving orientierten Aufruf zum «Wahrsein in Liebe» schließt; sowie H.

transformierte er in seine Forschungen zum Konzil von Trient und dessen Umkreis. Jedins Contarini-Bild, wie er es erstmals zusammenhängend in seinem 1949 erschienenen «Kardinal Contarini als Kontroverstheologe» entwickelte, stach deutlich von jeder konfessionellen Polemik ab. Zwar sprach Jedin vom «bitter notwendigen Trennungsstrich gegenüber dem Luthertum»[76], setzte aber zumal bei Contarinis Rechtfertigungslehre die Akzente ganz anders als etwa der orthodox-korrekte Friedrich Hünermann vor ihm. Jedin stellte nüchtern fest, Contarinis Rechtfertigungslehre sei «nicht tridentinisch, aber sie ist auch nicht protestantisch», und bescheinigte Contarini eine «einwandfrei katholische» Grundhaltung, die man ihm so wenig wie Bischof Ketteler absprechen dürfe, der seine Primatsauffassung nach dem I. Vatikanum auch wandeln mußte[77]. Jedin würdigte Contarinis religiöse Wärme und seine Verständigungsbereitschaft den Protestanten gegenüber, ja, er fand sogar eine historische Überhöhung für Contarinis Scheitern in Regensburg 1541: «erst der erfolglose Unionsversuch von Regensburg rechtfertigt den Trennungsstrich von Trient»[78]. Zugleich konstatierte er – ganz in der Tradition Merkles und ähnlich wie

---

Jedin, Joseph Greving (1868-1919). Zur Erinnerung an die Begründung der «Reformationsgeschichtlichen Studien und Texte» im Jahre 1905 (Katholisches Leben und Kämpfen 12), Münster 1954, 55f: «Er [Greving] gehört der jüngeren Generation der Kirchenhistoriker an, die nach der Katastrophe der historischen Schule Döllingers mutig die kirchengeschichtliche Forschung wieder aufnahmen, aber nicht wie die Konvertiten Klopp und Pastor, wie Janssen und Paulus im ausgesprochenen Gegensatz gegen die klein-deutsche und liberal-protestantische Geschichtsauffassung, die damals in Deutschland dominierte, sondern in Fühlung mit ihr, vor allem unter Übernahme ihrer wissenschaftlichen Methodik. Die ältere Generation dieser katholischen Historiker und Kirchenhistoriker, Kraus und Funk, Schrörs und Knöpfler, aber auch noch Finke und Schulte hatte die Krisis der 1870er Jahre noch bewußt miterlebt; die jüngere, zu der Greving gehörte, nicht mehr. Sie stand aber der modernen Wissenschaft und Kultur, aber auch dem Staate positiver gegenüber als jene andere Gruppe um Klopp und Janssen, bei der der großdeutsche Gegensatz gegen die Bismarcksche Reichsgründung und die kirchliche Fronstellung, aber auch persönliche üble Erfahrungen im Sinne der Absonderung zusammenwirkten. Daß sie nicht "liberal" im weltanschaulichen Sinn, erst recht nicht "modernistisch" war, erweist gerade das Leben Grevings mit aller Deutlichkeit. Es wird auch sichtbar, wie groß der Einfluß von Männern wie Althoff und Hertling auf diese Wendung der deutschen Katholiken zum Positiven war».

[76] H. JEDIN, *Kardinal Contarini als Kontroverstheologe* (Katholisches Leben und Kämpfen 9), Münster 1949, 5.
[77] *Ibid.*, 16f.
[78] *Ibid.*, 17f.

Joseph Lortz[79] – nicht ohne Zustimmung Contarinis «Verständnis für die religiösen Motive Luthers», das sich sogar zu einer Anerkennung des Reformators («pulchre et excellenter») steigern konnte[80]. Die Mäßigung des Tones in der konfessionellen Auseinandersetzung blieb also bei allem katholischen Selbstbewußtsein eindeutig Jedins Anliegen.

Wichtiger noch ist aber eine Zentralidee seines Forschens, die Jedin u.a. aus seiner Beschäftigung mit Contarini gewann. Jedin brachte durch die Auswertung der 1942 entdeckten «Camaldoli-Briefe» der Freundesgruppe um Contarini[81] neues Licht in eine «genuin» katholische Reformgruppe, die sich schon Jahre vor dem Schicksalsdatum 1517 formierte. Bereits im Jahr 1511, also vor Luthers sog. «Turmerlebnis»[82], hatte Contarini bei der Beichte ein «Ostererlebnis», bei dem ihm die «Gnadengerechtigkeit im Glauben an Christus» aufging – eine Entdeckung die für Jedin «urkatholisch» war[83], denn Contarini gehörte nicht auf die Seite Luthers, sondern lag für ihn auf «der Linie Paulus-Augustinus-Thomas»[84]. Insgesamt konnte er anhand von Contarini also die zeitliche und sachliche *Priorität* der «katholischen Reform» *vor* der Reformation Luthers belegen. Jedin begann so, das alte (reform-)katholische Ziel einzulösen, die protestantische Deutungshoheit über das 16. Jahrhundert zu brechen. Franz Dittrich hatte bereits 1881 den von dem Lutheraner Wilhelm Maurenbrecher aufgebrachten Begriff «katholische Reformation» freudig begrüßt[85], den auch Ludwig Pastor in seiner Geschichte der Päpste übernahm. Nun konnte Jedin mit Erfolg den Doppelbegriff «Gegenreformation/Katholische Reform» überkonfessionell durchsetzen, wobei der «protestantische» Terminus «Gegenreformation» mit dem positiven Gehalt der «Selbstbehauptung» der Catholica gefüllt wurde[86]. Die junge Bundesrepublik bot für ein sol-

---

[79] Zur Problematik des Lortz'schen Ansatzes sowie zu Grundtendenzen der katholischen deutschen Kirchenhistorie vgl. Angenendt, Liturgik, passim (Reg.).
[80] JEDIN, *Kontroverstheologe...*, 12f.
[81] Vgl. H. JEDIN, *Contarini und Camaldoli*, Rom 1953.
[82] Jedin sprach später selbst vom «Turmerlebnis» Contarinis; H. JEDIN, *Ein «Turmerlebnis» des jungen Contarini*, in «Historisches Jahrbuch» 70 (1951), 115-130.
[83] JEDIN, *Kontroverstheologe...*, 7-9.
[84] *Ibid.*, 10.
[85] Vgl. J. O'MALLEY, *Trent and all that. Renaming Catholicism in the Early Modern Era*, Cambridge Mass. 2000, 26 und 180f.
[86] *Ibid.*, 55.

ches Unterfangen ein günstigeres politisch-gesellschaftliches Umfeld als das Kaiserreich[87].

Jüngst ist auf die «Milieu-Gebundenheit» der historischen Ekklesiologie Jedins hingewiesen worden, die sich etwa in der konservativen kirchenpolitischen Haltung des Kirchenhistorikers nach 1968 manifestiert habe[88], als er erneut eine reformatorische Revolution befürchtete[89]. Zu ergänzen wäre, daß sich in Jedins Historie *auch* die «Ent-Ultramontanisierung» und damit auch die limitierte Entkonfessionalisierung des katholischen Milieus und zumal seiner wissenschaftlichen Eliten zwischen 1900 und 1965 spiegelte. Hierbei ist nicht zuletzt an Jedins Tätigkeit beim Zweiten Vatikanum im Sinne einer dezentralisierenden Kirchenreform zu denken[90]. Historisches Vehikel dieser Ent-Ultramontanisierung waren nicht zuletzt seine Contarini-Studien.

6. Ausblick

Das Beispiel Jedin hat abschließend beleuchtet, wie komplex sich der historisch-religiöse Umgang mit dem konfessionellen Gegensatz in Deutschland im 20. Jahrhundert darstellt. Der Konfessionalismus war zwar eine prägende Realität, Programme katholischer Kulturdominanz wurden zumindest zeitweise von konservativen wie «liberalen» Historikern des

---

[87] Vgl. ANGENENDT, *Liturgik...*, 88f (Lit.).

[88] A. HOLZEM, *Die Geschichte des «geglaubten Gottes». Kirchengeschichte zwischen «Memoria» und «Historie»*, in: *Katholische Theologie studieren: Themenfelder und Disziplinen* (Münsteraner Einführungen Theologie Bd. 1), hg. von A. LEINHÄUPL und M. STRIET, Münster 2000, 73-103, hier 81-87.

[89] Dies läßt sich vor allem aus Jedins «Lebensbericht», H. JEDIN, *Lebensbericht. Mit einem Dokumentenanhang* (Veröffentlichungen der Kommission für Zeitgeschichte A 35), hg. von K. REPGEN, Mainz 1984 erheben. K. GANZER, *Hubert Jedin und das Konzil von Trient*, in *Erforschung...*, 103-116, hier 116, stellt eine berechtigte quellenkritische Anfrage zu dem entsprechenden Dokument in *Lebensbericht*, 266-272, das im «Wir»-Stil verfaßt ist. Dabei wäre eventuell auch die Ausrichtung des Herausgebers des Lebensberichtes in Rechnung zu stellen. Methodisch ist anzumerken, daß die derzeit geläufige Konzentration auf den «Lebensbericht» als biographische Hauptquelle für Jedin fragwürdig ist. Dem von der nachvatikanischen Situation geprägten autobiographischen Rückblick wäre – etwa durch eine Briefedition – die tatsächliche geistige Entwicklung Jedins entgegenzuhalten. Dabei würden auch seine «liberalen» Seiten wieder stärker hervortreten. Auch Jedins «reaktionäre» Haltung nach 1968 läßt sich wohl am besten so verstehen, daß er durch die «Radikalen» den Erfolg der gemäßigten Reformen des Konzils gefährdet sah.

[90] Dazu N. TRIPPEN, *Hubert Jedin und das Zweite Vatikanische Konzil*, in *Erforschung...*, 87-102.

Religiösen vertreten. Doch verband sich damit zumindest auf der «liberalen» Seite stets auch das Bemühen um konfessionelle Entschärfung und die Revision «ultramontaner» Geschichtsbilder, sei es aus wissenschaftlicher Überzeugung, sei es um der nationalen Integration und der nationalen Ökumene willen oder sei es aus Mißvergnügen am kirchlichen Antimodernismus. Hubert Jedin hat auf seine Weise den «Aufbruch» der Zeit um 1900 zu einem späten, wissenschaftlich-apologetischen Erfolg geführt[91] und als Konzilstheologe sogar praktische Ergebnisse erzielt. Joseph Lortz hat von dem Programm von 1900 vor allem die revidierte Lutherdeutung im Sinne der nationalen Ökumene weitergeführt, in seiner «Ideengeschichte» aber zu antiliberalen, «ultramontanen» Ansätzen zurückgefunden. Doch sind Jedin und Lortz repräsentativ? Die «schweigende» Mehrheit der Kirchenhistoriker und katholischen Historiker blieb auch nach 1945 beim Rückzug in die «positive Arbeit», ja manche huldigten wie der Tübinger Kirchenhistoriker und zeitweilige Freund Jedins Karl August Fink[92] sogar einem gewissen kirchlichen «Zynismus»[93]. Finks Forschungen zum Konzil von Konstanz wurden deshalb auf dem Umweg über seinen jungen Tübinger Kollegen Hans Küng, genauerhin in dessen «Strukturen der Kirche» von 1962, wirksam[94]. Küng war (und ist) aber nicht Kirchenhistoriker, sondern Dogmatiker, und war als Germaniker in der neuscholastischen Tradition großgeworden, an deren Überwindung er sich nun zur Konzilszeit machte. Insofern wurde die bloße Juxtaposition von systematischer und historischer Forschung, wie sie sich unter dem Druck des Antimodernismus herausgebildet hatte, mehr von der systematischen als von der historischen Seite her überwunden[95].

---

[91] Dabei blieb seine «heilsgeschichtliche» Betrachtung der Kirchengeschichte im Sinne einer «historischen Ekklesiologie» vor allem theoretischer «Überbau»; vgl. zum Ganzen S. STORCK, *Kirchengeschichtsschreibung als Theologie. Theorien der Kirchengeschichtsschreibung in der deutschsprachigen evangelischen und katholischen Theologie seit 1945*, Diss. theol. masch. Hamburg 1993, S. 315f, 334f.
[92] Über ihn R. REINHARDT, in «Badische Biographien, Neue Folge» 2 (1987), 85-87.
[93] Vgl. das Gespräch Josef Thomés mit Fink in WOLF und ARNOLD, *Reformkreis...*, Bd. 2, 170f. Fink wird auch das Diktum zugeschrieben: «Orthodoxie ist das, was sich durchsetzt».
[94] H. KÜNG, *Strukturen der Kirche* (Quaestiones disputatae 17), Freiburg i. Br. 1962, 244-262; Küng selbst betont den Einfluß Finks: H. KÜNG, *Erkämpfte Freiheit. Erinnerungen*, München-Zürich 2002, 290, 324.
[95] Vgl. *Die deutschsprachigen Länder und das II. Vatikanum* (Programm und Wirkungsgeschichte des II. Vatikanums 4), hg. von H. WOLF und C. ARNOLD, Paderborn 2000, 9-16.

MARIA LUPI

Italian Historical Periodicals on the Church and Christianity since the End of the Second World War

In two works, published at a distance of twenty-five years, Roger Aubert has summarised the worldwide production of periodicals regarding the history of the Church from the closing years of the nineteenth century to the middle of the twentieth[1]. The overview proposed by the Belgian scholar is limited to the realm of the Catholic confession; however, comparisons and references to the production of periodicals by other Christian churches are not absent, especially with regard to the Protestant church, in comparison with which he emphasises the backwardness of the Catholics, considering their output poor at the end of the nineteenth century, then further diminishing in the first half of the twentieth century until almost entirely absent in the 1950s. Aubert describes how scholarship has advanced - and the inevitable periods of stagnation – in the various nations and the sectors, identifying scholars of note in the early Christian centuries and in Christian archaeology, in the history of the religious orders and the Byzantine church, in the history of dogmas, and lastly in national and diocesan church history. In this panorama, Italy's contribution does not stand out. Aubert's overview clearly illustrates, despite the limits of his choice of confessional, how initiatives in periodical publication in Italy in the area of Christian religious history were generally sectorial. During the interwar years there was a proliferation of historical reviews of religious orders. Scholars continued to be drawn to specific sectors such as Christian archaeology, early Christianity and so on, but up until the end of the Second World War there was no periodical on Church history of national reach and importance, despite the flourishing of historical studies at a good level[2].

---

[1] R. AUBERT, *Un demi-siècle de revues d'histoire ecclésiastique*, «Rivista di storia della Chiesa in Italia» 14 (1960), 173-202; ID., *L'essor des revues d'érudition ecclésiastique au tournant des XIXe et XXe siècles*, «Revue bénédictine» 90 (1984), 410-443.
[2] Emphasis that may be found in G. PENCO, *La storiografia ecclesiastica italiana nel periodo fra le due guerre*, «La scuola cattolica» 106/5 (1979), 461-477.

The situation has changed a lot since then; the latter half of the twentieth century has seen, even in Italy, a proliferation of studies, research initiatives, publishing activity and reviews, wide in their scope rather than being only sectorial or delimited chronologically, and often interdisciplinary and open to scholars of a different inclination.

It would therefore be useful to synthetically outline the course of such studies, without entering into a mass of detail regarding the publications that appeared, or at times disappeared, after the end of Second World War[3], but focusing on historical reviews dedicated exclusively to Christianity present in Italy today, and which have a more general character whether chronologically or thematically, are of national interest, and contribute significantly to historiographic debate on Christian religious history in Italy.

An initial review of the main publications, as compared with the main theological ones, was made a few years ago in a seminar organised by the Italian Theological Association[4]. More recently the subject was taken up in a conference held in Rome in 1999, on the occasion of the golden jubilee of the «Rivista di storia della Chiesa in Italia»[5]. This not only represented a celebration of the longest-living publication on Church history in Italy, but also provided an opportunity to take stock of the evolution of tendencies and of historiographic schools in the last fifty years, as well as of the most important research initiatives and publishing projects, as mirrored in the principal specialized reviews in the sector[6]. The presence of the editors of these publications was an incentive not only to retrace the origin and the development of the publications but also to reflect on the collaborations, agreements, differences, and the taking of distances that have characterised the relationship between the promoters of each publi-

---

[3] The periodicals of the foreign institutes in Italy, those of individual religious orders, those dedicated to religious history at local levels – diocesan and regional periodicals – and also those of the history and science of religions that deal with themes limited from a chronological and thematic point of view, have been excluded from the analysis.

[4] *Storia e teologia in Italia: metodologie a confronto. Atti del Seminario di studio a cura dell'ATI (Idice, Bologna, 22-23 May 1992)*, «La scuola cattolica» 120 (1992), 472-535. The reviews taken into consideration are «Studia patavina», «Rivista di storia e letteratura religiosa», «Teologia», «Cristianesimo nella storia», «Rassegna di teologia».

[5] *Cinquant'anni di vita della «Rivista di storia della Chiesa in Italia». Atti del convegno di studio (Roma, 8-10 September 1999)*, a cura di P. ZERBI, Roma 2003, 298 pp.

[6] On the conference and the proceedings, cfr. the historiographic reflections of G. MARTINA, *I cinquant'anni della «Rivista di storia della Chiesa in Italia»*, «Rivista di storia della Chiesa in Italia» 58 (2004), 211-216.

cation, the entourage of scholars that gravitate around each, and the web of connections that, at times, seems to assume the traits of a veritable genealogical tree[7].

In the context of what came of light on that occasion, I would like to review in broad strokes the historiographic environment that gave rise to the various periodicals, the editorial and programmatic lines, the reciprocal relations and the debates they evoked, setting them in the thematic and methodological development of Christian religious historiography in the last fifty-to-sixty years.

As I have mentioned, Aubert maintains that until Second World War in Italy there was no publication of historical studies dedicated to Christianity that was not either chronologically or thematically sectorial. It is, however, true that the Belgian scholar does not take non-Catholic publications into consideration, such as for example, the «Bulletin de la société d'histoire vaudoise». This was founded in 1881 in Torre Pellice (Torino) and published under the title «Bollettino della società di storia valdese» from 1931 until substituted in 1940 by «Bollettino della società di studi valdesi. Rivista di studi e ricerche concernenti il valdismo e i movimenti di riforma religiosa in Italia and «Bilychnis. Rivista mensile di studi religiosi», the organ of the Baptist Theological School of Rome, which was published between 1912 and 1931[8]. All these have been relegated to a footnote – since «nées au marge du catholicisme»[9] – the «Ricerche religiose» of Buonaiuti[10]. Also omitted are the non-confessional publications and those of a wider religious history, such as «Studi e materiali di storia delle religioni», which was founded in 1925 by Raffaele Pettazzoni of the university of Rome, and embraced the entire sweep of the history of religions, according to the comparative-phenomenological methodology[11]. Neverthess, one might

---

[7] Martina describes the proceedings of the conference as «un'importante pagina di storia della storiografia sulla Chiesa in Italia negli anni 1945-1995, con i suoi orientamenti e i suoi inevitabili contrasti» (MARTINA, *I cinquant'anni...*, 211).

[8] On the periodicals of Reformed Churches present in Italy in the early years of the twentieth century, cfr. L. DEMOFONTI, *La riforma nell'Italia del primo Novecento: gruppi e riviste di ispirazione evangelica*, Roma 2003.

[9] AUBERT, *Un demi-siècle de revues...*, 192.

[10] «Ricerche religiose» was published between 1925 and 1933; between 1934 and 1943 it was substituted by «Religio. Rivista di studi religiosi», again edited by Buonaiuti, to resume publication later, with the original title, until 1949.

[11] Cfr. specially *Raffaele Pettazzoni e gli studi storico-religiosi in Italia*, Bologna 1969; the issue of «Studi e materiali di storia delle religioni» n.s. 49 (1983)/7 dedicated to him on his birth centenary and now G. MIHELCIC, *Una religione di libertà. Raffaele Pettazzoni e la Scuola Romana di Storia delle religioni*, Roma 2003.

substantially concord with the fact that there was no publication that had as its object the history of Christianity and of the Church in general, without chronological and thematic limitations.

As is well known, from the moment Leo XIII made the Vatican Archives accessible and thus opened the way to scientifically-conducted historical studies of the Church the end of the nineteenth century, several attempts were made to create a publication that gave voice to scholars of Christian history, and above all to Church history[12]. Since then the prefect of the Vatican Library, Isidoro Carini, the Umbrian scholar Michele Faloci Pulignani, then a professor of the Roman seminary, Umberto Benigni, and the Pavian scholar, Rodolfo Maiocchi, have all tried to respond to the Leonine impulse by founding a periodical[13]. At the same time, though with other motivations and objectives, Salvatore Minocchi, with his «Studi religiosi» (1901), Giuseppe Bonaccorsi and Ernesto Buonaiuti, with the «Rivista storico-critica delle scienze teologiche» of 1905[14], gave voice to the need for a printed organ that brought together the results of research studies carried out with new scientific methods, even in the field of history. All these attempts rapidly exhausted themselves for various reasons,

---

[12] Cfr. O. CHADWICK, *Catholicism and history. The opening of the Vatican Archives*, Cambridge 1978 and G. MARTINA, *L'apertura dell'Archivio Vaticano. Il significato di un centenario*, «Archivum historiae pontificiae» 19 (1981), 239-307, specially 271-284.

[13] Carini (1843-1895) had elaborated, in 1894, a plan for a «Rivista di scienze ecclesiastiche» which had failed to materialise, partly due to the death of the author; Faloci Pulignani (1856-1940), had– on the insistence of Leo XIII – continued the initiative with the proposal for an «Archivio di storia ecclesiastica» (1896), though this idea also failed to be realised. For several years, a periodical «Miscellanea di storia ecclesiastica e studi ausiliari» was published, founded by Umberto Benigni (1862-1934) in 1902, and which he himself closed down in 1907. There was also the «Rivista di scienze storiche», founded by Rodolfo Maiocchi (1862-1924) in Pavia in 1904. For all these projects, cfr. M. MACCARRONE, *La nascita della «Rivista di storia della Chiesa in Italia»*, «Rivista di storia della Chiesa in Italia» 41 (1987), 346-348 and D. MENOZZI, *«Cristianesimo nella storia»*, «La scuola cattolica» 120 (1992), 503-521, specially 504. Cfr. also *Progetto per una rivista di storia della Chiesa in Italia*, 23 October 1944, published in appendix by P. VIAN, *Le origini e il programma della «Rivista di storia della Chiesa in Italia» (1938-1947)*, in *Cinquant'anni di vita...*, 81-85. On Maiocchi's Review and on the influence on future projects a review of ecclesiastical history, cfr. F. SALIMBENI, *Rodolfo Maiocchi e la «Rivista di scienze storiche»*, «Ricerche di storia sociale e religiosa» n.s. 42 (1992), 155-167.

[14] MENOZZI, *«Cristianesimo nella storia»...*, 504-505; VIAN, *Le origini e il programma...*, 15-99. Cfr. also R. BERTACCHINI, *Le riviste del risveglio cattolico e del modernismo*, «Studium» 75 (1979), 195-223.

amongst which, and particularly for the most innovative attempts, was the involvement of their promoters in the modernist crisis and in its subsequent repression[15].

In this situation of internal tension within the Church, but also in the lingering climate of the unsolved conflict between the Church and the Italian State, two easily distinguishable tendencies had come to the fore in the field of historical-religious study and teaching. Manifestly confessional historiography, as represented above all by professors of seminaries and pontifical faculties of theology[16] and by exponents of religious orders and by scholars connected to Vatican cultural centres, was characterised by the firm conviction of an indissoluble bond between Church history and theological ecclesiology and by an erudite approach, generally animated by apologetic aims and not always in step with the most modern historical methodologies. The main reason for this attitude of closure was the fact that all attempts at methodological innovation carried out by the most open and promising exponents were nullified by the anti-modernist repression[17]. On the other hand, lay religious historiography was characterised by the assumption of modern historical critical methods and by the influence of the circles of Protestant and foreign studies, particularly in Germany and France, wherein there were scholars of varying cultural extraction and religious affiliation, and professors of public universities, including holders of chairs of religious history which were connected – since the closure of the faculties of theology – to the faculties of humanities[18]. Apart from the

---

[15] As noted before, «Studi religiosi» closed in 1907; the «Rivista storico-critica» and the «Ricerche» of Maiocchi in 1910.

[16] Not to be overlooked is the fact that in 1932 the first, and to this day the only, faculty of ecclesiastical history amongst the pontifical universities, was instituted in Rome at the Gregorian University, run by the Society of Jesus.

[17] Besides the well known case of Ernesto Buonaiuti (1881-1946), former professor of ecclesiastical history in the Roman seminary, and those of Alfonso Manaresi (1881-1968) and Salvatore Minocchi (1869-1943), the case of Umberto Fracassini (1862-1950), rector of the seminary of Perugia, Biblicist and historian of Christianity, may be cited because, unlike the others, he surrendered himself. There are also Francesco Lanzoni (1862-1929), Giuseppe Ellero (1866-1925), Pio Paschini (1878-1962), Angelo Roncalli (1881-1963), Giulio Belvederi (1882-1959), long held in suspicion by the most intransigent core of the Roman Curia.

[18] Before the unification of Italy, the faculties of theology in the universities of the former States had a chair of ecclesiastical history almost exclusively held by members of the clergy. After the suppression of faculties of theology in public universities, in 1873, the faculties in the institutes of theological instruction remained dependent on ecclesiastical authority, especially in the clerical training centres. In public education, religious history passed to the faculty of humanities, but very few universities actually

medievalists, who could not detach themselves from the role of the Church and of movements of religious inspiration in the general context of the history of the Middle Ages, and the scholars, such as Scaduto, Ruffini e Jemolo, who valued the relations between the Church and the State in the context of ecclesiastical law and of political history, amongst scholars of general history in this period, religious phenomenon did not find much interest, except for significant exceptions, such as in the case of Federico Chabod[19].

Scholars of general history and of the history of law already had numerous reviews in which to publish their studies and therefore had no need to float a specific periodical. The situation was different in the area of confessional ecclesiastical history where the need for a specific organ was strongly felt and already in the 1930s plans for the constitution of a review had begun to circulate – on the model of the Belgian «Revue d'histoire ecclésiastique», founded in Leuven in 1900, and the French «Revue d'histoire de l'Église de France», founded in Paris in 1910 – and for the constitution of an institute of historical research, on the lines of the «Görresgesellschaft», founded in Koblenz in 1876, and the «Société d'histoire de l'Église de France», founded in turn in 1914. No wonder the first project goes back to 1938, a year after the conference of the «Société», from which the promoter Paolo Guerrini had come back enthusiastic. The Brescian scholar wanted to found an institute, modelled on the French one, proposing to call it «Società nazionale di storia ecclesiastica italiana»,

---

activated it. While a chair of Church history survived in Naples, and was first entrusted to Filippo Abignente (1861-1876) and then to Raffaele Mariano (1885-1904), elsewhere a different denomination was used: in 1887, at the university of Rome, the first chair of the history of Christianity was established, held by the philosopher Baldassarre Labanca (1829-1913), assuming a title born in cultural circles in contrast with the Catholic Church. Cfr. P. SINISCALCO, *Roma: a) Gli insegnamenti storico-religiosi: origini e primi sviluppi*, in *La letteratura cristiana antica nell'Università italiana. Il dibattito e l'insegnamento*, a cura di M.P. CICCARESE, Fiesole 1998, 191-219, which reconstructs the vicissitudes of the introduction of the chairs of religious history within the faculties of humanities in the context of the constitution of the Italian university after the suppression of the faculty of theology, and dwells mainly on the history of the chairs at the university of Rome. Cfr. M.G. MARA, *In Italia*, in *Cristianesimo e storia. Rapporti e percorsi*, a cura di P. SINISCALCO, Roma 2002, 131-138 and the bibliography cited there, in which A. PINCHERLE, *Cristianesimo antico e moderno*, Roma 1956, 15-37.

[19] F. CHABOD, *Per la vita religiosa dello Stato di Milano durante il dominio di Carlo V. Note e documenti*, Bologna 1938.

with which was to be associated a publication affirming its scientific approach[20]. After Guerrini's proposal, several others were put forward, both by ecclesiastics, such as Giovanni Battista Borino and Amato P. Frutaz, as well as by laymen, such as Mario Bendiscioli, professor of Christian history at the state university of Milan, and Pietro Fedele, a professor at the Scuola Normale of Pisa, with the encouragement of such an historian of proven experience as Hubert Jedin, then living in Rome. But war and above all the weakness of the proposals delayed their realisation. It was not until just before the end of the war that the plans began to take shape regarding the foundation of a review, without linking it to the research institute, and these had the support of the pontifical universities, of the Vatican Library and Archives, and of the Vatican Secretariat of State, in the person of the pro-secretary Montini. It was in 1944, Rome still being under Nazi occupation, when a definitive decision was taken at a meeting in the Vatican[21], and in the following months Michele Maccarrone, then a young professor of ecclesiastical history, drafted the definitive project taking into account the initiatives at the end of the nineteenth century and the beginning of the twentieth, as well as projects formulated in more recent years[22]. It was 1947 when the inaugural issue of the first Italian journal of Church history came out, under Maccarrone's[23] own editorship. The title «Rivista di storia della Chiesa in Italia» itself indicates the editorial intentions, the delimitation of the field of research to Italy, but also the differentiation with the model of the «Revue d'histoire de l'Église de France» with the specification «in Italia», decided on at the suggestion of Cardinal Giovanni Mercati[24], which evoked the particular historical development of the nation and of its

---

[20] P. GUERRINI, *Per una Società Nazionale di Storia ecclesiastica italiana*, «Memorie storiche della diocesi di Brescia» 9 (1938), 1-16; MACCARRONE, *La nascita...*, 348-351. The latest, most accurate reconstruction of these «prime fasi» is that of VIAN, *Le origini e il programma...*, 16-39, which diverges from that made by Maccarrone in 1987 in the attribution of responsibilities and influences in the final project, giving more weight to the contribution of the pro-Secretary of State Giovanni Battista Montini.

[21] MACCARRONE, *La nascita...*, 345, 355-356.

[22] *Progetto per una Rivista di storia della Chiesa in Italia*, 23 October 1944, published in appendix to VIAN, *Le origini e il programma...*, 81-85. According to Salimbeni, Maccarrone's initiative linked itself directly to the aborted Journal of Maiocchi (SALIMBENI, *Rodolfo Maiocchi...*, 56).

[23] P. ZERBI, *Michele Maccarrone come direttore della «Rivista di storia della Chiesa in Italia»*, «Rivista di storia della Chiesa in Italia» 50 (1996), 1-8.

[24] MACCARRONE, *La nascita...*, 354-355.

multiple traditions, under the conviction that there did not exist and had not existed until very recently a uniform and homogeneous Italian Church. Heir to the best tradition of erudition and of serious philological criticism of ecclesiastical history, which had its ideal model in the historiography of Muratori[25] and had produced scholars like Louis Duchesne, Francesco Lanzoni, Franz Ehrle, it set itself the task of reconstructing the past with a rigorously scientific study of documents. In the wake of the cultural intentions of Leo XIII – the epistle *Saepenumero considerantes* was the document of reference[26] – it was to offer itself as the instrument of study for all scholars of Church history, while still remaining anchored to a conception of Church history that could not separate itself from the theological dimension. The presentation of the first issue highlighted this dual editorial approach: the «serietà di metodo» and the «imparzialità di giudizio», but the clearly apologetic end of «sventare i pregiudizi che hanno snaturata o calunniata la Chiesa»[27].

Perhaps due to the risk of ideological drift, but most probably in order to safeguard itself from the risk of ecclesiastical censure, it began by explicitly excluding debate; while – modelled on the «Revue d'histoire ecclésiastique» – it gave considerable space to bibliographical notes, complemented – at the suggestion of Jedin – by a brief synthesis of their contents. Right from the first issue these constituted the «fiore all'occhiello» of the periodical, thus offering a precious practical instrument to all scholars[28].

It come into being with an explicit reference to fidelity to the Church and had the blessings of the pope[29], but it also had an editor who had studied at the Scuola Normale of Pisa, rather than having been confined withing the ecclesiastical educational institutions and so penalised first by

---

[25] No wonder that on the second centenary of Muratori's death, an issue with contributions of a monographic character was dedicated to him; the only one of its kind published to date by the Journal: «Rivista di storia della Chiesa in Italia» 4 (1950), 5-151.

[26] Letter to cardinals De Luca, Pitra and Hergenröther, dated 18 August 1883, in LEONIS XIII, *Acta*, III, Romae 1884, 259-273.

[27] *Premessa*, «Rivista di storia della Chiesa in Italia» 1 (1947), 1. Maccarrone himself attributed to Paschini the paternity of the greater part of this presentation (MACCARRONE, *Mons. Paschini e la Roma ecclesiastica*, «Lateranum» 45, 1979, 219).

[28] Cfr. G. PICASSO, *Cinquant'anni di bibliografia*, in *Cinquant'anni di vita...*, 155-163, specially 155-156.

[29] MACCARRONE, *La nascita...*, 359. «Piena, ma generica fedeltà alla Santa Sede (Montini, trait-d'union con Pio XII)» as described by MARTINA, *I cinquant'anni...*, 211.

the oath of antimodernism and, a few years later, by Pius XII's *Humani generis*[30].

It started with an editorial council made up of a group of well-known ecclesiastics, such as the prefect of the Vatican Archives, Angelo Mercati, the professor and rector of the Pontifical Lateran University, Pio Paschini[31], the librarian of the Teutonic College in the Vatican, Hubert Jedin[32] and the Jesuit Pietro Pirri, professor at the Gregorian University, all of them scholars who had increasingly perfected methods of research, of philological analysis and critical scrutiny of the sources inherited from the preceding generation; however, there were also lay professors of the Catholic University of Milan, represented by professor Giovanni Soranzo, and of State universities, such as Giovanni Battista Picotti of Pisa and Paolo Brezzi of Rome[33].

As may be deduced from the list of some hundred names of potential collaborators preserved amidst Maccarrone's notes[34], the editor's aspiration was to bring together around the Review the interest of collaborators and readers that went well beyond the confessional bounds, drawing in the «fior fiore» of Italian historiography[35]. No wonder the first issue already

---

[30] On the Roman pontifical academic circles, on the closures and difficulties encountered by the more open-minded theologians, in the last years of Pius XII, cfr. G. MARTINA, *Il contesto storico in cui è nata l'idea di un nuovo concilio ecumenico*, in R. LATOURELLE, ed., *Vaticano II: bilancio e prospettive venticinque anni dopo (1962-1987)*, I, Assisi 1987, 27-82.

[31] On Pio Paschini, of Friulan origin, professor of ecclesiastical history at the Roman seminary since 1913, later rector of the Lateran University (1932-1957), cfr. M. MACCARRONE, *Mons. Pio Paschini (1878-1962)*, «Rivista di storia della Chiesa in Italia» 17 (1963), 181-221; ID., *Mons. Paschini e la Roma ecclesiastica...*, 154-218 and G. MICCOLI, *Metodo critico, rinnovamento religioso e modernismo. A proposito di Pio Paschini*, in ID., *Fra mito della cristianità e secolarizzazione. Studi sul rapporto Chiesa-società in età contemporanea*, Casale Monferrato 1985, 93-111.

[32] For a historiographic profile of the German historian Jedin (1900-1980), then residing at the Teutonic College in the Vatican, cfr. in particular G. ALBERIGO, *Hubert Jedin storiografo*, in *Hubert Jedin. Maestro di ricerca storica (1900-1980)*, monographic issue of «Cristianesimo nella storia» 22 (2001)/2, 315-338.

[33] On Brezzi's contribution to the Journal and also on his participation in the drafting of the initial project, cfr. P. ZERBI, *Paolo Brezzi e la «Rivista di storia della Chiesa in Italia»*, «Rivista di storia della Chiesa in Italia» 53 (1999), 373-375.

[34] VIAN, *Le origini e il programma...*, 40-41 n. 70.

[35] «Ecco l'ideale: avvicinare il mondo vaticano, le università ecclesiastiche romane, la realtà universitaria italiana, gli studiosi ormai temprati [...], le nuove generazioni di storici» (MARTINA, *I cinquant'anni...*, 211).

featured such by-lines as those of Cantimori and Jemolo, authors of two book reviews[36], or that in the early years the contributors and public that the «Rivista di storia della Chiesa in Italia» could boast of went well beyond the schools where the members of the editorial council hailed from. However, the fact that it was positioned so precisely within the bounds of ecclesiastical history could not obviously draw to it all historians of Christianity and of the Church, not even all those who professed the Catholic faith. Even its relations with the Catholic University were not always easy, despite a representative being present on the editorial board. Father Gemelli, for example, did not approve of the decision to publish the book review by Jemolo, deemed «troppo nemico del cattolicesimo»[37], and Soranzo himself gave rise to the only rather heated debate ever to take place within the «Rivista» by criticising Picotti's article on Alexander VI[38].

The very presentation of the first issue further underlined the Review's clear intention to uphold the institutional history rooted in Italian territory[39], with a territorial and thematic choice that excluded the history of the universal Church and left unexplored many fields even within the scope of ecclesiastical history.

It took its distances from the history of personal religiosity, not measurable so much in terms of affiliation to the institution as by the intensity of the rapport between man and God, by that history of piety, then represented by Giuseppe De Luca, heir – or better, re-interpreter – of the history of the religious sentiment of the Bremond school[40]. Hence, the foundation

---

[36] Cantimori reviewed ILARINO DA MILANO's work, *L'eresia di Ugo Speroni nella confutazione di Maestro Vacario*, and Jemolo, the work of E. DAMMIG, *Il movimento giansenista a Roma nella seconda metà del XVIII secolo*, «Rivista di storia della Chiesa in Italia» 1 (1947), 95-99; 109-112.

[37] VIAN, *Le origini e il programma...*, 41.

[38] *Ibid.*, 59. Cfr G.B. PICOTTI, *Nuovi studi e documenti intorno a papa Alessandro VI*, «Rivista di storia della Chiesa in Italia» 5 (1951), 169-262; G. SORANZO, *Risposta al prof. Giovanni Picotti*, «Rivista di storia della Chiesa in Italia» 6 (1952), 96-107 and G.B. PICOTTI, *Replica al prof. Giovanni Soranzo*, «Rivista di storia della Chiesa in Italia» 6 (1952), 107-110.

[39] The intent was to deal with «vicende della vita della Chiesa nell'Italia nostra». Cfr. *Premessa*, «Rivista di storia della Chiesa in Italia» 1 (1947), 1.

[40] There is a vast bibliography on De Luca (1898-1962): among the most important studies cfr. C. DIONISOTTI, *Don Giuseppe De Luca*, Roma 1973; R. GUARNIERI, *Don Giuseppe De Luca tra cronaca e storia (1898-1962)*, Bologna 1974 and L. MANGONI, *«In partibus infidelium». Don Giuseppe De Luca: il mondo cattolico e la cultura italiana del Novecento*, Torino 1989 (on which extensive critical comments by G. MICCOLI, *Don Giuseppe De Luca testimone di una stagione della Chiesa e della cultura italiana. A proposito di un libro recente*, «Rivista di storia e letteratura religiosa» 25, 1989, 476-

in 1951 of the «Archivio italiano per la storia della pietà», «il sogno di trent'anni di vita, di preghiera, di studio, di poesia», as De Luca himself said at the time of the inaugural volume[41], might have appeared as almost a counterpoint to the «Rivista». In a most wide-ranging, and dense, *Introduzione* to it, the Lucan priest explained the ideals and objectives of the venture, it being dedicated to giving voice to «ciò che non si può esprimere a voce»[42] and to those ineffable expressions of interior religiosity that he passionately pursued in fragments of poetry, prayer, songs, and manifestations of devotions found in popular and anonymous situations. It was therefore positioning itself in an ambit totally different from the institutional one of Maccarrone's «Rivista», which also had diverse collaborators and audience[43].

The periodical, which was connected to the publishing house Edizioni di Storia e Letteratura, founded in 1942 – perhaps De Luca's most important undertaking – and to the series published by it[44], was kept going by a small circle of people and above all by the indefatigable labour of the editor, though it did not come out regularly. At the death of De Luca (19 March 1962) the third volume was about to be issued and, between 1965

---

499); among conferences cfr. the recent *Don Giuseppe De Luca e la cultura italiana del Novecento. Atti del convegno nel centenario della nascita (Rome, 22-24 October 1998)*, a cura di P. VIAN, Roma 2001. Among the numerous obituaries, cfr. specially that of D. CANTIMORI, *In ricordo di don Giuseppe De Luca*, now in ID. *Storici e storia. Metodo, caratteristiche e significato del lavoro storiografico*, Torino 1971, 386-396; of H. JEDIN, *Don Giuseppe De Luca e la storia della Chiesa*, «Rivista di storia della Chiesa in Italia» 17 (1963), 10-14. On his taking his distances from Henri Bremond, author of *Histoire littéraire du sentiment réligieux en France*, cfr. H. BERNARD-MAITRE et R. GUARNIERI, *Don Giuseppe De Luca e l'abbé Bremond (1929-1934)*, Rome 1965; GUARNIERI, *Don Giuseppe De Luca tra cronaca e storia...*, 94-98 and the round table *Dopo G. De Luca e H. Bremond (Vicenza, 24 novembre 1984)*, «Ricerche di storia sociale e religiosa» 14/28 (1985), 93-129.

[41] Letter from De Luca to Giovanni Mercati, quoted by VIAN, *Le origini e il programma...*, 46.

[42] G. DE LUCA, *Introduzione alla storia della pietà*, «Archivio italiano per la storia della pietà» 1 (1951), XI-LXXVI, reprinted seperately, Roma 1962, 5-133.

[43] For a comparison between the two periodicals and the relations between the two editors, cfr. M. MACCARRONE, *Don Giuseppe De Luca e la Rivista*, «Rivista di storia della Chiesa in Italia» 17 (1963), 3-9 and VIAN, *Le origini e il programma...*, 45-52. On the other hand Pio Paschini does not take sides, limiting himself to highlighting the editorial policy and characteristics of the new review, in a presentation on the first volume, in «Rivista di storia della Chiesa in Italia» 6 (1952), 123-130.

[44] On the Edizioni di Storia e Letteratura, cfr. GUARNIERI, *Don Giuseppe De Luca tra cronaca e storia...*, 100-111.

and 1980, another five were to be published, under the editorship of the the founder's most faithful disciple and interpreter, Romana Guarnieri, recently deceased (22 December 2004).

At the other extreme of institutional history, of the same serious tradition of ecclesiastical learning expressed by the Roman pontifical athenaeums and the school of the Vatican Library and Archives, the «Archivum historiae pontificiae», organ of the faculty of ecclesiastical history at the Gregorian University[45], was founded in 1963. The periodical, edited initially by Burkhart Schneider (1963-1975), later by Paulius Rabikauskas (1976-1998) and at present by Josep M. Benítez, has had a long gestation since the first project of Pedro de Leturia († 1955), conceived more or less contemporaneously with the foundation of «Rivista di storia della Chiesa». The idea caused perplexity amongst the professors of the faculty and only the patient and tenacious work of Father Vincenzo Monachino, de Leturia's successor to the deaconate of the faculty, managed to prevail over the resistance, while the success obtained by the two initiatives on the occasion of the 4° centenary of the Gregorian University and the 25° of the faculty proved that «il clima e la situazione sembravano maturi per rilanciare il progetto di una rivista annuale»[46], this to be associated with the series «Miscellanea historiae pontificiae» founded in 1939. It's interesting to note how the promoters felt obliged to explain that the new review would not invade the field occupied by other similar ones, but rather «intendeva occupare uno spazio vuoto»[47]. The question of the distinction of respective fields returns in Maccarrone's greetings to the new review; emphasised therein are the substantial identity of origin and of «ideal sources», but also the different breadth of the fields of study, the new periodical being mainly interested in the universal aspect of the Church, as expressed by the papacy and by the Roman Curia[48]. The importance given by both to bibliography was further underscored, and this periodical which was edited with particular dedication by Father Pál Arató († 1993) for thirty years until his death, constitutes to this day a most precious working tool for scholars of the history of the papacy and of the central institutions of the Church.

---

[45] For a synthetic presentation of the history of the review, cfr. V. MONACHINO, *Alle origini dell' «Archivum historiae pontificiae»*, «Archivum historiae pontificiae» 28 (1990), 9-22 and M. FOIS, *«Archivum historiae pontificiae»*, in *Cinquant'anni di vita...*, 253-262.

[46] FOIS, *«Archivum historiae pontificiae»...*, 257.

[47] *Ibid.*, 259.

[48] M. MACCARRONE, *Saluto all'«Archivum historiae pontificiae»*, «Rivista di storia della Chiesa in Italia» 18 (1964), 526-528.

Besides this, what united the two periodicals was also their keeping away from all historiographic trends that included religious experiences that were extra-institutional or based on dissent, and from heretical movements, and religious minorities, as represented by Raffaello Morghen, with whom Maccarrone and the Journal were to be caught in various controversies[49], and by Delio Cantimori[50], not to mention Buonaiuti and his school, who were considered, above all by Paschini, as having scarce regard for objective documentary data in historical reconstructions[51].

It is to this very *entourage*, well established in the chairs of the history of Christianity and of religions in Italian universities, that we owe the initiative to persist with the editorial engagement of Buonaiuti, by means of a review that represented an ideal continuity with the «Ricerche religiose» that he promoted[52]. Hence, the periodical «Ricerche di storia religiosa» was founded in 1954, with a sizeable editorial board, largely as an expression of the academic body of the university of Rome. Besides the professors of the Christian history: Alberto Pincherle, who in those years held the chair of Buonaiuti, Luigi Salvatorelli, and Ambrogio Donini, who had succeeded to the chair at the university of Naples, the historian of religions Raffaele Pettazzoni, the self-same Morghen, and the disciples of Buonaiuti: Mario Niccoli and Giorgio Levi Della Vida, there were historians with different specialisations such as Federico Chabod and Alberto M. Ghisalberti, along with the archaeologist Carlo Cecchelli and the Latinist Ettore Paratore, who not by chance was the husband of Buonaiuti's niece. The names of the collaborators of the first issue are significant too, scholars who would later distinguished themselves in different orientations and fields of specialisation, such as the historians of Christianity, the future cardinal Michele Pellegrino and Franco Bolgiani, Morghen's heir, Raoul Manselli, the historian of philosophy, Tullio Gregory, and the early modern historian, Giuseppe Giarrizzo.

Though the review had a brief existence – just four issues came out between 1954 and 1957 – the dense and heterogeneous nucleus of its collaborators indicated that something was changing in the historiographic panorama in Italy. In the wake of experiences abroad, above all in France, scholars of history in general, taking into consideration society as a whole

---

[49] Cfr. VIAN, *Le origini e il programma...*, 54-56 and MARTINA, *I cinquant'anni...*, 212.
[50] G. MICCOLI, *Delio Cantimori. La ricerca di una nuova critica storiografica*, Torino 1970.
[51] Cfr. VIAN, *Le origini e il programma...*, 55-56 and MARTINA, *I cinquant'anni...*, 212.
[52] F. BOLGIANI, *Per un dibattito sulla «storia religiosa»*, «Rivista di storia e letteratura religiosa» 5 (1969) 601.

in its historical evolution, began to take an interest in aspects of the religious life present in it. Interest in religious themes was progressively increasing even outside the sphere of academic specialists, not only with regard to the weight that the Church as an institution had had in the history of Italy, the argument that attracted the interest of Croce[53], but also with regard to the presence of religious phenomenon in society. Religious history was beginning to be considered a special branch of history in general, with the same methods and the same stature as the other historical disciplines. The well known reflections of Cantimori on the motivations that might goad a scholar to investigate the history of the Church, independent of religious affiliation[54], came only of a few years later.

Notwithstanding the profound differences, the «Rivista di storia della Chiesa» continued to be a point of reference for the many schools of religious historiography: in the first twelve years, among the collaborators – though quite sporadically – appear names of diverse extraction and historiographic inclination, from Dupré Theseider to Arsenio Frugoni, from Miccoli to the already cited Cantimori and Jemolo. The uniting power is evident upon leafing through the list of participants at the 1° conference organised by the Journal in 1958. It brought together Italian scholars of varying tendencies and also many foreign scholars[55], amongst whom there were the editors of important reviews with allied interests, such as Roger Aubert[56], giving rise to the hope among the younger collaborators that this gathering could mark a turning point in the editorial line of the «Rivista di storia della Chiesa in Italia», that was «la prima riunione scientifica di studiosi non soltanto cattolici ma anche di area laica intorno a un tema centrale»[57] such as, in particular, religious life in Italy in the sixteenth century. A letter by Giuseppe Alberigo to Maccarrone in the months preced-

---

[53] Cfr. B. CROCE, *Perché non possiamo non dirci cristiani*, Bari 1943 (estratto da *La Critica*, 1942); reprinted many times and occasionally with a response by Giuseppe De Luca, *Per un articolo del senatore Croce*.

[54] D. CANTIMORI, *Lettera a Francesco Rossi*, «Itinerari» 37 (January 1960), now published in ID., *Conversando di storia*, Bari 1967, 9-15.

[55] P. PRODI, *Il convegno di Bologna (1958)*, in *Cinquant'anni di vita...*, 167-192; on pp. 177-181 published the entire list of all the 135 participants. Amongst them were also Cantimori, who deals with the conference in two letters to Rossi published in «Itinerari», n. 41-42 (May-June 1960) and n. 43-44 (September-October 1960), now in CANTIMORI, *Conversando di storia...*, 48-63.

[56] M.M. [M. MACCARRONE], *La riunione delle riviste di storia ecclesiastica*, «Rivista di storia della Chiesa in Italia» 12 (1958), 420-421.

[57] Cfr. PRODI, *Il convegno di Bologna...*, 168.

ing the conference, regarding a project for a series of historical studies, of which the young scholar would have been the editor and for which he intended the collaboration of a majority of laymen, naming Cantimori, Petrocchi, and Passerin d'Entrèves, evinces the climate of scientific enthusiasm[58]. The hope was also encouraged by the wish expressed at the end of the conference by the archbishop of Bologna, Giacomo Lercaro, that Church history might constitute a preferential field of encounter between Catholic and lay cultures[59]. Already the vicissitudes surrounding the publication of the proceedings, recently brought back to light and reconstructed by Paolo Prodi[60], had nullified the hopes of the youth and resulted in «una frattura aperta tra il gruppo di Bologna e la Rivista»; the «non accettazione» of the text of the *Premessa*, drafted by Alberigo, was seen «come un colpo di freno ad un cammino verso una storia della Chiesa concepita come campo autonomo di ricerca ma inserita [...] nel contesto vivo della cultura italiana in stretto rapporto con la storiografia laica»[61]. Thus Alberigo and Prodi distanced themselves from the «Rivista», deciding to concentrate their efforts on the development of the «Centro di Documentazione» founded in Bologna by Giuseppe Dossetti in 1952[62]. The series on historical studies in effect started the year after, but with different collaborators[63] and with the name «Italia sacra», which confirmed the institutional choice of the Rivista in the explicit reference to the seventeenth century work of the Cistercian Ughelli dedicated to the history of Italian dioceses[64].

The episode denotes the persistence in religious historiography of two traditional tendencies, one intimately linked to Catholic orthodoxy, the

---

[58] Cfr. Alberigo's letter to Maccarrone dated 13 March 1958, published in PRODI, *Il convegno di Bologna...*, 175-176 note 5.

[59] *Ibid.*, 170.

[60] *Ibid.*, 172-176.

[61] *Ibid.*, 172. The *Premessa* never published due to Maccarrone's opposition is now published by Prodi in the Appendix to his work (*Ibid.*, 187-192).

[62] Cfr. D. MENOZZI, *Le origini del Centro di documentazione (1952-1956)*, in «*Con tutte le tue forze». I nodi della fede cristiana oggi. Omaggio a Giuseppe Dossetti*, a cura di A. e G. ALBERIGO, Genova 1993, 333-369 and the most recent *L'«officina bolognese» 1953-2003*, a cura di G. ALBERIGO, Bologna 2004.

[63] For another point of view on these events, cfr. A. RIGON, *Paolo Sambin (1913-2003) e la «Rivista di storia della Chiesa in Italia»*, «Rivista di storia della Chiesa in Italia» 58 (2004), 386.

[64] F. UGHELLI, *Italia sacra sive de episcopis Italiae et insularum adiacentium, rebusque ab iis praeclare gestis deducta serie ad nostram usque aetatem*, 9 voll., Romae 1644-1662.

other responding only to scientific rigour and therefore «lay» in the lateral sense. The latter, mainly the expression of scientific circles within public universities, where the chairs of religious history were increasing, grew significantly beyond the modernist legacy and lay itself open to the ongoing evolution in methods and fields of interest and research that informed all of historiography. The passage from a prevalent interest in political history, factual, «événementielle», to an interest in the history of society as a whole, and the application of the sociological method to history by, amongst others, historians brought together by the review «Annales», determined in Italy a methodological change in religious history too: from the history of the top levels, of the central institutions, and of the papacy, the focus began to shift to religious society as a whole. In the wake of the research work done by Gabriel Le Bras too, the horizons for the study of religious phenomenon widened to encompass all its aspects and all its components. No wonder that this new ferment assumed a clearer visibility from the 1960s, in concomitance with the experience of Vatican II – in which the definitive overcoming of the modernist crisis and the shift in the ecclesiological perspective was translated into an encouragement for the broadening of studies both in methods and in contents[65] – and with the affirmation and the foundation of centres of specific studies, both at local and national levels, which jump-started research projects of vast scope. Besides the aforesaid «Centro di Documentazione» in Bologna, which was founded with a strong religious connotation as well as with critical-scientific rigour and was later transformed, in 1960, into the «Istituto per le scienze religiose» with even higher intents for cultural promotion, in a span of some ten years there came into being many other centres dedicated to research in the field of religious history, and these were often promoters of published series in which studies and documentary sources were brought

---

[65] R. AUBERT, *Introduction générale*, in J. DANIÉLOU et H. MARROU, *Des origins à Grégoire le Grand*, Paris 1963; R. AUBERT and A. WEILER, *Editorial*, in *Church history at a turning point*, «Concilium» 6/7 (1970), 7-9; G. ALBERIGO, *Méthodologie de l'histoire de l'Église en Europe*, «Revue d'histoire ecclésiastique» 81 (1986), 401-420; F. DE GIORGI, *La storia locale*, in *La storiografia italiana degli ultimi vent'anni*, a cura di L. DE ROSA, III: *L'età contemporanea*, Roma-Bari 1989, 255-256; G. ALBERIGO, *Cristianesimo, Storia, Teologia*, in *Fides quaerens intellectum. Beiträge zur Fundamentaltheologie*, hg. von M. KESSLER, W. PANNENBERG und H.J. POTTMEYER, Tübingen 1992, 193-209; R. AUBERT, *Les nouvelles frontières de l'historiographie ecclésiastique*, in *Deux mille ans d'histoire de l'Église. Bilan et perspectives historiographiques*, éd. par J. PIROTTE et E. LOUCHEZ, n° spécial de «Revue d'histoire ecclésiastique» 95/3 (juillet-september 2000), 757-781.

out. The first was the «Centro per le fonti della storia della Chiesa nel Veneto» founded in Padova in 1966[66], followed by the «Centro per le fonti della storia della Chiesa nel Mezzogiorno» of Salerno, both promoted by Gabriele De Rosa[67]. The «Centro per la storia religiosa ed ecclesiastica della Campania» was founded in 1967 in Naples, within the faculty of theology, and the «Centro di studi sulla storia e sociologia religiosa del Piemonte», was established in Torino in 1970 under the guidance of Franco Bolgiani[68]. Finally in 1975 the «Istituto per le ricerche di storia sociale e di storia religiosa» of Vicenza began to operate, tied as ever to De Rosa and his collaborators, and heir to the centre of Padova[69]. Almost all the centres had a regional connotation, but the stimulus given to historical research undoubtedly went well beyond local history[70]. Hence interest in religious studies increased and so did the debates: «giungevano a maturazione – wrote Giovanni Filoramo – anche nelle nostre università i frutti di un lavoro di lungo periodo in favore di una crescita degli studi storico-religiosi»[71].

---

[66] Cfr. *Il «Centro per le fonti della storia della Chiesa» nel Veneto*, «Rivista di storia della Chiesa in Italia» 21 (1967), 284-285 and F. AGOSTINI, *A vent'anni dalla nascita del Centro studi per le fonti della storia della Chiesa nel Veneto*, «Ricerche di storia sociale e religiosa» 16 (1987), 251-263.

[67] G. DE ROSA, *Per una storia della Chiesa come storia del «religioso vissuto»*, in ID., *Vescovi popolo e magia nel Sud. Ricerche di storia socio-religiosa dal XVII al XIX secolo*, Napoli 1983², 463-468.

[68] Cfr. G. BRIACCA, *Centri di storia della Chiesa in Itali*a, «Rivista di storia della Chiesa in Italia» 25 (1971), 640-643. For Turin, cfr. *Centro di studi sulla storia e sociologia religiosa del Piemonte: finalità e programma di lavoro*, in *La società religiosa nell'età moderna. Atti del convegno di studi di storia sociale e religiosa (Capaccio-Paestum, 18-21 May 1972)*, Napoli 1973, 513-524. In 1962, also in Genova, without a study centre but with the direct encouragement of the archbishop, a series of «Fonti e studi di storia ecclesiastica» was founded (BRIACCA, *Centri di storia della chiesa...*, 641-642).

[69] Cfr. G. DE ROSA, *Relazione introduttiva ai corsi di storia e metodologia dell' «Istituto per le ricerche di storia sociale e di storia religiosa»*, «Ricerche di storia sociale e religiosa» n.s. 4 (1975)/7-8, 399-409; ID., *Dieci anni di vita dell'Istituto di Vicenza: quale storia?*, «Ricerche di storia sociale e religiosa» 14 (1985)/ 27, 5-18. By contrast, the «Centro ricerche di storia religiosa in Puglia» is of a later date, having been founded in 1985 but only after a gestation of many years' duration. Cfr. L. BERTOLDI LENOCI, *Il Centro ricerche di storia religiosa in Puglia*, in *Le confraternite pugliesi in età moderna. Atti del seminario internazionale di studi (28-30 April 1988)*, a cura di L. BERTOLDI LENOCI, Fasano [1988].

[70] DE GIORGI, *La storia locale...*, 255-256.

[71] G. FILORAMO, *«Rivista di storia e letteratura religiosa»*, «La scuola cattolica» 120 (1992), 484; cfr. also F. SALIMBENI, *Nuove prospettive di ricerca sulla storia della Chiesa in Italia*, «Orientamenti sociali» 35 (1980)/2, 127-137.

It was precisely to give voice to such ferment and to offer scholars a forum for discussion that new reviews were conceived.

The first was the «Rivista di storia e letteratura religiosa», founded in 1965 on the initiative of a group of historians and literary scholars from the university of Torino, amongst whom were Michele Pellegrino and Raoul Manselli. The title itself, which intended to recall «una esperienza degli inizi del nostro scolo, con il riabilitare [...] e rivendicare ciò che poteva contenere di suggestivo e stimolante un precedente»[72], like the «Revue d'histoire et littérature religieuses», founded by Loisy in 1896, showed the methodological format that the review intended to assume, clearly demarcating the «distinzione tra studio teologico e studio storico» and assuming a «concezione aperta e dinamica della Storia del cristianesimo»[73]. The aims of the Review were delineated at the presentation of the first issue and were taken up in succeeding interventions by the executive editor Franco Bolgiani[74]. The thematic field was enlarged also to religious literature, with no geographic limits, nor – at least theoretically – limits of faith, for in practice the preferential interest went to the specific Judeo-Christian tradition and to its context[75]. «Una più ampia "storia o letteratura delle religioni" nel vecchio senso "comparativistico-fenomenologico"»[76] was excluded, and so was «ogni controversia dottrinale o teologica»[77], and the thematic

---

[72] BOLGIANI, La «Rivista di storia e letteratura religiosa» in Cinquant'anni di vita..., 234.

[73] FILORAMO, «Rivista di storia e letteratura religiosa»..., 486.

[74] Presentazione, «Rivista di storia e letteratura religiosa» 1 (1965), I-V and BOLGIANI, Per un dibattito sulla «storia religiosa»..., 601-622. On the aims and origins of the Review, cfr. also FILORAMO, «Rivista di storia e letteratura religiosa»..., 484-489 and BOLGIANI, La «Rivista di storia e letteratura religiosa»..., 231-252.

[75] «Campo specifico d'indagine sarà dunque lo studio della storia e della letteratura cristiana [...] in tutta la sua necessaria ampiezza e cioè nelle preparazioni storiche, nei suoi sviluppi concreti ed anche nei suoi rapporti, su un piano fenomenologico storicamente definito, con altre forme e tradizioni religiose fiorite in altri contesti culturali e storici». Presentazione, «Rivista di storia e letteratura religiosa» 1 (1965), III.

[76] BOLGIANI, La «Rivista di storia e letteratura religiosa»..., 235.

[77] This footnote was added to the directions for collaborators, inserted inside the back cover, from the first issue in 1985 (cfr. BOLGIANI, La «Rivista di storia e letteratura religiosa»..., 235), but ever since the first annals the editorial office had communicated certain specifications to the collaborators: «Occorre ricordare che la Rivista di storia e letteratura religiosa è di carattere storico e letterario e *non teologico e dottrinale* [italics in text]. La "Rivista" non si disinteresserà affatto di problemi teologici, ecclesiologici, morali, spirituali etc., ma intende trattarne sempre da un punto di vista "storico" e "critico", cioè ponendosi in prospettiva di una storia della teologia, anche della teologia contemporanea e recentissima, di storia della ecclesiologia, di storia della spiritualità, di storia delle idee morali e così via» (BOLGIANI, Per un dibattito sulla «storia religiosa»..., 605, note 2).

canvas was opened to all fields and periods of the history of Christianity, in the explicit distancing from the narrower ambit of Church history, characterised by «Rivista di storia della Chiesa in Italia». The differences with the «older» Journal concerned not only the contents and thematic reach but also the method. Bolgiani criticised the «opera di inventariazione documentaria di tutte le vestigia del passato della Chiesa», carried on by Maccarrone's *Rivista*, deeming its «dibattito critico-metodologico [...] troppo marginale»[78], and in this the new Journal intended to differentiate itself.

The juxtaposition of history and literature did not prove to be pacific, and gave rise to heated debates regarding its value and significance. During a conference in Châtillon, on 21 and 22 September 1968, the Italianist Giorgio Bàrberi Squarotti, a member of the editorial staff of the Journal, «con una certa irruente aggressività»[79] maintained a total epistemological extraneousness between the two disciplines[80]. Though Bàrberi remained in the editorial staff, the intervention provoked the Italianist Getto's[81] resignation from editorship and, by and by and for different reasons, the litterary scholars left the editorship, so much so that from 1972 to 1984 the editorial council was made up only of Bolgiani, Passerin and Michele Pellegrino, specialist in Christian literature and professor of Christian history.

This provocation, according to Bolgiani, turned out to be «precious»[82] in the long run. It opened the way for an open confrontation amongst divergent positions, since it compelled reflection on the objectives of the Review, obliging the management to «un approfondito impegno sul piano metodologico»[83], that gave rise to – above all in the initial years – lively

---

[78] BOLGIANI, *Per un dibattito sulla «storia religiosa»...*, 615. The new slant, which from a comparison might also have derived from «Rivista di storia della Chiesa in Italia», was contemporaneously expressed also by Zerbi: «dal fiorire di queste iniziative sarà spinta a chiarire e determinare meglio il nostro compito specifico, e a lavorare con decisione e consapevolezza ognora crescenti nel settore che ci siamo scelti, in armonia di propositi e in concorde collaborazione con tutti i vicini». P. ZERBI, *Saluto alla «Rivista di storia e letteratura religiosa»*, «Rivista di storia della Chiesa in Italia» 20 (1966), 203-204.

[79] The phrase is BOLGIANI's, *La «Rivista di storia e letteratura religiosa»...*, 237.

[80] Cfr. G. BÀRBERI SQUAROTTI, *Storia, letteratura e letteratura religiosa*, «Rivista di storia e letteratura religiosa» 5 (1969), 623-634 and as recalled by BOLGIANI himself, *La «Rivista di storia e letteratura religiosa»...*, 237-243.

[81] *Ibid.*, 239-240

[82] *Ibid.*, 238.

[83] Cfr. FILORAMO, *«Rivista di storia e letteratura religiosa»...*, 491.

confrontations amongst scholars of various schools and varying specialisation[84]. Having overcome the ideological, linguistic and historiographic barriers and having reiterated the freedom of research even in the interdisciplinary choice, the Review opened itself to collaborators of the most varied specialisation, including many foreigners, despite being edited only by professors of the university of Turin until 1988, when the first scholar of a different university was taken onto the editorial board in the person of Mario Rosa.

Even in the editorial aims of the other two nationally significant reviews: «Ricerche di storia sociale e religiosa», founded by Gabriele De Rosa in 1972, and «Cristianesimo nella storia», founded by Giuseppe Alberigo in 1980, expressions of creative centres of historical research, namely those of Padova, Salerno and the «Istituto per le ricerche di storia sociale e di storia religiosa» of Vicenza on one hand, and the «Istituto per le scienze religiose» of Bologna on the other, the confrontation with ecclesiastical historiography is evident and the freedom of historical research, enlarging on the expression of Christian history, is vindicated.

De Rosa's Review originated in a precise historiographic context, that of the ascent of France – the socio-religious school of Gabriel Le Bras – and intended to give voice to the «via italiana della storia religiosa», as Michel Vovelle expressed it in an intervention published in the same Review[85]. In the *Presentazione* of the first issue the editor strongly underlined this choice: «noi – De Rosa affirmed – abbiamo scelto la storia della società religiosa [...] che parte non dall'istituzione astrattamente considerata, non dall'esemplarità di un nome [...] ma dalla vita della società nei suoi nessi profondi di religioso, economico, politico insieme e [...] ritrovare il modo di pregare, di vivere di un popolo, di una comunità»[86]. An explicit reference to the lesson of the «Annales» followed, so also to the hinterland of the «faticoso tirocinio di indagini» – addressed methodologically to identify new kinds of sources – which had preceded the initiative and had emerged clearly, in the

---

[84] The following *Dibattito sulla storia e la letteratura religiosa* may be cited, «Rivista di storia e letteratura religiosa» 7 (1971), 83-143, with as many as thirteen interventions, or the more recent *Per un dibattito sulla Storia religiosa d'Italia*, «Rivista di storia e letteratura religiosa» 32 (1996), 333-433.

[85] M. Vovelle, *La «via italiana» della storia religiosa*, «Ricerche di storia sociale e religiosa» 10/19-20 (1981), 353-358.

[86] G. De Rosa, *Premessa*, «Ricerche di storia sociale e religiosa» 1/1 (1972), 5-6.

policy conference of Capaccio in 1972[87]. In fact, the Review was connected to the research centres that had been working for years on the sources of the religious history of Veneto and of the Italian South, with particular emphasis on pastoral visits, documentation precious for the knowledge of the condition of religious practice, and access to social reality on the territorial level.

On the other hand De Rosa, retracing a few years later the story of the historiographic experience that had led to the foundation of the Review, did not hide the reference to Giuseppe De Luca and to his *Introduzione alla storia della pietà*[88], despite the choice of a research method of a wider scope which that provided «la possibilità di un discorso storico senza pregiudiziali ideologiche e confessionali, accertato e partecipato anche da chi, come Cantimori, non scavava nella stessa direzione e con la stessa ansia»[89], and in the awareness of the difficulty of dealing with important aspects of religious history such as piety, easy prey to apologetics and sentimentalism[90]. The historiographic openness of the «Ricerche» is testified to by the presence of debates and diatribes and by the frequent monographic issues, wherein interventions at seminars and round tables were published[91]. The dialectical approach, in De Rosa's Review, was connected to the choice to uphold contributions of a methodological character, which itself could be explained as supporting the parallel activity of the research centres, but was also a precise exigency of the work of the collaborators of a periodical which proposed to study new sources and to confront historical themes by availing itself of the epistemological contributions of a series of correlated disciplines, such as demography, anthropology and sociology, which call for specific competences[92].

---

[87] DE ROSA, *Premessa...*, 7. Cfr. E. POULAT, G. CRACCO, J. REVEL e G. DE ROSA, *I dieci anni di vita di «Ricerche di storia sociale e religiosa»*, «Ricerche di storia sociale e religiosa» n.s. 12/24 (1983), 198-216; *Le «Ricerche di storia sociale e religiosa» nei verbali delle sedute padovane (1965-1974)*, a cura di F. AGOSTINI, Vicenza 1988.

[88] «Avevamo alle nostre spalle i richiami e le suggestioni di don Giuseppe de Luca, che con la sua "storia della pietà" ci aveva ricordato che non c'era solo una storia dei papi, dei vescovi, degli ordini religiosi, ma anche un'altra storia, anch'essa mirabile, anche se più umile: la storia di una Chiesa, di un paese, del mondo dei devoti» (DE ROSA, *Relazione introduttiva ai corsi di storia e metodologia...*, 399-409, 399). On the other hand, the Journal is published by the very house founded by De Luca.

[89] *Ibid.*, 401.

[90] *Ibid.*, 400-401.

[91] Cfr. for example the article by J. GADILLE, *Dalla sociologia alla storia religiosa. Riflessioni sul metodo*, «Ricerche di storia sociale e religiosa» 3 (1974)/5-6, 395-406, and the collegial response *Questioni di storia religiosa*, published in «Ricerche di storia sociale e religiosa» n.s. 4 (1975)/7-8, 419-421.

[92] DE ROSA, *Premessa...*, 7; ID., *Relazione introduttiva ai corsi di storia e metodologia...*, 404-409.

On the other hand, the Bologna Review was founded in the same year as the death of Hubert Jedin, when – as explicitly declared by the editor Alberigo himself – the last shaky link with the «Rivista di storia della Chiesa in Italia» was broken[93]. It aimed to give voice to tendencies and historic-Christian research initiatives of a wider scope, setting as its objective «un impegno di ricerca storico-critica capace di una conoscenza globale [...] del fatto cristiano», beyond the «limiti tradizionali della "storia della Chiesa"» and the institutionalised churches in general, not only in the geographic sense[94], but from the point of view of the object itself. It was broadened «dalle istituzioni e dalla storia fattuale, alle dottrine, alle tradizioni, alla spiritualità, alla concreta vita cristiana delle comunità, al cristianesimo che si è manifestato fuori dalle chiese storiche [...] con viva attenzione ai contesti storico-culturali con i quali i cristiani sono entrati in contatto»[95].

Besides underlining the greater thematic openness to the various Christian churches, the choice to include «Christianity» in the title rather than «Church» was also a clear stand in the debate on the distinction between the history of Christianity and history of the Church[96], often still labelled by connotations of autonomy in research with regard to one and by the bond with the Catholic Church and theology with regard to the other[97]. In this context the traditional epistemological distinction was tendentially refuted and the «secularisation of Church history» was proclaimed, along with its place in a global history which reconstructed the social, cultural, economic, political context in its entirety, rather than just the limited reli-

---

[93] G. ALBERIGO, «Cristianesimo nella storia», in Cinquant'anni di vita..., 265.
[94] «Vorremmo sottrarci alla egemonia eurocentrica [...]. Ci sembra non più procrastinabile un confronto vitale con chi conduce questi stessi studi a partire da esperienze storiche diverse da quella occidentale, vuoi in Oriente che nei "nuovi" continenti, Africa, Asia, America Latina»: G. ALBERIGO, Premessa, «Cristianesimo nella storia» 1 (1980), 7.
[95] ALBERIGO, Premessa..., 5-6.
[96] BOLGIANI, Per un dibattito sulla «storia religiosa»..., 613-616; M. ROSA, A proposito di comparativismo di storia del cristianesimo e della Chiesa, «Rivista di storia e letteratura religiosa» 7 (1971), 111-119. For an account of the debate on manuals of Christian history, cfr. AUBERT, Les nouvelles frontières de l'historiograpie ecclésiastique..., 773-779.
[97] This second conception still appears to be present particularly amongst scholars in countries where the Church history is taught only in the faculties of theology, as in the German W. BRANDMÜLLER, Storia della religione - Storia del Cristianesimo - Storia della Chiesa, in Cristianesimo e storia..., 55-60. About German historiography on this subject, cfr. O. WEIß, Chiesa cattolica, religione e società nella più recente storiografia tedesca, «Ricerche di storia sociale e religiosa» n.s. 26/52 (1997), 169-197.

gious actuality. This was consistent with a conception already expressed years before by Alberigo in an intervention in a debate on the epistemological constitution of Church history which had been promoted by the review «Concilium» in 1970[98], and echoes were also to be found even further back in time, in the vicissitudes related to the proceedings of the 1958 conference of Padova, which I have mentioned above.

In this perspective the editorial approach of «Rivista di storia e letteratura religiosa» and of «Cristianesimo nella storia» seems to be alike in method and setting, as may also be noted from the exchange of collaborators, though the thematic approaches reveal different slants. Alberigo took his distances from the Review of Torino, specifying that his periodical «era centrato sulle dimensioni istituzionali, dottrinali e spirituali dell'esperienza cristiana, non certo su quella letteraria»[99], but definitive primary attention to sources, though primarily aimed at the collection and classification of documentary archival sources[100], also lead to the publication of contributions on literary works, specially those on ancient Christianity.

The thematic openness on all the Christian confessions is common to these three Reviews, but, in practice, Catholic subjects are the favourites in the field of early and recent modern history.

With respect to other Reviews, the main characteristic of «Cristianesimo nella storia» was the openness to «contributi di analisi critica della riflessione teologica», not only of the history of theology, as long as it was aware that «la distinzione tra conoscenza storica del cristianesimo e riflessione teologica diviene via via più rilevante»[101]. The problem of the relationship between history and theology had already come to the fore in 1974, when, as highlighted by Menozzi[102], the policy of the future Review, in its broad outlines, had been discussed and approved by the assembly of the «Associazione per lo sviluppo delle scienze religiose in Italia». However, that first declaration of intent did not allude to the publication of theological contributions, while – Menozzi emphasises – «sia pure

---

[98] G. ALBERIGO, *New Frontiers in Church History*, «Concilium» 6/7 (1970), 68-84 and ID., *Nuove frontiere della storia della Chiesa*, in H. JEDIN, *Introduzione alla storia della Chiesa*, Brescia 1973 (original ed. 1965), 7-30. Cfr. also ALBERIGO, *Méthodologie de l'histoire de l'Église en Europe...*, 401-420.
[99] ALBERIGO, *«Cristianesimo nella storia»...*, 265-266.
[100] *Ibid.*, 268.
[101] ALBERIGO, *Premessa...*, 6.
[102] MENOZZI, *«Cristianesimo nella storia»...*, 510-511.

rapsodicamente, un certo spazio a questo tipo di contributo» was given both in the *Premessa* and later in the course of the life of the Review[103]. On the other hand, amongst the Review's models and points of reference, besides Dossetti and Cantimori, there was also Jedin[104], who had anyway been one of the promoters of the «Rivista di storia della Chiesa in Italia» and, despite being a scholar keen on the critical scrutiny of sources, had never quite distanced himself from a conception of Church history that took its object from theology[105].

In any case the common aim of all these reviews was to plug the gaps, to fill in historiographic blanks and to give space to occasions and themes of study then neglected or overlooked by the reviews of ecclesiastical history. Despite this they often also brought together scholars that initially collaborated with the «Rivista di storia della Chiesa in Italia» and who found the historiographic perspective of Maccarrone's Review quite restrictive.

Despite being open to the collaboration of many scholars who were secular by training, methods of study and historiographic extraction, amongst whom were the secretary Francesco Margiotta Broglio, Sofia Boesch Gajano, Gigliola Fragnito and Guido Verucci, the «Rivista di storia della Chiesa in Italia» in fact remained tied to ecclesiastical authority, a decision strongly reiterated at the time of the crisis of 1976, which cost the Review the loss of many collaborators, including some of the original ones, and resulted in the dissolution of the editorial board due to two episodes which were not related but which occurred one shortly after the other. Both evinced the editor's profound diffidence towards novelty, whether in historiographic methods applied to religious history, or to ideological and political stands taken by members of the editorial staff. The first episode was a book review by Gregorio Penco[106] which slated the innovative essay on *La Storia religiosa* published by Giovanni Miccoli in volume II/1 of

---

[103] Menozzi, *«Cristianesimo nella storia»*..., 518.

[104] *Ibid.*, 515-517; Alberigo, *«Cristianesimo nella storia»*..., 267-268.

[105] H. Jedin, *Kirchengeschichte als Heilsgeschichte?*, «Saeculum» 5 (1954), 119-128; Id., *Einleitung in die Kirchengeschichte*, in *Handbuch der Kirchengeschichte*, I, Freiburg im B. 1965², 1-68; G. Alberigo, *Fede nella Chiesa e fede nella storia*, introduction to the italian edition of H. Jedin, *Chiesa della fede, Chiesa della storia*, Brescia 1972, original edition Freiburg 1966, VII-XV; A. Melloni, *Lo sviluppo delle scienze religiose nel '900*, in *Storia della Chiesa in Italia. Orientamenti e prospettive*, a cura di M. Guasco, monographic issue of «Humanitas» n.s. 19 (2004)/5, 908-909.

[106] G. Penco, *Storia d'Italia (Einaudi). I. la Storia religiosa del Medioevo*, «Rivista di storia della Chiesa in Italia» 30 (1976), 119-145.

Einaudi's *Storia d'Italia*. Approved by Maccarrone, it forced Sofia Boesch[107] to distance herself. The other episode was Paolo Brezzi's candidature in the political elections of that year as an independent member of the left-wing, which provoked the resignation of Fausto Fonzi and Paolo Sambin, joint-editor since 1965[108] who were worried about the «confessional change»[109], and the later the dissolution of the editorial staff by the editor, following Brezzi's refusal to resign voluntarily[110]. At the reconstitution of the editorial council, as evinced by second issue of 1979, amongst those missing, besides those already cited, were – significantly – the officials of the Vatican Archives, Martino Giusti and Germano Gualdo[111].

Although the points of reference and the perspectives of the Journals are different, the scientific initiatives they promoted appear to be similar. In fact, characteristics common to the reviews, whether Catholic or lay, were their association with series of monographic studies[112] and in many cases, as already alluded to in the case of the «Rivista di storia della Chiesa in Italia» and that of the «Ricerche di storia sociale e religiosa», the organisation of study conferences, activities that broadened their interests and penetrated the larger circuit of historiographic debates though the participation and scientific contribution of scholars not directly included among the collaborators. However, the choices regarding the sections introduced into various issues of the periodicals were different, as were those regarding contributions in foreign languages and the publication of monographic issues. The «Rivista di storia della Chiesa in Italia» and «Archivum historiae

---

[107] Cfr. Sofia Boesch's letter to Maccarrone, 14 April 1976, in «Rivista di storia della Chiesa in Italia» Archive, b. 1) Ventennio della Rivista.

[108] RIGON, *Paolo Sambin (1913-2003)...*, 381-389.

[109] *Ibid.*, 388.

[110] Minutes of the meeting of 3 July 1976 in «Rivista di storia della Chiesa in Italia» Archive, *Libro dei verbali*.

[111] For the whole episode also cfr. P. ZERBI, *La «Fondazione mons. Michele Maccarrone per la storia della Chiesa in Italia»*, «Rivista di storia della Chiesa in Italia» 48 (1994), 3-4; ID., *Michele Maccarrone come direttore della «Rivista»...*, 6; ID., *Paolo Brezzi e la «Rivista di storia della Chiesa in Italia»...*, 374-375 and especially O. CAPITANI, *La crisi del 1976*, in *Cinquant'anni di vita...*, 123-137.

[112] As mentioned before, the series «Italia sacra» (Herder) has been associated with the «Rivista di storia della Chiesa» since 1959, l' «Archivum» was preceded by the «Miscellanea Historiae pontificiae» (Pontificia Università Gregoriana editrice) founded in 1939, while the «Rivista di storia e letteratura religiosa» promoted *Testi e documenti* starting in 1967 and «Studi» from 1990 (Olschki), the «Ricerche di storia sociale e religiosa» has the series *Thesaurus ecclesiarum* (Edizioni di storia e letteratura) from 1966 and «Cristianesimo nella storia» is coupled with the series *Testi e ricerche di scienze religiose* founded in 1964, published by Marietti and now by Il Mulino.

pontificiae» were characterised by their rich bibliographical survey, but even «Ricerche di storia sociale e religiosa» for a few years (1972-1973) brought out a useful *Rassegna delle riviste*. In recent years new sections, mainly comprising discussion have been started, for example *Rassegne e dibattiti* in «Rivista di storia e letteratura religiosa» since 2000, *Testimonianze* (1994) and *Notizie dell'Istituto* since 1995 in «Cristianesimo nella storia». A peculiarity of «Cristianesimo nella storia» is that, since 1989, it has had one monographic issue every year. As far as contributions in foreign languages are concerned, all of them publish such articles, in measures great or small, but certainly the most international are «Archivum historiae pontificiae» and «Cristianesimo nella storia».

But above all it is by leafing through the inexes of the Reviews themselves that one gets an idea of the prevalent themes of interest and also of their evolution in relation to editorial changes[113]. From a systematic examination of the Reviews over the period up until the beginning of the 1990s[114] it turns out that none of them have preclusions of a chronological nature but that the least-represented age is surely antiquity, which is specially dealt with only by «Rivista di storia e letteratura religiosa» (39,5%) and «Cristianesimo nella storia» (23%) and which is present in percentages well below 10% in the others. Obviously it has to do with choices which relate to the aims and the very nature of the individual Reviews, but which also indicate the interests of the management. The middle ages are prevalent in «Archivum historiae pontificiae» (44%), «Rivista di storia della Chiesa in Italia» (40% until 1976, 34% from 1977 to 1991) and «Archivio italiano per la storia della pietà» (51%), this being consistent with the specialisation of the members of the editorial staff of these Reviews. However, the middle ages are also a theme in «Rivista di storia e letteratura religiosa» (20%) and «Cristianesimo nella storia» (19%). In contrast, the «Ricerche di storia sociale e religiosa» appears to specialise particularly in the early modern and recent periods, (46% of the contributions relate to early modern times and 46,5% regard modern history), which may easily be explained considering the nature of its preferential sources. Early modern times also seem to interest the «Archivio italiano per la storia della pietà» of De Luca (35%), the «Rivista di storia della Chiesa in Italia»,

---

[113] The articles, the notes, the discussions and the surveys have been taken into consideration, while the book reviews and the reports have been omitted.

[114] I chose 1991, as *terminus ante quem*, and developed for all the reviews the periodisation already present in the statistics elaborated by Filoramo and Menozzi for «La scuola cattolica» (1992).

above all until 1976 (31%), and – in smaller measure – the «Archivum historiae pontificiae» (23%) and the «Rivista di storia e letteratura religiosa» (21,5%). A review which is more focused on the modern period, along with «Ricerche di storia sociale e religiosa», is «Cristianesimo nella storia» (42%), but more recent themes also appear in «Rivista di storia della Chiesa in Italia», above all after 1976 (28%), in «Archivum historiae pontificiae» (25%) and in the «Rivista di storia e letteratura religiosa» (18%).

Meanwhile, growing interest in religious themes was leading to a broadening of studies, well beyond the institutional centres of research and the academic specialists. Alongside prolific currents of research linked to consolidated traditions, such as the study of literary sources of ancient Christianity[115] or those of medieval history, for example the Franciscan studies or the studies on heresies, in the 1980s and '90s a number of new trends became evident and were taken forward both by scholars of religious and general history and reinforced with the aid of conspicuous contributions from collaborators of Reviews of Christian history, initiatives that included religious history in editorial projects with a wider scope, meant for a public which was much wider than just a limited number of specialists. After volume 9 of Annali della Storia d'Italia, *La Chiesa e il potere politico*, published by Einaudi in 1986, the 90s saw the publication of a *Storia dell'Italia religiosa*, in three volumes, and a *Storia del Cristianesimo*, in four volumes, both from Laterza[116] and more recently the *Storia del Concilio Vaticano II*, in five volumes, edited by Alberigo and his collaborators at the Bologna «Istituto»[117].

The propagation of studies and orientations also led to the foundation of new reviews, ever more specialized, yet not confined to a historical era. Though it would be impossible to mention them all, it seems important to cite at least two: the «Annali di storia dell'esegesi», the voice of lively university research centres from all over Italy, which was founded in 1984 under the scientific coordination of Pier Cesare Bori, and now of Mauro Pesce. This is a specialized periodical in so far as the thematic core around which it revolves is represented by the history of the interpretation of the Bible. Nevertheless, it is a «long drawn» review, since it spreads out through

---

[115] Of which Francesco Scorza Barcellona spoke.
[116] *La Chiesa e il potere politico*, a cura di G. CHITTOLINI e G. MICCOLI, Torino 1986; *Storia dell'Italia religiosa*, 3 voll., a cura di G. DE ROSA, T. GREGORY e A. VAUCHEZ, Roma-Bari 1993-1995 and *Storia del Cristianesimo*, 4 voll., a cura di G. FILORAMO e D. MENOZZI, Roma-Bari 1997.
[117] *Storia del Concilio Vaticano II*, 5 voll., a cura di G. ALBERIGO, Leuven 1995-2001, published in several languages at same time.

time, having had since 1991 two distinct editorial boards to cover both ancient and modern times, and through cultures, there being a predilection for inter-religious themes, particularly those related to Judaism and Christianity. The «Quaderni di storia religiosa» on the other hand, which was founded in 1994 on the initiative of scholars of religious history at the universities in Veneto and is under the editorship of Giuseppina De Sandre, Grado Merlo and Antonio Rigon, may be placed midway between a periodical and a series, in so far as it annually publishes only one monographic issue. Originally limited to the middle ages, it now also welcomes contributions regarding early modern times.

The diffusion of new historiographic sensibilities also finds an echo in the reviews considered here. In recent years, that is to say since 1991, it may be noted that some of them have reserved an ever larger space for the most recent modern history, in particular for the latter half of the twentieth century, though even in this case it is the Catholic Church which excites the most interest. This attention, characteristic of current Italian religious historiography, is prevalent in «Cristianesimo nella storia» (47%), in relation to studies on Vatican Council II, and in «Archivum historiae pontificiae» (39,5%), in relation to the resurgent interest in the history of the universal Church, in the role of the papacy, and in that of the central institutions. The increase in interest in «Rivista di storia e letteratura religiosa» (from 18 to 21%) and in «Rivista di storia della Chiesa in Italia» (28%) seem to be less accentuated, while, singularly, in the «Ricerche di storia sociale e religiosa» one finds a decline in contributions regarding modern times (down from 46,5 to 39%) in favour of those dedicated to early modern times (up from 46 to 50%). This latter period also gets more coverage in the «Rivista di storia e letteratura religiosa» (from 21,5 to 38%) and in «Archivum historiae pontificiae» (from 23 to 27,5%), revealing a considerable inversion of trends in the respective editorial boards. These new interests further reduce the coverage of antiquity, even in the «Rivista di storia e letteratura religiosa», which has always had a special eye for that age (down from 39,5 to 24%), and to a lesser degree – from 23 to 22% - in «Cristianesimo nella storia», which dedicates certain monographic issues to it. Interest in the middle ages too seems to be on the ebb, for example in «Archivum historiae pontificiae», where the percentage of contributions relating to the period has gone down from 44 to 31%, in «Rivista di storia e letteratura religiosa» (from 20,5 to 16%), and in «Cristianesimo nella storia» (from 19 to 18%), while at the same time contributions relating to the medieval period have increased from 34 to 45% in the «Rivista di storia della Chiesa in Italia». It is not always easy to fathom the reasons for such changes, but surely, beyond the evolution of historiographic sensibilities and the very considerable presence of specialized reviews, editorial preferences weigh considerably on decisions concerning the hiring of collaborators, as may be seen from the fact that the «Rivista di storia della Chiesa in Italia» has always been edited by medievalists. or that on the editorial board of the «Rivista di storia e letteratura religiosa» scholars of ancient times work side by side with those of different specialisations.

Another characteristic of recent years is the increase in contributions that take up diachronic and transversal themes and that also include comparisons with other religions. While in many cases, this has to do with studying the rapport between other religions and Christianity, in others the impression is given that the reviews are definitely trying to enlarge the field of investigation[118].

In this panorama of thematic openness we must also place the re-established «Archivio italiano per la storia della pietà»[119]. Interrupted in 1980, it started being published again in 1996, under the editorship of Prodi (1996-1998) and with an editorial staff that continues, with a certain liberty, the historiographic policy of De Luca[120]. The editor, illustrating the continuity with and departure from the bigger series, highlighted the broadening of the concept of piety, up to the point of embracing its "negativo" nel senso filmico del termine», the openness to «esperienza di tutte le religioni», though giving preferential treatment to «nostre tradizioni», and to the «*pietas* nelle identità collettive», not only to that of the individual man[121]. He also ener-

---

[118] Cfr. for example the monographic issue *L'ebreo errante e altri temi della tradizione ebraica*, «Rivista di storia e letteratura religiosa» 40 (2004)/1, while the contributions published in the latest issues of «Rivista di storia della Chiesa in Italia» are of a different slant: D. Rocciolo, *Conversioni di ebrei a Roma dopo il 1870*, «Rivista di storia della Chiesa in Italia» 57 (2003), 85-132; P. Stella, *Filoebraismo cattolico in Piemonte in Lombardia dalla Rivoluzione francese al caso Dreyfus* and G. Loparco, *Gli Ebrei negli istituti religiosi a Roma (1943-1944). Dall'arrivo alla partenza*, «Rivista di storia della Chiesa in Italia» 58 (2004), 81-105; 107-210.

[119] Cfr. A. Ventura, *Materiali per un archivio della pietà musulmana. I. La devozione per il Profeta*, «Archivio italiano per la storia della pietà» 10 (1997), 21-41; Id., *Materiali per un archivio della pietà musulmana. II. Le preghiere del pellegrinaggio*, «Archivio italiano per la storia della pietà» 11 (1998), 65-95 and S. Villani, *I primi quaccheri e gli ebrei*, «Archivio italiano per la storia della pietà» 10 (1997), 43-113.

[120] «Il nostro problema è riprendere il nucleo della sua proposta e le sue larghezze di visione, ma senza la pretesa di seguire le sue orme» (P. Prodi, *La ripresa dell'«Archivio»*, «Archivio italiano per la storia della pietà» 9, 1996, 370-371). Cfr. also the declaration on editorial policy, again from P. Prodi, *Presentazione, ibid.*, VII-VIII and the observations by A. Prosperi, *Storia della pietà, oggi, ibid.*, 3-29.

[121] Prodi, *La ripresa dell'«Archivio»...*, 368-369.

getically reiterated what aspects were to be avoided, those «più direttamente dottrinali, istituzionali o sociologici per impedire una dispersione altrimenti incontrollabile verso la storia della religioni, delle chiese, della religiosità popolare etc.»[122]. With respect to other Reviews and the present rather wide panorama of historic-religious research, the re-established «Archivio» therefore aims to corner for itself a conceptual and thematic niche which would allow it to differentiate itself this being evident from its strong interest in early modern times (71%) and, in this case too, consistent with the interests of many of its promoters.

Meanwhile the older reviews face the common problem of generational change[123]. Although «Cristianesimo nella storia», despite substantial editorial changes, and «Ricerche di storia sociale e religiosa» even today have the same editor who founded them, in others the problem of change in editorship has presented itself more or less unexpectedly and traumatically. In the «Rivista di storia della Chiesa in Italia», at the death of Maccarrone (1993) Pietro Zerbi took over, and he in turn was succeeded in 2002 by Agostino Paravicini Bagliani, the first layman to assume this position. Although not leading to an explicit change in editorial policy, this has brought about a gradual dissolution of the direct link with the Holy See, evidenced also by the appointment of a lay editor and by the disappearance of the line *Con approvazione ecclesiastica* starting with the first issue of 1999, since the contributions were no longer approved other than by the scientific censure of the readers of the editorial council, which no longer counted as an authentic doctrinal control. Though the origins have not been repudiated – the reference to Leo XIII and Muratori was again recalled by Zerbi a few years ago[124], the «Rivista» has espoused scientific autonomy and allowed collaboration with scholars of different orientations and with other reviews in the sector, as seen at the 1999 conference already referred to; it has enlarged the horizons of its thematic area even beyond institutional history and has recently been focusing on contemporary history. In spite of the fact that it has not introduced a *Dibattiti* section (one may be found only occasionally in 1975) it is open to discussions on many fronts[125] and the present editor tends to give preferential treatment to

---

[122] PRODI, *Presentazione...*, VIII.
[123] Cfr. the reports on the conference of 1999: G. TURBANTI, *Passaggi generazionali*, «Il Regno. Attualità» 44 (1999)/18, 599.
[124] ZERBI, *Michele Maccarrone come direttore della «Rivista»...*, 2.
[125] Most significant are those on the proceedings of the conference organised by the Associazione italiana dei professori di storia della Chiesa, L. PAOLINI, M. TAGLIAFERRI e G. BATTELLI, *I grandi problemi della storiografia civile e religiosa*, «Rivista di storia

surveys and news of scientific initiatives, upholding the role of the «Rivista di storia della Chiesa in Italia» itself as a point of connection and exchange of information in the same way as its bibliography already was.

Since 1998, for generational reasons, «Archivum historiae pontificiae» and «Rivista di storia e letteratura religiosa» have also changed editors, but the changes have not always been caused by reasons of old age. Often the resignations and substitutions have been caused by conflicts with the editorial or scientific policy, by misunderstandings on a personal level, or by other motives not always explained in the Reviews' editorials[126]. Though these problems might sometimes endanger the survival of some of the publications, they are not necessarily harmful. They might encourage the deepening of historiographic reflection, the refocusing o f the periodicals' aims, and the broadening of fields of study and historiographic interests, so leading to new vistas and new initiatives.

Probably such motivations are what lie behind the genesis of the most recent amongst the general interest periodicals of Christian history, which was founded in 2004. The coordinators of the editorial board, Giovanni Filoramo and Daniele Menozzi, in presenting the new «Rivista di storia del Cristianesimo», quite besides the offering of the publishers Morcelliana, justified its establishment with the observation that the Italian panorama of periodical publication initiatives in this sector lacked «un periodico che abbia come proprio esclusivo oggetto la conoscenza della storia cristiana in una prospettiva "laica" nel senso che trovi nella ricerca scientifica stessa e non in elementi esteriori ad essa [...] le sue motivazioni reali e profonde»[127]. In its editorial aims the new periodical therefore proposes to take up, «senza preclusioni [...] tutto l'ampio spettro di fenomeni storici in qualsiasi modo riconducibili alla molteplice varietà di espressioni

---

della Chiesa in Italia» 54 (2000), 187-204, and on the latest work of Giacomo Martina: D. VENERUSO, L. MALUSA, G.B. VARNIER, P. STELLA, *La Compagnia di Gesù in Italia in età contemporanea. A proposito del libro di Giacomo Martina,* »Rivista di storia della Chiesa in Italia» 57 (2003), 472-495.

[126] For example the divergences that cropped up around the «Rivista di storia e letteratura religiosa», causing the resignations of Bolgiani, Filoramo and the majority of the scientific board are elaborately explained in the Journal (38, 2002, VII-X), while the abandonment of the editorship of the «Archivio» by Prodi after only two years (1998), the loss of Menozzi – starting with second issue of year 22, 2001 – from the editorial board of «Cristianesimo nella storia», of which he was the editor-in-chief, and the succession from Zerbi to Paravicini Bagliani, in the editorship of the «Rivista di storia della Chiesa in Italia», came to pass without any explanation in the respective Journals.

[127] G. FILORAMO e D. MENOZZI, *Presentazione...,* «Rivista di storia del Cristianesimo» 1 (2004), 4.

dell'esperienza cristiana e dei rapporti da essa intrattenuti con altre esperienze religiose». However, even in this case they recognize the importance of not «trascurare le strutture e le istituzioni ecclesiastiche del cattolicesimo italiano», given the undisputable «ruolo cruciale» it plays in Italy[128]. As a basis for the guidelines of the Review, the editorial board has posed certain identifying characteristics of its work, founded on the contribution of scholars specialising in various historical periodicals, who therefore ensure a diachronic openness to the whole chronological compass of Christian history. Beyond different «orientamenti ideali, percorsi formativi, attenzioni metofologiche, sensibilità storiografiche, discipline accademiche» what makes the working-group alike is the importance attached to a «giudizio storico basato su un solido e rigoroso fondamento filologico», the inseparable historic-critical method, the distances taken from «ogni forma di ecclesiocentrismo», the upholding of the «rapporti che le legano [le chiese] alle società in cui esse si sono via via insediate»[129], as well as the persuasion that «risulterebbe mutila e parziale [...] una trattazione storiografica che non fosse attenta a cogliere la dimensione irrimediabilmente politica della presenza cristiana nel tempo collettivo»[130]. Apart from this last consideration which informs the ongoing changes in religious historiography, both in terms of contents and of methodological intent the editorial declarations of the new Review basically echo those present at the foundation of those other reviews in preceding years which profess themselves to be «secular». This obviously does not escape the management of the Review, which identifies in the generational change and in changes in its editorial policy and collaborators, a deviation from the original intentions[131].

Right from the initial issues the «Rivista di storia del Cristianesimo» proclaims itself to be separated in two main sections, one of which takes up – with a certain amplitude – a monographic theme, while the other

---

[128] FILORAMO e MENOZZI, *Presentazione*..., 3.

[129] *Ibid.*, 5.

[130] *Ibid.*, 6.

[131] «Negli ultimi anni le più importanti testate hanno visto più o meno significativi aggiustamenti negli indirizzi che le avevano caratterizzate sia per la scomparsa o l'allontanamento o l'eclissi della figura del fondatore in seguito a ragioni anagrafiche; sia per il rimaneggiamento dei gruppi redazionali, sia per il delinearsi, ancorché in maniera incerta ed embrionale, di nuove e diverse scelte di politica culturale nella direzione del comparativismo religioso» (*ibid.*, 4).

publishes articles on different subjects and periods[132]. What is innovative is the section *Lavori in corso*, a kind of *workshop* of important projects of collective research.

In conclusion, even without considering the most sectorial reviews, meaning those limited by geography, chronology or by theme, it can be said that the Italian panorama of reviews specialising in Christian religious history appears to be much diversified and to encompass rich and provocative content and editorial policies. In these days of economic difficulties, when the very survival of the publications constitutes a serious problem, and when there exist financial problems, difficulties in attracting appropriate collaborators, a risk of duplication, and above all, intense competition at editorial level, this very diversity bears witness to the capacity of the Reviews' managements, whether in terms of managing their inherited assets, of providing their periodicals with solid backgrounds as legally-recognized research institutes, publishing houses or foundations, or above all of coming up with innovative projects and themes that are able to catalyse the attention of the scientific world and to give rise to such debates that are today the soul of progress in historical research. They know that in themes related to Christian religious history such debates are more relevant even than scientific interest, as has been demonstrated by recent conferences dedicated to the fine-tuning of methodological questions[133].

---

[132] In 2004 and 2005, the monographic issues concern medieval and modern subjects; for 2006 notice has been given about an antiquity subject.

[133] Besides the cited conference for the 50 years of the «Rivista di storia della Chiesa in Italia» (Rome, 8-10 September 1999) and the conference of which the proceedings are published here (Assisi, 11-13 December 2003), cfr. the conference on *Storia della Chiesa in Italia. Orientamenti e prospettive (Venice, 7 November 2003)*, whose proceedings have been published in *Storia della Chiesa in Italia. Orientamenti e prospettive*, a cura di M. GUASCO, monographic issue of «Humanitas», n.s. 19 (2004)/5, 895-993, and the another one on *La storia del cristianesimo e delle chiese cristiane oggi in Italia. Bilancio e prospettive (Bari, 25-26 February 2005)*.

NORMAN TANNER

Religious Studies in Britain since 1850

This long period of a century and a half, from the middle of the nineteenth century to the present day, should be divided into two, it seems to me, with the division coming at 1950. That is to say, the century from 1850 to 1950, and the half-century or so thereafter. These are round numbers of years and inevitably involve some over-simplification, but in essence the division is, I think, correct.

1. 1850-1950

During the first period, from 1850 to 1950, religious studies were conducted in two largely distinct ways. First there was theology, which meant, for the most part, christian theology, and was conducted largely within the denominational framework then existing among the churches and christian communities: Anglicans, Roman Catholics, the so-called «Free Churches» of Methodists, Baptists, Congregationalists, Presbyterians, and others.

Especially during the first half of this first period, that is to say from 1850 to the end of the century, all these churches in Britain enjoyed considerable vitality. The Victorian era, named after Queen Victoria, who reigned from 1837 to 1902, was indeed an intensely religious period in British history. Material prosperity at home, at least among sections of the middle and upper classes, and colonial expansion abroad, brought a confidence to the country that spilled over into religion. The confidence fitted well into the sense of being God's elect – the doctrine of predestination – to which all the Protestant churches subscribed with varying degrees of enthusiasm. This is important to remember inasmuch as the second half of the nineteenth century has often been characterised as a period of religious crisis in Europe. Yet in Britain at least, material prosperity went hand in hand with notable religiosity: a situation rather like, I would suggest, that prevailing in USA in recent times.

By «Britain» – let me add here briefly by way of explanation, and without entering in detail into the insoluble problem of trying to define my country which has no agreed name! – I mean what is defined in legal terms today as the United Kingdom: namely, England, Scotland, Wales and northern Ireland. The other three-quarters of Ireland to the south, now called the Republic of Ireland, was part of Britain, or the British Isles as it was more usually called, for the first half of our period, that is to say, until it gained independence in 1922. But for the purposes of this talk, it will be excluded from consideration before as well as after 1922, inasmuch as it may be considered a separate country. The other four constituents – England, Scotland, Wales and northern Ireland – enjoyed together a fair measure of unity, though there were regional and national aspirations within each. England, itself of course subject to regional and other loyalties within, was the largest and much the most populous of the four parts, containing around 85% of the total population, about 50 million out of a total of 58 million today.

1.1. *Theology within the Christian Churches*

To return now to the situation in the second half of the nineteenth century, the relative confidence and vitality enjoyed by the churches in Britain during this period meant that, at least outwardly, most of the theological writing and research of their members was conducted within the framework of their denominational loyalties. Each church saw itself, at least officially and if you will pardon some over-simplification, as the one true church, to which others should convert, so there was an element of missionary zeal in much of the writing and research. During the second half of our first period, namely from 1900-1950, there were the tragedies of the two World Wars, the economic depression of the 1930s, and many other difficulties. It was a time, too, of difficulty and limited decline for many of the Protestant churches. While some of the religious confidence of the Victorian period disappeared, nevertheless most theological writing and research continued to be done within the traditions of the various churches, and this continuity is what is important for the purposes of this talk. So I think it is right to treat the century from 1850 to 1950 as a whole, even while remembering the different secular and religious circumstances of the two halves of the period.

The leading church in terms of both writing and research was undoubtedly the Anglican church, the largest and the officially established church in England (though not in Scotland, Wales and northern Ireland)[1]. Given

---

[1] The Anglican Church, also called the Church of England, is the largest and the mother church of some 26 churches world-wide, which are in communion with her and with each other and which collectively form the Anglican Communion.

the primacy of the Bible for the Anglican church and indeed for all the Protestant churches, it seems right to begin with a consideration of Scriptural studies during the period.

Biblical Studies

First to be mentioned must be the «Revised Version» (= RV), which was the first officially approved English translation of the Bible since the great so-called «Authorised Version» of 1611 (also called the King James Version, after the king of the time, King James I of England and VI of Scotland, under whose authority it was made). RV was commissioned by the Anglican church and the translation of the New Testament appeared in 1881, that of the Old Testament four years later in 1885. In ecumenical terms it is noticeable that the committee of translators included several non-Anglican scholars. The revision, however, was cautious and the changes relatively minor; indeed the translators were instructed to «introduce as few alterations as possible into the text» of the earlier Authorised Version. Like this earlier version, RV was widely used by all the Protestant churches in the English-speaking world and not just by the churches of the Anglican communion. At the very end of this first period there appeared the much more radical revision, called the Revised Standard Version (= RSV), the New Testament appearing in 1946 and the Old in 1952. Interestingly, RSV was undertaken not by the Anglican church in Britain but rather by a committee representing the major Protestant churches of north America. But is was soon adopted for use in Britain, with some minor changes of orthography, by the Anglican church as well as by the other Protestant churches.

In terms of works of Biblical theology and exegesis, many important individual scholars and altogether a solid tradition may be noted. For the late Victorian period, the Anglican and Cambridge trio of B.F. Westcott (1825-1901), J.B. Lightfoot (1828-89) and F.J. Hort (1828-92) are specially remarkable. Friends and colleagues in scholarship, all of them were prolific authors and at various times held Theology professorships at Cambridge University: all of them were ordained priests/ministers of the Church of England: Lightfoot and Westcott went on to become bishops of Durham. All three worked on RV. Westcott and Hort are specially celebrated for their fine critical edition of the Greek new Testament, published in 1881. Lightfoot and Westcott are noted for their excellent commentaries on various books of the new Testament. Westcott, in addition, wrote several works of an historical nature: *History of the Canon of the New Testament* (1855), *History of the English Bible* (1868).

Charles Dodd (1884-1973), an ordained minister of the Congregational Church and Professor of Divinity at Cambridge University from 1935 to 1949, represents the later part of the period as well as Protestant scholarship outside the Anglican church. He, too, was a prolific author and arguably the best known New Testament scholar of his time in the English-speaking world. Notable are: *The Authority of the Bible* (1928), *The Epistle to the Romans* (1932), *The Bible and the Greeks* (1935); and perhaps best known and of most enduring quality, *The Parables of the Kingdom* (1935) and *The Interpretation of the Fourth Gospel* (1953), the latter urging that the historical nature of the gospel be taken seriously. In later life Dodd was Director General of the New English Bible (see below).

Biblical scholarship among Roman Catholics largely kept to a separate path. They did not participate in the work of RV and RSV, nor did their authorities extend approval to these translations. As a result, Catholics had to rely for long on the rather archaic and dated translations of the so-called Douai-Rheims version (1582-1610) and its revision by bishop Challoner in the eighteenth century. Finally two new translations were approved, *The Westminster Version of the Holy Scriptures*, edited by the British Jesuits C. Lattey and J. Keating (New Testament, 1935; Old Testament, incomplete), and that by the distinguished convert from Anglicanism to Roman Catholicism, Ronald Knox (New Testament,1945; Old Testament, 1948-9). In terms of Biblical exegesis and theology, too, Roman Catholics in Britain largely kept to a separate path and rather lagged behind, obliged somewhat in this direction by the Modernist crisis and the resulting extreme caution of Rome towards Biblical studies. Their contacts were more with Roman Catholic scholarship on the Continent than with Christians of other churches in Britain. At least this was the case in terms of official and more public expressions of interest.

Other Theological Studies

The theological giant of the whole period covered by this paper is undoubtedly John Henry Newman (1801-90), who converted from Anglicanism to the Roman Catholic church just before the beginning the period under consideration, in 1845, and right in the middle of his own long life of almost ninety years. A prolific writer and an intriguing personality, he is the one theologian from the British Isles since 1850 who continues to excite widespread interest and study around the world: witness the plethora of studies and doctoral theses on him and his writings, as well as editions of his works, that appear every year. These publications include notably in recent times – here I jump for a moment into the second half of this paper, the period after 1950 – his *Letters and Diaries*, edited by C.S. Dessain and others (1961 onwards, still to be completed); Ian Ker, *John Henry Newman: A Biography* (1988); S. Gilley, *Newman and his Age* (1990); and D. Newsome, *The Convert Cardinals: John Henry Newman and Henry Edward Manning* (1993). Newman's importance lies in his being a catalyst in several diverse areas rather than as the founder of a theological school. His writings before his conversion to Roman Catholicism in 1845 constitute an important heritage for the High Church Anglican tradition, to which Newman belonged. His conversion and subsequent writings assured his interest both for Roman Catholics and for studies in ecumenism. Newman is «claimed» by both liberal and conservative Roman Catholics. His *Essay on the Development of Christian Doctrine* (1845) has proved seminal in several areas that have excited interest in the last half century: doctrinal development, inter-religious studies and the uniqueness of Christ. His theological works of a more historical nature have proved less durable. For example, his *The Arians of the Fourth Century* (1833), which was widely acclaimed at the time, has subsequently been criticised for presenting Arians more as Newman wished to find them than as they actually were.

Surrounding Newman's towering status was a large mass of solid and enterprising theological work. This is especially the case in the period 1850 to 1900 and is another reason why it seems right to begin this paper in 1850 rather than in 1900. B.F. Westcott, J.B. Lightfoot and F.J. Hort, whose works of Biblical scholarship have been mentioned, are good examples from this earlier period illustrating the width of interests that could still prevail. Westcott published his doctrinal work, *The Doctrine of Life*, in 1892 and several volumes of collected sermons and addresses, including *The Incarnation and Common Life* (1893) and *Christian Aspects of Living* (1897). Lightfoot published major works on the apostolic fathers, most notably, *Clement of Rome* (1869, 2nd edn. 1890), and *Ignatius* (1885, 2nd edn. 1889), and several volumes of sermons. Hort wrote important studies of the early Church and ecclesiology; *Two Dissertations* (1876) and, published posthumously, *Judaistic Christianity* (1894) and *The Christian Ecclesia* (1896); and a book on philosophical theology entitled, *The Way, the Truth and the Life*, which was based on lectures delivered in 1871 and published posthumously in 1893.

Most of the work was of a positive and historical nature rather than speculative. This trend followed in what was already being recognised as the empirical tradition of British scholarship. Noticeable in this respect were the series of edited and/or translated (into English) texts such as

«Nicene and Post-Nicene Christian Fathers» (New York and Oxford, 1887-1900) and, for the liturgy, the publications of Henry Bradshaw Society (1891-) and Surtees Society.

In the above respects, too, most Roman Catholic scholarship – apart from that of Newman, already mentioned – followed a somewhat separate path, more in contact with Roman Catholic developments on the Continent than with those in Britain and, after 1900, much influenced by the shadow of the Modernist crisis. George Tyrrell (1861-1909) was brilliant and volatile. Brought up as an Anglican, he became a Catholic as a young man and entered the Society of Jesus (Jesuits), in which he spent most of the rest of his short life. He was in close contact with Continental scholars such as Friedrich von Hügel, Henri Bergson, Maurice Blondel, Lucien Laberthonnière and Alfred Loisy. In addition to many devotional works, he wrote a series of perceptive and hard-hitting books of a theological nature, which eventually led to his expulsion from the Society of Jesus in 1906 and, as a result of his attack on pope Pius X's encyclical *Pascendi*, to excommunication in 1907. Thereafter, in 1908, he published *Medievalism*, a vigorous denunciation of the Roman Catholic Church of the time and, posthumously in 1909, *Cristianity at the Crossroads*, which suggested that Christianity was but the germ of an eventual universal religion.

British School of Theology?

Is it appropriate to speak of a British school of theology during the period 1850-1950? Notice that I speak of a «British» school, not «English», since certainly the school, if it existed, included other parts of the British Isles besides England, notably Scotland. Against the proposal would be the fact that the description was not used, at least not at all frequently, so far as I am aware, either at the time or later. Also, the rather separate tradition of Roman Catholic scholarship, more in contact with Continental developments than with British, has been noted. Another point is the marked influence of German scholarship upon religious studies in Britain, especially those of an historical and critical nature. This influence shows that the British tradition cannot be regarded as entirely isolationist or independent.

On the other hand, in favour of a British school, was, first, the importance of the English language. Its virtually exclusive use in the publications in question (apart from editions of texts in their original languages) meant both a coherence within British scholarship and some distance from Continental scholarship, where French, German and other languages predominated: notwithstanding the influence of especially German scholarship, as just mentioned. English was already a major world language, yet religious studies in other countries of the Anglophone world, including USA at least until the mid-twentieth century, remained quite heavily dependent on Britain. In this period, therefore, in contrast to the second half of the twentieth century, it still seems more appropriate to speak of a «British school» rather than an «Anglophone school» covering the whole English-speaking world.

Accompanying the development of the English language was the material growth and rising importance of Britain during the Victorian era and subsequently until the outbreak of the First World War in 1914. All this produced an atmosphere of some confidence in British academic circles, including religious studies. On the whole, however, I am happy to say, over-confidence and the more ugly forms of nationalism that sometimes invade scholarship seem to have been avoided, at least in religious studies.

Another factor in favour of the concept of a British school was the dominance of the universities of Oxford and Cambridge. The large majority of writers in question had been students and/or teachers at either or both of the two universities. They were the only universities in England until the early nineteenth century and they retained much influence over the newer foundations of the nineteenth and early twentieth centuries, especially in theology[2]. This, too, gave coherence to the British school, even though there was notable diversity within it.

Finally, as regards content, the approach was predominantly critical and historical rather than speculative. Sometimes this mentality is placed more generally within the British empirical and eclectic tradition in matters intellectual. But I would not wish to emphasise the point too much. Theology in Britain was in touch with developments on the Continent, especially in Germany, as mentioned, and there were speculative theologians in Britain: George Tyrrell is an obvious example. On the whole it might be said that British theologians were happier to begin with more factual and empirical consideration and from there sometimes to proceed to wider and more speculative conclusions, rather than to begin with *a priori* considerations.

In short, the unity and coherence of a «British school» of theology was probably more apparent to outsiders, and to later generations in Britain itself, than it was to British theologians of the time.

---

2. In Scotland there were three late medieval universities: St Andrews, Glasgow and Aberdeen, founded in 1410, 1451 and 1495 respectively; and the university of Edinburgh founded in 1588. They were relatively small universities and complemented rather than rivalled the importance of Oxford and Cambridge in theology and religious studies.

1.2. Religious studies outside Christian Theology

Although Christian theology provided what might be called the hard core of religious studies in the hundred years from 1850 to 1950 – certainly it would have been regarded in these terms at the time – many other areas of scholarship and writing made their contributions. While this theology had a recognisable profile both in the popular imagination and in academia, most of the other areas of study and writing in question were only gradually developing into academic disciplines or literary forms. Religion, especially Christianity, was part of the stuff of life and many of those researching and writing outside the formal context of Christian theology were deeply religious individuals. There were not, moreover, for the most part, the sharp polarisations between Christian – especially Catholic – and non-Christian intelligentsia, or more widely between Church and State, that bedevilled much of Continental Europe. It was natural, therefore, that religious considerations should enter into research and writing in all sorts of ways. Often this was done on a monumental scale for this was an age, including and indeed notably in Britain, of the *magnum opus*.

I am not competent to comment in detail on these religious studies outside Christian theology and so must restrict myself to mentioning the best known and most important. Of the great works directly touching on non-christian religions, mention should certainly be made of *Encyclopedia of Religion and Ethics*, 12 volumes and Index (1908-26) edited by James Hastings, a Presbyterian minister in Scotland. Another work of wide scope, but controversial in its interpretations, is *The Golden Bough*, 13 vols. (1890-1917), by Sir James George Frazer, which explores various themes linking anthropology and the study or religion. Friedrich Max Müller (1823-1900), who migrated from his native Germany to a post at Oxford University while in his twenties and remained there for the rest of his life, is noted chiefly for his editions and translations into English of eastern religious texts, above all but by no means exclusively those of Hinduism: most of them are included in the two series he edited, *Books of the East* (1879-94) and *Sacred Books of the Buddhists* (1895-). Through these and many other publications he exercised huge influence as a pioneer of the history and comparative study of religions.

Two monumental works of compilation that exercised a large influence upon religious studies, in many and varied ways, were *Encyclopaedia Britannica* and *Oxford English Dictionary*. The former, which was first published in Edinburgh (Scotland) in 1768-71, went through many editions during the period in question, constantly growing in size, and reached a high point with the 29 volumes of the eleventh edition in 1910-11. It became a joint British-USA project in 1897 and the American input gradually increased, as did contributions from the wider Anglophone world. Through its decently full and fair coverage of religious topics – including those pertaining to religions other than Christianity – and its wide sales and readership, the encylopedia contributed significantly to the knowledge of both the general public and of specialists. The ten volumes of *New English Dictionary on Historical Principles*, published between 1884 and 1928, was revised and updated, in 12 volumes and Supplement, and renamed *Oxford English Dictionary* in 1933 (2nd edn. 1989). This colossal work, with its enormous number of historical examples, has played a large role in sorting out the vocabulary of religious studies, as indeed of so many other disciplines.

Many other dictionaries might be mentioned, as well as grammars, especially those of eastern languages. Their compilation was a task to which the British, alongside their German cousins, seemed particularly suited. In this way the languages essential for the study of Christianity and other religions were made available to specialists and amateurs. My thoughts turn immediately to the magnificent Greek-English lexicon compiled by the Oxford scholars H.G. Liddell and R. Scott, first published in 1843, based on the Greek-German lexicon of F. Passow, professor at Breslau, and subsequently passing through numerous revised and enlarged editions down to the present time. Lewis and Short's Latin-English dictionary, first published in 1879, and – taking us into the second period of this paper – the «Patristic Greek Lexicon» first published in 1961 by G.W.H. Lampe, professor of Divinity at Cambridge university, are two, among many, other examples.

Regarding history, *Dictionary of National Biography*, edited by L. Stephens and S. Lee, 63 vols. (1885-1900) and Supplements (usually published at ten-yearly intervals), though limited to biographies of British people, has been an essential work of reference for the study of religion in the country, as well as of the religious influence of its citizens overseas. Important, too, for religious studies of the Middle Ages in Britain, is the series «Rerum Britannicarum Medii Aevi Scriptores» – commonly called the «Rolls Series», after the Master of the Rolls, the government official who authorised the publications – which came to include the writings of most of the prominent chroniclers and many other documentary records of the time and was published in 251 volumes between 1858 and 1896. Many other historical sources, basic for religious studies, were published in Britain during the hundred years 1850-1950, either in series or as individual volumes, following, parallelling and sometimes even giving the lead to what was happening in continental Europe. There were also many works of historical interpretation that influenced religious studies. Perhaps the most notable was Arnold Toynbee's *Study of History*, 12 vols. (1934-61), though in this case the work appears to have had more influence outside than inside the British Isles.

In terms of religious studies and the natural sciences, the most influential publications were Charles Darwin's *Origin of Species* (1859) and *The Descent of Man* (1871). From the start of the period in question, therefore, Britain was at the forefront of the vexed question of the relationship between the claims of Christianity and those of the sciences, in this case how to reconcile the account of the creation of human beings in the book of Genesis with Darwin's findings regarding the evolution of humankind. Britain, too, was at or near the centre of most other debates of the time regarding the relationship between religion and science. Perhaps the country's most original contribution, after that of Darwin, came from Alfred North Whitehead (1861-1947), who lived in both Britain and US. A mathematician of note, who collaborated with Bertrand Russell in writing *Principia Mathematica*, Whitehead sought to apply his mathematical and scientific knowledge to religious studies.

Russell was also a key and early figure in twentieth century Anglo-American philosophy. The analytic, empirical and linguistic approach that has dominated philosophy in Britain and much of the Anglophone world has been generally cautious, often indeed hostile, towards the claims of religion. Indirectly, however, and through its wide diffusion, it has exercised a considerable and in many ways beneficial influence upon these claims. Theologians have been obliged to examine their work in the light of this philosophical tradition and especially to pay attention to their use of language. In Britain, after Bertrand Russell, its best known exponents have been Ludwig Wittgenstein (1889-1951), preeminently, and – taking us into the period after 1950 — Gilbert Ryle (1900-76) and A.J. Ayer (1910-89). Wittgenstein, an Austrian who moved to England as a young man to study at Cambridge University and who subsequently made his home there, was an early disciple of Russell, later somewhat separated from him, and eventually eclipsed him in philosophical influence. He published nothing in his lifetime but his various posthumous works, most notably his *Philosophical Investigations*, have greatly influenced various branches of religious studies, especially the philosophy of religion.

Karl Marx spent over half his life in London, from 1849 to his death 1883, an assiduous reader in the British Museum library, and it was during this time that he published the majority of his works, including the first volume of the most famous of them, *Das Kapital* (vol. 1 in 1867, vols. 2 and 3 posthumously in 1885 and 1894: English trans. of vol. 1 in 1886, of vols. 2 and 3 in 1907 and 1909). He must, therefore, be regarded as partly British. His huge influence upon religious studies in Britain, and much more so worldwide, needs no further comment here. As a footnote, one may note that Sigmund Freud, the founder of psychoanalysis, whose researches were to have a profound influence upon religious studies, also lived in Britain, in London, but only for the last year of his life, 1938-9.

Somewhat disappointing, however, was the engagement between religious studies — more particularly Christianity – and literature, at least during the nineteenth century. Despite the enormous popularity of the novel, few of the great writers engaged with seriousness with the more explicitly religious issues of the day. The clergyman and Christianity appear in largely conventional poses in the writings of Jane Austen (1775-1817), the early nineteenth century novelist. The hugely popular Charles Dickens (1812-70) showed great concern for social issues but rarely expressed it within the more explicit framework of religion and Christianity. The best known of the novelists of the Victorian era to bring the Church more openly into the picture was Anthony Trollope (1815-82). His so-called 'Barchester' novels, especially, focus directly on clergymen and their wives and issues facing the Anglican church; though commentators seem divided as to whether the persons and issues are treated seriously. The mostly profoundly religious poet was surely Gerard Manley Hopkins (1844-89), a convert from Anglicanism to Catholicism who entered the Society of Jesus and was ordained a priest. Little appreciated as a poet in his own time, including within his religious order, most of his work was published posthumously and has subsequently enjoyed widespread popularity for its depth and intensity.

In the first half of the twentieth century, G.K. Chesterton (1874-1936) and Hilaire Belloc (1870-1953), both Catholics and among the most popular writers of their time, dealt openly and passionately with religious issues: in an idiosyncratic way, but not superficially or in a narrow churchy manner. The tradition was to continue, into the period after 1950, with the brilliant and popular Evelyn Waugh (1903-66) and Graham Greene (1904-91), both committed Catholics and masters of the English language. To this quartet, underlining the Catholic contribution, in the realm of art, should be added Eric Gill (1882-1940), the sculptor, letterist and wood-engraver, who converted to Catholicism as a young man. A brilliant artist, of exotic and erotic tastes, he greatly contributed to the intercourse between religious studies and the arts.

2. 1950-2003

2.1 Four developments

The half century since 1950 has seen four important developments regarding religious studies in Britain.

First, perhaps the most dramatic development has resulted from the loosening of denominational loyalties among the christian churches. The trials of the first half of the twentieth century – the economic depression of the 1920s and 1930s and, most especially, the two World Wars of 1914-18 and 1939-45 – forged bonds among people that transcended individual churches and these new ties, as well as the dissolution of old ones, influenced religious studies in the second half of the century. In addition, the second Vatican council of 1962-5, with its encouragement to Roman Catholics to collaborate with members of other churches, contributed much to Catholic scholars joining the mainstream of religious studies in Britain.

Secondly, the cross-fertilization in inter-religious studies, as a result of the growth in Britain of religions other than Christianity since 1950, has been both similar and different to that between the christian churches. On the one hand, interest in and study of these other religions has continued. It has also become more topical, even popular, as a result of the presence and prominence of large numbers of the adherents of these religions in the country. On the other hand, there have been relatively few contributions at the academic level from the members of these other religions who live in Britain. This is partly understandable in terms of their minority status in the country, both numerically and as outsiders, or at least late-comers, to the mainstream of public life. There has also been an air of defensiveness in the face of the resources and sophistication of christian studies, indeed of the western world more generally. Nor is the situation notably compensated within Britain by academic contributions from members of these other religions who lived outside the country. In short, most of the study and research – at least that which has impinged upon Britain – has been done by westerners.

A partial exception to this generalisation has been Jewish scholarship. Jews have been prominent in British academia throughout the twentieth century and their influence grew markedly as a result of their flight to the country from persecutions in continental Europe, especially in Nazi German. This general fact seems undisputed even though it is difficult, at least for me, to give names since most of the scholars have kept their Jewish ethnicity in rather low key. Sir Isaiah Berlin, the philosopher, has been an example of eminence and influence in my own university (until recently) of Oxford. Karl Marx, Sigmund Freud and Ludwig Wittgenstein, giants of an earlier age, whose British connections have been mentioned, were Jews. While some scholars, such as Geza Vermes, have focused on the Jewish religion, the influence of most of them has been upon religious studies more generally, but in a way that has been pervasive rather than easily defined or categorised.

A third development has been the specialisation of academic disciplines and the effects of this fragmentation upon religious studies. On the one hand, there has been more dialogue and cross-fertilization within the field of christian theology, as mentioned. On the other hand, much of the other work relating to religious studies has been done within particular academic disciplines: anthropology, sociology, psychology, physiology, various kinds of history, and so on. The growth in the number of universities in Britain from the early 1960s onwards, and the resulting proliferation of academic departments, as well as the specialisation of academia worldwide, have much influenced the process. So, while the benefits have been a remarkable volume of research and publications, and an awareness – at least in theory – that the disciplines are not self-contained, nevertheless in practice there is the danger that scholars work too much within their academic disciplines rather than also across them; though in the universities this has been partly offset by linking theology with other subjects in joint-degrees – BA and MA degrees in Theology and Philosophy, for example.

The fourth and last development has been the loss of British dominance in the English-speaking world. Scholarship is USA has been at least an equal, in some ways the senior, partner and there have been important contributions from other parts of the Anglophone world. It is, nevertheless, better seen as a partnership than as a takeover. Scholars in USA and elsewhere have remained, to a considerable degree, both dependent upon earlier British scholarship and in contact with contemporary developments in Britain. Rather than speak of a British school of either theology or religious studies, it makes more sense to speak of Britain's part in a wider Anglophone world. Though even here several qualifications are necessary. First, there remains some cohesion within Britain itself in terms of theology and religious studies. Secondly, Britain's scholarly relations with other English-speaking countries varies considerably. Those with USA, Canada and Australia, for example, are obviously different from those with India or countries in Africa. Thirdly, there are plenty of contacts outside the English-speaking world and the influences are mutual. Britain, nevertheless, continues to play a major role in the Anglophone zone, which is now surely one, arguable *the*, lead culture worldwide in both christian theology and religious studies.

2.2. Particular works

Many of the publications since 1950 have built upon the monumental works, and traditions, of the previous hundred years. Some of them have already been mentioned.

In terms of Biblical scholarship, a revision of RSV was published in 1989 as *New Revised Standard Version*. As a separate venture, *New English Bible* (= NEB) was published in 1971. It was designed as a new translation of the Bible into contemporary English, to be made from the original languages and drawing on the best scholarship and literary judgement. The initiative came from the Church of Scotland (Presbyterian). The panel of scholars who produced a revised version in 1989, *Revised English Bible*, included Roman Catholics (unlike the panel team responsible for NEB): one indication of the Roman Catholic church joining the mainstream of theological scholarship in Britain. There was also an exclusively Roman Catholic venture, *Jerusalem Bible* (1966), and its revision, *The New Jerusalem Bible* (1985), which was based on the French translation, *La Bible de Jerusalem*, made by the Dominicans of École Biblique in Jerusalem. The team of scholars was led by two Englishmen, Anthony Jones, a diocesan priest, and, for the revision of 1985, Dom Henry Wansbrough OSB.

Of the many biblical commentaries appearing in the English-speaking world, the multi-volume 'Anchor Bible' series was led by Roman Catholic scholars from USA with some British participation: likewise the popular one-volume commentary, *The Jerome Biblical Commentary* (1969), and its revision, *The New Jerome Biblical Commentary* (1990). On the other hand, the recent *The Oxford Bible* Commentary (2001) was largely the work of British scholars of the Reformed churches. British scholars have continued, too, to make a contribution at the forefront of Biblical research: Charles Dodd and Geza Vermes, already mentioned, are two examples, John Ashton, who has written several recent works on the Gospel according to John, is another.

A good indication of the quantity and quality of study and publication concerning the Bible, as well as popular interest in the word of God, in Britain, comes from the extensive publications of works of this kind by *Oxford University Press* (= OUP), the largest publishing house in the English-speaking world. Sales of these books constitute a key financial pillar of the Press.

Regarding dictionaries and encyclopedias relevant to theology and religious studies, *New Catholic Encyclopedia*, in 14 volumes (New York, 1967; 2nd edn. Detroit 2003), was USA-led, but with some British contributions, like its predecessor, *Catholic Encyclopedia*, in 15 volumes (New

York, 1907). On the other hand, the invaluable one-volume *Oxford Dictionary of the Christian Church* (OUP, 1st edn. 1957, 3rd edn. 1997) is distinctly British, indeed English: edited by Canon Cross of Christ Church College, Oxford, and the formidably efficient Elizabeth Livingstone, with mainly British contributors. Likewise the excellent recent *Oxford Companion to Christian Thought*, edited by Adrian Hastings (OUP, 2000).

In terms of historical studies, no multi-volume general history of the Church has come from Britain, or indeed from the wider English-speaking world, that is comparable to the great continental works of the past century: *Histoire de l'Église*, edited by A. Fliche and V. Martin, 21 vols. (1938-64); H. Jedin (general editor), *Handbuch der Kirchengeschichte*, 10 vols. (Freiburg, 3rd edn., 1965-79); and the most recent, *Histoire du Christianisme*, ed. J.-M. Mayeur and others, 13 vols. (Paris, 2000). All three of them have been translated into various European languages; but only 'Jedin' has been translated into English, as *History of the Church*, 10 vols. (London, 1980), and this remains the best overall history of Christianity in English. There is *Oxford History of the Christian Church*, edited by the brothers Henry and Owen Chadwick (OUP, 1976-), several volumes of which are excellent, but the work is more a collection of individual volumes, almost particular studies, than an overall and comprehensive history and is still far from complete. On the other hand, *Oxford Dictionary of National Biography* (= ODNB), edited by H.C.G. Matthew and B. Harrison, 60 vols. (OUP, 2005), which is a radically revised version of *Dictionary of National Biography* (see above), is in a class of its own worldwide. Containing some 50,000 biographies of British citizens or persons connected with Britain, many of whom are relevant to religious studies, and with more biographical and bibliographical information available online, ODNB will surely be a basic work of reference for religious studies in the twenty-first century.

3. Conclusion

Since 1950 Britain has produced no giant in theology comparable to Newman, nor perhaps in religious studies more widely. Moreover, many of the major multi-volume works (dictionaries, encyclopedias, series, etc.) have been revised versions of works originally published sometime between 1850 and 1950. It would be wrong, however, to judge the later period as one of decadence or only of repetition of what had been said earlier. It has been a creative and insightful time as well as one of solid scholarship. Since so many of the foundations had been laid in the earlier period, and taking into account the subsequent context of revisionism and postmodernism in academic studies more generally, it is natural that much of the insight should be in details. The results, immediately, have been more analytic than synthetic. But because there has been so much detailed work, the overall effect has been significant deepening and transformation in almost all areas of theology and religious studies.

Index of Names

Abignente, F., 278
Achelis, T., 66
Adam, K., 264
Agaësse, P., 176
Agostini, F., 289, 293
Agulhon, M., 213
Ahlstrom, S., 219
Airiau, P., 217
Alberigo, A., 287
Alberigo, G., 29, 30, 157, 167, 195, 249, 266, 267, 281, 286-288, 292, 294-296, 299
Albers, B., 258
Alcuin, 170
Aletti, J.-N., 96, 103, 104, 107
Alexander VI, 282
Alter, R., 31
Altestein, K. von, 59
Altgeld, W., 263
Althoff, F., 59, 64, 268
Alvarez Bolado, A., 243, 244
Alvarez Santalo, C., 249
Ambrose of Milan, 171
Anawati, G., 208
Andrés Gallego, J., 237, 238, 240-243, 246, 247
Andresen, J., 46
Andrew of St-Victor, 182
Angela of Foligno, 171
Angenendt, A., 266, 270
Anger, G., 265
Anke, H.U., 146
Anrich, E., 57
Anschütz, G., 143
Anselmo d'Aosta, 156
Appleby, R.S., 228
Arató, P., 284
Arbeloa, V.M., 240, 241
Aristotle, 194
Armogathe, J.-R., 215

Arnault, F., 200
Arnold, C., 9, 17, 252-256, 258-261, 263, 264, 266, 271
Arnold, F., 124
Aron, R., 203
Arrieta, J.I., 129
Artigues, D., 244
Ashton, J., 320
Attwater, D., 230
Aubert, R., 32, 33, 113, 183, 273, 275, 286, 288, 294
Augustine of Hippo, 24, 156, 170-172, 176-178
Austen, J., 317
Austin, L., 44
Avery-Peck, A.J., 110
Avon, D., 208
Ayer, A.J., 316

Baginski, C., 265
Balthasar, H.U. von, 131, 157
Bàrberi Squarotti, G., 291
Barth, K., 57, 96, 132, 157, 206, 224
Barton, J., 96
Bastide, R., 29
Batiffol, P., 106
Battelli, G., 302
Battlori, M., 240, 241
Baubérot, A., 203
Baubérot, J., 203
Baudrillart, A., 199
Bauer, B., 81
Baum, A.D., 111
Baumker, C., 262
Baur, F.C., 70, 81, 154, 259
Bayet, A., 201
Beauchamp, P., 108, 115
Becker, A., 216
Becker, J., 137, 147
Becker, J.-J., 208

Bédarida, F., 187, 212
Bede the Venerable, 172, 182
Bedeschi, L., 82, 114
Bedouelle, G., 23
Belloc, H., 317
Benigni, U., 276
Belvederi, G., 277
Benavides, D., 238, 241
Bendel, R., 253
Bendel-Maidl, L., 262
Bendiscioli, M., 279
Benítez, J.M., 284
Benjamin, W., 27, 160, 161
Benoit, P., 104, 114
Bensaïd, D., 33
Benzo, M., 244
Berger, P., 44
Bergson, H., 39, 312
Berker, K., 110
Berlin, I., 318
Berlingò, S., 128
Bernard-Maitre, H., 75, 283
Bernard of Clairvaux, 171, 177, 180-182
Bernoulli, C.A., 72
Bertacchini, R., 276
Bertoldi Lenoci, L., 289
Berzal, E., 237, 248
Betti, E., 128
Betz, O., 110
Bienert, W.A., 251
Biglmair, A., 258
Bischof, F.X., 257
Bismarck, O. von, 59, 60, 263
Blaschke, O., 251-253
Bleeker, C.J., 43
Bloch, M., 124, 202
Blomme, Y, 217
Blondel, M. 3, 15, 26, 75-89, 153, 155, 312

Bobin, C., 168
Bodelschwingh, F., 60
Boesch Gajano, S., 296, 297
Böhm, J., 105, 114
Bolgiani, F., 285, 289-291, 294, 303
Bolle, P., 203
Bonaccorsi, G., 113, 276
Bonnet, P.A., 133
Bordieu, P., 214
Bori, P.C., 299
Borino, G.B., 279
Bornkamm, G., 102
Bosl, E., 266
Botte, B., 29
Boudon, J.-O., 210, 216
Bouillard, H., 157
Boulard, F., 204, 205, 209-211, 213
Boulnois, O., 194
Bousset, W., 100
Boutry, P., 195, 213, 216
Bowne, B.P., 221
Boyer, P., 46
Bozzi, A., 169
Brague, R., 214
Brandmüller, W., 254, 294
Braudel, F., 202
Braun, W., 267
Bremond, H., 194, 282
Bressolette, C., 25
Brezzi, P., 281, 297
Briacca, G., 289
Briggs, C., 221
Brown, R., 228
Brown, R.E., 109, 111, 115, 234
Brown, W.A., 221
Brownson, H., 227
Bruch, R. vom, 64
Bull, G., 229
Bultmann, R., 27, 99, 101, 102, 119, 157

Buonaiuti, E., 114, 275-277, 285
Bureau, P., 199
Burger, G., 147
Burkert, W., 46
Busa, R., 6, 165, 166, 169, 175
Buxo, M.J., 249

Cabanel, P., 198, 203
Cabré, M.T., 169
Cacciatore, G., 28
Calvin, J., 175, 176
Campanini, M., 24
Campenhausen, A. von, 138-140, 143, 147
Cannadine, D., 21
Cano, M., 151, 152, 155, 156, 160, 161
Canobbio, G., 93, 121
Cantimori, D., 24, 28, 282, 283, 285-287, 293, 296
Capéran, L., 201
Capitani, O., 297
Capps, W.H., 35
Carasa, P., 248
Carcel Ortí, V., 238, 241, 245, 246
Carle, L., 123
Carlyle, T., 39
Caro Baroja, P., 241
Carrière, V., 201
Casanova J., 247
Cassian, John, 171
Castillo, J.J., 241, 247
Castillo, S., 238
Cattaneo, A., 130
Cavour, C.B., 143
Cecchelli, C., 285
Ceresa Gastaldo, A., 109
Certeau, M. de, 159, 187, 192, 193, 213
Chabod, F., 28, 278

Chadwick, O., 276, 321
Chantepie de la Saussaye, P.D., 62, 63
Chantraine, G., 215
Chaunu, P., 190, 192
Chenaux, P., 217
Chenu, M.-D., 28, 157
Chesterton, G.K., 317
Chiffoleau, J., 194
Chilton, B.D., 110
Chittolini, G., 299
Christian, W., 249
Cholvy, G., 7, 195, 209, 210, 215, 243, 246
Choraqui, A., 182
Christopher, S.E., 15
Ciappa, R., 3, 15, 26, 76, 153
Ciccarese, M.P., 278
Cicognani, A., 127
Classen, C.D., 147
Claverie, E., 216
Cobb, J.B., 96, 102
Coda, P., 93, 121
Coe, G.A., 221
Colin, P., 24, 217
Colombo, G., 131
Compagnon, O., 217
Congar, Y., 28
Contarini, G., 9, 266, 268-270
Conzelmann, H., 102
Corecco, E., 130-132
Coreth, E., 262
Coriden, J.A., 133
Cornaggia Medici, L., 126
Cornelissen, C., 265
Cox, H., 225
Cracco, G., 293
Cramm, R.A., 230
Croce, B., 286
Crossan, J.-D., 31, 111

Cuchet, G., 217
Cuenca, J.M., 237, 241
Cuesta, J., 238, 241
Curran, R.E., 227, 228, 230, 233, 234
Cusanus, N., 156
Cyprian of Carthage, 171

D'Avack, P.A., 128-130
Dahan, G., 194
Damberg, W., 264
Dammig, E., 282
Daniélou, J., 288
Darwin, C., 220, 316
Daude, P., 58
De Ghellinck, J., 124
De Giorgi, F., 288, 289
De la Cueva, J., 241, 248
De la Hera, A., 133
De Leturia, P., 284
De Luca, A.S., 280
De Luca, G., 282, 283, 286, 293, 298, 301
De Paolis, V., 133
De Rosa, G., 289, 292, 293, 299
De Rosa, L., 288
De Sandre, G., 300
Debidour, A., 201
Debray, R., 216
Defrance, C., 265
Degli Innocenti, M., 118
Deissmann, A., 66
Dekkers, E., 175, 183
Delatte, L., 166
Delhaye, P., 169
Delius, W., 68
Delmaire, D., 208
Delmaire, J.-M., 208
Delpal, B., 209
Delumeau, J., 31, 190, 192, 193, 208, 209, 211
Dempf, A., 27
Demofonti, L., 275
Denifle, H.S., 257, 258
Denis Areopagite, 171
Denooz, J., 169
Denzinger, H., 181
Descartes, R., 172, 175, 194
Desroche, H., 205
Dessain, C.S., 311
De Wall, H., 137, 147, 148
Dianteill, E., 214
Diaz de Cerio, F., 238
Diaz Mozaz, J.M., 241
Díaz Salazar, R., 247
Dibelius, M., 101
Dickens, C., 317
Diekman, G., 231
Dieterich, A., 66, 68
Dillmann, A., 54
Dilthey, W., 39
Dionisotti, C., 282
Diringer, A., 147
Dittrich, F., 267, 269
Dodd, C., 10, 108, 109, 115, 310, 320
Doering-Manteuffel, A., 266
Dolan, J., 229
Dölger, F., 9, 259, 260
Döllinger, J.J.I. von, 268
Donini, A., 285
Dosse, F., 213
Dossetti, G., 287, 296
Drey, J.S., 154, 156
Drewermann, E., 103
Dubois, J., 162
Duby, G., 190, 192
Duchesne, L., 25, 106, 199, 280
Dumont, C., 157
Duocastella, R., 243

Dupanloup, F.-A.-F., 210
Dupont, J., 115
Dupront, A., 190, 192, 193, 213
Duquesne, J., 178
Duquoc, C., 162
Dürer, A., 179
Durkheim, E., 37, 200
Duroselle, J.-B., 206

Edelby, N., 131
Egler, A., 121
Ehrard, A., 256, 258, 260, 263, 267
Ehrle, F., 280
Eliade, M., 40
Ellero, G., 277
Ellul, J., 131
Elwang, W.W., 61
Emden, A.B., 54
Encrevé, A., 203
Enrique y Tarancón, V., 246
Erdö, P., 127
Erler, A., 147
Errázuriz, C.J., 128
Estruch, J., 247
Evrard, E., 166
Ewald, H.G.A., 39

Fabre, R., 203
Fabris, R., 93
Faggioli, M., 1, 15
Falconio, D., 228
Falk, A., 142
Faloci Pulignani, M., 276
Falwell, J., 226
Fantappié, C., 5, 16, 121, 125, 126, 129
Farley, E., 59, 65
Farley, J.M., 227
Fath, S., 203
Febvre, L., 202, 203

Fedele, P., 128, 129
Feine, H.E., 123
Fendt, L., 258
Fénelon, F. de Salignac de la Mothe, 194
Fichte, J.G., 57
Filippi, B., 206
Filoramo, G., 2, 15, 35, 42, 47, 289-291, 298, 299, 303, 304
Fink, K.A., 271
Finke, H., 260, 263, 268
Firpo, L., 28
Fischer, E., 145
Fischer, H., 58
Fix, K.-H., 267
Flavio Giuseppe, 116
Fliche, A., 201, 321
Fogarty, G., 228, 230
Fogazzaro, A., 106
Fois, M., 284
Fonk, P., 118
Fontan, P., 75
Fonzi, F., 297
Foot Moore, G., 62
Ford, D.F, 18
Forni, G., 75, 76, 83
Foucault, M., 1, 18, 45
Fouilloux, E., 17, 24, 25, 28, 195, 213, 214, 217
Fourcade, M., 217
Fournier, P., 124
Fracassini, U., 277
Fragnito, G., 296
Franco, F., 9, 246
Fransen, G., 124
Frazer, J.G., 38, 314
Frede, H.J., 183
Freppel, C.E., 197
Freud, S., 37, 317, 319
Freudenberger, T., 257

Friederich the Great of Prussia, 55
Friedberg, E., 5, 141, 142
Fries, H., 163
Friesenhahn, E., 139, 140, 148
Froude, R.H., 153
Frugoni, A., 286
Frutaz, A.P., 279
Fuchs, E., 96, 102, 147
Funk, F.X., 254, 268
Funk, P., 97
Funk, R.W., 31, 110

Gadamer, H.G., 133
Gadille, J., 209, 293
Gankowski, T., 133
Galluzzi, P., 169
Gambaro, A., 114
Ganzer, K., 270
García Martínez, F., 110
García Nieto, J., 247
García y García, A., 125
Gardet, L., 208
Gauchet, M., 216
Gaudemet, J., 124
Gauthier, P., 75
Geertz, C., 44, 47
Geiger, W., 154
Gemelli, A., 282
Genthe, H.J., 96
Gerhard Oexle, O., 64
German, M., 137, 147
Gerosa, L., 131
Getto, G., 291
Geyer, M., 254
Ghiberti, G., 4, 16, 93, 95, 110, 112, 118
Ghisalberti, A.M., 285
Ghirlanda, G., 133
Giacchi, O., 128

Giarrizzo, G., 285
Gibbons, J., 228
Gide, A., 170
Gill, E., 317
Gilley, S., 311
Gillmann, F., 123
Gilpin, W.C., 220, 221
Gilson, E., 194
Giner, S., 247
Giusti, M., 297
Glasenapp, H. von, 30
Gnilka, J., 102
Goblet d'Alviella, E., 62
Goerlich, H., 137
Goethe, J.W., 56
Goichot, E., 217
Goldhammer, K., 43
González Casanova, J.A., 244
González Montes, A., 246
Gottwald, N.K., 31
Gouhier, H., 77, 79
Grabmann, M., 262
Graf, F.W., 252, 254, 261, 267
Graf, K.H., 98
Graf Reventlow, H., 256
Granfield, P., 235
Grass, N., 123
Gratianus, 124
Grauert, H. von, 263
Greene, G., 317
Gregor the Great, 171, 179
Gregor, M.J., 56
Gregory VII, 183
Gregory, T., 169, 175, 285, 299
Greinacher, N., 143
Greisch, J., 117
Greving, J., 258, 267, 268
Grosjean, J., 168
Grunthaner, M., 229
Gualdo, G., 297

Guarnieri, R., 282-284
Guasco, M., 29, 107, 114, 296, 304
Guereña, J.L., 249
Guerra Campos, J., 246
Guerrini, P., 278, 279
Gugelot, F., 217
Guignebert, C., 206
Guiraud, J., 201
Gunkel, H., 27, 100
Güthoff, E., 138

Haas, R., 258
Häberle, P., 137
Haenisch, K., 73
Haenssler, E.H., 54
Hagen, A., 255
Hagenbach, K.R., 58
Halsey, W., 229, 230
Häring, S., 140
Harismendy, P., 203
Harnack, A. von, 3, 16, 55, 59, 64-73, 77, 83, 84, 100, 155, 219, 257, 259, 262
Harrison, B., 321
Hastings, A., 321
Hastings, J., 314
Haupt, E., 54
Haupt, H.-G., 254
Hauschild, D., 267
Heckel, M., 73, 131
Hefele, K.J., 154
Hegel, G.W.F., 70, 71, 154
Heiler, A.M., 41
Heiler, F., 40, 41, 43, 107
Hemingway, E., 222
Hennesey, J., 226, 227, 229
Herder, J.G., 56, 70
Hergenröther, J., 280
Hermet, G., 243, 245
Herrera Oria, A., 240

Hertling, G. von, 255, 262, 268
Hervada, J., 130
Hervieu-Léger, D., 201, 205, 214
Heschel, S., 264
Hesse, K., 137
Hilaire, Y.-M., 7, 25, 195, 209, 210, 215, 243, 246
Hilary of Poitiers, 177
Hildegard of Bingen, 171
Hinschius, P., 5, 141-143
Hirscher, J.B., 154
Hofmann, A., 68
Hollerbach, A., 137, 139, 148
Hollerith, H., 165
Holtz, L., 170
Holtzmann, H.J., 98, 100
Holzapfel, H., 258
Holzem, A., 252, 270
Holzhey, K., 256, 258
Hooker, M., 109
Hopkins, G.M., 317
Horst, F., 10
Hort, F.J., 309, 311
Houtin, A., 114
Hove, A. van, 124, 127
Howard, T.A., 3, 15, 16, 25, 59
Huber, E.R., 68
Huber, M., 254
Huber, W., 68
Hügel, F. von, 106, 312
Huizing, P., 131, 133
Hünermann, P., 151
Husserl, E., 42
Hutchison, W.R., 221, 222

Iersel, B. van, 95
Ilarino da Milano, 282
Imbart de la Tour, P., 199
Imbs, P., 166, 183
Imkamp, W., 254

Infante, J., 244
Isaac d'Étoile, 182
Isambert, F.-A., 205
Isensee, J., 148
Isidore of Seville, 182

Jaeger, L., 263
James I of England, 309
Jedin, H., 9, 27, 29, 30, 267-271, 279, 281, 283, 294, 295, 296, 321
Jemolo, A.C., 125, 126, 128, 278, 282, 286
Jerome, 171
Jiménez Urresti, T.I., 131, 133
Joassart, B., 25
John Paul II, 122, 210
Jordon, L.H., 62
Jossa, G., 116
Jourdan, L.H., 114
Joutard, P., 209
Julia, D., 191
Justin, 156

Kahl, W., 73, 141
Kähler, M., 84, 85
Kaiser, C., 266
Kant, I., 56
Kany, R., 251
Käsemann, E., 28, 102
Kästner, K.-H., 137
Kaufmann, G., 54
Keating, J., 310
Keegan, T.J., 95
Kennedy, J.F., 225
Kessler, M., 288
Ketteler, W.E. von, 268
Kierkegaard, S., 168
Kilcoyne, F., 8, 17
King, H.C., 222

Kippenberg, H.G., 30, 35
Kirchhof, P., 148
Kirschleger, P.-Y., 203
Kitagawa, J.M., 61
Klauck, H.-J., 256
Klein, F., 148
Klossowski, M., 189
Klostermann, G., 147
Kluke, P., 71
Knöpfler, A., 258, 268
Knox, R., 310
Koch, G., 251
Koehler, T., 177
Köhler, J., 266
Koeniger, A., 258
Komonchak, J., 235
Köpke, P., 58
Korioth, S., 137
Körner, B., 152
Korta, S., 147
Koster, M.D., 128
Kösters, C., 253
Kösters, L., 261
Köstler, R., 124
Kraus, A., 268
Kraus, A.H., 115
Kraus, H.-J., 96, 97
Kretschmann, C., 252
Kreuzer, K., 262
Kuhn, C., 130
Kuhn, J.E., 154
Kuhn, T.S., 36
Kümmel, W.G., 96
Küng, H., 271
Kuss, O., 102
Kustermann, A.P., 139, 147, 154
Kuttner, S., 123, 124

Labanca, B., 114, 278
Laberthonnière, L., 312

Laboa, J.M., 241
La Bonnardière, A.-M., 176
Labrousse, E., 202
Lacan, J., 194
Lacroix, L.-L., 217
Lacroix-Riz, A., 201
Lactantius, 182
Lagrange, M.-J., 96, 104, 114, 217, 227
Lagrée, M., 195, 210, 213, 216
Lalouette, J., 201
Lampe, G.W.H., 315
La Parra Lopez, E., 241
Landau, P., 123, 137, 141, 143
Langewiesche, D., 254
Langlois, C., 7, 17, 197, 205, 208, 211, 214, 216
Lanczkowski, G., 43
Lanzetti, C., 93
Lanzoni, F., 277, 280
Laplanche, F., 187, 197
Latourelle, R., 281
Latreille, A., 7, 188, 206, 207
Lattey, C., 310
Lauchert, F., 265, 266
Lauer, G., 254
Lavisse, E., 199
Lawrence of Brindisi, 176
Le Bras, G., 124, 204, 205, 209-211, 288, 292
Le Brun, J., 194
Le Camus, E., 217
Le Goff, J., 7, 188, 190, 192, 193, 202
Le Play, F., 200
Lebouc, M., 195
Lecanuet, E., 199
Leclercq, J., 28, 180
Lee, S., 315
Leeuw, G. van der, 42

Leflon, J., 206
Lehmann, H., 254
Leinhäupl, A., 270
Léon-Dufour, X., 115
Léonard, E.G., 203
Leo XIII, 104, 113, 227, 232, 275, 280, 302
Lercaro. G., 287
Lessing, G.E., 56, 99, 153
Levi Della Vida, G., 285
Levie, J., 103, 104
Lexis, W., 53
Libera, A. de, 194
Liddell, H.G., 315
Lightfoot, J.B., 10, 309, 311
Linz, J.J., 247
Lippy, C.H., 224
Listl, J., 121, 138, 140, 148
Livingstone, E., 321
Lloyd, G.E.R., 203
Lo Castro, G., 133
Lohfink, G., 102
Lohfink, N., 96
Loisy, A., 3, 15, 26, 75-89, 100, 104, 105, 107, 113, 153-156, 184, 227, 256, 290, 312
Lombardía, P., 130, 133
Lonergan, B., 133, 150
Longares Alonso, J., 241
Loparco, G., 301
Lortz, J., 9, 257, 264, 265, 267, 269, 271
Lotz, J.B., 262
Louchez, E., 17, 22, 288
Lowe, M., 111
Lubac, H. de, 75, 131
Luckmann, T., 44
Lüdemann, G., 63, 98, 111
Luf, G., 121
Lupi, M., 10, 17

Luther, M., 9, 29, 70, 203, 222, 266, 269
Luther King, M. Jr., 225

Maccarrone, M., 276, 279-281, 283-287, 291, 296, 297
Macintosh, D.C., 221
McClelland, C.E., 55
Madec, G., 177, 178
McDonagh, F., 67
McShane, J.M., 230
Maffei, D., 123
Maier, F.W., 256
Maiocchi, R., 275, 277
Maître, J., 195, 205, 214
Majunke, P., 257
Malagón, T., 244
Malusa, L., 303
Manaresi, A., 277
Mandrou, R., 193
Mangoldt, H. von, 148
Mangoni, L., 282
Manselli, R., 285, 290
Mara, M.G., 278
Marchasson, Y., 104
Marcilhacy, C., 210
Margiotta Broglio, F., 296
Mariano, R., 278
Marius Victorinus, 171
Marlé, R., 26, 75, 77-79, 81, 82, 85-88, 101
Maroto, P., 127
Marré, H., 139
Marrou, H.I., 25, 27, 176, 187, 206, 288
Marsden, G.M., 220
Martí, C., 241, 244, 247
Martin I, 181
Martin, R., 111
Martin, V., 201, 321

Martina, G., 274-276, 280, 281, 285, 303
Martini, C.M., 93
Martyn, J.L., 109
Marx, K., 316, 319
Maser, R., 147
Mathews, S., 221
Matthews, H.C.G., 321
Maurain, J., 201
Maurenbrecher, W., 269
Mauss, M., 38, 124
May, G., 121
Mayer, F.W., 102
Mayeur, J.-M., 7, 18, 189, 195, 207, 209, 213, 214, 321
Mehlhausen, J., 138
Mehrle, G., 147
Meier, J.P., 31
Méjan, F., 201
Melis, D. van, 266
Melloni, A., 1, 15, 18, 29, 33, 169, 296
Menozzi, D., 276, 287, 295, 296, 298, 299, 303, 304
Menschling, G., 43
Mercati, A., 281
Mercati, G., 279, 283
Merkle, S., 257, 263, 265, 267, 268
Merkler, N., 153
Merlo, G.G., 300
Metz, R., 124
Meyer, J.P., 111
Miccoli, G., 28, 281, 282, 285, 286, 296, 299
Michaelis, J.D., 97
Michel, V., 231
Michelet, J., 199
Michiels, G., 127
Mignot, I., 217
Mihelcic, G., 275

Milano, G.P., 129
Miller, R.C., 221
Minocchi, S., 98, 276, 277
Mirabelli, C., 147
Moeller, B., 63
Möhler, A., 153, 154
Molendijk, A.L., 35
Mollat, M., 190
Molette, C., 207
Mommsen, T., 62
Monachino, V., 284
Monod, G., 199
Montagnes, B., 217
Montero, F., 8, 17, 238, 240, 241, 248
Montini, G.B., *see* Paul VI
Moore, E.C., 221
Moraldi, L., 116
Morgan, R., 96
Morghen, R., 285
Morrison, T., 221
Mörsdorf, K., 130, 132
Morsey, R., 255
Mosetto, F., 95
Mosheim, L. von, 56
Moule, C.F.D., 109
Muck, O., 262
Muckel, S., 137
Müller, F.M., 61, 62, 65, 314
Müller, L., 131
Müller, M., 262
Müller-Graff, P.-C., 147
Mullins, E.Y., 223
Multon, H., 217
Münch, C., 96
Muratori, L.A., 280, 302
Murcia, A., 246
Murray, J.C., 231, 232
Müsebeck, E., 59
Musselli, L., 125
Mussner, F., 102

Nasarre, E., 246
Nathius, M. von, 60
Naumann, F., 69
Navarro, L., 128
Neill, S., 96
Nestle, E., 32
Neufelds, K., 117
Neureither, G., 147
Neusner, J., 110
Neuss, W., 264
Newman, H., 105
Newman, J.H., 77, 153, 310-312
Newsome, D., 311
Niccoli, M., 285
Nicolaisen, C., 66, 264
Nichtweiß, B., 27
Niebuhr, H.R., 224
Niebuhr, R., 224
Nora, P., 188, 202
North, R., 96
Nösselt, J.A., 56
Nowak, K., 59, 64, 67, 257

O'Malley, J., 269
Oakley, F., 234
Oelmüller, W., 97
Oeming, M., 96, 118
Oexle, O.G., 257
Ojetti, B., 127
Olabarri, I., 241
Omodeo, A., 107
Onclin, W., 124
Orcibal, J., 194
Orelli, C. von, 62
Origen, 156
Örsy, L., 133
Otto, R., 39, 40, 42, 43
Ovidius Naso, 182

Pahl, H., 252

Pannenberg, W., 67, 288
Paolini, L., 302
Pape, M., 263
Paratore, E., 285
Paravicini Bagliani, A., 302, 303
Paschini, P., 277, 280, 281, 285
Pasquale, G., 25
Passerin d'Entrèves, E., 287, 291
Passow, F., 315
Pastor, L., 269
Patrick, J.-B., 46
Paul VI, 246, 279, 280
Paulser, F., 61
Pazos, A., 237, 238, 240, 242, 243, 246
Peirce, F., 229
Pellegrino, M., 285, 290, 291
Pelletier, D., 216, 217
Pellistrandi, B., 237
Pelotte, D., 232
Pels, P., 35
Penco, G., 273, 296
Pérez Diaz, V., 247
Pesce, M., 93, 95, 299
Pesch, R., 102
Peter the Chanter, 182
Peter Damien, 171
Peterson, E., 31
Petrocchi, M., 287
Pettazzoni, R., 275, 285
Pfleger, L., 257
Pfeilschifter, G., 258
Picasso, G., 280
Picchi, E., 169
Piccone, S., 29
Picotti, G.B., 281, 282
Pierrard, P., 208
Pietri, Ch., 17, 188, 189, 191, 202

Pietri, L., 17
Pincherle, A., 278, 285
Pirri, P., 281
Pitra, J.-B.-F., 280
Pius IX, 113, 179, 181
Pius X, 107, 114, 126, 199, 228, 256, 312
Pius XI, 123
Pius XII, 281
Pirotte, J., 17, 22, 288
Pirson, D., 140, 148
Pitta, A., 95
Plato, 70, 194
Plöch, W.M., 124
Plongeron, B., 208, 209
Poels, H., 228
Pole, R., 265
Pottmeyer, H.J., 288
Poujol, C., 208
Poulat, E., 19, 75, 89, 104, 106, 184, 197, 205, 213, 293
Pouthas, C., 190
Powicke, F.M., 54
Prandi, C., 42
Prodi, P., 286, 287, 301-303
Prosperi, A., 301
Puza, R., 5, 16, 123, 138, 139, 147, 148
Pyysiainen, I., 46

Quash, B., 18
Quemada, B., 166, 169
Quirini, A.M., 266

Rabikauskas, P., 284
Raffelt, A., 262
Raguer, H., 241, 245
Rahner, K., 131, 163, 261, 262
Ranchetti, M., 106, 114
Ranke, L. von, 62

Raoul de Saint-Trond, 166
Rashdall, H., 54
Raveri, M., 47
Rebenich, S., 64
Redaelli, C., 121, 126, 130
Reimarus, H.S., 97, 99, 101
Reinhold, H.A., 231
Reinhardt, R., 271
Reischle, M., 63
Rémond, R., 7, 188, 192, 206, 207, 209, 212
Remy, J., 205
Renan, E., 25, 103, 104
Renard, G., 128, 129
Renck, L., 143
Repgen, K., 270
Reuss, E., 98
Revel, J., 293
Réville, A., 62
Revuelta González, M., 241
Rhode, U., 138
Ricciotti, G., 115
Riché, P., 27, 206
Ricoeur, P., 33, 167
Riedel-Spangenberger, I., 138
Ries, J., 40
Ries, M., 257
Riesner, R., 110, 111
Rigon, A., 287, 300
Riley, W.B., 223
Riou, J.-Y., 215
Ritschl, A., 100
Ritter, G., 265
Rivière, J., 106
Robbers, G., 137, 148
Robert, D., 203
Robertson, P., 226
Robinson, J.A.T., 108, 109
Robinson, J.M., 96, 102
Rocciolo, D., 301

Rodriguez Aisa, M.L., 240
Rodriguez Becerra, S., 249
Rohls, J., 261
Roncalli, A.G. (John XXIII), 160, 277
Roosevelt, F.D., 230
Rosa, M., 292, 294
Rosenberg, A., 264
Rosenkranz, G., 67
Rosmini, A., 126
Rouco Varela, A.M., 130-132
Roumy, F., 125
Rousseau, J.J., 143
Rousseau, S., 217
Rudd, D., 227
Ruffini, F., 125, 278
Rüfner, W., 138
Ruggieri, G., 6, 16, 29, 156, 158
Russell, B., 60, 316
Ruster, T., 261
Ryan, J., 230
Ryle, G., 316

Sabatier, A., 84
Sacchi, P., 116
Saez Alba, A., 244
Said, E., 48
Salimbene de Adam, 171
Salimbeni, F., 276, 279, 289
Salvatorelli, L., 285
Sambin, P., 297
Sanchez Jiménez, J., 240
Sanders, E.P., 31
Sanders, J.A., 31
Saraceno, C., 29
Sardella, L.-P., 217
Sasso, G., 28
Sauer, J., 254, 256, 257, 259, 263
Savart, C., 96, 103, 104, 107
Scaduto, F., 125, 278

Schelkle, K.H., 102
Schelling, F.W.J., 70, 71, 154
Scheffczyck, L., 96, 105
Schepers, H., 169
Schermann, T., 258
Scherzberg, L., 264
Scheuner, U., 139, 140, 148
Schiffman, L.H., 110
Schleiermacher, F., 57, 58, 65, 66, 70-72
Schlier, H., 102
Schlusser Fiorenza, E., 31
Schmid, W., 102
Schmidt-Ott, F., 263
Schmiedl, J., 252
Schmitt, M., 96
Schmitz, H., 121
Schnabel, F., 265
Schnakenburg, R., 102
Schneider, B., 284
Schneider, H., 147
Schnitzer, J., 98, 258
Schöllgen, G., 259, 260
Schouppe, J.P., 133
Schreiber, G., 263, 264
Schröder, M., 98
Schrörs, H., 268
Schubert, H. von, 262
Schulte, A., 260, 263, 268
Schulte, F., 141
Schulte-Umberg, T., 254
Schultz, H.J., 108
Schulze, W., 265
Schumacher, K., 265
Schürer, E., 115
Schürmann, H., 102
Schuster, G.N., 231
Schwarz, C., 56
Schweitzer, A., 26, 84, 99, 108, 119
Scoppola, P., 114

Scorza Barcellona, F., 19, 299
Scott, R., 315
Scott Fitzgerald, F., 222
Seager, R.H., 63
Sebott, R., 123, 138
Seckler, M., 151, 152, 154
Sedulius Scotus, 171
Seeberg, R., 267
Segalla, G., 111
Séguy, J., 205, 213
Semeria, G., 106, 107
Semler, J.S., 56, 97
Serry, G., 151
Serry, H., 217
Shealey, T., 230
Shelley, T., 228
Siegele-Wenschkewitz, L., 66, 264
Siegfried, A., 203
Sigebert of Gembloux, 183
Simmel, G., 39, 40, 205
Simon, R., 103
Siniscalco, P., 278
Smart, N., 61
Smend, R., 138, 139, 144
Smith, B., 169
Smolinski, H., 266
Soba?ski, R., 132
Söding, T., 96
Sohm, R., 5, 123, 125, 141
Solte, E.L., 66, 73
Somerville, R., 123
Soranzo, G., 281, 282
Sorrel, C., 217
Soskice, J.M., 18
Spahn, M., 257, 263
Sparr, A., 231
Spaunhorst, H., 227
Spellman, F., 166
Spineto, N., 47
Staffa, D., 129

Stambolis, B., 254
Staudenmaier, F.A., 154
Steinfels, P., 235
Stella, P., 29, 301, 303
Stephan, H., 96
Stephens, L., 315
Sterkenburg, P. van, 166
Stewart, L., 223
Stewart, M., 223
Stölzel, A. von, 56
Strätz, W., 137
Strauss, D.F., 59, 81, 99, 259
Striet, M., 270
Strong, J.S., 61
Stutz, U., 5, 121-123, 134
Suárez Cortina, M., 241
Sybel, L. von, 259

Tagliaferri, M., 302
Tanner, N., 10, 17, 121
Tedeschi, M., 128
Teller, W.A., 56
Terrenoire, J.-P., 205
Terrin, A.N., 46
Tertullian, 177
Theissen, G., 31
Theobald, C., 104, 117
Therese of Lisieux, 195, 211, 214
Théry, G., 208
Theseider, D., 286
Thilly, F., 61
Thomas Aquinas, 150, 165, 169, 172, 175, 180, 181, 262
Thomas of Celano, 179
Thomas Kempis, 171, 178
Thomasius, C., 55
Thomés, J., 271
Thüsing, W., 102
Tiele, C.P., 62
Tierney, B., 29, 234

Tiliette, X., 85
Tillmann, F., 256
Tobler, D., 69
Tombeur, P., 6, 16, 172
Toupin-Guyot, C., 217
Toynbee, A., 316
Tracy, D., 235
Trinquet, J., 107
Trippen, N., 260, 270
Troeltsch, E., 54, 62, 205, 213
Trollope, A., 317
Tuninetti, G., 112
Turbanti, G., 302
Turfasi, F., 114
Tyrrell, G., 227, 312, 313

Ughelli, F., 287
Ullmann, W., 28
Urbina, F., 243, 244
Urrutia, F.X., 133

Vaccari, A., 114
Vagaggini, C., 126
Valentini, D., 158
Vanderkam, J.C., 110
Vanzan, P., 108
Varnier, G.B., 303
Vauchez, A., 7, 17, 187, 189, 195, 299
Vazquez, J.M., 243
Veit, A., 264
Vela, L., 133
Venard, M., 7, 17, 189-191, 198
Veneruso, D., 303
Veneziani, M., 169
Ventura, A., 301
Vermeersch, A., 127
Vermes, G., 115, 319, 320
Verucci, G., 296
Vetulani, A., 124

Vian, P., 276, 282, 283, 285
Victoria Saxe-Coburg-Saalfeld of Great Britain and Ireland, 307
Viejo-Ximenez, J.M., 123
Vignaux, P., 194
Villani, S., 301
Vögtle, A., 102
Voll, O.J., 147
Voskuill, D., 224
Vovelle, M., 194, 202, 292

Waardenburg, J., 35, 43
Wach, J., 40, 205
Wagnon, H., 124
Walch, J.G., 56
Waldhoff, C., 137
Walsh, J.J., 227, 230
Wansbrough, H., 320
Warfield, B., 223
Wassilowsky, G., 263
Waugh, E., 317
Weber, C., 260, 262
Weber, M., 49, 203, 205, 211, 213
Wehrlé, J., 87
Weigand, R., 123
Weiler, A., 288
Weill, G., 190, 201
Weischedel, W., 56
Weiss, J., 99
Weiss, O., 252, 255, 259, 294
Weitlauff, M., 252, 257, 259
Welch, C., 62, 64
Wellhausen, J., 26, 98, 229
Wenz, G., 261
Werkmeister, J., 135
Wernz, F., 127
Westcott, B.F., 10, 309, 311
Whaling, F., 35

Whitehead, A.N., 316
Widengren, G., 43
Wieland, F., 258-260
Wieviorka, A., 208
Wikenhauser, A., 102
Wilhelm II of Prussia, 59, 60, 64, 67
Willaime, J.P., 201, 214
William of St. Thierry, 171
Williams, P.W., 224
Willoweit, D., 137
Wilson, E.O., 46
Wilson, R.R., 31
Winter, J., 148
Wittgenstein, L., 44, 316, 319
Wolf, E., 131
Wolf, H., 252-254, 256-258, 261-263, 271
Wrede, W., 26, 82, 84-86, 99
Wühr, W., 265
Wyduckel, D., 137

Zahn-Harnack, A. von, 59, 73
Zambarbieri, A., 114
Zampolli, A., 166
Zeiger, I., 126
Zerbi, P., 274, 279, 281, 291, 297, 302, 303
Ziemann, B., 253
Zorn, P., 60
Zuber, V., 203

Authors

CLAUS ARNOLD, Johann Wolfgang Goethe-Universität, Frankfurt am Main
ROSANNA CIAPPA, Università degli Studi di Napoli
MASSIMO FAGGIOLI, Fondazione per le scienze religiose Giovanni XXIII, Bologna
CARLO FANTAPPIÉ, Università di Urbino
GIOVANNI FILORAMO, Università degli Studi di Torino
ETIENNE FOUILLOUX, Université de Lyon
GIUSEPPE GHIBERTI, Università Cattolica di Milano
THOMAS A. HOWARD, Erasmus Institute, Univ. of Notre Dame, Indiana
FRANCIS KILCOYNE, Boston College
CLAUDE LANGLOIS, EPHE, Paris
MARIA LUPI, Università di Roma Tre
ALBERTO MELLONI, Fondazione per le scienze religiose Giovanni XXIII, Bologna
FELICIANO MONTERO, Universidad de Alcalá, Madrid
RICHARD PUZA, Eberhard Karls-Universität, Tübingen
GIUSEPPE RUGGIERI, Fondazione per le scienze religiose Giovanni XXIII, Bologna
NORMAN TANNER, Pontificia Università Gregoriana, Roma
PAUL TOMBEUR, CTLO, Louvain

Christianity and History
Series of the John XXIII Foundation for Religious Studies in Bologna
hrsg. von Prof. Dr. Alberto Melloni
(Fondazione per le scienze religiose Giovanni XXIII, Bologna)

Alberto Melloni; Silvia Scatena (Eds.)
Synod and Synodality
Theology, History, Canon Law and Ecumenism in new contact. International Colloquium Bruges 2003
In Bruges, theologians, historians, canonists and members of several Christian denominations discussed the problems of synodality within various traditions and tried to assess the significance of the synodal experience in various denominations. The interdisciplinary and interconfessional approach helped draw a rich and diversified picture, which makes it possible to look concurrently at the churches' past and present. By paying attention to the central and peripheral aspects, the dimension of theological reflection invariably intersected the dimension of normative production and the historical reconstruction of a few meaningful test cases.
Bd. 1, 2005, 728 S., 69,90 €, gb., ISBN 3-8258-7437-0

Wissenschaftliche Paperbacks
Theologie

Michael J. Rainer (Red.)
"Dominus Iesus" – Anstößige Wahrheit oder anstößige Kirche?
Dokumente, Hintergründe, Standpunkte und Folgerungen
Die römische Erklärung "Dominus Iesus" berührt den Nerv der aktuellen Diskussion über den Stellenwert der Religionen in der heutigen Gesellschaft. Angesichts der Pluralität der Bekenntnisse soll der Anspruch der Wahrheit festgehalten werden.
Bd. 9, 2. Aufl. 2001, 350 S., 20,90 €, br., ISBN 3-8258-5203-2

Rainer Bendel (Hg.)
Die katholische Schuld?
Katholizismus im Dritten Reich zwischen Arrangement und Widerstand
Die Frage nach der „Katholischen Schuld" ist spätestens seit Hochhuths „Stellvertreter" ein öffentliches Thema. Nun wird es von Goldhagen neu aufgeworfen, aufgeworfen als moralische Frage – ohne fundierte Antwort. Wer sich über den Zusammenhang von Katholizismus und Nationalsozialismus fundiert informieren will, wird zu diesem Band greifen müssen: mit Beiträgen u. a. von Gerhard Besier, E. W. Böckenförde, Heinz Hürten, Joachim Köhler, Johann Baptist Metz, Rudolf Morsey, Ludwig Volk, Ottmar Fuchs und Stephan Leimgruber.
Bd. 14, 2., durchges. Aufl. 2004, 400 S., 19,90 €, br., ISBN 3-8258-6334-4

Theologie: Forschung und Wissenschaft

Ulrich Lüke
Mensch – Natur – Gott
Naturwissenschaftliche Beiträge und theologische Erträge
Dies Buch ist ein Angriff auf die praktizierte Apartheid des Denkens zwischen Naturwissenschaftlern und Theologen. Die einen werden mit ihren verschwiegenen philosophisch-theologischen Denkvoraussetzungen und -konsequenzen und die anderen mit den empirischen Implikationen ihres Glaubens konfrontiert. Eine methodisch konsequent in naturwissenschaftliche und philosophisch-theologische Aussagen geteilte Welt ist nicht gesund, sondern schizophren. Der Autor plädiert nachdrücklich für ein naturwissenschaftliches Mitspracherecht bei theologischen und eine theologische Konsultationspflicht bei naturwissenschaftlichen Fragen, für einen umfassenden interdisziplinären Diskurs. So trägt er in den spannenden Zeit- und Streitfragen dem Wort des Thomas von Aquin Rechnung: „Ein Irrtum über die Welt wirkt sich aus in einem falschen Denken über Gott."
Bd. 1, 2002, 184 S., 17,90 €, br., ISBN 3-8258-6006-x

LIT Verlag Münster – Berlin – Hamburg – London – Wien
Grevener Str./Fresnostr. 2 48159 Münster
Tel.: 0251 – 62 032 22 – Fax: 0251 – 23 19 72
e-Mail: vertrieb@lit-verlag.de – http://www.lit-verlag.de

Wolfgang W. Müller
Gnade in Welt
Eine symboltheologische Sakramentenskizze
Sakramente sind Erkennungszeichen für die Suche des Menschen nach Ganz-Sein und Heil als auch der Zu-Sage der Heilsgabe Gottes an uns Menschen. Sakramente werden in der Theologie bedacht, in der Liturgie gefeiert. Vorliegender symboltheologischer Entwurf folgt einer Einsicht moderner Theologie, Dogmatik und Liturgiewissenschaft aufeinander bezogen zu denken. Die symboltheologische Skizze eröffnet einen interdisziplinären Zugang zum Sakramentalen.
Bd. 2, 2002, 160 S., 17,90 €, br.,
ISBN 3-8258-6218-6

Gabriel Alexiev
Definition des Christentums
Ansätze für eine neue Synthese zwischen Naturwissenschaft und systematischer Theologie
Eine wesentliche Führungsgröße im zwischenmenschlichen Gespräch ist die Eindeutigkeit der einschlägigen Begrifflichkeit, die erfahrungsgemäß durch möglichst klare und gültige Begriffsbestimmungen, also durch „Definitionen", zustande kommt. Die vorliegende Arbeit bemüht sich unter Absehen konfessioneller Eigenheiten, wohl aber unter Einbezug naturwissenschaftlicher Ergebnisse (hier besonders der Biologie) um die Erarbeitung einer möglichst gültigen und klaren „Definition des Christentums".
Bd. 3, 2002, 112 S., 17,90 €, br.,
ISBN 3-8258-5896-0

Günther Schulz; Gisela-A. Schröder; Timm C. Richter
Bolschewistische Herrschaft und Orthodoxe Kirche in Rußland
Das Landeskonzil 1917/1918. Quellen und Analysen
Die vorgelegte Untersuchung, die im Rahmen des Forschungsprogramms der VW-Stiftung „Diktaturen im Europa des 20. Jahrhunderts" entstand, ist dem Reformkonzil der Orthodoxen Kirche in Russland (1917/18) und den Auseinandersetzungen zwischen Kirche, Staat und Gesellschaft in der Russischen Revolution, also zentralen Ereignissen der russischen und europäischen Geschichte des 20. Jahrhunderts, gewidmet. Die Darstellung basiert auf der intensiven Arbeit in den neueröffneten russischen Archiven. Ein großer Teil der Quellen wird erstmals in deutscher Übersetzung oder sogar zum ersten Mal publiziert.
Bd. 4, 2005, 816 S., 79,90 €, gb.,
ISBN 3-8258-6286-0

Klaus Nürnberger
Theology of the Biblical Witness
An evolutionary approach
The "Word of God" emerged and evolved as divine responses to changing human needs in biblical history. By tracing the historical trajectories of six paradigms of salvation, such as ex-odus, kingship and sacrifice, through a millennium of biblical history, Nürnberger reveals a vibrant current of meaning underlying the texts which expresses growing insight into God's redemptive intentions and which can be extrapolated in to the present predicaments of humankind.
Bd. 5, 2003, 456 S., 34,90 €, br.,
ISBN 3-8258-7352-8

Herbert Ulonska; Michael J. Rainer (Hg.)
Sexualisierte Gewalt im Schutz von Kirchenmauern
Anstöße zur differenzierten (Selbst-)Wahrnehmung. Mit Beiträgen von Ursula Enders, Hubertus Lutterbach, Wunibald Müller, Michael J. Rainer, Werner Tzscheetzsch, Herbert Ulonska und Myriam Wijlens
Kirchen beanspruchen eine hohe moralische Autorität, wenn es um die Bewahrung der Würde des Menschen geht. Kirchen werden an den Pranger gestellt, wenn sexualisierte Gewalt gegen Kinder und Jugendliche durch ihre Amtsträger und Mitarbeitenden aufgedeckt wird. Angesichts des „Seelenmordes" dürfen Kirchenmauern das Unfaßbare nicht verschweigen und pädosexuellen Tätern keinen Schutz gewähren. Kirchen beginnen end-

LIT Verlag Münster – Berlin – Hamburg – London – Wien
Grevener Str./Fresnostr. 2 48159 Münster
Tel.: 0251 – 62 032 22 – Fax: 0251 – 23 19 72
e-Mail: vertrieb@lit-verlag.de – http://www.lit-verlag.de

lich zu handeln und das Schweigen zu brechen. Um aber präventiv handeln und konkret arbeiten zu können, ist vertiefendes Wissen dringend erforderlich. Anstöße für eine differenzierte Selbst-Wahrnehmung bieten die hier erstmalig zusammengeführten Perspektiven aus Kirchengeschichte und -recht, Religions-Pädagogik und Psychologie, Medien- und Multiplikatorenarbeit.
Bd. 6, 2003, 192 S., 17,90 €, br.,
ISBN 3-8258-6353-0

Wilhelm H. Neuser
Die Entstehung und theologische Formung der Leuenberger Konkordie 1971 bis 1973
Die Leuenbürger Konkordie (1973) hat sich als das große Einigungswerk zwischen den lutherischen und reformierten Kirchen Europas erwiesen. Sie ist Grundlage auch der erfolgreichen Konsensgespräche mit anderen Kirchen. Zum 30jährigen Jubiläum legt der Verfasser, der selbst Teilnehmer war, eine Textausgabe vor, die erstmals Tischvorlagen in den Arbeitsgruppen und die Vorlagen für das Plenum umfaßt. Die Entstehung des Entwurfs 1971 und die Revision 1973 erscheint nun als ein Prozeß, der die theologische Formung der Konkordie genau verfolgen läßt. Die Textausgabe wird so zum Kommentar der Konkordie. Der Verfasser gibt in der Einleitung eine erste Deutung. Im Anhang werden acht Begleittexte geboten.
Bd. 7, 2003, 136 S., 19,90 €, br.,
ISBN 3-8258-7233-5

Michael Welker;
Friedrich Schweitzer (Eds./Hg.)
Reconsidering the Boundaries Between Theological Disciplines. Zur Neubestimmung der Grenzen zwischen den theologischen Disziplinen
Die traditionellen Grenzen zwischen theologischen Disziplinen verschieben sich. Diese Entwicklung, die sich in den letzten Jahren in deutschen und nordamerikanischen Kontexten beobachten läßt, betrifft vor allem den intensivierten Austausch zwischen Exegetischer und Systematischer Theologie und die Annäherung zwischen Praktischer Theologie und Theologischer Ethik. In den Beiträgen dieses Bandes werden diese interdisziplinären Grenzüberschreitungen von führenden Fachvertretern aus Nordamerika und Deutschland vergleichend reflektiert und auf ihre inneren Zusammenhänge hin befragt. The traditional boundaries between theological disciplines are shifting. This development of recent years, particulary obvious in German and North American contexts, mainly concerns the intensifying dialogue between Exegetical and Systematic Theology, and the convergence of Practical Theology and Theological Ethics. In their contributions to this volume, leading scholars from North America and Germany reflect these interdisciplinary border crossings and investigate into their inner connectivity.
Bd. 8, 2005, 232 S., 19,90 €, br.,
ISBN 3-8258-7471-0

Paul Weß
Glaube zwischen Relativismus und Absolutheitsanspruch
Beiträge zur Traditionskritik im Christentum. Mit einer Antwort von Hans-Joachim Schulz
In seinem Kommentar zur Konstitution über die göttliche Offenbarung des Zweiten Vatikanums räumt Joseph Ratzinger ein, dass dieses Konzil „das traditionskritische Moment so gut wie völlig übergangen" hat. Die Kirche habe „die Herausarbeitung einer positiven Möglichkeit und Notwendigkeit innerkirchlicher Traditionskritik" versäumt, obwohl sich dieses Konzil „bewusst als Reformkonzil verstand". In diesem Band werden im Anschluss an Überlegungen zur Dogmenkritik von Karl Rahner und Hans-Joachim Schulz erste Schritte unternommen, diese „bedauerliche Lücke" (Ratzinger) zu schließen; zunächst in grundsätzlichen Ausführungen über die Möglichkeiten und Grenzen theologischer Erkenntnis (auch des Lehramts), dann in Beiträgen zu zentralen Fragen des Glaubens und der Kirche: Christologie und Gotteslehre, Erlösungslehre und Ekklesiologie, Theologie des Amtes und der Gemeinde.
Bd. 9, 2004, 224 S., 19,90 €, br.,
ISBN 3-8258-8026-5

LIT Verlag Münster – Berlin – Hamburg – London – Wien
Grevener Str./Fresnostr. 2 48159 Münster
Tel.: 0251 – 62 032 22 – Fax: 0251 – 23 19 72
e-Mail: vertrieb@lit-verlag.de – http://www.lit-verlag.de

Heinrich Greeven; Eberhard Güting (Hg.)
Textkritik des Markusevangeliums
Professor Dr. H. Greeven D.D., Herausgeber einer ntl. Synopse, hinterließ 1990 eine Textkritik des Markusevangeliums. Dieses Buch, durch Beigaben ergänzt, wird von dem Neutestamentler und Editionswissenschaftler Dr. Dr. E. Güting herausgegeben. Auf diese Weise treten die textkritischen Analysen Greevens in den Zusammenhang einer mehr als hundertjährigen Geschichte der textkritischen Forschung. Die Stellungnahmen aller Editoren, von Carl Lachmann bis zu den neuesten Auflagen des Nestle-Aland, werden vollständig mitgeteilt. Fehlerhafte Zeugenangaben in den Apparaten von Synopsen und Texteditionen werden richtiggestellt. Mehr als 420 Variationseinheiten werden unter Erörterung der verwendeten Argumente analysiert.
Bd. 11, 2005, 784 S., 99,90 €, gb.,
ISBN 3-8258-6878-8

Christoph Barnbrock; Werner Klän (Hg.)
Gottes Wort in der Zeit: verstehen – verkündigen – verbreiten
Festschrift für Volker Stolle
In dieser Festschrift haben Kollegen und Schüler, Freunde und Weggenossen von Volker Stolle fast drei Dutzend Beiträge zusammengetragen. Anlässlich seines 65. Geburtstages legen sie Überlegungen zur Geschichte des Judentums und des Christentums, zur Exegese und Dogmatik, zur Missionswissenschaft und zur Praktischen Theologie vor. Die Autorinnen und Autoren greifen damit auch Impulse auf, die der Jubilar in die Fachdiskussion eingebracht hat, und treten so mit ihm in das Gespräch ein, an dem ihm um der Sache willen so sehr gelegen ist: dass Gottes Wort in der Zeit verstanden, verkündigt und verbreitet wird.
Bd. 12, 2005, 616 S., 39,90 €, gb.,
ISBN 3-8258-7132-0

Ilona Nord, Fritz-Rüdiger Volz (Hg.)
An den Rändern
Theologische Lernprozesse mit Yorick Spiegel. Festschrift zum 70. Geburtstag
Ränder irritieren, sie machen neugierig und ängstlich zugleich. Sie sind oft die interessantesten Orte: vom Rand der Phänomene und des Lebens her, an den Rändern des Alltäglichen bilden und bewähren sich Erfahrung und Erkenntnis.
In der Festschrift zum 70. Geburtstag von Yorick Spiegel sind einunddreißig sehr unterschiedliche Beiträge versammelt aus Kulturtheologie und Religionsphilosophie, aus Ethik und Sozialethik, zu Diagnostik und Therapeutik einschließlich Praktischer Theologie. Sie berichten von Erkundungen an den Rändern theologischen und sozialwissenschaftlichen Fragens zu Beginn des 21. Jahrhunderts. Der Band umfasst eine sozialethische „Zeitansage" von Wolfgang Huber und biographische „Rückblicke" von Ulrich Kabitz. Eine „Bibliographie Yorick Spiegel" schließt den Band ab.
Bd. 13, 2005, 528 S., 29,90 €, br.,
ISBN 3-8258-8319-1

Gerhard Gäde (Hg.)
Hören – Glauben – Denken
Festschrift für Peter Knauer S. J. zur Vollendung seines 70. Lebensjahres
An seinem 70. Geburtstag kann Peter Knauer S. J. auf ein reiches und fruchtbares akademisches Leben zurückblicken. Seine zahlreichen Veröffentlichungen zu theologischen, ethischen, pastoralen und spirituellen Themen in verschiedenen Sprachen sind Zeugnis dafür. Knauer überrascht immer wieder damit, dass er die Dinge in verblüffend scharfsinniger Weise auf den Punkt bringt. Das gehört zu seinen Stärken und ist wohl das, was vielen einen neuen Blick auf den alten Glauben erschlossen hat und ihn neu verstehen lässt. 21 Autorinnen und Autoren ehren Knauer in diesem Band durch ihre Beiträge. Diese sind verschiedenen Schwerpunkten des Knauerschen Schaffens gewidmet und zeigen die Aktualität seiner Fragestellungen und die Kraft seines Denkens, das zum Weiterdenken anregt.
Bd. 14, 2005, 424 S., 34,90 €, br.,
ISBN 3-8258-7142-8

LIT Verlag Münster – Berlin – Hamburg – London – Wien
Grevener Str./Fresnostr. 2 48159 Münster
Tel.: 0251 – 62 032 22 – Fax: 0251 – 23 19 72
e-Mail: vertrieb@lit-verlag.de – http://www.lit-verlag.de

Karl Matthäus Woschitz
Parabiblica
Studien zur jüdischen Literatur in der hellenistisch-römischen Epoche. Tradierung – Vermittlung – Wandlung
Die geistig religiöse Begegnung des Judentums mit der Weltkultur des Hellenismus leitet einen differenzierten Prozess der Auseinandersetzung und der Teilnahme ein. Die vorliegende Untersuchung will die Literatur- und Theologiegeschichte dieser vielfältigen „Bibliothek" von „parabiblischen" Schriften darstellen und zwar hinsichtlich des religiösen und geistesgeschichtlichen Horizonts in der apokalyptischen Literatur und der ihr verwandten Werke, in der Testamentarliteratur, in den Schriften der „rewriting bible", in den legendarischen Weiterschreibungen und Amplifikationen biblischer Stoffe, dann in der apologetischen und polemischen sowie der weisheitlichen und philosophischen Literatur, ferner den Komplex der Gebete und das liturgische Gut in primärer und sekundärer Tradition.
Bd. 16, 2005, 928 S., 69,90 €, gb., ISBN 3-8258-8667-0

Tilman Beyrich (Hg.)
Unerwartete Theologie
Festschrift für Bernd Hildebrandt
Das Unterlaufen von allzu festgelegten Erwartungen ist das Markenzeichen jeder guten Theologie. Das galt besonders für die theologische Arbeit an den Hochschulen der DDR. Diese Festschrift für Bernd Hildebrandt versammelt solche Begegnungen mit dem Unerwarteten: im Spannungsfeld von Theologie und Kirche, im Gespräch der Theologie mit der Philosophie, in der Bibel selbst und schließlich in Form poetischer Theologie.
Bd. 17, 2005, 296 S., 24,90 €, br., ISBN 3-8258-8811-8

Wissenschaft aktuell
Theologie

Hans-Georg Ziebertz (Hg.)
Erosion des christlichen Glaubens?
Umfragen, Hintergründe und Stellungnahmen zum „Kulturverlust des Religiösen"
In regelmäßigen Abständen bringen die Medien Schlagzeilen über die Erosion des christlichen Glaubens, der Religion insgesamt. Woher stammen die Prognosen? Was messen die Studien wirklich? Was lassen sie außer Acht? Neben der kritischen Sichtung liefern die Autoren ein differenziertes Bild und fragen: Welche Konsequenzen ergeben sich für Theologie, Kirche und Gesellschaft?
Bd. 4, 2004, 152 S., 14,90 €, br., ISBN 3-8258-7092-8

Christsein aktuell

Michael Strauß (Hg.)
Der Gewalt Paroli bieten
Beiträge eines öffentlichen Protestantismus zu Krieg, Konfliktbearbeitung und Frieden. Mit Stellungnahmen von E. Bahr, E. O. Czempiel, K. Raiser u. a.
Unter den Bedingungen einer fortgeschrittenen Mediengesellschaft gewinnt der Protestantismus seine Autorität als Angebot. Nicht zuletzt durch eine geistesgegenwärtige evangelische Publizistik. Sie tritt einer protestantischen Selbstsäkularisierung ebenso entgegen wie der Meinung, der christliche Glaube habe zur Gestaltung des Gemeinwohls kaum noch etwas beizutragen. Wie wichtig die Stimme des Protestantismus in der Öffentlichkeit aber weiterhin ist, zeigen seine Positionen zu den Fragen von Krieg, Konfliktbearbeitung und Frieden. In Zusammenarbeit mit der Zeitschrift „Synode direkt", dem Journal aus der braunschweigischen Landeskirche, vereinigt der Sammelband prägnante Beiträge renommierter Persönlichkeiten.
Bd. 1, 2003, 128 S., 12,90 €, br., ISBN 3-8258-6693-9

LIT Verlag Münster – Berlin – Hamburg – London – Wien
Grevener Str./Fresnostr. 2 48159 Münster
Tel.: 0251 – 62 032 22 – Fax: 0251 – 23 19 72
e-Mail: vertrieb@lit-verlag.de – http://www.lit-verlag.de